国家出版基金项目
"十二五"国家重点图书出版规划项目

孙中山全集

第十六卷

索引 传略

尚明轩 主编

人民出版社

总 目 录

第一卷　专论
　　前言
　　凡例
　　目录
　　正文

第二卷　文集
　　凡例
　　目录
　　　论著
　　　　传记与回忆
　　　　序跋
　　　　祭悼
　　　　祝词
　　　　其他
　　　　译著
　　　　遗嘱
　　正文

第三卷　文告　规章
　　凡例
　　目录
　　　文告
　　　通电
　　　启事(含声明、讣告等)
　　　其他
　　　规章
　　正文

第四卷　函札(上)
　　凡例
　　目录
　　正文

第五卷　函札(下)
　　凡例
　　目录
　　正文

第六卷　文电
　　凡例
　　目录
　　正文

第七卷　演说

　　　　凡例
　　　　目录
　　　　正文

第八卷　谈话
　　　　凡例
　　　　目录
　　　　正文

第九卷　公牍（上）
　　　　凡例
　　　　目录
　　　　正文

第十卷　公牍（中）
　　　　凡例
　　　　目录
　　　　正文

第十一卷　公牍（下）
　　　　　凡例
　　　　　目录
　　　　　正文

第十二卷　人事任免（上）
　　　　　凡例

　　　　　　目录

　　　　　　正文

第十三卷　人事任免（下）

　　　　　　凡例

　　　　　　目录

　　　　　　正文

第十四卷　外文著述

　　　　　　凡例

　　　　　　目录

　　　　　　正文

第十五卷　题词遗墨

　　　　　　凡例

　　　　　　目录

　　　　　　正文

第十六卷　索引　传略

　　　　　　凡例

　　　　　　目录

　　　　　　　索引

　　　　　　　传略

　　　　　　后记

凡　　例

一、本全集共收录孙中山现有著述11500余篇,按文体性质分类(含有多种性质的,据其主要倾向归类),依时间顺序编次,据类别和篇幅列卷。

二、日期与编次。底本有写作日期的,按原日期。无写作日期的,按最后发表日期,或通过考证予以判明;写作日期无从考证的,列于该类之末。著述日期统一采用公历,标于标题下方圆括号内。各卷原则上按时间顺序编次;卷内存在分类的,按各类时间顺序编次。

三、分类与列卷。根据类别和篇幅,分22类,列15卷:第一卷,专论(收录集中反映孙中山政治思想的5种著述);第二卷,文集(含论著、传记与回忆、序跋、祭悼、祝词、译著、遗嘱等);第三卷,文告规章(含文告、通电、启事、规章等);第四、五卷,函札;第六卷,文电;第七卷,演说;第八卷,谈话;第九、十、十一卷,公牍;第十二、十三卷,人事任免;第十四卷,外文著述;第十五卷,题词遗墨。索引和传略单独列卷,为第十六卷。

四、底本的选择。优先采用原始文件、影印件和初刊本;充分吸收现有各种图书报刊的文献成果,如中国社会科学院近代史研究所中华民国史研究室、广东省社会科学院历史研究室(所)、中山大学历史系孙中山研究室合编《孙中山全集》(中华书局1981—1986年出版),秦孝仪主编《国父全集》(台北近代中国出版社1989年版)。发表在不同图书报刊的同内容文献,有歧义之处的,经考证后取其一说,其余在注释中简要介绍;诸说并存的,选择最佳版本;文字内容虽有出入但各具特色的,原则上选择底本来源较权威者为主文,其余作为"同题异文"附录于后。

五、标题。原有标题的,一般保留,个别编者酌改;原无标题的,编者酌拟。标题文字以国家现行文字规范为准。标题中的人名一律统一为现行惯称,文中不另做说明。

六、注释。每篇著述,文末均注明所据底本。文内酌加的注释,均为页下注。人物有多个字、号、别名的,地名有多种译法的,原则上在该卷首次出现时加注,其后不注。【　】内的文字,系编者为避免上下文表意脱节或缺省所加的说明。

七、校勘与标点。文内明显的错漏,编者均予以校勘:订正讹字,置于〔　〕内;增补脱字,置于〈　〉内;衍文加［　］;有疑误、难以确定的,用〔?〕表示;字句残缺或难以辨认的,用□表示。校勘、考释和外文翻译等,部分吸收前人成果,本全集一般不做具体说明。标点符号原则上执行国家现行规范。底本无标点或有标点但与国家现行规范不符的,均重新标点。

八、本全集中文为简体字横排,底本的繁体、古体和异体字,原则上统一为简体字,特殊含义者例外。第十四卷"外文著述",参考秦孝仪主编《国父全集》(台北近代中国出版社1989年版)编排。全集中插图及题词遗墨,一般据底本影印;质量较差的,适当修版或据原图重新绘制。

九、受时代局限,有的著述中使用的词语及字词用法和个别观点在今天看来欠妥,但因是原文固有,均不做改动。

目 录

索 引

重要人名索引 ·· 3
重要地名索引 ·· 260
专有名词索引 ·· 318

传 略

孙中山传略(尚明轩撰) ·· 397

后记 ·· 417

索 引

重要人名索引

A

阿卜里刚　（六）610
阿浑(欧文)　（七）165,180
爱德华·葛雷(爱德华·格雷)
　　（八）98
爱因斯坦　（一）333
爱友　（五）162
安宝恕　（十三）131
安得生　（一）235,236
安健　（五）83,115;（六）545;（九）
　　522;（十二）97,576,596,611;
　　（十三）87
安克庚　（十二）129,618
安瑞茳　（十二）118,612,632
敖广生　（十）343
敖汉坚　（十二）369
敖克明　（十二）412
敖瑞　（十二）463
敖文锦　（十二）468
敖文珍　（十二）196,409

敖兴三　（十二）465
敖奕生　（十二）470
敖荫棠　（十二）369
敖英三　（十二）459
奥克斯福　（二）241
奥那普　（五）161

B

巴尔　（十一）32
巴富罗夫(高和罗夫)　（二）337;
　　（三）260;（六）622;（十一）248;
　　（十五）315
巴枯宁(巴古宁)　（一）8,369;（七）
　　666
巴斯德　（一）44,53
巴特基　（一）23
巴宪　（三）237
巴星　（六）674
巴泽惠　（九）119
白继文　（十三）15
白里思(帕利西)　（一）45

白齐文 （八）147

白耀辰 （十二）23,576

白弋人 （六）396

白云鹏 （十一）693

白云梯 （五）511；（七）554；（十三）284

白正洗 （十）464

柏斯多 （一）524；（七）506—508

柏文蔚(烈武) （一）67；（二）318；（三）60,61,217—219,237,238,242,245,246,257,258；（四）326,338,342,381,397,439,493,501；（五）90,107,157,158；（六）153,229,233—235,264,314,321,341,388,390,394；（七）245；（八）572,679,707；（九）304；（十）531,545,602,616,640,653,665；（十一）25,97,136,157,178,287,297,350,399,458,472—474,503,508,511,524,526,560,574,587,588,612,656,665,701,722；（十二）209,226,275,309；（十三）102,270,284

班超(班定远) （一）356；（五）155；（六）408

班林书 （九）198

邦悦 （十二）355

包顺健 （十三）495

包魏荣 （十二）137,633；（十三）41

包珍 （十二）438

保尔·韬美 （八）49,75

保荣光 （十一）246,247,319,682,685

鲍次楼 （十二）469

鲍慧僧 （五）514

鲍连就 （十二）462

鲍罗庭(鲍尔登、鲍尔汀、波耳比引、波罗定) （一）316；（三）168；（五）491,509,517,533,537—539,546—548,557；（六）610；（七）456,485,559；（八）613,624,628,643,651,670,688,690,697；（十一）323；（十三）188,398,447

鲍庆香 （十三）163

鲍荣(鲍镔) （十三）85,313,317,318,445

鲍胜常 （十二）462

鲍以文 （十二）491

鲍应隆 （五）419；（九）469；（十二）469

鲍州昭 （十二）463

贲襄 （十三）496

彼得大帝(大彼得) （三）10

俾士麦(丕士麦克、俾斯麦) （一）

32,445,452,488;(二)127,138;
(七)116;(八)162

毕靖波 (五)19

毕礽 (三)236

毕少珊 (五)416—418;(十二)206

毕宣 (十二)600

碧格 (一)234,235

宾步程 (十二)13

宾镇远 (六)516;(九)396;(十)355;(十二)385;(十三)271

波丁渣(璞鼎查) (一)401

柏拉图(巴列多) (一)46,442

薄子明 (六)216,219;(九)293;(十二)580

卜舫济 (五)139;(八)381

卜南克(白郎克、路易·布朗) (七)165,181

布加卑 (一)82,83;(八)93,94

布鲁特 (八)356

布司 (四)141,145,148,156,159,164,175—177,189,201,209;(十二)2

C

蔡邦献 (十)138

蔡冰若 (五)116

蔡炳 (十三)353

蔡炳寰 (十二)215

蔡炳南 (十)526

蔡炳桥 (十二)397

蔡灿琼 (十二)408

蔡昌 (八)586;(十二)497

蔡超群 (十二)438

蔡成兴 (十三)15,48

蔡成勋 (三)127;(五)380;(六)660,670

蔡承瀛 (十二)129,131,619

蔡春华 (六)371

蔡达三 (十三)108,140

蔡大愚 (十二)235

蔡德三 (十二)535,569

蔡棣清 (十二)402

蔡棣生 (十三)48

蔡锷 (二)267;(四)302,445,508;(五)295;(六)89,179;(十五)132

蔡蕃春 (十二)467

蔡福来 (十二)581

蔡庚 (十二)246,264

蔡公时 (十二)164,602,635;(十三)216

蔡国安 (十二)439

蔡海 (十三)58

蔡海清 (十)439—441,451

蔡汉升 (十一)428;(十三)432

蔡鹤朋 (四)495;(十二)609

蔡恒钊　（十二）178,446

蔡洪　（十二）469

蔡洪意　（十二）391

蔡华大　（十二）363

蔡怀安　（九）197；（十二）511,545

蔡辉　（十二）537,571

蔡积　（十二）409

蔡缉熙　（十二）529,565

蔡己未　（十二）493

蔡济民（幼襄、幼香、又香）　（一）87,88；（五）89,91,97,107,154,157；（六）394；（九）189,192,194,304；（十一）198；（十二）576；（十五）162

蔡锦全　（十三）26

蔡钜猷　（五）355；（十）70；（十二）636；（十三）103,214

蔡康　（九）110；（十二）410

蔡匡　（十二）133,620

蔡连枝　（十三）67

蔡梁伯　（十二）436

蔡妙琛　（十二）412

蔡妙提　（十二）391

蔡民挥　（十三）15

蔡乃煌　（九）140

蔡宁　（十二）412

蔡浦泉　（十二）434,436

蔡启顽　（十二）603

蔡庆平　（十二）520,555

蔡庆祥　（十三）146

蔡庆璋　（十二）130,618

蔡铨　（十二）492

蔡然　（十二）368

蔡人奇　（九）119

蔡认　（十二）409

蔡任民　（十二）524,558

蔡日升　（九）378

蔡荣初　（十一）502

蔡荣华　（九）346

蔡容先　（十二）436

蔡蓉芝　（十二）625

蔡锐霆　（十）717；（十一）6

蔡润生　（十二）626

蔡森　（十二）409

蔡社德　（十三）54

蔡社光　（十二）356

蔡燊盛　（十二）467

蔡慎　（十三）173,174

蔡石泉　（十二）547

蔡石香　（十二）517

蔡世秀　（十二）326

蔡寿年　（十二）356

蔡舒　（十三）469,470

蔡泗　（十二）356

蔡涛　（九）347

蔡天培　（十二）358

蔡天球　（十二）412

蔡突灵　（八）436；（十二）599

蔡旺　（十二）391

蔡文修　（十二）21，505，546

蔡文业　（十二）432

蔡湘　（十二）369

蔡晓舟　（六）396；（十二）613

蔡翊超　（十二）458；（十三）148

蔡懿恭　（十二）639；（十三）61

蔡寅　（三）242

蔡英洋　（十三）126

蔡永光　（十二）493

蔡有门　（十二）327

蔡祐民　（十二）436

蔡雨松　（十二）459

蔡元培（子民、和卿）　（二）302；（三）138，245，246，277；（四）243，244，259，493；（五）52，54，73，161，163；（六）18，79，96，97，99，101，103—105，233—235，243，385；（七）278，560；（八）237，333，334，653；（九）90，296；（十三）285

蔡章成　（十二）313

蔡兆庆　（十三）40

蔡榛兆　（十二）434

蔡振山　（十三）42

蔡正川　（十三）58

蔡秩南　（十二）434

蔡珠盛　（十二）467

蔡祝军　（十二）537，550

蔡子文　（十二）458

曹杞南　（十二）412

曹伯忠　（十二）509，547

曹昌麟　（九）119

曹春光　（十一）376

曹德然　（十二）391

曹笃　（六）395；（十二）206，240，526，562

曹朵云　（十二）408

曹凤朴　（十二）409

曹凤作　（十二）401

曹富　（十二）371

曹华碧　（十二）513，547

曹惠　（十一）462；（十三）441

曹惠民　（十二）464

曹惠卿　（十二）438

曹建伟　（十二）368

曹建勋　（十二）368

曹杰夫　（十二）326

曹俊甫　（五）110，146

曹锟（仲珊）　（一）318，349，403，422；（二）178，184，204，334；（三）113，135，138，144，145，163，180，181，185，190，196，202，205，255；（四）431；（五）9，190，377，

449,456,466,486;(六)246,294,384,460,461,525,528,552,556,566,567,580—582,655;(七)336,359—361,425,457,473,495,499,518,543,557,571,583,627,675,677,688;(八)354,428,450,467,521,534,536,550,557,559,565,604,605,608,612,614,637,656,661,665;(十)27,122,123,188,315,316,322;(十一)244,398,530

曹利民　(十二)128,633

曹懋　(十二)206

曹铭　(十二)142,634

曹沫　(五)285

曹沛　(九)230

曹品昆　(十二)529

曹洽三　(十二)397

曹汝霖　(六)395;(八)382,383

曹世英　(五)13,396;(六)318,382

曹受坤　(八)678;(十二)212;(十三)330

曹受诏　(九)122

曹树棠　(十二)493

曹廷昌　(十二)409

曹渭泉　(三)265

曹锡圭　(四)256;(九)139

曹羡　(九)300;(十二)96,625

曹绣波　(十二)408

曹旭初　(十二)409

曹亚伯　(四)114,115,369;(五)1,292;(六)93;(八)390,473;(九)223,225;(十二)65,587

曹祐明　(十二)432

曹玉德　(十二)600,607

曹月蟾　(十二)438

曹云光　(十二)327

曹运郎　(九)107,125,126

曹兆征　(十二)628

曹振懋　(十二)76,591

曹子瑞　(十二)614

岑春煊(云阶、西林)　(二)166,169,318,357;(三)93,101,138,218—220,223,224,253;(四)52,435,446,451,452,523,541,542,547;(五)234,392,405,448;(六)127,160,213,243—245,253,257,264,321,328,341,379,383,384,387—403,453,463,467,488,494,533,536,539,543;(七)328,336;(八)368,370,432,434,437,494,561,574;(九)50,212,249,312,314,322;(十一)229

岑达天　(十二)405

岑德桂　(四)81,82

岑逢 (十二)410
岑国桢 (十二)378
岑嘉茂 (十二)363
岑静波 (九)435,620
岑菊邻 (十二)533,567
岑孔时 (十二)431
岑连在 (十二)437
岑楼 (十二)104,573,615
岑念慈 (十一)466,703;(十三)443,511
岑神赐 (十二)178
岑泗 (十二)379
岑相培 (十二)364
岑相佐 (十三)25
岑醒亚 (十二)446
岑学安 (十二)356
岑宗焕 (十二)480
查理士第二 (一)397
查理士第一 (一)396,397
柴克曼 (五)275
柴子安 (十二)578
常德盛 (十三)490
常庭兰 (九)587
常遇春 (二)275
巢安澜 (十二)636
巢寒青 (十三)207,501
朝持箴 (十三)450
车显承 (九)694;(十三)96,150

陈安 (十二)178
陈安仁 (二)289;(九)358;(十一)421;(十二)213;(十三)164,170
陈拔南 (十二)464
陈白 (八)28,30,31,37;(十二)233,238
陈白宣 (十二)487
陈百森 (十三)54
陈百庸 (十二)175,372,374
陈柏年 (十三)163
陈邦 (十二)408
陈傍 (十二)493
陈宝记 (十二)395
陈保群 (十三)391
陈保祥 (十一)44,60;(十二)432,438
陈北海 (十二)363
陈北进 (十三)64
陈北平 (十二)539,552;(十三)66
陈北清 (十二)369
陈必有 (十)690
陈必正 (十)646
陈璧池 (十二)464
陈璧君 (五)452;(八)130
陈彪 (十二)468
陈彬 (十二)409

陈彬如 （十三）137

陈秉民 （十二）356

陈秉心 （九）214

陈炳和 （十二）405

陈炳楷 （九）691

陈炳葵 （十二）409

陈炳坤 （十二）547

陈炳堃 （五）110；（六）324，325，329，334，358，375，376

陈炳焜(舜卿) （六）247，248，252，268，316；（七）283；（八）340，346—348，354，357；（九）360

陈炳南 （十）697；（十一）493

陈炳秋 （十二）537，570

陈炳生 （八）554；（九）388；（十二）513，550

陈伯衮 （十二）469

陈伯豪 （四）407，449；（九）197；（十二）512，530，545

陈伯简 （五）75

陈伯江 （十二）130，633

陈伯仁 （十二）431

陈伯任 （十三）281，322

陈伯生 （十一）722；（十二）437

陈才 （十二）492

陈财 （十二）391

陈彩彦 （十二）434

陈灿文 （十二）369

陈策 （三）127；（六）425—427，474，549，557，560；（九）34，405，408，411，413，415，416，426，431，434，504，505，529，547，558，564，593，626，700；（十）65，85，88，140，145，167—169，178，180，183，231，233，250，263，288，306，307，399；（十一）202；（十二）77，235，259，264，266，267，375，592；（十三）274

陈昌 （九）537

陈昌贤 （十二）410

陈昌耀 （十二）437

陈长乐 （十三）83

陈长胜 （十三）67

陈超八 （十二）437

陈朝豫 （五）467

陈成 （十二）396

陈承经 （十二）125，632

陈承祖 （十三）41

陈炽明 （十二）437

陈炽南 （十二）603

陈崇台 （十二）411

陈初开 （十二）407

陈楚俊 （十一）231，232，270

陈楚良 （十二）446

陈楚楠 （四）39，40，48，51，52，60，67，105，290，339；（五）281；（九）

180；（十二）503，542；（十三）152
陈创全 （十二）326
陈创远 （十二）160，622
陈春舫 （十二）603
陈春馥 （十三）159
陈春生 （九）201，330
陈春树 （十二）462
陈春文 （十二）369
陈纯侯 （十一）471，472
陈纯修 （十二）598
陈纯照 （十二）437
陈慈名 （十二）323
陈从之 （八）652；（十三）279
陈聪 （十）49；（十二）522；（十二）552
陈催德 （十二）408
陈粹芬 （三）236；（四）201
陈存汉 （十二）326
陈达生 （二）318；（十）234
陈大 （十二）468
陈大聪 （十三）93
陈大年 （十二）592
陈大锐 （十二）397
陈大深 （十二）534，568
陈岛沧 （十二）517，549
陈道 （三）19
陈道荣 （十三）53
陈得平 （十二）517，549，637

陈得尊 （十二）610
陈德 （九）539，540；（十二）438
陈德春 （五）412，441；（六）457；（九）431，505；（十一）287；（十二）245，309
陈德谦 （十二）436
陈德全 （十二）150，621
陈德仁 （十二）439
陈德炜 （十二）408
陈德熹 （十一）427；（十二）210，249，326，532，566
陈德业 （十二）370
陈德征 （十三）177
陈德洲 （十二）528，564
陈登翰 （十二）493
陈登爵 （十二）326
陈登庸 （十三）155
陈棣海 （十二）408
陈典槐 （十二）396
陈典荣 （十二）409
陈典赛 （十二）492
陈典学 （十三）67
陈电洲 （十二）518，575
陈觝生 （十二）323
陈丁 （十二）317
陈鼎芬 （十三）507
陈定平 （二）357
陈定之 （十二）470

陈东平　（十一）452；（十二）165，168，185，220，300

陈东有　（十二）432

陈洞滨　（十二）319

陈斗　（十三）147

陈斗文　（十）42，59

陈独秀（仲甫）　（五）262，271；（八）389，605，606；（十）261，262，295，296，332；（十二）305，450

陈笃周　（十二）412

陈端顺　（十二）405

陈俄　（十二）533，568

陈奀仔　（十）649，650

陈恩夫人　（十二）331

陈发　（十二）365，391，412

陈发檀　（二）357

陈发吾　（十二）326

陈方度　（二）318；（十一）471，472

陈方培　（十二）117，631

陈芳　（十二）331

陈飞鹏　（十）308，309，311，381，385—387

陈峰海　（十二）514

陈凤鸣　（十）210

陈凤起　（十）138

陈凤石　（六）305，324，325，329，334

陈凤五　（十二）327

陈福　（十二）331，469

陈福长　（十二）391

陈福海　（十二）319

陈福林　（十二）391

陈福全　（六）344

陈福祥　（十二）331

陈福元　（十三）12，48

陈福柱　（十二）408

陈复　（二）357

陈富　（十二）439

陈富朝　（十二）436

陈富章　（十二）331

陈干　（十二）14，199

陈甘敏　（十二）30，172，185，222，536，571

陈淦　（十二）412

陈诰远　（十二）446

陈简民　（五）242，438；（十二）178，608；（十三）247

陈赓如　（五）65，121

陈公秉　（十二）489

陈恭　（十二）211

陈恭受　（三）175；（十）102；（十一）430，450

陈官明　（五）378

陈官胜　（十二）403

陈冠海　（十）127，128

陈冠五　（十二）580

陈冠元　（十三）159

陈光汉　（十二）398

陈光耀　（十二）397

陈光远（秀峰）　（二）340；（三）126—128；（四）553；（五）1,2,7,8；（六）273,300,460；（七）285,389；（八）355

陈光组　（十三）406

陈广材　（十一）258

陈广猷　（十二）408

陈贵成　（十二）517,544

陈贵和　（十二）525

陈桂芳　（十二）465

陈桂清　（十二）371

陈桂廷　（十一）82

陈衮尧　（十二）368

陈国安　（十二）363

陈国栋　（十）258

陈国华　（五）345

陈国槊　（十三）330

陈国梁　（十二）435

陈国权　（二）278

陈国耀　（十三）138

陈国云　（十二）368

陈国照　（十二）408

陈海　（十二）400

陈汉　（九）633

陈汉民　（十二）408

陈汉明　（五）111,288；（九）303

陈汉石　（十二）408

陈汉文　（十二）317,539,572

陈汉英　（十三）15

陈汉真　（十二）358

陈汉子　（十二）397

陈翰誉　（六）546；（十三）470,494

陈瀚炽　（十二）408

陈浩　（九）425；（十二）369；（十三）135

陈灏　（十三）84

陈和　（十二）408

陈荷荪　（十二）518,554

陈红治　（十二）528,557

陈宏毅　（十一）40；（十三）348

陈宏源　（十二）356

陈洪　（十）43

陈洪范　（五）349

陈洪蔚　（十一）626

陈鸿　（十二）522,541

陈鸿璧　（四）290

陈鸿钧　（五）2；（十二）77,592

陈鸿荣　（十二）492

陈鸿图　（六）308

陈鸿文　（五）428

陈护黄　（七）660

陈华　（十）547,548；（十二）468

陈华东　（十二）493

陈华峰　（六）324

陈华福　（十二）493

陈华乐　（十二）405

陈华明　（十二）370

陈华庆　（十二）493

陈槐　（十二）480

陈槐卿　（十二）19,535,544,569

陈焕发　（十二）407

陈焕冕　（十一）227

陈焕庭　（十三）12

陈楎　（九）114

陈辉　（十二）626

陈辉名　（十二）221

陈辉石　（九）463；（十二）165,
　172,188,221,295,299

陈惠予　（十二）472

陈惠昭　（十二）316

陈蕙堂　（四）519

陈活生　（十二）480

陈火秀　（十二）463

陈积庆　（十一）232

陈缉承　（九）659；（十五）262

陈楫　（十二）412

陈际熙　（九）420,433

陈季博　（十三）101,107

陈季和　（十二）320

陈继成　（十二）412

陈继承　（十三）371

陈继南　（十二）327

陈继平　（十二）40,538,567

陈继虞　（五）208,235,255；（九）
　350；（十二）636

陈家鼎　（三）251；（五）7,12,32；
　（七）135；（八）251,436；（十一）
　722；（十二）104,114,616；（十
　五）154

陈家凤　（十二）534,567

陈家兰　（十二）322

陈家玲　（十二）324

陈家鼐　（九）185；（十二）22,154,
　277,506,524,561,615,621

陈家威　（五）441；（十二）638

陈家祥　（十三）159

陈嘉辉　（十二）437

陈嘉简　（十二）358

陈嘉旺　（十）88,89

陈嘉猷　（十二）593

陈嘉祐　（三）127,128；（五）252,
　312,318,330；（六）524,607；（十
　二）274；（十三）130,214

陈见龙　（十一）631

陈剑虹　（十二）608

陈健炽　（十二）406

陈鉴贤　（十二）396

陈江如　（十二）468

陈蛟腾　（十二）365

陈杰夫　（九）638

陈杰民　（十二）468

陈洁泉　（十二）401

陈结庆　（十二）410

陈金创　（十二）326

陈金芳　（十二）33,519,556

陈金富　（十二）412

陈金晃　（十二）456

陈金鬐　（十二）356

陈金兰　（十二）331

陈金人　（十一）250

陈金钟　（五）242；（十二）605

陈津渔　（十二）466

陈锦才　（十二）331

陈锦发　（十三）48

陈锦泉　（十二）319

陈锦涛　（三）236,332；（四）243,266；（六）18,86,120；（九）13,30,36,37,39,55,57,59,79,96,100,106,109,110,114,117,132,133,138,140,141,144,158,164,165,173；（十二）409

陈锦添　（十二）409

陈近冬　（十三）58

陈近南　（三）291；（八）79

陈进枝　（十三）147

陈晋　（九）118

陈觐宸　（十二）403

陈觐文　（十二）409

陈经堂　（十二）357

陈景华　（三）176；（四）97,108,144,167；（八）323,324；（十五）45

陈景廉　（十二）490

陈景唐　（十二）376

陈景星　（十二）253；（十三）66

陈景祐　（十二）371

陈警天　（九）181

陈竞适　（十二）435

陈敬初　（十二）537,571

陈敬汉　（十）715；（十三）121,337,392,445

陈敬堂　（九）378

陈敬岳　（二）265；（三）236

陈镜安　（十三）46

陈镜泉　（十二）407

陈镜廷　（十二）374

陈炯光　（一）402；（六）586；（八）560；（十二）230

陈炯焕　（十三）48

陈炯明（竞存）　（一）86,329,401—403,431；（二）318,340；（三）116—130,135,141,157,225,532；（四）239,240,338,339,342,351,373,397,417,555；（五）8,19,22,28,29,45,54,57—59,75,81,87,106,119,120—122,126,166,

179,183,185,191,196,197,201—203,206—208,210,217,225,228,241,246,254,292,296,297,299,301,304,307,315,322,340,343,355,360,368,369,377,380,381,382,390,406,407,431,438,442,443,469,470,497,499,505;(六)19,35,41,42,45,46,61,63,83,87,91,94,107,109,154,164,248,249,252,268,286,296,317—320,323,330,337,344,346,347,349,352,354,355,360,361,363,365,366—368,370—373,376,388,390,400,412—417,419—431,434,436—442,444—446,452—454,456,459,461,463,466,470,471,473,474,478,481,484,490,491,494,495,497—499,510—514,517,520,533,614,618,631,638,654,669,670;(七)33,69,101,337,350,354,356,380,386,389,410,417—420,426,427—433,436,438,439,444,480,481,488,513,521,524,525,534,535,543,573,580,585,586,589,624,642,643,660,671,672,695;(八)149,186,303,341,347,370,432,434,435,441,442,444—446,452,455,469,470,472,477,478,480,482,486,489,495,496,499,500—505,507—509,511,512,517,519—522,524,527,528,530—533,539,540,548,549,552,554,557—561,564,565,571,572,578,580,581,583,594,597,600,603,619,634,638,657,661,666,669,677,695,703,704,706—708,712,756;(九)207,284,290,305,325,348,357,360,363,364,377,384—386,394,397,407,420,428,439,443,446,448,453,466,470,471,473,481,487,491,499,501,506,535,544,575,635,685;(十)5,22,194,214,229,250,322,414,441,466,659;(十一)285,334,335,711;(十二)58,182,184,198,199,205,211,256,583;(十五)223,274,314

陈九韶　(十二)599,607

陈钜　(十二)437

陈剧　(六)216;(十二)577

陈觉　(十)280

陈觉梦　(十二)527,554

陈觉迷　(十二)175

陈爵永　(十二)378

陈均优　（十二）406

陈俊　（十二）402，405

陈骏衡　（十二）478

陈开兴　（十二）626

陈闿良　（六）234

陈科　（十二）438

陈可钰　（九）635，636，645；（十）300—302；（十二）261，280，282，485；（十三）252，368；（十五）202

陈克扁　（十三）138

陈克贵　（十二）327

陈克朗　（十二）530，565

陈克明　（十二）480

陈克佩　（十二）326

陈克萨　（十二）521，557

陈克武　（十二）435

陈克珍　（十三）14

陈孔参　（十二）408

陈孔如　（十二）331

陈孔忠　（十二）504，574

陈宽发　（十二）411

陈宽深　（十二）525

陈宽宋　（十二）174

陈宽柙　（十二）315

陈宽沅　（六）132；（九）119

陈夔石　（十二）376

陈堃　（五）109；（十二）600

陈乐从　（十三）159

陈乐培　（十二）437

陈乐胜　（十二）371

陈勒生　（三）19

陈礼光　（十二）466

陈礼起　（十二）437

陈礼廷　（十二）435

陈理明　（九）680

陈立焕　（十二）368

陈立梅　（十二）489

陈立祚　（十二）492

陈丽初　（十二）468

陈丽水　（十二）446

陈丽章　（十）43

陈利　（十二）463

陈利扶　（十二）378

陈利焕　（十三）64

陈连长　（十二）391

陈连会　（十二）463

陈连捷　（十二）319

陈连生　（十二）412

陈连枝　（十二）319

陈廉伯　（三）175，177—179，251；（五）98，523，524，526—528；（六）624，630，654；（七）683，692—695；（八）695，698，699，752；（十）472—474；（十一）225，358，364，430，449，450，509

陈良谋　（十三）15

陈良仕　(十二)406

陈良钰　(十三)15

陈良知　(十二)530,565

陈亮　(十二)370

陈燎辉　(十二)462

陈林　(十)237;(十二)601

陈霖磅　(十二)413

陈麟　(十二)378

陈龙光　(十二)397

陈龙桂　(十二)369

陈龙韬　(十)329

陈鲁野　(十一)471

陈侣云　(十二)130,323,619

陈履生　(十二)462

陈鸾谔　(十三)272,305

陈略　(十二)326

陈洛猷　(十二)415

陈妈意　(十二)326

陈满　(十二)433

陈满庭　(十二)327

陈茂华　(十三)12

陈茂荣　(十二)368

陈懋修　(三)237,238

陈美锡　(十二)358

陈孟枢　(十二)493

陈孟瑜　(十二)436

陈孟裕　(十二)396

陈梦坡　(四)33

陈绵继　(十二)604

陈勉之　(十二)327

陈妙桂　(十二)405

陈妙提　(十二)405

陈民钟　(三)242;(四)420,536;(六)196;(十二)68,508,548,589;(十三)429

陈明　(十二)467,493

陈明春　(九)222;(十二)539,552

陈明庆　(十二)431

陈明铨　(十二)472

陈明燮　(十二)408

陈明新　(十二)408

陈明星　(十二)466

陈明艳　(十二)401

陈明熠　(十二)468

陈鸣谈　(十二)130,633

陈命之　(十二)467

陈慕徐　(九)195

陈排铨　(十二)355

陈泮　(十二)411

陈培　(十二)319

陈培庵　(十二)398

陈培深　(十二)592

陈培兴　(十二)406

陈沛南　(十二)538,571

陈丕显　(十三)144

陈平　(七)254

陈迫清 （十）119
陈璞 （六）395；（八）24；（十二）625
陈齐爱 （十二）367
陈齐奕 （十三）67
陈其美(英士、高野) （一）64,69,87,88；（二）290,315,316,321；（三）19,55,238,239,242,247,256,278；（四）279,312,326,327,347,360,381,382,405,406,418,426,435,446—449,453,489,490；（六）18,23,28,43,55,74,76,78,92,96,98,114,181,187,188,192,193,199,203,204,207,208,214,216,227；（七）136,196,314,658；（八）154,306,315；（九）3,20,25,114,190,199,211,215,318；（十二）17,18,24—32,34,35,38—41,502；（十五）102,103,133,160,247
陈其明 （十一）667
陈其权 （十二）117,617
陈其寿 （十二）365,370
陈其瑷 （十）359—361,477,481,578；（十一）186,190,195,220,400,401,403,438,462；（十三）83,110,207,268,312,377,398,426

陈其植 （十二）144,153,635
陈启辉 （二）357
陈启耀 （十二）275
陈启裕 （十二）465
陈洽文 （十二）406
陈乾 （十二）493
陈潜 （十二）368,467
陈强 （十）697,698
陈乔生 （十二）377
陈翘 （九）269
陈芹初 （十二）401
陈琴舫 （十二）536,571
陈青云 （五）535；（十一）584,607,613,701；（十三）482,497
陈清 （十二）405,594
陈清辉 （十二）391
陈清文 （十二）589
陈清溪 （十一）258
陈庆桂 （十二）432
陈庆森 （十一）109,110,335；（十三）50
陈庆云 （十二）117,632
陈琼玲 （十二）327
陈琼宜 （十二）492
陈渠珍(玉鍪) （五）222,223,313,355；（十二）636；（十三）103
陈去病 （八）332,333；（十二）268
陈全 （十三）163

陈全义 （十)343

陈荃 （十三)58

陈群 （五)102；（七)379；（九)
400,412,689；（十)323；（十二)
58,586；（十三)29,260

陈人杰 （十二)579,606

陈任梁 （十二)336

陈任一 （十二)490

陈日光 （十二)468

陈日三 （十二)406

陈荣 （十二)437,538,572

陈荣德 （十二)411

陈荣光 （十一)195,196

陈荣广 （九)448；（十)128

陈荣贵 （十三)329,403

陈荣汉 （十二)409

陈荣气 （十二)539,552

陈融 （三)247；（八)678；（九)
490,491；（十)438,460,661,662；
（十一)186,379,580,639；（十
二)346,362；（十三)222,336；
（十五)124

陈如春 （十三)95

陈如同 （十二)319

陈如星 （十二)369

陈锐明 （十三)54

陈锐生 （十三)15,48

陈瑞昌 （十二)514,551

陈瑞云 （十二)534,568

陈润生 （五)558；（九)228

陈润棠 （十一)241,242；（十三)
70

陈润祥 （十三)146

陈若民 （十二)468

陈扫净 （十二)326

陈善可 （十二)337

陈善秀 （十二)412

陈善章 （十)42,43

陈韶光 （十二)374

陈韶玉 （十二)378

陈少白 （一)75,76,79,80；（二)
5,8,43,264,297,298；（三)3,
258；（四)10,14,373；（五)320；
（六)1—3；（七)379；（八)3,44,
50,63,65,455,473,636；（十二)
238；（十五)3

陈少谷 （九)3

陈少辉 （十二)327

陈绍平 （十二)538,567

陈绍云 （五)242

陈社安 （十二)396

陈社雄 （十二)465

陈涉 （一)402

陈生 （十二)399

陈胜 （七)219；（十二)480

陈石兰 （十二)492

陈石奇 (十二)319

陈时铨 (十二)75,590

陈始平 (十二)469

陈世德 (九)377;(十二)534,567

陈世圻 (十)49

陈仕球 (十三)48

陈式和 (十二)395

陈寿民 (十二)319

陈寿南 (十二)378,493

陈寿如 (十)170;(十二)77,592,610

陈寿田 (十三)137

陈寿桐 (十二)465

陈述 (十二)436

陈树程 (十二)438

陈树藩 (五)87,191;(六)246,326,350,354,387,388,390,393,396,397;(十二)266

陈树根 (十一)149

陈树枏 (三)258,259;(九)484;(十二)162,635

陈树人 (三)258,259;(五)140,171,172,178,181,182,196,198,228,253,260;(六)440,444,618;(八)418,524;(九)252,323,511;(十)571;(十一)9,10,77,464,545;(十二)173,304,311,312,316,317,321,323,324,329,330,336,352,360;(十三)27,199,207,225,254,304,427,470,471

陈树森 (十二)609

陈树棠 (十二)398

陈树章 (十三)15

陈水根 (十三)41

陈水萍 (十三)67

陈水湛 (十二)355

陈顺成 (十二)460

陈顺和 (十二)601

陈朔竞 (十二)431

陈司良 (六)43

陈似为 (十三)300

陈泗发 (十二)412

陈嗣昌 (十二)319

陈禩锐 (十二)404

陈松寿 (十二)366

陈松添 (十二)405

陈松烟 (十二)402

陈颂贤 (十二)412

陈素 (五)289

陈绥良 (十三)67

陈孙护 (十三)53

陈太平 (十一)694

陈泰高 (十二)510,549

陈汤 (六)408;(九)326

陈棠 (十三)14

陈悌英　（十二）446

陈天成　（十二）192

陈天扶　（九）197；（十二）26，510，573

陈天华（过庭、星台）　（二）264；（三）61，302；（七）11，629；（八）84

陈天骥　（十二）151，621，635

陈天太　（五）436；（六）549，550，553；（七）595；（八）676；（九）493，526，530，579，618；（十）1，91，680；（十一）575，576，579，580；（十二）376，453；（十三）2

陈天信　（十二）376

陈天一　（十二）192，257

陈添　（十二）319；（十三）163

陈铁伍（陈铁五）　（三）236；（四）382，401；（六）236；（十二）514，515，551，609

陈廷楷　（十二）506，574

陈同赞　（十二）279，476

陈屠帝　（十二）464

陈婉衍　（九）113

陈万金　（十二）117，632

陈万锦　（十二）445

陈旺　（十二）408

陈威廉　（十三）406

陈维远　（十三）495

陈尾庆　（九）376

陈渭贤　（十二）412

陈渭祥　（十二）408

陈文波　（十二）408

陈文光　（十二）326

陈文广　（十二）434

陈文捷　（十二）411

陈文锦　（十三）48

陈文选　（十二）581

陈文远　（十二）322

陈文闸　（十二）317

陈文章　（十二）326

陈武昌　（三）236

陈武烈　（四）96，291；（六）142

陈西就　（十二）467

陈翕文　（十一）156

陈锡　（十二）412

陈锡乾　（六）615；（十二）275

陈锡棠　（十三）13，15

陈锡添　（十二）410

陈席儒　（三）233；（六）15，91

陈喜堂　（十三）64，67

陈侠农　（九）207；（十二）509，549

陈遐龄　（六）312

陈夏莲　（十三）41

陈咸亨　（十二）525

陈宪民　（十二）467

陈相鹏　（十二）511，543

陈祥　（九）535；（十二）439，457

陈祥光　（十二）431

陈想　（十二）397

陈向荣　（十二）327

陈象联　（十二）409

陈新民　（十二）473

陈新燮　（十三）50，245，483

陈新政　（四）328，332，359，361；
（九）66，179；（十二）16，17，503，
543

陈信藩　（九）68

陈兴　（五）260；（十二）493

陈兴汉　（三）236；（五）461，543；
（六）637；（九）506，545，555，
570；（十）142，238，301，344，345，
371，374，394，435，453，454，503，
522，582，600，603，654；（十一）
131，142，162，189，385，386，409，
411，440，521，522，558，560，570，
576，577；（十二）360，458，494；
（十三）278，279，291，367，379，
382，411，421，503

陈星舫　（十）42，59

陈星阁　（十二）130，323，619

陈星南　（十二）410

陈雄英　（十三）50

陈雄洲　（三）238；（十二）577；（十
三）36

陈修爵　（十）83，249

陈秀廷　（十三）15

陈绣文　（十二）378

陈序机　（十二）537，571

陈序洲　（十二）532，566

陈煊　（五）405；（八）513；（九）
217，440，503；（十二）385，608；
（十三）198，233，248

陈学顺　（十三）201

陈学选　（十三）66

陈血生　（十三）50

陈勋光　（十二）356

陈薰　（九）139

陈逊谦　（十二）327

陈雅平　（十二）406

陈雅卿　（十二）464

陈亚才　（十二）355

陈亚贞　（十一）377

陈延香　（十二）527，563

陈言　（十二）596；（十三）457

陈炎成　（十二）446

陈炎初　（十二）446

陈炎兴　（十二）438

陈宴堂　（十二）537

陈宴棠　（十二）551

陈扬深　（十二）408

陈扬锡　（十二）397

陈仰　（十二）493

陈仰之　（十二）325

陈养民　（十二）534,567

陈养贻　（十三）67

陈养愚　（十二）129,139,144,153,
　　620,634

陈尧　（十二）326

陈尧生　（十二）327

陈尧廷　（十三）178

陈耀平　（六）183；（十二）523,555

陈耀生　（十二）368

陈耀垣　（十一）227,483

陈一炜　（十三）457

陈仪侃　（二）46,53,54

陈宜隆　（十二）406

陈宜禧　（十）348,349；（十一）397,
　　660；（十三）418

陈寔　（一）62；（六）665

陈乙民　（十二）22,506,547

陈乙秀　（十二）535,569

陈以光　（十二）406

陈翊忠　（十一）501；（十三）456

陈毅　（十二）160,515,549,622；
　　（十三）42

陈荫荣　（十二）406

陈荫三　（十一）471

陈寅　（十）414

陈应　（十二）515

陈应麟　（十三）292

陈应强　（十二）408

陈应钦　（十二）322

陈应学　（十二）468

陈英　（三）242

陈英担　（九）197；（十二）447,511,
　　545

陈永德　（十二）532,566

陈永惠　（三）247；（五）183,188；
　　（十二）72,523,555,623；（十五）
　　64

陈永善　（九）428,506

陈用敏　（十一）659

陈由治　（十二）355

陈友年　（十二）396,406

陈友仁　（三）116,568；（五）282,
　　296,457,469,470,548；（八）504,
　　538,699,701；（十）163,708,709；
　　（十一）34,174,207,216,219,
　　261,275,290,342,399,408,434,
　　508,529,574,668；（十二）427；
　　（十三）174,448

陈有庚　（十二）626

陈宇　（十二）411

陈宇明　（十二）326

陈玉成　（一）401；（七）11

陈玉钿　（十二）408

陈玉麟　（十三）396

陈玉清　（十二）326

陈玉山　（十二）537,571

陈玉兔 （十二）447

陈郁 （十二）468

陈裕和 （十二）406

陈毓成 （十二）325

陈毓生 （十二）461

陈元钫 （十二）337

陈元机 （十二）445—446

陈元勋 （十二）465

陈月藜 （十）677

陈悦宽 （十二）368

陈云 （十二）637

陈云峰 （十二）597

陈云樵 （十二）167

陈再生 （十二）463

陈再喜 （十一）424；（十二）250，326

陈赞良 （十二）369

陈藻卿 （八）187

陈噪 （十二）405

陈泽恩 （十）43

陈泽景 （十二）519，554

陈泽民 （十二）408

陈责吾 （十二）516，546

陈占梅 （六）520；（十二）526，552

陈占四 （十二）459

陈湛 （十三）48

陈湛权 （十二）512，542

陈张周 （十二）369

陈章宙 （十二）323

陈漳 （十二）420

陈兆丰 （十二）6

陈兆兰 （十）514

陈兆祥 （十二）408

陈兆英 （十二）356

陈肇琪 （二）302

陈肇英 （五）82，224，434；（九）472；（十一）251，305，371；（十三）397

陈肇元 （十二）468

陈贞吉 （十二）538，572

陈贞瑞 （六）620；（十三）366

陈桢显 （十二）408

陈振（肄生） （四）509，512；（十一）568

陈振安 （十二）371

陈振抱 （十二）326

陈振华 （十三）50

陈振先 （二）357；（十二）327

陈振有 （十二）323

陈振鋆 （十二）534，567

陈镇邦 （十二）327

陈镇清 （十二）326

陈征 （十二）327

陈正绳 （十三）101

陈植生 （十二）327

陈志英 （十二）470

陈治安　（二）357；（三）236；（八）241

陈治大　（十二）534，567

陈治连　（十三）67

陈秩生　（十二）458

陈致诚　（十）567

陈智耀　（十二）437

陈中　（十二）490

陈中孚　（三）257，258；（四）331，459；（五）74；（六）228，229；（八）317；（九）221；（十二）612；（十三）180，261

陈忠贤　（六）389

陈忠志　（十）178

陈仲斌　（九）579

陈仲良　（十二）458

陈仲平　（十二）473

陈仲谦　（十二）410

陈众憎　（十二）472

陈竹山　（十二）458

陈柱稳　（十二）408

陈祝民　（十二）315—316；（十三）138

陈祝南　（十二）413

陈祝三　（十三）158

陈祝鎏　（十二）400

陈壮　（十二）493

陈壮英　（十三）15

陈焯　（十二）439；（十三）36

陈卓郎　（十二）323

陈卓民　（十二）357

陈卓男　（十二）465

陈卓平　（四）444，528；（五）258；（九）334；（十二）589

陈卓祺　（十三）66

陈卓卿　（十二）327

陈卓然　（十二）410

陈卓烜　（十二）390，391

陈灼南　（十二）319

陈灼如　（十二）376

陈灼贤　（十二）465

陈滋大　（十二）406

陈子斌　（十二）599

陈子简　（十二）409

陈子壬　（十二）438

陈子贤　（十三）95

陈子桢　（十二）399

陈紫和　（十二）512，542

陈自觉　（四）404；（十二）517，554

陈自先　（五）187，194，235；（九）345

陈宗鉴　（十一）471，472

陈宗权　（十二）493

陈宗舜　（十二）279

陈总平　（十二）493

陈祖焘　（六）489

陈祖恩　（十二）319

陈祖基　（十二）600

陈祖烈　（十二）120,617

陈缵舜　（十二）408

陈醉村　（十二）326

陈尊润　（十二）410

陈佐兴　（十二）477

陈作霖　（六）31,92,156,163

谌伊勋　（九）316

成崇本　（十二）462

成谷采　（六）473

成国屏　（五）564；（九）498

成汉　（十一）590

成冀孟　（十一）258

成均　（十二）519,554

成续孟　（十一）258

成肇修　（十一）258

程璧光　（二）322,323,340；（三）74；（四）221,523；（六）258,328；（八）5,358,360；（九）274—278；（十二）44,582；（十五）141

程滨　（十三）381

程炳坤　（四）322

程步瀛　（九）528

程楚九　（十二）319

程春雨　（十三）58

程德全　（三）376；（四）243；（六）18,157,548；（八）304,324；（九）3,14,23,125

程铎　（十二）600

程光鑫　（九）119

程国荣　（十二）409

程国桐　（十二）409

程恒式　（六）389

程鸿轩　（十三）223

程康简　（十二）432

程奎光　（一）76；（二）264,310；（六）128；（八）5,36

程亮初　（十二）312

程明超　（八）76；（九）118

程潜　（二）330；（三）608；（五）60；（六）267,269,284,296,332,365,453,553；（七）431,436,513；（八）87,88,370,528,608,637,692,696；（九）301,326,370,405,427,481,504,511,516,526,527,529,532,536,542—544,558,563,568,569,579,593,653,671,683,685,694,697,703,705；（十）4,26,37,39,42,51,59,82,83,87,96,99,100,104,132,145,148,158,164,165,172,185,209,210,219,228,234,248,249,252,264,266,272,273,276,301—303,308,309,327,330,336,337,342,345,349,371,381,383,385,

386,394,407,410,412,434,435,
443,448,451,455,464,465,476,
479,486,501,502,511,513,514,
520,526,529,530,535,537,541,
550,553,556,559,561,567,591,
592,601,605,610,611,618,627,
633,638,639,645,649,651,652,
670,678,690,692,693,703,714,
715,717;（十一）1—3,5,6,12,
15,16,20,28,32,34,36,47,51,
52,69,70,72,76,78,82,86,93,
95,100,101,106,107,115—117,
120,121,127,132,143,146,148,
151,152,166,167,170,173,186,
195,196,202—204,207,210,211,
218,225,227,232,257,260,
263—266,268—271,273,275,
277,278,286,287,290,297,305,
307,309,311,314—316,324,
326,339,342,349,352,355,358,
362,365,366,372,374,378,382,
387,395,397,399,401,405,406,
410,411,434,455,456,458,476,
484,498,508,511,519,526,554,
574,582,583,587,590,591,593,
600,603—606,610,612,623,
626,630,631,638,649,650,656,
657,661,665,681,695,696,698,
701,708,716;（十二）198,207,
215,309,310,342,475;（十三）
24,85,99,134,151,221,238,
248,256,329,351,403,440,445;
（十五）277

程庆全　（十二）260
程瑞卿　（十二）404
程善庚　（十二）398
程少溪　（十二）412
程树荣　（十二）436
程天斗　（九）389;（十）50,81—
　83,100—102;（十二）257,272,
　347,348,607
程天放　（九）469
程文岳　（十二）36,520,547,548
程贤成　（十二）409
程贤池　（十二）409
程贤奋　（十二）406
程贤衮　（十二）409
程修鲁　（十二）599
程曜臣　（六）128
程耀初　（十二）432
程耀垣　（十二）594
程伊川　（八）664
程永康　（十二）409
程玉波　（十二）435
程藻芳　（十二）413
程致刚　（十二）432

程壮 （九）191,238；（十二）576；
（十三）81

程祖彝 （二）302

蚩尤 （二）289,290

池亨吉 （二）276；（三）272；（四）62,70,81,156,315；（六）7,8,11；（八）102,104,105,151,152

池吉尹 （十二）513,547

池任男 （十二）478,480

池顺利 （十二）608

池苆垮 （十二）317

褚辅成（慧僧） （三）99,242；（六）257；（七）354；（八）363,441

褚民谊 （四）166；（九）58,60

慈禧太后 （二）248,252,253,255；（四）96

崔霸东 （十三）92

崔炽黄 （十三）253

崔鼎新 （十二）88,604

崔芳 （十二）412

崔改非 （十二）533,568

崔广仁 （十二）326

崔豪 （十二）403

崔吉 （十二）637

崔景 （十二）368

崔民生 （十二）324

崔权 （十二）191

崔尚 （九）605

崔肃平 （十二）122,617

崔通约 （三）13；（四）233,313；（五）416；（八）133

崔文藻（戟勋） （四）537；（八）365；（九）286；（十二）61,149,158,586,602,622

崔文灼 （十二）480

崔镇之 （十三）95

崔灼明 （十二）595

寸海亭 （十二）509,549

寸性奇 （五）426；（十）328；（十二）359；（十三）167,210,211

D

达尔文（达文） （一）45—47,222；（二）54；（七）161,164,176,180,181,508

达尼思 （二）220

大隈重信 （一）78；（二）93,119；（四）387；（七）363；（八）29,298,321

大禹 （一）40,51,52,393；（二）74；（八）158

大冢信郎 （三）486

戴保珍 （十二）324

戴传贤（季陶、天仇） （二）5,99,285,344,425,426；（三）158,239,248,251,252,257,258,278,396,

486;(四)290,309,327,381,463,
520,521,535;(五)28,38,67,
329,331,333—337,339;(六)
211,258,346,349,355,367,368,
370,482,501,583,598,609;(七)
60,333,335,549,552—555,711;
(八)272,276,325,350,381,382,
434,677,678,687,720,735,738,
781;(九)317;(十)426,700;(十
一)20,142;(十二)124,148,
305,503,505,560,621;(十三)
284,330,340,366;(十五)91,248

戴翠帘　(十二)357

戴德抚　(十二)379

戴德律　(四)334,340,346,348,
355,357,358,360,370,415,454,
459,492;(六)172,173

戴恩赛　(二)425,426,428;(十)
638;(十一)249,415;(十三)
197,430

戴谷辉　(十二)515,526,549

戴寒松　(十二)326

戴金华　(十)119;(十二)517,544,
605

戴爵谷　(十三)44

戴愧生　(十二)90

戴名世　(七)21

戴匍季　(十二)448

戴人俊　(五)221

戴仁　(四)290

戴任　(五)240;(十二)500;(十
三)261

戴绶章　(四)290

戴文蔚　(十二)327

戴永萃　(十二)349;(十三)134

戴岳　(十三)328

戴藻芳　(十三)148

戴焯文　(十二)21,505,547

丹顿(丹东)　(一)433

但焘　(三)236;(六)581;(九)
118,169;(十二)102,204,240,
615

但懋辛(怒刚)　(五)111,331,
332,336,456,467,483;(七)652;
(八)85,86

刀安仁　(九)83,84

道格拉斯　(四)26;(八)324

德来达　(五)71,72

德寿　(一)80;(二)264;(四)17

登尼斯　(二)249

邓柏年　(十二)109,616

邓宝珊　(五)286

邓宝廷　(五)378

邓本殷　(五)443;(十)140

邓彬　(四)75

邓炳　(十二)407,410

邓伯朋 （十二）479
邓采唐 （十三）138
邓朝勋 （十二）432
邓承昉 （九）253
邓城 （九）134
邓炽杨 （十二）412
邓创强 （十二）492
邓达泉 （十二）437
邓达杨 （十二）412
邓岱峻 （十三）441
邓道藩 （三）19
邓道行 （十二）466
邓道炎 （十二）466
邓登发 （十二）383
邓鼎封 （六）427；（十一）467
邓鼎峰 （五）176
邓逢 （十一）377
邓福轩 （十二）175
邓福盈 （十二）406
邓富 （十二）439
邓公寿 （十）360,361
邓恭休 （十二）406
邓光 （十二）522,541
邓光楚 （十二）408
邓国钦 （十二）316
邓国昭 （十二）406
邓汉进 （十二）461
邓浩积 （十二）411

邓浩振 （十二）409
邓合 （十二）327
邓宏顺 （十）366
邓华侨 （十二）326
邓辉 （四）550；（十二）411
邓惠田 （十二）531,566
邓家彦（孟硕） （三）239；（四）290,371；（五）21,201,205,287,476；（六）174,190,210；（八）472,473；（九）336；（十）354；（十二）214,597；（十三）284；（十五）83
邓剑灵 （十二）597,601
邓剑南 （十二）514,550
邓节隆 （十二）411
邓杰三 （十二）412
邓京 （十二）399
邓九 （十二）408
邓居文 （九）216
邓钜普 （十二）471
邓克辛 （十二）513,550
邓铿（仲元） （一）402；（三）127；（四）339,354,405,417,426,435,441,446,461,495；（五）58,204,267；（六）179,183,189,191,196,197,367,378,510—512；（九）385；（十二）32,229,576；（十五）91,297,310

邓铿堂　（十二）513,550

邓孔芝　（九）269

邓来发　（十二）524,558

邓利　（十三）26

邓林权　（十二）391

邓洛亭　（五）19

邓明三　（十二）435

邓鸣　（十一）258

邓鸣谦　（六）43

邓慕韩　（四）92,97；（五）66；（六）172；（七）33；（八）91,101,105,190,307；（九）61,513,562,623,679；（十）158,202,203,217；（十一）67；（十二）80,595；（十三）10,86,232；（十五）60

邓培生　（九）197；（十二）511,541

邓配之　（十二）432

邓启睦　（十二）378

邓洽　（十二）439

邓庆炜　（十二）391

邓铨　（十一）258

邓荣　（十二）370

邓荣桂　（十二）364

邓荣基　（六）63

邓孺子　（十三）147

邓瑞　（十二）439

邓三　（九）452

邓三言　（六）344

邓深　（十二）465

邓省群　（十二）175

邓士培　（十二）411

邓士章　（十一）306；（十三）403

邓仕俊　（十二）178

邓仕学　（十二）523,555

邓叔平　（十二）459

邓树锦　（十二）411

邓树灼　（十二）411

邓颂仁　（九）181

邓台荫　（十二）246

邓泰中（和卿）　（五）36,86,136,138,365,386,387,390,426；（六）496；（九）453,454,458,460；（十二）444；（十三）7,11,236

邓棠业　（十二）413

邓天翔　（六）302；（十二）610

邓天一　（八）436；（十二）76,591

邓天乙　（十二）580

邓跳山　（十）421,422

邓廷铿（琴斋）　（二）224；（八）4—7

邓惟贤　（五）7

邓鎏文　（十二）466

邓锡　（十二）411

邓锡侯　（五）333；（十）258

邓仙石　（十二）412

邓芍泉　（十二）438

邓香泉 （十三）15

邓祥 （十二）465

邓想 （十二）439

邓雄 （十二）303

邓秀山 （十二）439

邓学廉 （十二）404

邓演达 （五）471；（六）557；（八）670，673；（九）602，636，661；（十）54，114，130，132，144；（十三）316，371；（十五）263

邓彦华 （五）523，524；（七）630；（十）196；（十一）447，473；（十三）116，410，414；（十五）308，336

邓养 （十一）718

邓耀 （四）550；（五）105，106；（九）266；（十二）71，157，217，587，589，622

邓贻栋 （十二）411

邓以光 （十三）13

邓义 （十二）480

邓毅夫 （十二）240

邓荫南 （一）76；（二）43；（四）15；（九）484；（十二）206，240，594；（十五）16，250

邓荫堂 （十三）159

邓应勋 （十一）258

邓愚公 （九）408

邓宇清 （十一）378

邓玉麟 （八）230；（十二）49，584

邓元 （十二）599

邓元章 （十二）130，633

邓运 （十二）368

邓泽如 （三）12；（四）57，59，63，71，72，74，75—80，86，90，91，94—97，99，105，106，108，110，112，113，121，142，143，146，163，171—173，178，179，182，185—187，191，192，195—198，200，221，223，238，291，298，318，319，322，323，337—339，341，343—345，349—351，353—355，357，358，361，369，370，372，376，378，384，387，388，392，406，409，410，428，429，442—444，476，477，484，485，502，504，507，509，512，513，518，527，528，532—534，540，543—545，552，553，557；（五）14，15，22，24，25，156，157，326，339，340，366，491，517；（六）9，12，15，37，55，535；（七）28；（八）101，146，625；（九）180，197，408，409，455，456，460，513，520，526，556，603，604，607，609，627，639，645，665，666，670；（十）2，33，34，49，56，112，136，145，158，250，261，

347,479,560,589,625,626,630,701;(十一)36,50—53,67,134,135,164,186,261,291,298,330,337,350,408—410,436,457,466,477,478,482,486,496,552,558,560,566,567,608,665,710;(十二)240,303,342,344;(十三)8,9,97,193,199,245,285,286,307,321,334,336,337,342,343,405,456;(十五)156,291

邓展鹏　(三)236

邓召荫　(十二)272;(十三)398

邓兆　(十二)463

邓兆枢　(十二)318

邓兆亭　(十二)411;(十二)401

邓镇鸿　(十三)26

邓直愚　(十二)527,554

邓治斌　(十二)117,632

邓仲泽　(十二)588

邓柱进　(十三)26

邓子实　(十二)516,541

邓子贤　(十二)529,564

邓子瑜　(一)84;(四)51,52,54,63,65,69,71,163,166,172,192,508,510,537,549;(六)6,35,415,433;(十一)67;(十二)32,504,574

邓奏隆　(十二)411

狄侃　(十三)186

狄楼海　(六)65;(十二)598

笛卡西　(二)127

地拉涉(雷塞布、莱塞普)　(一)42

地摩忌里特(德莫克利特)　(一)46

地士剌厘(迪斯雷利)　(一)42

刁寿南　(十三)159

丁超五　(七)540;(十二)600;(十三)386

丁芳园　(十二)322,324

丁复　(十二)611

丁浩　(十二)437

丁厚堂　(六)324

丁怀瑾　(九)254,289

丁槐　(三)74

丁基龙　(六)474

丁景良　(四)448,539;(六)318,377

丁觳音　(十三)286

丁联英　(十二)577

丁明钦　(十二)577

丁培龙　(五)169;(六)425,426;(九)415,419;(十二)261,277

丁骞　(九)363;(十二)598

丁仁杰　(三)242,486;(九)169;(十二)125,126

丁瑞生　(十二)327

重要人名索引

丁石生　（四）494

丁士杰　（十二）117,153,577,621,631；（十三）34

丁士源　（六）106

丁惟汾　（三）159,258,259；（五）70；（八）770；（九）293；（十二）232,285,307；（十三）284,302

丁韪良　（一）450,451；（七）259

丁蔚若　（十二）613

丁象离　（十二）95,624

丁象谦　（十二）76,591；（十三）386

丁象益　（十二）385

丁效兰　（六）393

丁义华　（三）31；（四）247,313；（六）162

丁震　（十二）95,623

董方城　（五）173,514

董福昌　（十）458

董福开　（九）210；（十）621；（十一）167,235,473,586；（十三）435,488

董耕云　（十二）615

董翰　（十二）465

董鸿勋　（十）25；（十二）350；（十三）134

董晃　（十二）331

董昆瀛　（八）388；（十二）70,589

董润　（三）236

董荫卿　（十二）404

董镇白　（九）378

董直　（五）24,39；（十二）331

董卓　（六）486

窦应昌　（十二）598

杜朝　（十三）81

杜纯　（九）119

杜次珊　（四）256

杜东升　（十三）119

杜督夷　（十二）513,547

杜福　（十二）391

杜贡石　（三）247

杜官　（十二）402

杜广　（十三）58

杜锦荣　（十二）437

杜濬源　（十二）163,623

杜凯元　（十二）598

杜林　（十二）317

杜龄昌　（十）501,502

杜墨林　（九）497；（十三）407

杜牧　（二）3

杜鹏　（十二）406

杜璞珍　（十三）248

杜润昌　（十二）614

杜受田　（六）486

杜威　（一）47

杜文福　（十二）534,568

— 35 —

杜武库 （十二）206

杜锡钧 （六）93

杜羲 （九）652

杜喜 （十二）408

杜之秋 （十二）592

杜子齐 （十二）519,554,604

端方 （一）87,88；（二）187；（三）10；（六）41；（八）174；（九）86,166；（十一）696

端木璜生 （九）652

端木恺 （十二）422

段蓬仙 （六）414

段祺瑞(芝泉) （二）103,194,204；（三）50,75—77,87,88,90,92—94,100,135,138,139,217,218,223,283；（四）409,410,445,452,455,466,470,475,514,543；（五）168,174,265,294,304,367,421,464；（六）48,50,245,249,250,254—256,275,303,362,369,385,511,580,605,628,629,656,657,660,665,668,669,671—673；（七）278,279,293,307,310,312,323,324,335,336,360,427,627,690,691；（八）321,330,343,346,348,351,366,381,388,393,395,422,424,427,457,493,539,548,549,587,618,664,665,667,705,707—711,715,718,722,726,728,730,746,747,751,758,762,766,769,771；（九）114,260,264,295,315,338,341

段廷佐 （九）297

段雄 （五）173；（十二）74,590

段芝贵 （一）67；（四）553；（六）254,294；（七）275

多尔衮 （一）360

多卡纳奇 （八）488

E

恩秉彝 （十二）616

恩克阿穆尔 （五）79

恩铭 （二）264；（六）46；（九）166

儿玉源太郎(儿玉) （一）80；（二）324,325；（三）277；（八）59

尔朱荣 （三）74

耳把都拉而吉子 （五）416

F

樊福 （十二）638

樊镇安 （五）242；（十二）605

樊钟秀(醒民) （三）206；（五）527,550,551,553；（六）382,615,643,644,671；（七）560,595,660；（八）637,707,769；（十）202,220,221,416,444,451,457,458,

460,531,545,553,560,561,602,616,628,648,653,664,665,712;(十一)25,81,87,136,157,178,186,221,287,297,342,350,393,399,458,473,508,511,524,526,557,561,574,587,612;(十三)285,355,411,450

范百弓 （十二）316

范光启 （三）19,237,238;(十二)11

范国璋 （三）219;(六）319,341

范鸿钧 （十二）16,502,598

范鸿仙 （四）355,357,448

范基存 （十三）95

范济沈 （十二）324

范锦堃 （六）346

范克 （十一）530

范明扬 （十二）492

范慕连 （十二）20

范其务 （十）32,33,36,60,66,85,109,188,210,212,269,278,309;(十一)558,638,667,715;(十二)344;(十三)98,227,461

范石生 （五）482,497,498,504,512,515,519,526—528,547,549;(六）504,555,572,585,588—591,611,633,636,638,640,644,646;(八）695,701;(九）570,601;(十）65,71,85,88,89,92,141,146,149,167,169,172,182,187,194,196,214,229,293,316,368,369,415,416,467,481,486,511,515,524,530,553,554,605,642,670,690,707;(十一）5,17,24,25,44,84,91,112,173,174,208,229,234,350,393,416,449,450,558,560,631,652,654,665,670;(十二）428;(十三）104,123,270,296,318,492,500

范顺贻 （九）103

范望 （八）689;(十一）214;(十三）132

范熙绩 （十三）243

范弦高 （五）369

范毅 （十二）35

范源濂 （六）101,114;(九）114

范治焕 （六）234

范仲淹(文正) （二）19

方安 （十三）67

方拔馨 （十二）523,541

方本仁 （六）660,669,670,672

方策 （十二）95,624

方长宁 （十二）432

方成 （十三）11

方持平 （十二）469

方棣棠 （十三）159

方鼎英　（十）226，342；（十三）215，327

方富彦　（十二）398，410

方谷　（十二）17，95，114，503，616—624，631—635

方汉城　（二）318

方汉京　（十二）480

方汉章　（十二）489

方洪　（十）88

方户任　（十二）269

方化南　（五）89，157；（九）304

方怀南　（十二）485

方锦泉　（十二）319

方觉慧　（十二）268；（十三）106

方轮镜　（十二）410

方淇　（十二）399

方潜　（三）237，238；（八）388；（九）88，119；（十二）10，76，591

方擎汉　（十二）378

方求得　（十二）391

方渠　（十二）369

方榕基　（十二）391

方瑞麟　（九）446，455，456

方瑞雄　（十二）410

方少劳　（十一）377

方神长　（十二）411

方生财　（十二）401，409

方声涛　（五）196；（六）296，366，416，419，420，438，462；（九）180；（十）696；（十一）29，474，475，518，610；（十二）46，140，582；（十三）327，438，439，478，495

方盛　（十二）439

方是男　（十二）464

方守严　（十二）369—370

方寿龄　（十三）141，179

方铁侠　（十二）458；（十三）148

方维　（七）449；（八）207，209，217，323

方文瑸　（十二）369

方文浣　（十二）369

方希典斯坦（冯·海顿斯坦）　（一）113，116，117

方锡　（十二）331

方孝纯　（十三）90，328，329

方协民　（十二）461

方亚民　（十二）364

方耀　（二）40；（十二）439

方耀光　（十二）356

方以情　（十二）436

方毅　（十二）629

方祐　（十二）493

方远龙　（十二）459

方振民　（十二）464

方振武　（十二）206

方震　（十二）206，581

方志超　（十一）471

方智农　（十二）465

方仲海　（十二）467

方舟楫　（十二）367

方卓槐　（十二）370

方子伦　（十二）368

方作桢　（十二）107，631

芳川宪治　（三）486

房蔚岩　（十二）480

非烈特力大王　（二）136，137

费公侠　（三）258，259

费信惇　（十一）243，244

费行简　（十三）286

封德三　（四）290

冯拔俊　（二）357

冯百瞿　（十二）573

冯百励　（五）378

冯宝森　（十三）85，438

冯宝桢　（十）48

冯葆初　（九）696

冯标　（十）708；（十一）13

冯秉銮　（十二）364

冯伯瞿　（九）197；（十二）510

冯伯砺　（十二）605

冯才奴　（十二）437

冯朝宗　（十三）477

冯成　（十二）327

冯川　（十二）391

冯达材　（十）71

冯达生　（十二）472

冯道　（三）255；（六）506

冯德　（十一）376；（十二）391

冯萼生　（十二）324

冯尔琛　（九）222

冯福田　（十二）628

冯根　（十二）412

冯关田　（十二）331

冯观霖　（十二）534，568

冯广华　（十二）435

冯广魁　（十三）26

冯广林　（十三）54

冯广敏　（十二）408

冯国华　（十二）138，634；（十三）41

冯国璋　（一）349；（二）148；（三）87，88，95，185，190；（四）381，412，445，452，478，479；（五）9；（六）72，227，249—251，303，347；（七）105，278，279，313，499；（八）338，339，351，491；（九）238

冯汉雄　（十二）365

冯洪生　（十二）465

冯嘉宾　（九）377

冯俭时　（十二）437

冯奖卿　（十二）326

冯藉生　（十二）446

冯锦庆　（九）377

冯锦堂　（十二）514,551

冯就　（十三）58

冯菊逸　（十二）319

冯均　（十二）410

冯俊三　（十三）15

冯浚三　（十三）46

冯骏声　（十二）324

冯坤　（十二）627

冯昆鹏　（十三）26

冯林炯　（十二）404

冯琳　（十三）24

冯麟阁　（六）75

冯隆阶　（十二）458

冯鸣楫　（十二）463

冯铭楷　（五）443

冯培根　（十二）364

冯普　（十三）26

冯祺　（十二）537,571

冯启民　（十）9；（十一）33,93；（十三）174,209

冯清　（十三）152

冯如椿　（十二）446

冯汝骙　（九）166

冯汝枻　（十二）138,143,634

冯锐生　（十三）67

冯闰生　（十二）313

冯森荫　（十二）379

冯少平　（十二）467

冯少强　（十二）486

冯少泉　（十一）377

冯时朗　（十二）317

冯式如　（十）2

冯寿　（十二）490

冯树荣　（十三）15

冯顺体　（十二）437

冯嵩　（十二）399

冯天然　（十二）529,564

冯伟　（五）479；（九）538,560,565,566,592,594,617,633,653,656,690,691；（十）149,163,328,633；（十一）175；（十二）259,429；（十三）418

冯锡如　（十二）325

冯锡垣　（十二）401

冯熙周　（九）297

冯侠民　（九）416；（十）61

冯贤　（十二）432

冯贤起　（十二）467

冯晓楼　（十二）459

冯新民　（十二）363

冯兴　（十二）493

冯亚佛　（五）101,122

冯炎公　（十二）526,553

冯演秀　（十二）212,246,264

冯耀南　（九）519；（十）9,447

冯业生 （十二）33,519,555

冯一枝 （十二）464

冯以桃 （十二）371

冯以添 （十二）370

冯以照 （十二）364

冯轶裴 （十一）134;（十二）275;（十三）368

冯庸 （五）454

冯幼拔 （十二）313

冯玉棠 （十三）58

冯玉祥(焕章) （三）135,138,196;（五）13,14;（六）319,385,531,539,578,655,656,658,661—664;（七）548,669,670,673,688;（八）361,396,565,569,575,617,618,665,709,718,722,728,763,766,768;（九）277;（十一）530;（十三）454

冯裕芳 （二）357;（三）236

冯远 （十三）26

冯泽泉 （十二）537,570

冯增元 （十二）408

冯兆霖 （十三）500

冯肇铭 （六）605;（十）399,437,489,539,545,557,631;（十三）275

冯肇宪 （九）406,413,414,416,420,425,429;（十一）202,211;（十二）261

冯镇东 （十二）82,595;（十三）149

冯执简 （十二）191

冯中兴 （十二）103,612,615

冯中行 （十二）539,553

冯祝万 （六）512;（十一）447—448;（十二）352;（十三）238,368

冯庄毅 （十二）437

冯焯勋 （十二）236

冯滋深 （九）88,91

冯子恭 （一）1,3,12;（三）258;（十二）314

冯自衡 （十二）355

冯自由 （二）5,215,358;（三）158,234,236,238,242,268,272,289,300,302,330;（四）19,22,293;（五）220,511;（六）3,50,54,55,174;（七）5,12,553,554;（八）3,76,77,134,622,623,625,659,667,668,697,698,775,776;（九）118,212,213,234,324,349;（十）463;（十一）459;（十二）1,7,64,194,246,262,502,507,548,575,587;（十三）230;（十五）40,41

冯祖尧 （十一）258,259

佛兰克林 （八）158

佛利耳(傅立叶、富利安) (七)165,181

佛列查 (一)20

伏彪 (九)399,633

伏尔霍夫斯基 (四)4

伏龙 (十)648,653;(十二)577

伏生 (八)158

孚琦 (二)265;(四)213;(七)462,495,579,583

符潮波 (十三)13

符东海 (十二)530,555

符福东 (十二)326

符福兴 (十二)356

符公民 (十二)517,550

符国光 (九)377

符海东 (十二)358

符汉精 (十三)15

符鸿杏 (十二)326

符家衿 (十二)480

符建章 (十二)539,552

符兰亭 (十二)537,571

符鲁士 (六)613,616;(十)676

符气仁 (十二)326

符尚志 (十二)538,567

符世祥 (十三)67

符寿山 (十二)326;(十三)15

符受初 (十二)525

符树兰 (四)98,169

符树秀 (十二)526,534,553,567

符午坊 (十三)15

符献川 (十三)15

符昕 (十三)64

符养华 (十二)258,538,567

符英 (十二)326

符兆光 (十三)92

符致琳 (十二)326

符众 (十三)185

符卓颜 (十二)318

福本诚 (四)10,11;(八)50,53

福近卜 (三)9

福禄特尔 (二)54

福特 (五)520,521;(八)742,743

福煦 (六)674

副岛义一 (一)79

副岛种臣 (一)78

傅秉常 (三)178,261;(九)506,577,605,644;(十)3,106,279;(十一)392,553,635;(十二)335;(十三)408,447,453

傅畅和 (六)300,309

傅介子 (五)155;(六)408;(九)326

傅峻山 (十二)326

傅笠渔 (十二)535,575

傅良佐 (三)217;(七)286;(八)211;(十一)374

傅柳朋　（十二）437

傅青云　（十二）316

傅荣华　（十二）20,505,544

傅说　（一）14

傅天民　（九）206

傅铁民　（九）186

傅谐　（十二）593

傅仰虞　（九）119

傅翼　（十三）510

傅英隆　（十二）355

傅振箕　（十二）527,556

傅子政　（九）197；（十二）512,545

傅梓福　（十二）355

傅宗耀　（三）242

G

该鲁学尼　（八）102

甘蕃　（十三）173

甘汉生　（十二）412

甘鸿钧　（十二）411

甘华黼　（十二）110,631

甘金水　（十二）411

甘霖　（九）46；（十二）368

甘乃光　（五）159,201；（十一）224；（十三）393,413

甘壬喜　（十二）412

甘汝雄　（十二）399

甘汝庸　（十二）404

甘雪葵　（十二）438

甘耀华　（十二）325

甘作培　（六）63

冈大司　（五）161

高标勋　（四）420

高秉光　（十二）118

高秉元　（十二）632

高伯谦　（十二）311

高达生　（四）53

高大成　（十）488,498

高第业(库捷)　（一）44

高东旸　（十一）655,657

高敦焯　（九）357；（十二）93,247

高尔察克　（五）279

高尔登　（十二）149,621

高发明　（十二）183,297,431,435,436

高凤桂　（三）206；（六）607；（十）291,298,335；（十三）247,266

高福　（十二）33,520,555

高根大　（十三）50

高冠吾　（三）392；（十三）421

高贵超　（十二）404

高汉宗　（十）48

高厚华　（十二）493

高欢　（三）74

高家祺　（十三）263

高建瓴　（十二）576

高建平　（十二）612

高金玉　（十二）331

高钧康　（十二）400

高亢藩　（十二）606

高奎吾　（十二）431，436

高连结　（十二）391

高连泗　（九）356

高亮炜　（十二）391

高鲁　（九）119

高略　（十二）371

高梅荣　（十二）410

高妙胜　（十二）391

高培臣　（十三）268

高杞　（十三）366

高全忠　（五）353，354

高荣耀　（十三）53

高尚志　（十二）49，584

高少琴　（十三）273，325

高绍清　（十二）492

高石　（十二）178，446

高叔钦　（五）84

高太　（十二）412

高檀　（十一）377

高廷槐　（十二）396

高维岳　（六）389

高希文　（十三）159

高轩理　（十二）410

高燕如　（十三）273

高野太吉　（一）21；（三）256，257；（九）307

高一峰　（十二）531，565

高义　（十二）331

高逸山　（十二）447

高永安　（十二）492

高有连　（十二）412

高裕东　（十二）391

高元仕　（十二）628

高云山　（四）425；（十一）420；（十二）368

高振汉　（十二）539，553

高振汝　（十二）316

高振霄　（五）310；（九）365

高秩可　（十一）693

高致和　（九）454

高中禹　（十）594；（十二）496；（十三）272

高仲达　（十三）136

高周　（十二）178，446

高宗汉　（十三）54

杲海澜　（十三）386

戈登　（一）401；（二）28，125；（七）416，491，552；（八）98，104，147

戈尔　（二）216

哥伦布（哥林巴士）　（一）225；（二）155

格德林　（十三）261

格利门梳(克里孟梭) (一)90
格林威尔 (一)396,399
葛光廷 (五)308
葛光庭 (十三)216
葛昆山 (十)446;(十三)248,477
葛雷 (二)138
葛庞 (九)196,327
葛习昌 (十二)129
耿觐文 (九)118
耿毅 (三)238;(十三)216
耿直 (五)13
弓长杰 (四)399;(九)193;(十二)19,504,574
宫崎弥藏 (一)76,79
宫崎民藏 (五)488,518,519;(八)68;(十五)72
宫崎寅藏(白浪庵滔天、白浪滔天、宫崎滔天、滔天) (一)64,76,78,79;(二)274,298,318;(三)257,258,284;(四)8,9,16,27,39,54,102,162,167,196,205,209,211,216,232,354,374;(五)2,223;(六)1,3,4,11,135,532;(七)4,238,239,464;(八)24,26—37,44,48,50—52,54,62,64,65,68,84,102,152,167,269,274,315,317,446,615;(十二)1;(十五)6,19,22,67,72,73,77,151,369
龚桂森 (十二)513,550
龚豪伯 (五)407
龚槐桢 (十二)461
龚莘平 (十二)468
龚师曾 (九)463
龚旺 (十二)434
龚维鑫 (三)237,238
龚五之 (十二)368
龚显斋 (十二)412
龚心湛 (六)396,399,403
龚义方 (十一)695
龚振丹 (五)247
龚振鸥 (十二)205
龚镇鹏 (三)237,238
龚政 (六)252;(十二)66,587
辜华权 (十二)319;(十三)138
辜世惯 (十三)136,138
辜世爵 (十二)317
辜世英 (十二)319
古岛一雄 (四)434
古德诺 (一)58,59,395;(七)255
古帝培 (十三)67
古恩 (四)356
古凤生 (十三)137
古贺 (十二)396
古焕 (十二)438
古惠行 (十二)431

古继鹏　（十二）479

古锦祥　（十二）534,569

古林菁　（四）82

古茂昌　（十二）412

古鹏云　（十二）406

古日光　（九）573；（十二）445

古石云　（十三）58

古市公威　（八）273

古枢　（十二）400

古洼涅　（五）162

古仰周　（十二）515,551

古应芬(湘勤)　（三）247；（五）163,480；（六）456,549,551,557,560,576,589—591,638,653；（八）678；（九）505,519,529,542,547,558,564,577,578,584,593,595,613,660,669,701,706；（十）46,48,110,111,196；（十一）133,173,182,207,219,236,250,261,271,275,284,289,291,293,299,306,342,350,375,386,391,458,463—466,469,470,479,480,487,494,505,508,514—517,532,533,540,546,548,549,555—558,560,567,568,574,583,601,602,612,614,618,626,627,635,642,645,646,650,665,686,690—692,703,707,708,710,714；（十二）63,309,343,392,440,583,587,592；（十三）28,46,134,138,139,199,225,330,370,380,381,401,405,433,434,442,443,456,458,466,468,506,507,511

古元章　（十二）434

古悦我　（十三）157

古振暄　（十三）148

古振煊　（十二）458

古宗邦　（十二）537,570

古宗尧　（四）401；（六）236；（十二）515,551

谷超群　（十一）716

谷春芳　（十）436,563；（十三）36,212

谷雨三　（十）263

谷正伦　（六）477,489,491,492,509；（九）361,381；（十二）243

谷钟秀　（六）111；（七）135；（八）248,251

顾根福　（十三）26

顾金叶　（十二）511

顾锦初　（十一）377

顾品珍　（三）225；（六）276,288,292,470,481,491,496,502—504,508；（七）584；（八）442；（九）531；（十二）194,199,239,241

顾人宜　（十二）206,614

顾时济　（十二）609

顾馨一　（三）242

顾兴　（一）282

顾炎武　（三）16

顾振黄　（九）25

顾忠琛（顾忠深）　（三）237,257,258;（十一）84,97,122,206,226,399,656;（十二）9,206,309;（十三）358

顾祝同　（十三）371

顾子仁　（一）91,93

关敖　（十二）492

关柏　（十二）492

关榜　（十三）54

关宝华　（四）425;（十二）592

关弼初　（十二）432,434

关碧峰　（十二）463

关璧池　（十二）463

关伯荣　（十二）463

关伯仲　（十二）460

关朝杞　（十三）53

关朝阳　（十二）436,439

关辰　（十二）438

关崇汉　（十二）471

关崇樵　（十三）81

关崇润　（十二）366

关崇掀　（十三）80

关崇贤　（十二）401,409

关崇裪　（十三）81

关崇宇　（十二）472

关崇稚　（十二）396

关创槐　（十二）355

关春培　（十二）439

关聪　（十二）409

关道　（十三）368

关棣　（十二）435,440

关鼎之　（十二）463

关公度　（十一）483

关公羽　（十二）437

关光汉　（十二）355

关国昶　（十二）512,548

关国赓　（十二）512,548

关国河　（十二）432,434

关国深　（十二）322,512,548

关国祥　（十二）435

关国雄　（五）338;（九）396;（十二）230,273

关国仪　（十二）470

关汉光　（九）558,648;（十二）482;（十三）247

关汉生　（十三）39

关和　（十二）355

关洪德　（十二）470

关华　（十三）66

关霁　（三）236

关建藩　（五）409

关健民　（十二）463

关鉴享　（十二）435,439

关开贤　（十二）405

关焜植　（十二）400

关廉广　（十二）439

关亮荣　（十二）378

关烈臣　（十二）412

关烈民　（十二）463

关民生　（十二）313

关铭　（十二）539,553

关墨园　（五）245,257

关牡丹　（十一）377

关其康　（十二）437

关仁甫　（四）81—84,93,108；（七）69

关日升　（十二）327

关荣燊　（十二）470

关瑞祥　（十二）470

关瑞绪　（十二）410

关韶　（十三）152

关燊南　（十二）493

关慎初　（十二）410

关胜骚　（十二）410

关省吾　（十二）463

关双　（十二）462

关嗣澄　（十二）489

关嗣瀚　（十二）489

关松远　（十二）458

关崧来　（十二）437

关天彩　（十二）409

关天民　（十二）469

关添彬　（十二）405

关铁刚　（十二）327

关伟民　（十二）464

关蔚　（十二）434

关我愚　（十二）463

关武　（十二）355

关西如　（十二）438

关锡安　（十二）356

关锡辅　（九）376

关锡祺　（十二）431

关羡华　（十二）461

关晓初　（十二）531,553

关旭峰　（十三）54

关勋廷　（十二）438

关勋旋　（十二）463

关砚池　（十二）463

关耀芳　（十二）319

关仪三　（十二）435

关怡业　（十二）411

关义和　（十）125

关意诚　（十二）431

关应麟　（三）236

关盈安　（十二）438

关玉云　（十二）493

关元深 （十二）463

关源 （十二）435

关允全 （十二）436

关占鳌 （十二）473

关兆槐 （十二）466

关兆康 （十二）465

关正华 （十二）391

关秩融 （十二）319

关仲民 （十二）473

关周泉 （十二）434

关焯堂 （十二）532,566

关卓臣 （十二）463

关自琳 （十二）466

关作瑸 （十）101

官其彬 （六）343

官文森 （十二）534

管鹏 （三）258；（六）326；（九）449,470；（十）323；（十二）91,98,205,206,422,607

管子 （二）53；（七）163

光绪皇帝（载湉） （二）46,56,248,255；（三）10

圭哇里（奎弗利） （一）19

贵以南 （十二）355

桂太郎 （三）216；（八）98,167,168,272,275,298

郭宝慈 （十）170；（十二）601

郭标(乃生) （四）467,486,498,507；（五）24

郭冰槐 （十二）161,635

郭伯棠 （十二）521,559

郭昌明 （六）371,372,375；（十二）268

郭崇渠 （六）395

郭川衡 （十）95；（十三）119

郭创新 （十三）138

郭椿森 （六）392；（十二）65,586

郭德明 （十三）15

郭汉图 （九）201

郭翰 （九）97

郭洪 （十二）431

郭辉 （九）54

郭坚 （五）286；（六）382,388,392

郭剑存 （四）510；（十二）510,574

郭介卿 （五）473

郭金榜 （六）396

郭巨川 （九）378

郭康民 （十二）368

郭魁 （十二）637

郭兰圃 （十二）528,557

郭醴泉 （十二）489

郭立业 （十二）535,569

郭连坡 （十二）369

郭民发 （九）519；（十）9,10

郭敏卿 （十一）224；（十三）394

郭南唐 （五）507

郭培富　(三)258,259

郭聘帛　(十二)422

郭朴　(十三)37

郭启仪　(十二)179

郭清泉　(十二)369

郭清石　(十二)327

郭琼生　(十三)135

郭秋旭　(十三)135

郭人漳　(一)84;(八)97

郭仁甫　(十二)319

郭荣兴　(九)419

郭汝栋　(十二)302

郭瑞庆　(十二)540,563

郭少慈　(十二)539,572

郭绍珍　(十二)530,565

郭绍智　(九)378

郭始拔　(十二)356

郭书成　(十三)119

郭澍亭　(十二)130,619

郭泰祺(复初)　(五)319,489;(六)507;(八)434,538,547,769;(十二)105,259,615;(十三)175

郭同　(十二)589

郭文钦　(五)113

郭锡龄　(十二)534

郭锡年　(十三)40

郭宪成　(十二)638

郭晓村　(十二)525

郭心田　(十二)539,572

郭学治　(十)343

郭耀棠　(十三)138

郭英甫　(六)396

郭云凤　(十三)26

郭兆龙　(十一)610

郭兆棠　(十三)119

郭照　(十二)329

郭致安　(十二)478

郭铸人　(十二)485

郭子昂　(十二)323

郭子钊　(十二)396

H

哈德安　(一)81;(八)75

哈定　(五)268,282,283;(八)460

哈美尔顿(汉密尔顿)　(一)427,428,437

哈在田　(九)191;(十二)576

海克　(六)674

韩侯　(十二)33,580

韩芳辰　(五)316—318

韩贵庭　(十一)69

韩亨丰　(十二)511,541

韩恢　(六)529;(九)185,401,406,432;(十)648,653;(十二)284

韩经丰　(十三)95

韩仁举　（十三）81

韩盛斯　（十二）356

韩万准　（十二）326

韩禧丰　（二）357

韩愈(韩昌黎)　（一）73,513；（二）185,279；（六）432

韩卓章　（十二）322

汉雨翘　（十二）518,554

杭辛斋　（三）258；（十二）305；（十五）292

郝继臣　（五）19

郝培云　（九）329

郝濯　（十二）598

何碧炎　（十二）288

何彬　（十一）377

何伯葵　（十二）431

何才杰　（十一）405,406

何成芬　（十二）439

何成濬(雪竹)　（三）251；（五）1,191,192,233,433,476,479,516,550,553；（六）470,475,609,619,620,636；（九）470,676；（十）22,354,552,570,584,632；（十一）113,130,161,172,221,473,501,560；（十二）206；（十三）450,454

何炽　（十二）178

何炽益　（十二）366

何达海　（十二）369

何大生　（十二）536,570

何德　（十）234,657；（十二）390

何德基　（十二）550

何德如　（十二）504,514,550,574

何登瀛　（十二）629

何东　（六）568,575,579；（八）640,641

何扶桑　（五）102

何福昌　（六）458；（九）400；（十）164

何福生　（十三）67

何干　（十二）371

何干新　（十二）624

何纲　（十二）36,521,548

何根恺　（十二）431,437

何恭鉴　（十三）67

何固　（十）136,250,251

何官伟　（十二）388

何广生　（十二）313

何贵元　（十二）117,631

何国基　（十二）514

何国祥　（十三）67

何海鸣　（四）360,381,382；（六）146；（九）185

何海荣　（四）108

何海山　（十）679

何海涛　（十二）598

何汉强　（五）415

何汉洲 （十二)358

何瀚澜 （十二)261,265;（十三）37

何惠民 （十三)67

何季初 （十)297

何家瑞 （十二)638;（十三)503

何家猷 （五)465;（十)278,351,442,538,617,618,652,681;（十一)47,228,237,239—242;（十三)125,229,388

何剑侠 （十二)469

何鉴 （十二)434

何鉴源 （十二)33,520,556

何教 （十二)431,441

何金华 （十二)402

何金秋 （十二)410

何金源 （十二)410

何菁宸 （十二)624

何井立 （十二)470

何景云 （十二)316

何敬甫 （六)177

何敬听 （十二)527,563

何镜波 （十二)316

何炯锐 （十三)138

何君子 （十二)478

何澘 （九)119

何克夫 （五)405,412;（六)55;（九)464,554;（十)72,75,94,113,350,384,646,647;（十一)44,45,67,76,258;（十三)139,167,347,483

何宽荣 （十二)458

何乐琴 （十二)588

何连富 （十二)435

何谅 （十二)465

何麟溪 （十二)431,436

何伦兆 （十二)376

何茂如 （三)138

何梦龄 （十二)464

何民畏 （五)190,191

何明生 （十一)258

何能柔 （十二)417

何佩琼 （四)56

何鹏 （十二)437

何钋臣 （十二)412

何齐端 （十二)624

何启达 （十三)95

何启沣 （十三)330

何钦燕 （十二)399,411

何勤 （十二)611

何清润 （十三)67

何秋廷 （十三)137

何秋亭 （十三)137

何权甫 （十二)516,552

何荣 （十三)54

何荣川 （十二)464

何荣籍 （十二)412

何荣山 （十二)311

何如群 （十二)302

何儒群 （十二)203

何汝 （十二)391

何瑞廷 （十二)514,550

何若渠 （十二)320

何森池 （十二)552

何尚敏 （十二)438

何少芝 （十二)514,542

何绍安 （十)167

何绍城 （六)319,320

何绍培 （六)358

何绍通 （十二)380

何升平 （三)79

何胜 （十)178；（十二)401

何石安 （十一)422；（十二)253；（十三)65

何世桢 （八)720；（九)441,471；（十二)311

何树龄 （八)28,31

何松顺 （十二)369

何天炯 （二)318；（三)242；（四)68,309,376,377；（六)22；（八)164,457,458；（十二)22,503,506,561,574；（十三)391

何天胜 （十二)391

何铁汉 （十二)460

何桐 （十二)493

何旺龙 （十二)534,568

何为善 （十)240

何伟臣 （十二)478

何畏 （五)239,240,287；（八)111；（十二)206,600

何蔚 （十二)212,272；（十三)151,249

何文坤 （十二)326

何文玉 （十一)718

何戊辰 （十三)138

何希池 （十二)526

何侠 （十一)38；（十二)294,637；（十五)223,379

何香凝 （二)425,426,428；（四)104；（七)274；（八)625,647,786,787

何效由 （十二)322

何心田 （四)91,92,97

何鑫 （十三)15

何信鲁 （十三)15

何兴茂 （十二)391

何秀峰 （十一)258

何绪甫 （四)438

何轩 （十二)412

何炎梅 （十二)379

何燕杰 （十二)492

何瑶 （十)679,680

何耀初 （十一）495

何贻礼 （十二）407

何贻烍 （十二）492

何以兴 （三）242；（十二）39，231，533，567

何义 （十三）64

何荫三 （九）70，203，209；（十一）423；（十二）28，506，547；（十三）185

何应钦 （二）350；（十三）293，366，367

何盈富 （十二）437

何犹兴 （三）258，259；（十二）310

何友逖 （十一）39

何玉 （十二）178，446

何玉麟 （十二）446

何煜胜 （十二）437

何渊 （十三）81

何泽隆 （十二）398

何兆伦 （十二）435

何振 （八）619；（九）420；（十二）263

何振鹏 （十二）407

何忠 （十二）378

何钟汉 （十二）537，570

何仲章 （十一）258

何焯贻 （十二）402

何卓竞 （五）236

何子奇 （十二）602

何梓林 （十二）272，628

何宗莲 （六）50，57，72

和春 （三）320

和炉时 （十三）357

和泮 （十二）459

和田瑞 （三）280

和耀奎 （十二）103，630

贺斌 （十一）610；（十三）495

贺国华 （十三）496

贺龙 （五）389；（十三）220

贺飘扬 （十二）369

贺向宾 （十二）539，553

贺赞元 （十二）52，585

贺治寰 （十二）16，502

贺子才 （九）119

赫德 （一）352；（七）416，657

赫斯利伍德 （五）277

赫胥黎 （二）77

鹤冈永太郎 （八）135

亨利佐治（亨利·乔治、显理佐治、卓尔基·亨利、佐治亨利） （一）31；（七）166，181—183；（八）182，183，632，699

洪昌运 （十三）67

洪承畴 （三）185，290；（七）459

洪承典（洪承点） （三）237，238；（四）107；（八）122

洪慈　（十二）94,607；（十三）275

洪调发　（十二）355

洪谷平　（十二）319

洪癸永　（十三）42

洪国耀　（十二）556

洪汉图　（十三）138

洪惠庆　（十二）317；（十三）138

洪继全　（十二）326

洪江周　（六）304

洪敬铭　（十二）485

洪炯　（十二）368

洪全福　（一）82；（二）310

洪铨禄　（十二）524,558

洪森国　（十二）318；（十三）135

洪世丙　（十二）538,567

洪锡龄　（十）556,559；（十一）68,70

洪熙初　（十三）15

洪秀全　（一）354,369,400,401；（二）51,275；（七）399,428,491,492,516,551；（八）73,104,105,581,656

洪彦才　（十三）159

洪耀国　（十二）36,520

洪彝　（十三）469

洪有源　（十二）528,557

洪宇声　（十二）525

洪远霖　（十二）327

洪兆创　（十二）36,520,556

洪兆康　（十二）269

洪兆麟（湘臣）　（一）402；（三）126；（四）354；（五）56,119,147,194,204,225,298,458,476；（六）197,199,492,555,579,586,678；（八）527,669；（九）201,253,325,448,471,473；（十）5,229；（十一）711；（十二）269,274

洪肇清　（十二）412

洪周武　（十二）525

侯才荣　（十二）405

侯才耀　（十二）405

侯昌龄　（十二）191

侯方域　（一）37

侯汉渠　（十三）159

侯恒　（十二）327

侯留　（十二）493

侯民柱　（十二）479

侯然　（十二）493

侯顺兴　（十二）524,558

侯锡蕃　（十二）596

侯湘涛　（十二）115,617

侯奕行　（十二）437

侯毅　（九）119

侯祐才　（十二）405

侯中庸　（十二）433,442

后稷　（二）10；（七）401,508

忽必烈　（八）174
胡牛　（十二）369
胡爱和　（十二）370
胡拔南　（十二）408
胡秉柯　（八）79；（九）119
胡昌炽　（十二）492
胡朝阳　（三）19
胡承诰　（六）96
胡持炜　（十二）412
胡德　（九）535
胡杕昌　（十二）363
胡尔勤　（十二）432—433
胡芳晖（胡芳辉）　（十一）539；（十三）456，469
胡芳有　（十二）408
胡冠炳　（十二）408
胡贯瑜　（十二）436
胡光姚　（十二）129，633
胡海山　（九）341
胡汉　（六）296，297
胡汉宸　（十二）470
胡汉辉　（十三）48
胡汉民(展堂)　（一）54，84，86，316，403，414，424，485，493，495；（二）45，70，100，136，148，264，279，285，291，297，307，313，318，322，337，338，346，348，358；（三）13，52，53，55，115，126，127，152，158，235—238，242，247，248，253，258，276，304；（四）2，42，48，50，59，66，81，82，85，95—97，99，101，103，105—107，111，112，114—116，121，124—126，130—132，136，140，141，144，150，154—156，159，160，167，174，175，181，185，195，197—200，204，208，210，211，214，224，231，239，266，268，275，276，287，326，343，351，373，391，405—407，410，414，427，469—471，475，479，480，531；（五）8，28，30，33—37，48，63，66，69，108，109，170，171，181，185，191—195，200，223，241，256，262，271，314，361，372，410，425，426，439，461，462，465，470，471，473，474，480，481，485，492，531，539，542，551，559；（六）5，9，13，57，83，87，91，94，128，136，145，148，150，154，160，164，179，206，229，233，241，253，256，261，265—271，273，276，278，279，281—289，291—297，299，300，306，309，320，323，326，330，332，333，344，351，362，363，392，395，421，422，441，447，449，451，452，454，455，457—466，468，482，535，544，550，565，575，

578,600,606,616,617,630,632,636—640,642,644—646,648—650,652—653,655—656,658,675,677;(七)20,33,34,66—69,245,262,379,396,539,549,552—554,560,597;(八)88,91,92,106—112,123,130,131,146,147,149,167,180,182,186,190,195,203,205,288,299—302,307,313,326,340,343,366,376,377,396,419,433,434,463,473,523,556,564,582,591,598,601,628,642,666,668,707,712,713,776,781;(九)45,59,118,137,211,223,226,229,239,297,298,302,320,344,370,476,487,501,631—633,635,637,638,647,661;(十)40,78,81,82,100,479;(十一)91,208,392,399,443,458,460,463,467—469,485,496,504,505,508,509,511—517,520,523,524,527,531,544,546,548,552,555,562,563,574,581,585,587,588,599,609,612,615,616,629,638,646,649,651,653,659,666,669,674,686,690,707,710,713—715;(十二)44,229,303,304,329,333,502,573,582;(十三)38,62,139,151,199,284,405,408,411,422,427,429,448,467;(十五)91,151,176,207,251,306,331

胡汉卿　（九）271

胡华　（十二）530,556

胡华甫　（四）82,83

胡槐　（十二）370

胡奂　（十三）409

胡继贤　（十二）153,635

胡寂然　（十二）468

胡家弼　（十三）176,239

胡嘉植　（十）343；（十一）493

胡江林　（十二）467

胡杰生　（十二）446

胡金华　（十二）405

胡金星　（十二）370

胡锦　（十二）463

胡景翼（笠生、笠僧）　（五）13,237,238,286；（六）318,382,656,658；（七）669,670,688；（八）569,618,766；（十）78；（十一）530

胡镜波　（十三）145

胡俊　（十一）483；（十二）402

胡开业　（十二）364

胡恪廷　（十二）470

胡宽卓　（十二）464

胡郎　（十二）464

胡礼垣　（四）252

胡利　（十二）403

胡励生　（六）664,671

胡联　（十三）15,47,48

胡亮　（十二）370

胡林翼　（三）320；（六）250

胡霖　（九）635

胡龙　（十二）609

胡鲁　（十三）445

胡名扬　（十三）189,272

胡乃和　（十二）490

胡念先　（十三）503

胡启　（十二）472

胡谦　（六）592；（九）552；（十）91,
132,143,185,249,251,264,545,
602,616,653,665；（十一）25,97,
136,141,157,178,207,219,220,
223,230,261,269,275,280,287,
297,342,349,350,362,399,434,
458,508,511,527,559,574,612,
656,658,665,688,701；（十二）
474；（十三）236,296,360,374,
394,395,405,444,460,478

胡乔松　（十二）408

胡球　（十二）319

胡硁　（十二）155,635

胡人杰　（十二）269

胡荣　（九）691

胡汝翼　（十二）131,619

胡瑞昌　（十）109

胡润盛　（十二）480

胡若龙　（九）169

胡若愚　（六）489,491；（九）361

胡深　（二）275

胡寿祥　（十二）363

胡树藩　（十二）630

胡树森　（十三）316,371

胡思清　（五）315；（六）588,590；
（十）103；（十一）360；（十三）60,
250

胡思舜　（六）571,588,590,591,
646；（八）621；（九）536；（十）
172,194,327,665；（十一）246,
315,360,441；（十三）71

胡松　（十二）409

胡颂棠　（三）251；（十一）705

胡添　（十二）438

胡铁生　（十二）524,554

胡廷川　（十二）514,550

胡廷祚　（十二）317

胡万州　（九）337

胡威临　（十）535

胡惟德　（六）399

胡维材　（十二）322

胡维创　（十二）326

胡维栋　（三）237,238

胡维济(惟济) (十二)33,422,520,555

胡维就 (十二)466

胡维让 (十三)128

胡维喜 (十二)463

胡维埙 (四)441

胡文灿 (九)335,431

胡文立 (十二)369

胡文溶 (九)682;(十三)37

胡沃如 (十二)467

胡锡朋 (十)343

胡锡如 (十二)463

胡樨荣 (十二)463

胡燮畴 (十二)466

胡心泉 (九)179

胡宣明 (五)21

胡雁公 (十三)51

胡尧亚 (十三)13

胡耀源 (十二)369

胡叶 (十二)464

胡亦桐 (十二)412

胡奕生 (十二)466

胡毅 (十二)206,240,264,279

胡毅生 (一)82—84;(二)318;(三)247;(四)239;(六)55,205;(七)379;(八)347,625;(十五)124

胡荫吾 (十三)53

胡瑛 (一)83,87;(五)287;(六)42,81,477;(八)376;(九)36

胡盈川 (十三)263

胡云程 (十)289

胡占士 (十二)401

胡炤恂 (九)166

胡兆鹏 (十二)205,352

胡肇安 (九)119

胡珍 (十二)540,566

胡振南 (十二)323

胡震江 (九)166

胡植邦 (十二)492

胡植棉 (十二)439

胡仲尧 (五)75

胡谆 (十三)469

胡焯 (十二)401

胡子昭 (十二)604

胡梓和 (十一)483

胡祖舜 (十二)59,586

胡遵滋 (十二)467

胡佐 (十二)178,536,570

华承澐 (十一)249

华盛顿 (一)57,420,427;(二)73—75,214,361;(三)10,148;(六)442,595;(七)253,263,496,520,683,692,695;(八)71,90,158

华盛文 (十二)577

华世澂　（十二）154,621

华振中　（十二）280

皇太极　（三）185

黄霭生　（十二）397

黄爱群　（十二）369,526,553

黄爱逊　（十三）40

黄安澜　（十二）368

黄安山　（十二）326

黄昂波　（十二）368

黄昂参　（十二）468

黄昂昌　（十二）370

黄昂儒　（十二）459

黄昂舜　（十二）467

黄昂赞　（十二）467

黄昂照　（十二）464

黄敖　（十二）463

黄白　（十三）19,20,30,207

黄白天　（十二）464

黄白元　（九）298

黄百　（九）433

黄百宽　（十二）466

黄百炼　（十二）370

黄柏　（十二）319

黄柏青　（六）114

黄邦迪　（十三）128

黄邦铭　（十二）410

黄宝铭　（十二）599

黄宝箴　（六）114

黄保　（十二）368

黄保之　（十二）466,532,566

黄北明　（十二）514,551

黄北胜　（十三）58

黄碧　（十三）49

黄碧湖　（十二）325

黄碧珊　（十二）19,529,544

黄彪　（十二）492

黄彬　（十二）320

黄秉衡　（九）346

黄秉权　（十二）410

黄炳潮　（十二）370

黄炳传　（十二）356

黄炳德　（十二）465

黄炳结　（十二）175

黄炳俊　（十二）369

黄炳坤　（十二）409

黄炳麟　（十二）521,559

黄炳嗣　（十二）370

黄炳武　（五）345

黄炳赞　（十二）439

黄炳章　（十二）408

黄伯臣　（十一）690

黄伯诚　（十）82；（十三）395

黄伯度　（四）495；（十三）36,205

黄伯蕃　（十二）480

黄伯群　（四）333,404

黄伯淑　（十二）352

黄伯耀 （四）132,223,313；（五）104,220,241；（八）118,120；（九）235；（十）170；（十一）459；（十二）73,590

黄财 （十二）364

黄灿 （十二）438；（十三）44

黄灿邦 （十二）463

黄昌 （十三）14

黄昌谷 （一）11,329；（二）200；（六）581；（七）400,429,457,476,512,525,536,548,644,669；（八）652,681,720,771,787；（九）532,597；（十）290,676；（十一）62,145,207,219,260,261,274,275,281,289,303,318,342,354,378,399,434,520,521,528,551,571,596,617；（十二）334；（十三）111,155,253,310,355,404,462,463；（十五）326

黄昌积 （十三）95

黄昌锦 （十二）391

黄昌群 （十二）244

黄长庚 （十二）526,563

黄畅 （十二）412

黄超励 （十二）471

黄超衍 （十二）465

黄朝俊 （十二）438

黄朝舜 （十二）468

黄呈光 （十三）117,118

黄承胄 （十二）82,596

黄澄溪 （十三）66

黄池安 （十二）435

黄池德 （十二）439

黄池广 （十二）439

黄炽 （五）153,177；（十三）58

黄崇锡 （十二）408

黄崇炘 （十二）408

黄稠晃 （十二）371

黄初运 （十三）54

黄传海 （十三）54

黄传绪 （十二）410

黄传尧 （十二）468

黄床 （十三）67

黄纯亨 （十二）470

黄纯杰 （十二）468

黄绰洪 （十二）468

黄绰民 （十二）517,554

黄赐 （十二）391,493

黄聪 （十二）365,391

黄达峰 （十二）491

黄达观 （六）426

黄达民 （十二）417

黄达强 （十二）469

黄达仁 （十三）54

黄达廷 （十二）432

黄大椿 （四）404

黄大汉 （十）557
黄大伟(子荫) （三）125,127,128,258；（四）439,537；（五）212,282,312,313,315,318,328,337,344,361,484；（六）132,435,451,497,530；（八）482,486；（九）43,119,265,267,337,347,398,442,443,588,589；（十）5；（十二）48,87,117,129,143,147,155,163,292,309,583,584,603,636

黄党 （十一）718
黄道大 （十二）466
黄道粦 （十二）368
黄道生 （十二）325
黄道显 （十二）465
黄道周 （三）16
黄得光 （十三）15
黄德 （九）451
黄德本 （十二）437
黄德昌 （十二）378
黄德光 （十三）67
黄德华 （十二）356
黄德焕 （十二）382
黄德钦 （十二）397—398
黄德三 （九）236
黄德祥 （十二）538,551
黄德瑶 （十二）408
黄德源 （四）488,529；（五）23,47,428；（九）197,209；（十一）453；（十二）29,168,184,297,513,536,547,571

黄德彰 （五）187；（十二）139,620
黄迪卿 （三）244
黄帝 （一）43；（三）7,213；（七）78,404,449；（八）26；（九）1,2
黄奠安 （十二）410
黄丁贵 （十二）493
黄鼎新 （十二）370
黄鼎之 （五）245；（十二）436
黄锭德 （十二）435
黄东三 （十二）467
黄栋铨 （十二）466
黄栋云 （十二）437
黄笃初 （十二）413
黄敦和 （十二）377
黄恩世 （十二）409
黄二明 （十三）49
黄发文 （十三）50
黄范一 （十二）610；（十三）280
黄方白 （十二）202,254；（十三）64
黄芳春 （十三）44
黄蜚声 （十三）40
黄凤朝 （十二）468
黄凤书 （十二）200
黄扶亚 （十二）405

黄郛　（三）242

黄福　（十二）409

黄福初　（十二）316

黄福戴　（十二）409

黄福康　（十二）319

黄福伦　（十二）370

黄福盛　（十二）468

黄福盈　（十二）468

黄福元　（九）663

黄福桢　（十二）432

黄福之　（九）506

黄福芝　（六）415

黄复生　（一）86；（二）264；（三）242,257,258；（五）76,78,82,89,133,156；（六）29,270,273,280,282,288,305,309,319,324,329,334,338—340,344—346,350,353,354,358,360,361,374,375,377,416,442；（九）3,22,27,56,101,119,160；（十二）135

黄富英　（十二）403

黄馥　（十二）432

黄馥生　（五）326,345；（九）205,234,558,648；（十一）451；（十二）293,307,482,483,637

黄馥庭　（十二）465

黄淦源　（十二）366

黄冈　（十二）33—34,519,556

黄高启　（七）591

黄根　（四）429

黄庚堂　（十二）404

黄公汉　（十）72；（十一）258

黄恭让　（十二）358

黄恭释　（十二）438

黄恭穗　（十二）459

黄谷如　（十二）515,551

黄顾章　（十二）408

黄观茂　（十二）368

黄观洲　（十二）399

黄官兆　（十二）439

黄冠　（十二）409

黄冠三　（十二）456；（十三）146

黄光锦　（十三）54

黄光启　（十二）369

黄广　（十二）438

黄广安　（十二）371

黄广传　（十二）471

黄广赐　（十三）67

黄广进　（十二）409

黄广森　（十二）468

黄广舜　（十二）397

黄广星　（十三）153

黄广育　（十二）326

黄桂华　（十二）366

黄桂连　（十二）369

黄桂屏　（十三）48

黄桂荣　（十二）471
黄国　（十）678,679
黄国鼎　（十二）407
黄国公　（十二）529,564
黄国华　（十一）684,685；（十二）273,578
黄国辉　（十二）465
黄国俊　（十二）401
黄国良　（十二）462
黄国民　（四）423,530；（九）178；（十）251,341；（十二）551
黄国平　（十三）54
黄国荣　（十二）468
黄国彦　（十二）370
黄海清　（十）127
黄海山　（五）378；（六）521
黄汉波　（十一）258
黄汉昌　（十一）258
黄汉儿　（十二）459
黄汉杰　（十二）140,581,620
黄汉南　（十二）438
黄汉荣　（十二）364
黄汉寿　（十二）326
黄汉伟　（十二）404,409
黄汉兴　（十二）512,548
黄汉雄　（十三）67
黄汉章　（十二）322,521,557；（十三）15

黄瀚世　（十二）407
黄浩民　（十三）54
黄合　（十二）467
黄和　（十二）413
黄和甫　（十二）326
黄和谦　（十二）368
黄和祥　（十二）355
黄贺穰　（十二）465
黄鹤朋　（十二）313
黄衡石　（十二）459,469
黄宏宪　（十二）600
黄洪　（十二）368
黄洪德　（十二）460
黄洪兴　（九）378
黄洪益　（十二）405
黄洪卓　（十二）467
黄鋐远　（十二）398
黄护民　（十二）467
黄华　（十二）432；（十三）58
黄华初　（十二）174,374
黄华贵　（十二）458
黄华焕　（十二）462
黄华健　（十二）492
黄华尧　（十二）460
黄怀传　（十二）368
黄怀瑞　（十二）368
黄槐　（十二）464
黄桓　（六）655；（十）248；（十一）

207,237,242,254,261,275,281,
342,507,508,543,653,704;(十
三)389,497

黄焕伦 （十二）468

黄焕南 （五）24；（十二）460

黄焕唐 （十二）412

黄焕庭 （九）541

黄焕文 （十二）412

黄焕业 （十二）467

黄焕章 （十二）406

黄焕珍 （十二）459

黄晃纯 （十二）472

黄滉林 （十二）460

黄辉 （十二）528,563

黄辉汉 （十二）370

黄辉石 （十二）465

黄辉祖 （十）226；（十一）373,
374,455,456

黄汇均 （十二）368

黄惠初 （十二）468

黄惠龙 （七）442,526；（九）421；
（十二）380,385

黄惠民 （十二）464,470

黄惠南 （十二）369

黄惠谦 （十二）470

黄惠宗 （十二）378

黄积 （十二）424

黄基 （十二）378,397,402

黄吉庵 （十二）433,436

黄吉宸 （四）403；（十二）27,512,
542

黄吉人 （十二）408

黄吉棠 （十二）317

黄纪超 （十三）53

黄纪乾 （十二）465

黄纪祥 （十二）466

黄纪尧 （十二）363

黄季陆 （二）166,168,256,314；
（三）40,205；（四）110,202,278,
293,406,416；（五）525；（六）9,
10,18,115,127,143,160,168,213,
302,373；（七）45,318,549；（八）
143,207,634,635,653,663,669,
674,676,710,711,769；（九）16,
167,168,180,182,185—192,
196,197,199,201,205,207,
210—212,216—218,220,224—
228,230—238,242,243,256,
283,358,579,654；（十）226；（十
一）135,324；（十二）610；（十三）
349；（十五）7,61,123,197,259

黄济澂 （十二）541

黄继垣 （十二）378

黄佳 （十二）395

黄家齐 （十三）326

黄家声 （十二）517,544

黄嘉梁 （六）288,290,351;（十二）100,610,613

黄嘉树 （十二）492

黄甲元 （四）69,111,168;（九）253;（十二）504,543

黄兼生 （十二）404

黄建 （十二）316

黄建勋 （九）669;（十）5;（十一）363;（十二）343;（十三）78,112,197,293,313,317,412,413

黄建彰 （十二）411

黄剑魂 （十二）472

黄健夫 （十二）467

黄鉴澄 （十二）493

黄接桂 （十二）540,563

黄节 （九）518

黄杰 （十二）409

黄杰亭 （三）236;（四）236;（十二）596

黄洁进 （十二）370

黄金城 （十二）155,621

黄金扶 （十二）367

黄金庆 （四）96,171;（六）196

黄金祥 （十二）408

黄金源 （十二）371

黄锦 （十二）408;（十三）44

黄锦江 （十三）95

黄锦如 （十二）467

黄锦顺 （十二）439

黄锦添 （十二）404

黄锦旺 （十二）465

黄尽 （九）381

黄进步 （十二）318,606

黄进瑞 （十）249

黄进行 （十二）438

黄进秀 （十二）464

黄晋滨 （十二）368

黄晋三 （三）236;（十二）12;（十三）79

黄精华 （十二）464

黄景南 （一）86;（四）318,419;（五）258;（十二）605

黄警悟 （十二）409

黄静村 （十二）468

黄镜光 （十二）391

黄居素 （十三）473,475

黄居正 （十一）59

黄举昌 （十二）471

黄觉 （十二）522,560

黄军庶 （十二）385

黄均 （十三）26

黄均旺 （十二）469

黄俊伟 （十二）470

黄俊仪 （十二）535,569

黄开基 （十二）412

黄开物 （十二）517,544

黄恺元　（六）79

黄康伟　（十二）368

黄克白　（十二）318

黄克勋　（十二）113

黄孔望　（十二）493

黄宽参　（十二）407

黄宽启　（十二）468

黄宽芹　（十二）460

黄坤一　（十二）493

黄昆　（十二）412

黄来　（十二）493

黄来就　（十二）370

黄来旺　（十二）331

黄兰韵　（十二）463

黄朗池　（十三）15

黄乐诚　（十三）85，313，317，318；
（十五）291

黄乐夫人　（十二）409

黄乐泮　（十二）400

黄磊民　（十二）464

黄礼汉　（十二）366

黄礼熼　（十三）54

黄礼康　（十二）402

黄礼坡　（十二）326

黄澧枏　（十三）53

黄力功　（十二）438

黄立淋　（十二）438

黄立发　（十二）368

黄立基　（十二）405

黄利民　（十二）464

黄连　（六）439；（十二）178，446

黄连登　（十二）410

黄连士　（十）677

黄连优　（十三）15，48

黄联昌　（十二）437

黄联辅　（十二）464

黄练达　（十二）367

黄良　（十二）410

黄良森　（十三）51

黄梁安　（十三）138

黄梁家　（十二）402

黄亮邦　（十二）438

黄烈　（十三）58

黄林　（十二）21，505，546，594

黄麟　（十二）403，408

黄麟望　（十二）492

黄令伦　（十二）315

黄龙都　（九）156

黄龙光　（十二）432，435

黄龙强　（十二）464

黄龙佐　（十二）492

黄隆进　（十二）357

黄隆生（黄龙生）　（四）56，60，83，
95，96，254，371；（五）359，360；
（六）4；（九）446，501，513，541，
624，655，658；（十）76，145，185，

219,244,277,290,320,379,669,670,673；（十一）83,114,321；（十二）239,341,604；（十三）131,169,358,363,401

黄楼望　（十二）493

黄鲁岩　（十二）412

黄洛澂　（十二）512

黄洛运　（十二）469

黄茂　（十二）432

黄茂广　（十二）439

黄茂兰　（四）82,83；（十二）472

黄茂林　（十二）370

黄懋鑫　（十二）599

黄玫素　（十二）75

黄美清　（十二）407

黄梦梁　（十一）79

黄梦麟　（十三）204

黄梦熊　（十一）472；（十二）385；（十三）449

黄绵传　（十二）466

黄民举　（十二）461

黄民三　（十三）128

黄民生　（十二）426,465；（十三）233

黄民章　（十二）470

黄名康　（十二）437

黄名祥　（十二）460

黄名珍　（十二）465

黄名政　（十三）54

黄明堂　（一）85；（三）128；（四）81,82,84,383；（五）175,312,313,443,444；（六）630；（七）23；（九）297,451,457,529,558,564；（十）69,137,167,168,292,346,411,416,421,457,460,545,602,616,653,665,681；（十一）25,58,116,117,163,416,474,508,511,524,527,587；（十三）177,254

黄明修　（十二）368

黄明哲　（十三）26

黄茗兰　（十三）54

黄铭章　（十三）159

黄木樨　（十三）159

黄沐濂　（十三）54

黄睦　（十二）327

黄慕强　（十二）466

黄慕松　（三）236,238

黄乃镛　（十一）436；（十三）435,445

黄南　（十二）438

黄能昌　（十二）513,550

黄能民　（十二）459

黄能文　（十三）54

黄泮　（十二）407

黄泮铎　（十二）409

黄培　（十二）407

黄培进　（十二）468

黄培钦　（十二）408

黄培爕　（十三）85,460

黄沛　（十）679

黄丕安　（十二）485

黄品　（十二）331

黄品辉　（十二）492

黄苹　（十三）385

黄其藩　（十一）629

黄其祥　（十二）638

黄启芬　（十二）407

黄启光　（十二）533,568

黄启铨　（十三）54

黄启瑞　（十三）51

黄启堂　（十二）398

黄启元　（十一）223；（十二）628；（十三）395

黄启瀹　（十二）464

黄起宗　（十二）411

黄洽传　（十二）469

黄洽仁　（十二）130,323,618

黄洽述　（十三）54

黄乾泽　（十二）356

黄黔禺　（十二）470

黄强　（九）506；（十二）369

黄强斋　（十二）538,572

黄乔礼　（十二）399,411

黄芹生　（十二）397

黄芹章　（十二）363,370

黄清相　（十三）67

黄庆喜　（十二）578

黄庆云　（十三）54

黄琼娣　（十二）407

黄琼衍　（十二）432

黄秋博　（十二）437

黄秋添　（十二）439

黄求大　（十三）54

黄求丁　（十二）467

黄球　（十二）369；（十三）24,25

黄球琮　（十二）370

黄铨昆　（十二）493

黄热血　（十二）460

黄人杰　（十二）467

黄壬戌　（四）466,529,542；（五）345；（九）473；（十二）25,31,166,170,186,223,536,571

黄认　（十三）67

黄日东　（十二）371

黄日权　（五）411；（九）451

黄日生　（十二）398

黄日伟　（九）530

黄日永　（十二）405

黄荣　（十一）376

黄荣渠　（十二）432

黄荣新　（十三）79

黄荣耀　（十二）400

黄容济　（十三）48

黄容生　（九）230,323

黄容照　（十二）405

黄如春　（五）94

黄如筠　（十二）531,566

黄如宽　（十二）396

黄汝刚　（十三）207

黄汝瑚　（十二）409

黄汝瀛　（十）170；（十二）601

黄锐桢　（十二）409

黄瑞　（十二）137,633；（十三）39

黄瑞伯　（十二）34,519,556

黄瑞朝　（十二）357

黄瑞麟　（十二）531,565

黄瑞生　（十二）528,563

黄瑞云　（十二）468

黄闰瑜　（十二）405

黄润生　（十二）464

黄三德　（三）290；（四）33—35,218,373；（五）129

黄三记　（十二）518,544

黄三莫　（十二）326

黄骚　（六）650,652；（九）404,412,419,426,430—432,549,551,565,586,637,639,640；（十）687；（十一）513,547,594；（十二）190,495；（十三）150,348,456

黄镔运　（十二）364

黄善春　（十二）356

黄善鸣　（十二）371

黄裳　（十三）424

黄上驷　（十二）422

黄尚周　（十二）313

黄少白　（十二）472

黄少汉　（十二）369

黄少卿　（十二）407

黄少文　（十二）327

黄少翔　（十二）405

黄少行　（十二）529,564

黄绍蕃　（十二）436

黄绍竑（绍雄、季宽）　（六）610,620,657；（八）676；（十）26,444,612,638,681；（十一）54,575,579；（十三）141,201,485

黄绍侃　（十二）599

黄绍卓　（十二）438

黄社德　（十二）408

黄社扬　（十二）391

黄升平　（十二）327

黄胜椿　（十三）51

黄胜朱　（十二）636

黄圣兰　（十二）370

黄圣祥　（六）324

黄盛　（十二）319

黄盛基　（十二）409

黄师瑶　（十二）606

黄施博 (十二)463
黄石 (十)701;(十二)579
黄石松 (十二)532,567
黄石祐 (十二)356
黄时澄 (十二)596,601
黄实 (六)221,516;(九)196,396,532;(十一)251;(十二)438;(十三)38,398,450,458
黄实晋 (十一)495;(十三)458
黄士龙 (三)61,236;(八)149
黄士诒 (十二)370
黄世诚 (十二)528,557
黄世栋 (十二)397
黄世和 (十二)326
黄世惠 (十二)397
黄世颂 (三)30
黄世信 (十二)465
黄世萱 (十一)258
黄仕强 (十)608;(十一)83,363;(十三)50,77,273,312,322,356,412,413
黄仕元 (十三)53
黄寿开 (十二)413
黄寿州 (十二)327
黄述传 (十二)471
黄述焜 (十三)51
黄树畅 (十二)470
黄树俊 (十二)472

黄树彭 (十二)467
黄树庆 (十二)471
黄树沾 (十二)467
黄树擢 (十二)463
黄水龟 (十二)446
黄顺 (十二)391
黄舜杰 (十三)50
黄思浓 (十二)439
黄四 (十二)391
黄泗 (十二)391
黄松俦 (十一)475;(十三)449
黄松辅 (十二)462;(十三)51
黄松后 (十二)465
黄松基 (十三)53
黄松吉 (十三)159
黄松喜 (十二)175,374
黄松友 (十二)470
黄嵩亭 (十二)472
黄颂民 (十二)407
黄颂平 (十二)437
黄颂声 (十二)461
黄颂棠 (十二)469
黄肃方 (五)337
黄泰猷 (十一)258
黄唐瑞 (十二)363
黄棠 (十三)44
黄涛世 (十二)466
黄陶阶 (十二)464

黄题榜　（十一）258

黄体谦　（九）59

黄体荣　（十二）630

黄天池　（十二）407

黄天鹅　（十二）525

黄天鸿　（十三）137

黄天降　（十二）525

黄天习　（十二）464

黄天祥　（十二）493

黄添培　（十二）493

黄添喜　（十二）492,535,569

黄廷剑　（十二）579

黄廷元　（十二）556

黄庭经　（十一）258

黄庭炜　（十二）463

黄挺生　（九）219；（十二）463

黄同发　（十二）489

黄同享　（十二）468

黄皖经　（十三）53

黄万湖　（十二）178,446

黄万奕　（十二）405

黄为材　（十）77；（十三）156,383

黄维藩　（十二）269

黄维潘　（九）471

黄维炘　（十二）463

黄维熊　（十二）466

黄伟　（十二）319,581,629

黄伟卿　（十二）324

黄苇一　（十二）437

黄卫　（十二）465

黄渭北　（十二）463

黄渭滨　（十二）406

黄文　（十二）408

黄文波　（十二）472

黄文甫　（十二）461

黄文高　（十一）695—699

黄文厚　（十二）407

黄文就　（十二）403,439

黄文卿　（十三）26

黄文硕　（九）538

黄文田　（十二）402

黄文炎　（十三）54

黄文运　（十二）399

黄闻任　（十二）326

黄锡牛　（十二）408

黄锡尧　（十二）493

黄熙成　（十二）401

黄喜　（十二）363,367,369

黄侠夫　（十二）409

黄遐龄　（十二）406

黄夏声　（十二）362

黄先　（十二）539,572

黄先求　（十二）459

黄贤洽　（十二）396

黄显慈　（十二）439

黄显逢　（十二）467

黄显贵　（十二）391

黄显仁　（十二）326

黄显新　（十二）319

黄羡麟　（十二）438

黄襄望　（十二）493

黄祥华　（十一）690,691

黄燮恭　（五）378

黄心持　（四）77,78,94—96,105；
（八）101；（十二）218,531,565,
596

黄心章　（十二）367

黄欣渠　（十三）54

黄新良　（十二）366

黄新有　（十二）467

黄信杰　（十二）465

黄信南　（十二）409

黄信武　（十二）412

黄兴（克强、厪午）　（一）64,82,
84—86,88,89；（二）194,264,
265,317—319,321；（三）214,
237—239,242,244—247,251,
253,276,302,304,332,333；（四）
70,84,156,214,224,230,235,
260,312,326,328,336,349,381,
445,453,487,489,493,501,508；
（六）5,9,18,27,53,55,57,59,
60,113,116,118,121—123,139,
140,151,155,156,160,162,173,
175,210,214,220,229—231,
233—235；（七）136,150—152,
245,257,464,482,494,567,
658—660；（八）85,94,104,108,
146,153,168—171,198,202,
207,223,262,270,287,288,291,
292,296—299,304—306,311,
315,316,376,446,616,698；（九）
5—7,80,90,92,103,118,129,
143,151—153,159,161,162,
166,173,229；（十五）11,30,49,
89,125

黄兴汉　（十二）355,605,607

黄星藩　（十二）412

黄星楼　（十二）462

黄星五（黄星伍）　（十二）319；（十
三）136

黄醒非　（十二）464

黄雄甫　（十二）459

黄雄亚　（十二）467

黄修平　（十二）471

黄秀德　（十二）400

黄秀荣　（十二）365

黄秀文　（十二）363

黄煦和　（十二）356

黄宣湛　（十二）409

黄煊　（十二）439

黄勋　（十二）368

黄燻　（十二）628

黄恂　（十二）368

黄巽夫　（十二）325

黄雅良　（十二）464

黄雅秀　（十二）463

黄亚伯　（五）447

黄亚九　（九）377

黄炎　（十二）609

黄炎法　（十二）408

黄炎培（任之、抱一、楚南）　（一）322；（五）264,342,343,397,398

黄炎裔　（十二）538,572

黄衍沛　（十二）437

黄雁辉　（十二）389

黄燕和　（十二）468

黄扬杰　（十二）405

黄扬威　（十二）398,410

黄养　（十二）439

黄耀　（十一）718；（十三）44

黄耀南　（十二）437

黄耀琪　（十二）405

黄耀祺　（十二）458

黄耀启　（十三）54

黄业初　（十二）467

黄业兴　（五）359,360,442；（九）446；（十二）638

黄一强　（十二）405

黄一扫　（十三）51

黄一新　（十三）12

黄贻亮　（十二）473

黄以镛　（六）312

黄义　（十二）405

黄义华　（十三）95

黄亦民　（十二）467

黄亦蓁　（十二）471

黄奕会　（十二）326

黄奕楠　（十一）690,691

黄奕荣　（十二）411

黄益　（十二）518,554

黄益经　（十二）412

黄益彰　（十二）438

黄毅　（二）357

黄毅臣　（十二）411

黄毅夫　（十二）470

黄毅民　（十三）54

黄应辉　（十二）518,555；（十三）159

黄应忠　（三）236

黄英德　（十二）469

黄英俊　（十二）401

黄颖洲　（十三）54

黄咏商　（一）76

黄用源　（十二）492

黄犹兴　（十二）525

黄有　（十二）492

黄有程　（十二）326

黄有淇　（十二)408

黄有益　（二)357

黄右公　（七)554；(十二)329

黄佑章　（十二)438

黄祐之　（十二)468

黄雨亭　（十二)437

黄玉波　（十三)26

黄玉灿　（十二)408

黄玉侪　（十二)411

黄玉科　（十二)480

黄玉麟　（十三)44

黄玉清　（十二)369

黄玉书　（十二)436

黄玉堂　（十二)435

黄玉田　（五)85,138；(十三)291

黄育　（十二)467

黄煜进　（十二)397

黄毓成　（六)276,292；(九)689

黄毓相　（十二)467

黄渊伟　（十三)53

黄元　（十)404；(十二)407

黄元白　（十二)75,590

黄元彬　（十一)203；(十三)385

黄元仕　（十三)54

黄元香　（十一)258

黄元贞　（四)81—84

黄垣　（九)550；(十二)387；(十三)389

黄远宾　（十三)382

黄远辉　（十二)411

黄远彰　（十二)404

黄月　（十二)413

黄月屏　（十二)438

黄月庭　（十二)368

黄岳　（十二)363

黄钺锋　（十二)609

黄云　（十一)695

黄云清　（十二)537,570

黄芸苏　（三)276；(四)234,266,317,351,352；(七)31；(九)483；(十二)332；(十三)121

黄允斌　（十二)605,607—610,612,616—623,625,632—635

黄允材　（十二)326,540,566

黄运国　（十二)326

黄运耀　（十三)54

黄蕴珊　（十二)413

黄赞　（十二)465

黄赞规　（十二)465

黄赠四　（十三)137

黄展堂　（九)446,468

黄展云(鲁贻)　（三)242；(四)404,531,536；(五)345,375,387,406,407,433,449；(六)189；(九)505；(十二)68,507,562,574,587

黄占鳌　（十三）54

黄占元　（十二）461

黄湛　（十二）407

黄章　（十二）175,369

黄彰金　（十二）396

黄钊传　（十二）472

黄昭鳌　（十二）369

黄兆窗　（十二）439

黄兆钿　（十二）467

黄兆光　（十二）493

黄兆鲸　（十二）464

黄照　（十二）439

黄照康　（十二）492

黄照攀　（十二）363,370

黄照文　（十二）431

黄肇炳　（十二）436

黄肇河　（十二）120,617

黄者三　（十二）368

黄贞民　（十二）368,467

黄贞诵　（十二）528,564

黄桢瑞　（十二）463

黄振　（十二）422

黄振汉　（十二）399

黄振魂　（十二）398

黄振铨　（十二）367

黄振三　（十三）51

黄振兴　（十三）184

黄振中　（十二）603

黄振卓　（十三）52

黄镇兰　（十二）463

黄镇磐　（九）694；（十二）351；（十三）96

黄芝桢　（十二）467

黄枝荣　（十三）64

黄执寰　（十二）367

黄直腾　（十三）148

黄植槐　（十二）411

黄植生　（十二）473

黄志桓　（五）444；（六）457

黄志愉　（十二）604

黄志愚　（十二）527,554

黄志元　（十三）158

黄治　（十二）465

黄质强　（十二）316

黄中恺　（九）119

黄中文　（十三）54

黄忠槐　（十二）409

黄钟珩　（十一）2

黄钟瑛　（九）118

黄种强　（十二）319

黄仲初　（五）508

黄仲豪　（十二）363,367

黄仲衡　（十三）135

黄仲兰　（十三）26

黄仲琳　（十二）465

黄仲珊　（十二）464

黄竹友 （九）244

黄柱 （五）42

黄撰文 （十二）467

黄焯民 （十二）462

黄卓池 （十二）493

黄卓凡 （十二）471

黄卓汉 （十二）525

黄卓知 （十二）527,554

黄灼之 （十二）606

黄滋 （十一）227；（十二）401

黄子春 （十二）406

黄子聪 （五）408,426；（十一）548,670,671,686,687,690；（十三）3,121

黄子焕 （十三）128

黄子坚 （十三）154

黄子明 （十二）512,542

黄子培 （十二）492

黄子荣 （十一）37

黄子信 （十二）364

黄子兴 （十二）410

黄子桢 （十二）433

黄自铭 （十三）15

黄自然 （十二）358

黄自文 （十二）410

黄宗 （十二）378

黄宗广 （十三）53

黄宗培 （十二）492

黄宗羲 （三）16

黄宗喜 （十二）370

黄宗宪 （十二）269

黄宗仰 （四）31,33

黄祖芹 （十二）376

黄祖宪 （十二）368

黄佐廷 （十二）536,570

黄作泮 （十二）355

黄作谦 （十二）465

黄作严 （十二）467

黄作尧 （十二）438

霍汗 （九）523

霍恒 （七）442；（十二）420

霍晋云 （十二）480

霍镜华 （十二）175

霍九 （十一）682—685

霍居南 （十二）477

霍鸾藻 （十）101

霍容 （十一）683,685

霍胜刚 （三）247；（十二）479

霍锡根 （十二）480

霍锡桂 （十二）479

霍秀石 （六）676；（十一）683

霍荫 （十二）521,557

霍祖绍 （十二）410—411

J

吉名瀛 （十三）477

吉涌　（九)107,108
戢翼翚(元丞)　（一)81;（二)264
纪成　（十)649
纪晖生　（十二)485
季宾　（三)258,259
季方　（十三)383
季树萱　（十)416
加尔根　（一)58
加拉罕　（五)486,487,518,520,
　　534,558;（六）576,601,659;
　　（八）613,670,672,688;（十)
　　406,428
加利波利地　（二)177
加藤高明　（七)321;（八)115,298
嘉兰　（五)540
嘉域利亚　（一)234
嘉约翰　（二)247
甲上胜　（五)114
贾凤威　（九)114
贾山　（二)3
坚肯斯　（五)266
坚利逊　（七)123,127
简标　（十)649,650
简炳夫人　（十二)409
简成　（十)649,650
简崇光　（十)119;（十二)596
简汉泉　（十二)178
简经纶　（十二)592

简军权　（十二)458;（十三)148
简普文　（十)649,650
简乾仰　（十二)529,564
简琴石　（四)546
简让之　（十)504,509;（十二)589
简任甫　（十二)508
简世廷　（十二)378
简书　（十二)129,618
简锡　（十)649,650
简侠魂　（十二)401
简寅初　（四)528
简英甫　（四)444;（十二）512,
　　542,574,593
简永新　（十二)410
简玉廷　（十二)410
简照南　（五)98
简振兴　（十二)376
简作桢　（十三)316
江柏坚　（十二)597
江炳灵　（九)192;（十二)206,576
江昌贵　（十二)411
江长　（十二)397
江朝宗　（二)339;（六)251;（八)
　　243
江灌西　（十二)438
江汉　（十三)483
江湖　（十二)367
江锦焕　（十三)26

江亢虎　（四）242,281,317;（八）156,179,186

江来甫　（九）165

江茂春　（十二）368

江屏藩　（十一）680;（十二）149,621;（十三）203

江庆云　（十二）437

江琼波　（四）377;（十二）509,549

江若云　（十二）534

江上青　（九）54

江少峰　（四）299;（五）372,438

江石龙　（十三）41

江世衡　（十二）398

江涛　（十二）578

江天柱　（十三）248,419

江维华　（十一）448,558;（十二）283;（十三）368

江维三　（十二）137,530,546,620

江沃华　（十二）520,549

江英华　（四）219;（十二）538,572

江映枢　（十二）242

江兆湖　（十二）406

江振昌　（十一）376

江卓熊　（十二）325;（十三）51

姜桂题　（六）50,72

姜汉翘　（九）471;（十二）273

姜和椿　（十三）376

姜汇清　（十二）162,622;（十三）23

姜俊鹏　（十二）269

姜明经　（五）475;（六）569

姜廷荣　（九）119

蒋安爵　（十二）438

蒋邦可　（十三）138

蒋北斗　（十二）431,436

蒋超青　（十二）215

蒋成福　（十三）138

蒋楚卿　（十一）372

蒋道护　（十二）432

蒋道日　（五）245,257;（十二）431,436;（十三）162

蒋道想　（十二）437

蒋复生　（十一）213

蒋光亮（信之）　（五）386,474,482,483,492;（六）504,555,571,585,586,588,590,611,621;（七）595,608;（八）621,637;（九）447,501;（十）65,71,75,85,88—90,92,141,143,146,149,167,169,205,208,214,215,260,316,321,339,369,433,456,551,553,646,699;（十一）35,36,85,247,315,450;（十二）428;（十三）104,123

蒋光鼐　（十二）276,281

蒋国斌　（五）222;（十一）115,121;（十二）72,89,606,623

蒋汉光　（十二)435

蒋会金　（十三)138

蒋纪臣　（十二)435

蒋杰臣　（十三)138

蒋介石(中正)　（三)257,258,282,
　　284,486;（五)41,57,144,145,
　　233,234,298,299,307,314,329,
　　346,356,361,379,487,523,525,
　　529—533,538—540,542—546,
　　548,550,552,554,556;（六)224,
　　226,381,473,479,482,484,489,
　　490,492,499,501,504,516,518,
　　520,530—532,535,540,541,
　　543,545,546,556,584,598,604,
　　606,607,623,633,637,645,649,
　　651,652;（七)410;（八)503,
　　504,506,507,515—517,519,
　　520,524,527,529—533,603,
　　665,666,670,673,687,712,713;
　　（九)192,235,398,410,428,433,
　　443,522,576;（十)324,402,490;
　　（十一)43,54,127,129,161,168,
　　178,179,207,224,255,261,275,
　　286,295,313,315,322,342,347,
　　348,351,352,385,393,463,468,
　　479,704;（十二)92,273,292,
　　309,383,451,607,636;（十三)
　　63,316,344,371,372,375,381,
383,387,393,396,400,413,448,
472,473;（十五)91,102,122,
129,153,158,200,201,208,
243—247,280,281,324

蒋克诚　（五)56

蒋克明　（九)103

蒋立寰　（十二)368

蒋隆棻　（十二)488

蒋抡秀　（十三)138

蒋梦麟　（一)91,92;（五)71,397,
　　398;（八)458,459

蒋母王太夫人　（二)329;（十五)
　　153,158,201,280,281

蒋群　（十二)87,602,603;（十三)
　　292,494

蒋社欢　（十二)438

蒋天照　（十二)438

蒋伟生　（十二)437,438

蒋纬国　（六)518;（八)687

蒋文汉　（六)290;（十二)69,589,
　　613

蒋文球　（十三)138

蒋喜光　（十二)417

蒋修身　（十二)434,436

蒋雁行　（四)245;（九)102,152

蒋翊武　（七)108;（八)230;（十
　　五)209

蒋应澍　（十)164;（十二)600

蒋镛 （十三）493

蒋玉阶 （十二）437

蒋祝三 （十三）138

蒋宗汉 （三）258,259；（五）182；
（十二）310

蒋尊簋 （三）258；（六）114；（九）
117,340,399；（十）475,491,520,
544,598；（十一）15；（十二）189,
198,237；（十三）215,294,295,
333,352,353,431

蒋作宾 （三）251,257,258；（六）
18；（九）118；（十一）198；（十二）
233,269,309；（十三）391

焦达峰 （九）166

焦达人 （十一）696,697

焦桐琴 （六）302,303

焦心通 （二）322

焦易堂 （五）33,37,61,68,93,314,
364,380,450,541；（六）251,327,
329,336,361,563,651；（七）379；
（九）292,322,452,457,462；
（十）459；（十一）267；（十二）
104,132,234,615,619；（十三）
129,454

角显溃 （十二）600

今井嘉幸 （五）5

金佛庄 （十三）372

金国治 （五）8；（六）274,276；
（七）283,284

金汉鼎 （五）139,307；（六）508；
（九）384,689；（十二）239,241,
248,354,444

金汉生 （十三）384

金华衮 （六）529

金华林 （九）532,569,614；（十）
193；（十二）272,354,444

金华祝 （九）119

金良 （十二）462

金溥崇 （二）357；（三）236；（九）
118—119

金溶熙 （十二）600

金维系 （九）192；（十二）206,576

金轩民 （十三）376

金一清 （四）249,337,368,399；
（十二）26,509,575

金贻厚 （十二）598

金玉辉 （十二）411

金章 （九）506

靳云鹏（翼青） （四）447,452；（六）
210,463,466,468,469；（七）341,
376；（八）393,394

京周 （六）217

荆嗣佑 （五）149；（十二）524,561

井上谦吉 （十）673；（十三）217,
218

井上馨 （二）302；（四）252,309；

（六）59；（七）363；（八）168

井勿幕　（六）390

井岳秀　（十三）452

景昌运　（六）375，376

景定成（梅九）　（四）438；（五）324；（六）327，661；（九）440；（十二）598

景耀月　（六）18

敬慈　（十一）200，201

久原房之助　（一）79；（四）434，463，464，477，478；（九）216，217

居母胡太夫人　（二）333

居正（觉生）　（一）87，88；（二）333；（三）29，55，61，89，134，238，257，258，279；（四）274，290，337，360，367，381，435—437，439，440，447，449，450，462；（五）33，37，48，151，195，329；（六）18，186，189，190，192，195，196，198—200，202，204，208—210，212—222，224—226，228—230，435，439，547；（七）35，152，658；（八）111，313，315，430，528；（九）118，169，186，188，193，197，198，225，228，236，240，265，276，278，279，281，283，284，286，288，320，347，403，438—440；（十一）721；（十二）17，18，24—27，31，

38—40，42，45，46，95，96，99，103，107，110，122，125，128—130，138，143，144，146，147，153，161，167，173，174，176，177，179，180，182—189，192，193，195—197，200—202，204，210，214，220—224，226—229，232，243，246—255，257，258，267，284，285，288—291，296—302，305，502，583，584；（十三）286，302；（十五）30，58，91

菊池宽　（五）6

菊池良一　（一）79；（三）486；（五）16，114

K

卡夫　（八）4，15

卡来呼（克莱武）　（一）356

凯撒　（八）648

楷文狄虚　（二）241

康必达　（二）7

康德黎（康得黎、简地利、简大理）　（一）77，78；（二）39，213，219—224，226，228—235，237—240，244，247，249，251，366；（三）45；（四）1，145，246，269，270，317，320；（五）96，265，275，276，290；（六）158，161；（八）1，7，9，11—16，18，

20,21,138,741;(十五)195

康德黎夫人 (二)221,228,234,240;(四)193,194,270,316,378,427;(五)43,96,193,276,290

康第(甘地) (一)377

康俊甫 (五)125,126

康俊卿 (五)126

康新民 (九)50

康一谔 (十)36

康有为 (二)46,47,75;(三)8—11;(四)13;(七)275,279;(八)28,49,51,52,57,116,339,674

柯尔 (二)224,226—231,237,239,240;(四)1;(八)18,20

柯尔桑 (五)265,276

柯飞立 (六)372,373

柯积臣 (四)82

柯教海 (十二)358,530,565

柯锦全 (十二)355

柯森 (三)237,238

柯士宾 (二)365—367,421

柯武炎 (十二)522,541

克拉克森 (五)277

克礼 (三)244;(四)487

克鲁泡特金 (一)8;(七)666

克兴额 (五)413

孔超武 (十二)457;(十三)148

孔庚 (四)437;(五)301;(十）

475,487;(十二)233,280;(十三)234

孔汉璋 (十二)432,439

孔洪生 (十二)468

孔启升 (十二)439

孔绍尧 (十一)470,494,500,538,539,602,603;(十三)440,456,469,492

孔宪成 (十二)396

孔宪璟 (十三)94

孔宪章 (十一)258

孔祥麟 (十二)324,624

孔祥熙(庸之) (二)425,426,428

孔昭荣 (十二)432

孔稚圭 (一)37

孔子 (一)5,47,216,384,396,478,506;(二)6,54,76,153,192,195—197,200,208,260,359,361;(三)391;(七)25,68,241,256,294,299,327,331,368,477,490,495,514,635;(八)158,708;(九)309;(十五)284

寇遐 (十二)76

蒯辅 (十二)577

蒯寿枢 (九)105

邝杞 (十二)368

邝安 (十二)463

邝百晓 (十二)370

邝伯擎　（十二）413

邝才　（十二）369

邝彩　（十二）406

邝诚敬　（十二）492

邝次昆　（十二）495

邝栋敬　（十三）67

邝莪敬　（十二）409

邝庚　（十二）411

邝公耀　（十二）313；（十三）186

邝光廷　（十二）365，369

邝光银　（十二）409

邝国桢　（十三）67

邝海公　（十二）413

邝厚勋　（十二）370

邝华汰　（四）6

邝桓　（三）236

邝即起　（十二）396

邝辑卿　（十二）413

邝金保　（十二）295；（十三）183

邝锦逵　（十三）13

邝进盛　（十二）364

邝景云　（十二）539，552

邝敬活　（十二）492

邝敬铨　（十三）65

邝敬树　（十三）64

邝炯新　（十二）370

邝康　（十二）406

邝阔光　（十二）439

邝廉普　（十二）403，413

邝林　（十三）161

邝麟　（十二）410

邝满　（十二）527，563

邝民光　（十二）366，369

邝民志　（十二）171，223

邝名安　（十三）67

邝明溥　（十）267

邝鸣　（十）127，128

邝乃元　（十二）405

邝乃彰　（十二）410

邝品元　（十二）369

邝棋标　（十二）400

邝琪琛　（十二）438

邝启清　（十二）396

邝强　（十三）67

邝钦灵　（十二）399，411

邝球敬　（十二）409

邝权修　（十三）26

邝日波　（十二）492

邝荣　（十二）374，413

邝荣春　（十二）409

邝石　（十二）208

邝守慎　（十二）398

邝受田　（十三）15

邝思汉　（十三）44

邝松　（十二）489

邝松伟　（十二）492

邝维新　（十二)400

邝维修　（十二)411

邝渭三　（十二)356

邝文彬　（十二)401

邝文炳　（十二)364

邝文汉　（十三)54

邝文慰　（十二)370

邝沃初　（十二)407

邝五敬　（十三)67

邝锡民　（十二)355

邝锡森　（十二)366,367

邝锡尧　（九)567

邝锡玉　（十二)405

邝现修　（十二)366

邝燮俊　（十三)67

邝信达　（十三)44

邝修栋　（十二)492

邝修华　（十二)370

邝修沛　（十二)399

邝修霞　（十二)409

邝修献　（十二)492

邝修彦　（十二)402

邝炎　（十二)370

邝燕　（十三)67

邝央　（十二)492

邝尧　（十二)413

邝迎　（十二)424

邝有裕　（十二)411

邝玉池　（十三)44

邝玉敬　（十二)410

邝煜　（十二)412

邝源洽　（十二)369

邝沾琪　（十二)369

邝兆才　（十二)370

邝振河　（十二)413

邝振敬　（十二)405

邝镇修　（十二)467

邝治　（十二)411

邝祝三　（十三)67

邝卓林　（十二)369

邝卓生　（十二)402

邝卓云　（十二)469

邝灼　（三)236

邝灼良　（十二)413

邝灼南　（十二)466

邝子修　（十二)525,558

邝佐志　（十二)413

邝佐治　（十二)410

L

拉巴剌　（一)46

拉麦　（一)46

拉沙儿(拉萨尔)　（二)328

赖弼华　（十二)382

赖炳文　（十二)538,572

赖纯卿　（十二)532,567

赖大鸿　（十二）382

赖德嘉　（十二）206

赖多三　（十二）521,559

赖国强　（十二）368

赖海珊　（十三）15

赖家骈　（十二）521,559

赖景生　（十二）337

赖铭光　（十）121；（十一）670,671

赖其辉　（十二）521,559

赖启元　（十二）383

赖庆晖　（十二）599

赖人存　（十二）602

赖世璜　（五）203,232,391；（六）493；（九）448,466；（十）612

赖世琨　（十二）368

赖寿祥　（十二）405

赖天球　（九）193；（十）202,421—423,425,660；（十二）32,580,581；（十三）436

赖天瓒　（十三）493

赖文齐　（十二）514,551

赖心辉　（五）334,467；（九）664；（十）188,245

赖星辉　（十三）45

赖业兴　（十一）377

赖奕文　（十二）383

赖玉生　（十二）525

蓝衡史　（十二）514,542

蓝建轵　（六）461

蓝磊　（四）488；（九）197；（十二）513,536,547,571

蓝茂春　（十二）480

蓝仁　（十二）637

蓝任大　（三）236

蓝瑞元　（四）70,87,89

蓝赛·麦唐纳　（六）632

蓝天蔚　（五）157,231；（六）24,37,43,75；（八）165,354；（九）36,114

蓝伟烈　（九）378

蓝欣禾　（三）239

蓝杨　（十二）446

蓝耀庚　（十二）337

劳斌　（十）174

劳汉生　（十二）437

劳亮平　（十二）433

劳廷波　（十二）437

劳伟　（十二）611

乐克里耳（柔克义）　（一）340

雷安　（十二）370

雷宾　（五）162

雷丙寅　（十二）411

雷炳　（十二）406

雷昌　（十二）412

雷昌顺　（十二）439

雷大同　（十三）221,240

雷道月　（十二）391

雷栋材　（十二）436

雷法尧　（十二）466

雷风烈　（十二）370

雷富　（十二）408

雷根　（十二）408

雷合　（十二）408

雷衡　（十二）490

雷洪基　（十三）289

雷华桂　（十二）492

雷惠和　（十二）490

雷惠和夫人　（十二）493

雷缉甫　（十二）408

雷家楚　（十二）432,437—438

雷家华　（十二）356

雷家捷　（十二）411

雷家祺　（十二）464

雷家稔　（十二）493

雷家赏　（十二）461

雷家添　（十二）408

雷结培　（十二）368

雷金德　（十三）148

雷金玉　（十二）630

雷九龄　（十二）409

雷康勉　（十二）467

雷丽琴　（十二）493

雷利　（十二）408

雷连德　（十三）66

雷林　（十二）466

雷绵超　（十二）507,548

雷民志　（十二）396

雷鸣夏　（五）451

雷浓　（十二）402,410

雷鹏　（十二）490

雷聘余　（十二）409

雷庆　（十二）408

雷任庄　（十二）473

雷荣照　（十二）403

雷瑞山　（十二）402,408

雷瑞廷　（九）217

雷少俊　（十二）464

雷社享　（十二）370

雷寿如　（十二）465

雷维安　（十二）408

雷维创　（十二）411

雷维浣　（十二）460

雷维让　（十二）391

雷维森　（十二）606

雷维盛　（十二）391

雷维新　（十二）370

雷我武　（十二）467

雷锡平　（十二）466

雷详　（十二）408

雷学海　（十二）493

雷学钜　（十二）391

雷学溢　（十二）391

雷学振 (十二)391

雷揖臣 (十三)161

雷宜礼 (十二)33,520,556

雷宜攀 (十二)391

雷宜意 (十二)388

雷宜允 (十二)391

雷溢潮 (十二)431

雷荫孙 (十三)207

雷荫荪 (十二)497

雷荫棠 (三)247;(十二)595

雷祐 (十二)408

雷玉池 (四)137

雷玉昆 (十二)368

雷遇 (十二)493

雷岳 (十二)493

雷振声 (十二)460

雷震 (十二)629

雷震光 (十二)464

雷仲屏 (十二)409

雷祝三 (三)236

雷卓平 (十二)464

雷子陶 (十二)397

黎保 (十二)368,467

黎炳坦(焕墀) (四)16,19,27,33,40

黎秉兴 (十二)331

黎并佳 (十二)493

黎炽生 (十二)326

黎迪 (十二)327

黎棣芝 (十二)175

黎鼎鉴 (十)42,697,698;(十一)46;(十二)430

黎东 (十二)492

黎萼 (九)253,335;(十二)609

黎凤朝 (十二)437

黎福 (十三)26

黎福强 (九)592

黎工欤 (十)84,85,424;(十二)385

黎工倾 (九)453

黎光 (十二)524,535,561,569

黎光祥 (十二)411

黎海山 (十二)497

黎宏运 (十二)369

黎洪汉 (十二)538,572

黎藉 (十二)363,472

黎晋邦 (十二)409

黎克谦 (十二)378

黎流霭 (十二)411

黎民仰 (十一)258

黎乃钧 (十一)353

黎琪 (十三)24

黎谦 (九)378

黎桥伯 (十一)353

黎庆恩 (十二)96,625

黎日初 (十二)473

黎日滋　（十二）326

黎闰华　（十二）493

黎若彭　（三）265

黎神护　（十二）404

黎慎堦　（十二）337

黎士启　（十二）480

黎仕启　（十二）437

黎思赞　（十二）244

黎天才　（四）555；（五）1，89，90，97，153，157；（六）279，287，293，294，296，306，340，390；（九）304，322

黎天然　（十二）465

黎铁魂　（三）236

黎铁石　（十二）480

黎庭辅　（十一）79

黎文富　（十二）378

黎文樵　（十二）409

黎先良　（四）249

黎咸　（十）708；（十一）13

黎祥辉　（十二）391

黎晓生　（三）265

黎协　（四）429；（九）204

黎星　（十二）460

黎业初　（十二）446

黎玉成　（十二）540，572

黎元洪（宋卿）　（一）88；（二）148，170，265，322，339；（三）94，113，135，138，139，214，332，333；（四）290，366，456，459，463，466，469，475，523；（五）44，69，305，306，319，464，489；（六）14，18，20，27，30，35，44，48，51，54，62，67—69，72，73，79，88，93，100，102，104，122，194，218，220，222，223，227，232，234—236，243，245，250，261，526，527，529，552；（七）266，449，452，464，484，658；（八）152，185，207，209，217，222，231，291，339，416，491，515，534，541，542，550，551，563，570，571，573，591，598，600，601，604，615，665，760；（九）2，43，227，228，341

黎赞新　（五）242；（十二）605

黎泽闿　（十）605；（十二）191；（十三）207，451

黎仲琪　（十三）508

黎仲实　（一）82，83；（二）318；（四）81；（八）130

黎卓云　（十二）337

黎倬云　（十二）511，543

黎子棠　（十二）405

礼尼诗（莱布尼茨）　（一）46

李霭春　（九）221

李爱用　（十二）493

李安邦　（五）175；（六）415，420—

422,436,474;(九)520;(十)130,246,333;(十一)86;(十二)108,151,588,616,621

李柏春 (十三)137

李宝祥 (十)93,125,126,396;(十一)496;(十二)523,555;(十五)383

李保河 (十二)413

李北 (十三)67

李本 (六)454;(十三)138

李必英 (十三)159

李彬 (十一)705

李秉传 (十二)522,544

李秉均 (十二)468

李秉三 (八)417

李秉恕 (十二)76,591

李炳 (十三)46

李炳初 (五)42;(十二)81,595

李炳烈 (十二)466

李炳荣(炳和、燮丞) (五)298,447;(八)526;(九)392

李炳祥 (十二)463

李炳耀 (九)147

李炳银 (十二)467

李炳垣 (十三)238,312,317,318

李波 (十二)463

李伯湖 (十二)437

李伯恺 (十二)419;(十三)420

李伯眉 (三)236

李伯年 (十)488,497—499

李伯生 (十三)67

李伯涛 (九)447

李步云 (十三)54

李财 (十二)412

李灿 (十二)439

李昌济 (十二)492

李昌权 (十三)219

李昌庭 (十二)473

李长春 (十一)659

李成 (十二)493

李成安 (十二)411

李成功 (十二)531,542;(十三)56

李成锦 (十三)148

李成谋 (九)103

李成其 (十二)515,546

李成启 (十二)319

李成兆 (十二)468

李承翼 (十一)465;(十三)132,231,312,315,376,446

李池 (十二)472

李持邦 (十二)325

李崇殿 (十二)471

李传芬 (九)103

李传远 (十二)492

李春 (十二)439

李春和　（十一）3
李纯　（一）67,349；（二）198,200；（四）553；（五）1,8,74,210,246；（六）157,273,280,283,293,295,300,315,318,363,391,460,461；（七）285,590；（八）355；（九）253
李词垣　（九）567
李村农　（五）159
李达　（十二）406,468
李达初　（十一）376
李达民　（十二）467
李达贤　（三）236；（十二）629
李大蟳　（十二）446
李大钊　（五）562；（六）583,599；（八）540,541；（十一）344；（十二）422；（十三）199
李代斌　（十三）81
李得英　（十二）319
李德　（十二）466
李德贵　（十二）437
李德南　（十二）390
李德益　（五）169
李德予　（十二）404
李德正　（十二）178
李登辉　（三）242
李迪枢　（十二）434
李棣　（十一）376
李棣谈　（十二）403

李电轮　（十二）458；（十三）148
李电英　（十二）462
李钓冲　（十二）437
李鼎　（九）108
李东　（十二）370
李东初　（十二）466
李斗田　（十二）130,323
李笃宾　（九）65
李笃彬　（十二）25,336
李笃奕　（十二）408
李堆衍　（十三）51
李多马　（三）266
李铎　（十三）339,459
李发　（十二）432
李发斌　（十二）533,567
李发集　（十二）466
李发遇　（十二）466
李藩昌　（十二）145
李藩国　（十一）487,533；（十三）456,466
李芳芭　（十二）636
李芳华　（十二）467
李芳南　（十二）465
李芳洲　（十二）626
李访仙　（十二）542
李飞龙　（十）414,415
李丰　（十二）327
李逢均　（十二）404

李凤鸣 （四）438

李凤山 （十二）637

李凤威 （十二）612

李凤梧 （三）258,259；（十二）307,308

李奉藻 （十）34,92；（十二）494

李扶汉 （十二）438

李福 （十二）33,465,520,555

李福昌 （十二）378

李福来 （十一）377

李福林 （三）125,127,128；（四）196；（五）219,220,227,238,254,255,318,328,358,359,374,462,547；（六）443,449—452,454,505,508,515,530,548,572,588,589,621,638,639,642,644,646,648,676,677；（七）283,513,641；（八）486,634,666,695；（九）371,398,442—444,459,547,553,558,564,571,590,593,602,606,629,630,650；（十）65,71,85,88,89,92,127—129,141,146,149,167,168,228,235,319,428,489,519,553,566,568,573,587,635,649,678—680,684,707；（十一）12,13,17,19,40,44,45,59,60,179,180,252,353,416,444,450,455,463,468,524,558,595,604,608,620,682,683,693,704；（十二）48,229,293,584,636；（十三）270,301,369,429,467

李福培 （十二）466

李福如 （十二）401

李福廷 （十三）54

李辅仁 （十二）472

李辅衍 （十三）145

李富 （十二）472,630

李根民 （十二）469

李根生 （十一）274

李根源 （四）302；（五）138,170,228,399,468；（六）366,412,413,416,448,453,456,461,462；（八）100,442,575；（十二）215

李公杰 （十二）513,550

李公武 （五）38,153；（十三）58

李公侠 （三）330

李谷全 （十二）467

李谷棠 （十二）467

李关雄 （十二）409

李观焯 （十二）175

李观卓 （十二）363

李冠廷 （十二）437

李冠英 （十三）159

李光 （十二）396

李光德 （三）19

李光华 （十二）469

李光坤　（十二）528,556

李光业　（十二）178

李光迎　（十三）50

李湝　（十三）70

李国彬　（十一）502

李国炳　（十二）527,563

李国钗　（十二）446

李国定　（五）298；（六）346—348，368,369；（十二）76,87,244,591,603

李国恺　（十三）314

李国梁　（九）120,121

李国堂　（十二）594；（十三）37

李国扬　（十二）435,438

李国柱　（五）142,186,202,203,215,555；（六）452；（十）40；（十二）220,610,611

李哈麦　（八）156

李海东　（十）178

李海秋　（四）448

李海云　（三）247；（六）589；（九）211,324；（十）249,264,291；（十二）33,519,555,581

李含芳　（六）661；（十二）77,591

李汉　（十二）518,575

李汉丞　（十二）232,599,610

李汉民　（十三）159

李汉平　（十二）337

李汉唐　（十三）137

李汉庭　（十二）405

李汉修　（十二）518,555

李翰屏　（五）172,178,248

李瀚　（十二）527,554

李瀚章　（二）33,40,218

李豪　（十二）406

李和　（十三）67

李鸿标　（十二）516,552；（十三）117

李鸿祥　（十）314—316

李鸿仪　（十二）408

李鸿藻　（十二）433,437

李鸿章　（二）8,20,27—29,31,33,43,50,116,218,246,339；（三）66,320；（四）10,12,18；（七）11,516；（八）54,55,57

李厚　（十二）378

李厚基　（四）556；（五）59,337,351,353,354,373,386；（六）246,367,370,387,447,454,458,462；（七）286,586；（八）549；（九）325,442

李厚乾　（十一）258

李华进　（十二）371

李华林　（五）173；（十二）75,590

李华隆　（十二）470

李化民　（十二）206；（十三）235

李怀民 （十二）467

李怀霜 （三）239,392；（四）288, 290,301；（十三）217

李桓 （十二）459

李唤觉 （十二）472

李焕 （十二）524,561,629

李焕墀 （十二）406

李焕坤 （十一）377

李焕桐 （十二）404

李焕章 （九）300；（十二）110,631

李澣兴 （十二）467

李晖 （十二）458

李哕鸾 （十二）409

李惠衡 （十三）54

李惠金 （十二）492

李惠连 （十二）398,410

李惠民 （十二）318,467

李惠元 （十二）471

李霍 （十二）405

李积芳 （十二）599

李及英 （九）703

李吉 （十二）411

李吉庭 （十三）43

李纪堂 （一）80,82；（二）43；（四）18,122；（十一）48,49,558；（十二）394,639；（十三）297

李济民 （四）341

李济深(李济琛) （五）470；（六）512,557,560,568,588,610,620,629；（八）676；（九）542,701,706；（十）26,46,48,60,65,85,88,89,92,106,140,141,143,145,146,149,167,169,212,250,267,306,376,457,460,467,468,517,586,612,630；（十一）47,102,127,249,263,447,638；（十二）444；（十三）111,134,350,365,369

李济汶 （十一）655,657；（十三）85

李济源 （九）613；（十）170

李寄汉 （十二）467

李家宝 （十一）695

李家春 （十三）119

李家诒 （十二）378

李家焯 （八）4—6

李嘉鹏 （十三）12

李嘉品 （六）371

李俭持 （十二）465

李简宾 （十三）159

李建宏 （十一）684

李建勋 （十）677

李建中 （六）305；（十二）73,102,590,615；（十三）205

李剑坡 （十二）439

李剑生 （十三）50

李剑侠　（十二）464

李健初　（十二）467

李健民　（九）614

李健男　（十二）401,410

李渐来　（十三）137

李江伟　（十二）316

李降　（十二）371

李捷安　（十二）461

李介眉　（十二）337

李金练　（十二）466

李金銮　（十二）446

李金明　（十二）409

李金铨　（十二）403

李金时　（十三）67

李金顺　（十二）369

李金锡　（十二）412

李锦华　（十二）327

李锦纶　（三）251;（六）468;（十二）105,151,615,621

李锦全　（十三）44

李进　（十三）58

李晋光　（十二）462

李经五　（十二）472

李经羲　（六）246;（七）279

李景纲　（十三）85,237,312,313,315,383,384

李景伦　（十二）465

李景民　（十二）467

李景泉　（十二）597

李景熙　（十二）117,632

李敬芳　（十二）368

李敬之　（八）266;（十二）493

李靖　（二）274;（九）98

李静安　（六）324,368

李镜泉　（十二）324

李镜如　（十二）464,467

李炯　（十二）408

李觉民　（十二）478,524,558

李君白　（九）165

李钧　（十二）274

李钧衡　（十二）412

李俊英　（九）169

李开化　（十二）368

李楷　（十二）471

李康平　（十二）467

李康衢　（十二）466

李可简　（十二）581

李克明　（十二）597

李孔道　（十二）438

李孔广　（十二）434,438

李孔荣　（十二）437

李孔仕　（十二）433

李孔塔　（十二）446

李宽　（九）657

李狂父　（十三）54

李奎仙　（十一）116

李奎元　(六)319

李来发　(十二)391

李贲明　(十二)525,558;(十三)43

李兰亭　(四)82,83

李兰轩　(五)6

李朗如　(八)307;(十一)485;(十二)379;(十三)429

李朗天　(十二)467

李朗溪　(十二)539,572

李乐平　(十二)406

李理臣　(十二)493

李力　(十二)407

李丽川　(十二)436

李丽生　(十)575

李连　(十二)410

李连发　(十二)356

李连合　(十二)413

李练　(十二)524,558

李良材　(六)39,388

李良芬　(十二)485

李亮臣　(十二)410

李烈钧(协和)　(一)67;(二)318;(三)125,127,217,245,246,248;(四)326,338,339,342,361,381,397,472,478,493,501,551;(五)93,170,171,173,185,203,213,217,243,426,452,455,456,458,468;(六)124,233—235,248,258,270,276,286,330,333,356,363—366,374,412,413,417,418,420,421—426,429,430,438,442,447,448,460,485,490,499,513,515,516,520,535,547,553,554,591,641,670,672;(七)292,513,711;(八)296,297,299,303,304,357,482,486,548,572,621,637,638,696,766,778;(九)131,249,378,389,398,466,471,473,529,533,545,558,564;(十)181,215,222,225,520,684,713;(十一)54,90,207,219,261,275,304,323,342,399,434,476;(十二)47,109,188,189,198,199,229,303,304,355,383,582,583;(十三)102,103,194,195,209,216,279,284,292,346,381

李林　(十二)480

李林兆　(十二)371

李霖义　(十三)12,46

李岭南　(十三)14

李流　(十二)532,543;(十三)58

李隆建　(十三)85

李禄超　(十二)69,191,339,589,636;(十五)193

李銮波　(十二)408

李买维　(十二)175,369

李买祥　(十二)175,369

李满　(十三)12

李茂　(六)335;(十二)493

李茂海　(十二)447,511,545

李茂莲　(十二)407

李茂之　(九)281;(十二)75,134,590,620

李懋吾　(六)464

李美安　(十二)465

李美益　(十二)368

李孟吾　(五)6

李梦庚　(五)124,431

李縻　(五)525,529—531;(十一)348

李绵纶　(五)143

李妙航　(十二)374

李民丁　(十二)468

李民生　(十二)407

李民雨　(十三)3

李敏钦　(十二)465

李敏周　(十二)390

李明　(十二)638

李明东　(十二)466

李明灏　(十三)85

李明扬　(五)215,217;(六)446,456;(八)707;(十)220,252,322,376,545,553,602,616,632,636,659;(十一)157,178,287,297,399,458,473,508,511,524,527,560,574,587,612,656,666,688,701;(十三)435

李命根　(十三)15

李墨西　(九)256

李谋奕　(十二)408

李睦之　(十二)130,619

李慕石　(十二)338

李穆　(十二)391,406

李乃斌　(十)343

李廼文　(十二)331

李南生　(十二)39,556

李能相　(五)256;(十二)316

李能昭　(十一)663;(十五)341

李年常　(十三)13

李蟠　(十)105;(十一)289,299;(十三)162,269;(十五)359

李鎜　(六)111

李培　(十二)438

李沛基　(二)265

李沛如　(十二)470

李佩芳　(十二)408

李佩剑　(十)698

李佩莲　(十二)580

李平来　(十二)472

李普恩　(十二)536,570

李溥　(十二)468

李栖云　（二）318；（十二）610

李期戬　（十二）472

李期进　（十二）468

李期焜　（十三）54

李齐秀　（十二）439

李其　（十二）422

李其芳　（五）521；（十一）286，289；（十三）393，400

李其信　（十二）465

李萁(李箕)　（三）246；（四）416；（十二）23，576

李锜　（三）251；（五）252

李启光　（十二）467

李启明　（十二）20，505，544

李启瑞　（十二）316

李启元　（十一）718

李起凤　（十三）15

李绮庵　（四）216，241，400；（五）175，178，183，184，186；（六）415，420—423，425—429，433—435，439，454，474；（九）324；（十二）206，455，588

李契隽　（五）131

李洽　（三）19

李谦苏　（十二）410

李乾云　（十二）408

李清全　（十二）319

李擎天　（十二）438

李庆标　（五）345，428；（九）202，464；（十一）424；（十二）221，298，510，549；（十三）182

李庆宏　（十二）472

李琼　（十二）465

李琼波　（十二）469

李琼南　（十二）466

李秋畹　（十二）337

李屈儿　（十二）472

李全　（十二）439

李权　（十二）413

李铨　（十）76

李群业　（十三）54

李仁炳　（五）324；（十二）368

李仁巧　（十二）466

李仁治　（十二）370

李壬圣　（十二）368

李忍　（十）440

李忍辱　（十二）445

李任　（十二）439

李任山　（十二）434

李礽彬　（十二）472

李礽春　（十二）407

李礽饶　（十二）460

李礽嵩　（十二）459

李礽质　（十二）463

李日升　（十二）468

李日生　（三）236

李日嵩　（十二）178

李荣芳　（十二）399

李荣福　（十二）404

李荣君　（十）341

李荣韬　（十二）317

李荣萱　（十二）412

李容　（十二）406,522,541

李容恢　（四）423；（九）181,186；
（十二）507

李榕阶　（十）407

李如山　（十二）466

李如松　（十二）469

李儒均　（十二）465

李儒清　（九）162

李儒修　（三）258,259；（十二）314

李汝湘　（十二）407

李汝舟　（六）302

李锐军　（十二）630

李瑞龙　（十二）438

李闰　（十三）119

李润富　（十二）464

李润生　（十二）438

李润璋　（十二）463

李三勤　（十二）405

李沙文　（十二）378

李善波　（六）343,345；（十二）
136,620

李善明　（十二）532,566

李尚志　（十二）468

李少白　（五）396

李少帆　（十二）323

李少辅　（十二）408

李少年　（十二）410

李少勤　（十二）331

李少雄　（十二）319

李少逸　（十二）605

李少璋　（十二）526,562

李绍祥　（十三）58

李社保　（十二）465

李社洽　（十二）319

李伸来　（十二）465

李生　（十二）431,436

李声鸣　（十三）159

李圣福　（十二）468

李圣林　（十二）196,399,413

李圣庭　（十二）468

李盛铎　（一）65；（五）282；（六）91

李师赤　（十二）400

李石　（十二）492

李石平　（十二）326

李世泮　（十二）408

李世腾　（十二）438

李世暹　（十二）467

李世周　（十二）409

李世濯　（十三）54

李式璠　（十二）593

李是男　（四）223,235；（五）300；
　　（八）118,120；（十二）422
李寿　（十二）319,368
李寿南　（十二）388
李寿乾　（十）322
李书城　（六）314,342；（八）76
李书纪　（十）560,561
李述膺　（六）392；（十二）123,618
李树南　（十二）628
李树楠　（十二）317
李树屏　（十二）468
李树庭　（十二）466
李树云　（十三）148
李竖铨　（十二）402
李澍　（十二）528,564
李水龙　（四）49
李睡仙　（三）129；（六）514；（八）500；（九）428
李思汉　（十二）612；（十三）342
李思齐　（二）275
李思唐　（十三）69
李思辕　（三）247；（八）197；（九）197；（十一）293,557；（十二）26,510,573,614；（十三）401,468
李斯　（七）459
李斯灿　（十二）411
李斯焜　（十二）411
李泗勤　（十二）403

李松光　（十二）460
李松林　（十二）408
李松年　（十二）609
李松亭　（十二）465
李松伟　（十三）44
李松轩　（十二）464
李松尧　（十二）319
李颂韶　（十）472—474
李遂生　（五）64
李穗农　（十二）471
李泰初　（十二）604
李郯　（十二）577
李谭德　（十二）388
李提　（十二）377
李天德　（九）401,403,557,559,630,651,665,675,677,686；（十）246,264；（十二）588；（十三）483
李天燋　（十三）65
李天霖　（十一）127,132
李天洽　（十二）469
李天如　（四）510；（十二）510,574
李天影　（十二）399
李添好　（十二）369
李添来　（十二）319
李田扬　（十二）175,363
李铁如　（十二）318,464
李廷光　（十二）472；（十二）316
李廷铿　（九）410

李万　（十二）492

李万足　（十二）413

李旺　（十二）412

李惟贤　（三）242

李维　（十二）468

李维汉　（九）332

李维珩　（十三）282

李维新　（十二）96,625

李维砚　（十二）459

李维垣　（十三）15

李维周　（十二）465

李伟　（五）230；（九）348

李伟昌　（十二）398,410

李伟基　（十二）397

李伟权　（十二）396

李伟儒　（十二）603

李伟三　（十二）466

李伟生　（十一）471

李伟棠　（十二）410

李伟涛　（十三）148

李伟章　（十三）372

李炜华　（十二）368

李渭宾　（十三）157

李文　（六）362；（十二）467

李文炳　（十三）297

李文彩　（十）502

李文恩　（十）352,353,356

李文范　（四）239；（十三）428,448

李文记　（十二）399

李文卿　（十二）446

李文藻　（九）105；（十二）469

李文治　（十二）600

李文梓　（十二）446

李闻一　（十二）485

李问凡　（十二）480

李武　（九）310；（十二）580

李希槐　（十三）50

李希莲　（八）562；（九）310,466；（十一）722

李希舜　（十一）212；（十三）392

李锡蕃　（十三）15

李锡福　（十二）320

李锡三　（十二）174,356,398；（十三）51

李锡熙　（九）270

李锡祥　（十）617,618；（十一）241

李喜　（十三）148

李侠夫　（十二）325

李侠汉　（十二）412

李侠民　（十二）467

李霞举　（十二）504,514,550,574

李显　（十二）465

李现圣　（十二）437

李宪民　（十二）326

李宪章　（十二）406,467

李宪之　（十二）368

李襄伯　（四）468,498；（五）24,39
李襄州　（十三）148
李祥　（十二）492
李祥茂　（十）104,105
李向景　（十二）467
李箫访　（十二）401,410
李晓楼　（十三）52
李晓生　（三）236；（四）274,275；（九）119；（十五）28,29
李孝章　（四）386,392；（十一）410；（十二）33,519,555
李肖廷　（十）25
李燮和　（六）96；（九）86,98,137
李心汉　（十二）324
李新宇　（十二）523,541
李兴高　（五）234；（六）473；（十二）117,160,622,631
李星阁　（五）209
李星衢　（十二）497
李醒汉　（十二）459
李醒民　（十二）466
李杏　（十二）437
李杏生　（十二）371
李性民　（三）236
李雄　（十一）695
李雄伟　（十三）294
李雄亚　（十二）467
李秀成　（一）401；（八）105

李秀山　（六）295；（九）429
李秀生　（十二）327
李绣石　（十二）468
李煦风　（十三）54
李暄培　（九）378
李学缉　（十二）432
李学钧　（十二）396
李雪一　（十一）501
李血生　（十二）467
李询云　（十二）460
李逊三　（五）13；（九）197；（十二）511,543
李雅文　（十二）369
李亚伙　（九）376
李炎　（十二）371
李炎源　（十二）436
李彦青　（三）163
李雁行　（十二）517,553
李燕仪　（九）402
李扬海　（十三）148
李养来　（十三）53
李曜蓉　（十一）370；（十五）320
李耀　（十二）403,412
李耀邦　（一）91,93
李耀本　（十一）79
李耀汉　（四）446,531；（五）190；（六）361,417,453；（九）610；（十一）587

李耀阶　（十三）79
李耀麟　（十二）368
李耀廷　（九）507
李耀云　（十二）464
李业芳　（十三）148
李业玉　（十）138
李一平　（十三）54
李一一　（十二）467
李伊珊　（十二）337
李宸珊　（十二）191
李亦梅　（十二）497
李峄桀　（十二）20
李易标　（六）533,536；（九）496,507,510—515；（十）83；（十二）387,482
李奕椒　（十二）408
李奕民　（十二）408
李翊东　（十一）538；（十三）335
李翊灼　（九）146
李逸民　（十二）467
李翼民　（十二）307,308
李翼棠　（十二）399
李荫埜　（十一）376
李荫堂　（十二）398
李寅　（十一）643；（十三）506,510
李寅佳　（十二）462
李寅钟　（十二）629
李尹衡　（十二）408

李引大　（十二）396
李引口　（十二）448,511,545
李引随　（十二）513,547
李引相　（十二）446
李应生　（三）236
李英　（十二）467
李英才　（十二）539,553
李英铨　（十）170；（十二）601
李颖　（十二）319
李永声　（十二）597
李永祥　（十二）363
李永义　（十二）369
李猷立　（十二）468
李猷新　（十二）368,467
李友东　（十三）138
李友兰　（五）430,431
李友朋　（十二）507,544
李友三　（十二）410
李有　（十二）371,400
李有女　（十二）465
李有枢　（十三）216
李幼珊　（十三）159
李祐　（十二）492
李榆南　（十二）471
李宇南　（十二）406
李雨琴　（十二）468
李雨生　（十三）54
李雨亭　（十二）408

李玉庵　（十二）467

李玉昆　（十二）85,602

李玉林　（九）697

李玉渠　（十一）227

李玉三　（十二）467

李玉堂　（十二）465

李玉亭　（十二）466

李玉吾　（十二）320

李育之　（十二）469,470

李煜　（十二）408

李煜堂　（三）247；（八）586；（十二）497

李煜禧　（十二）356

李煜瀛（石曾）　（一）44；（四）166；（五）105,161,163,562；（六）661；（七）294；（八）778；（十三）285

李毓幹　（十二）368

李毓林　（十三）51

李毓民　（十二）368

李毓秀　（十二）399,412

李元白　（六）359,368；（十二）125,595,618

李元三　（十二）410

李元著　（九）592；（十）183,205；（十二）454；（十三）197,198

李源水　（四）95,191,192,195,197,325,334,339,343,344,353,355,359,369；（九）63,234,393；（十一）429；（十二）33,34,519,555

李曰垓　（六）392,393

李月芳　（十二）390

李月华　（十二）291,434

李月秋　（十二）142,634

李月天　（十二）396

李岳　（十三）54

李岳辉　（十二）365,370

李悦　（十二）407

李钺森　（十二）302

李跃来　（十二）316

李云霭　（十三）51

李云达　（十二）468

李云复　（五）391,448,458；（九）473

李云阶　（十二）624

李云奎　（十二）468

李云熠　（十二）467

李云彰　（十二）406

李允觉　（九）162

李运球　（十二）436

李运全　（十一）718

李运淑　（十三）15

李运玉　（十二）516,575

李载德　（十三）312

李载赓　（十二）131,619

李赞年　（十二）437

李赞宗　（十二）437

李则以　（十二）358

李泽　（十二）408,465

李泽民　（十）2

李增霨　（十二）597

李沾　（十二）438

李湛　（十二）437

李章安　（十二）368

李章达　（五）526；（八）431；（九）397,486,537,565,665；（十二）203,261,333,353；（十三）413

李彰时　（十二）460

李兆汉　（十二）469

李兆俊　（十三）54

李兆楼　（十二）523,541

李兆年　（十二）319

李兆云　（十二）410

李赵南　（十二）465

李照心　（十二）368

李肇甫　（二）318；（九）5

李肇南　（十二）391

李贞庭（李贞廷）　（十二）516,575

李珍　（十二）410；（十三）12

李桢　（十二）602

李振黄　（十二）366

李振美　（十二）465

李振民　（十二）467

李正明　（十二）368

李正阳　（十二）600

李之煊　（十三）493

李之腴　（三）251；（十三）394

李芝畦　（十一）380

李执中　（八）364；（十）27；（十二）59,586

李值生　（十二）316

李植　（十三）54

李植南　（十三）159

李植生　（十三）141

李植庭　（十二）467

李志强　（十二）629

李志伟　（九）501

李秩男　（十二）316

李智寿　（十二）178,448

李智一　（十二）410

李忠　（十二）472

李钟珏　（三）242；（九）20

李仲夔　（九）339

李仲泉　（十二）492

李仲田　（十二）465

李仲岳　（十）177；（十五）273

李重贤　（十二）624

李周　（六）621；（十二）367

李诛青　（十二）412

李竹痴　（四）45

李竹川　（十二）412

李竹田　（十二）516,544

李柱 （十一）695

李祝寿 （十三）137

李准 （二）264，265；（四）214，230；（六）6；（七）574，625，643，659

李焯常 （十二）397

李焯仪 （十二）175

李卓峰 （一）86；（九）665；（十一）397，486，510，528，535，659，681，682；（十二）279，430；（十三）415，459

李卓明 （十二）368

李卓平 （十二）467

李卓生 （十二）325

李卓云 （十二）327

李灼轩 （十二）327

李子华 （四）495

李子敬 （十二）368

李子铿 （十二）378

李子林 （十二）413

李子明 （十二）408

李子平 （十二）368，464

李子青 （六）445

李子全 （十二）413

李子蔚 （四）66

李子耀 （十二）413

李子英 （十三）360

李梓莺 （十二）438

李梓云 （十二）467

李紫宸 （十二）514，551

李自芳 （十二）119，593，617

李自坚 （十二）471

李自重 （十二）1，588

李宗炳 （十二）406

李宗兑 （十二）438

李宗黄 （四）490，517，546；（五）40；（七）555；（八）370，371；（九）259；（十三）170，198，237，284

李宗佳 （十二）460

李宗仁 （十三）485

李宗荣 （十二）406

李宗唐 （十三）241

李祖武 （十二）401

李祖贻 （十二）508，579

李佐 （十二）400

李作砺 （十二）237

李作舟 （十二）409

利亨 （十二）492

利里 （一）46

利玛窦（利马窦） （二）59，64

利其 （十二）368

连官大 （十二）378

连麟 （十二）178

连庆湘 （十二）368

连声海 （五）524；（九）422；（十二）98，156，162，339，524，561，612

重要人名索引

廉炳华　（十二）598

廉泉　（五）414

练炳章　（十三）378,438

练芳　（十三）72

练嘉禾　（十三）148

练瑞隆　（十三）15,48

练水记　（十二）374

练演雄　（十）43

梁杞新　（十二）367

梁安　（十二）463

梁安家　（十二）466

梁柏明　（五）414；（九）319

梁邦栋　（十二）465

梁邦和　（十三）54

梁宝珊　（十二）138,634

梁杯　（十二）409

梁弼群　（十三）479,503

梁碧城　（十三）52

梁璧柱　（十二）464

梁炳芳　（十二）405

梁炳全　（十）598

梁炳然　（十二）446

梁炳垣　（十二）410

梁博平　（十二）472

梁长海　（八）438；（十二）229,238,239

梁超　（十三）67

梁朝栋　（十二）465

梁朝绣　（十二）369

梁成光　（十二）470

梁诚　（二）59,65

梁城广　（十二）464

梁炽林　（十二）405

梁楚三　（五）391,428；（十三）162

梁漋　（十二）521,557

梁传启　（十二）407

梁达　（十二）493

梁达道　（十）591

梁达民　（十二）406

梁德贞　（十二）409

梁涤亚　（十三）152

梁帝柱　（十二）458

梁栋　（十五）369,375,376

梁栋英　（十二）177,448,536,570

梁端益　（十二）597

梁铎　（十二）369

梁仿谐　（十三）85,161

梁逢生　（十二）537,570

梁凤年　（十二）468

梁凤韶　（十二）467

梁福　（十二）468

梁福昌　（十二）465

梁福榆　（十二）399

梁复光　（十二）527,554

梁公拔　（十二）437

梁谷勋　（十二）512,542

梁顾桓 （十三）51

梁顾西 （十二）374；（十三）154

梁关勋 （十二）378

梁观瑞 （十二）433

梁广 （十二）319

梁广谦 （十三）371

梁广然 （十二）432,439

梁桂昌 （十三）67

梁桂邻 （十三）273

梁桂山 （十一）716；（十三）82,513

梁国栋 （十二）602

梁国琬 （十三）154

梁国一 （十）318,331；（十五）335

梁国之 （十二）319

梁海 （十二）391

梁海秋 （十二）279；（十三）341

梁汉志 （十三）53

梁翰如 （十二）438

梁浩然 （十）404

梁鹤龄 （十）677

梁灯欣 （十二）466

梁洪藉 （十二）463

梁鸿楷 （三）125,127；（五）391,437；（六）515,553,557,560,568,588,615,616；（七）442,443；（八）480,559；（九）386,398,504,505,542,575,631；（十）36,65,71,85,88,89,92,135,136,141,146,149,167,168,171,183,184,213,225,484,545,553,616,653,665；（十一）287,288；（十二）257,309,443,484；（十三）142,190,369

梁鸿威 （十二）467

梁华显 （十三）58

梁坚庭 （十三）54

梁俭德 （十二）409

梁椒生 （十二）369

梁杰 （十二）391

梁杰鸿 （十二）403

梁洁修 （十二）480

梁捷炜 （十二）389,390

梁捷喜 （十二）391

梁解 （十二）493

梁金福 （十二）493

梁锦泰 （十三）67

梁锦棠 （十二）468

梁进德 （十二）369

梁晋朴 （六）325

梁觐三 （十二）469

梁景 （十二）411

梁景星 （十二）480

梁竞雄 （十二）468

梁镜堂 （十二）319

梁就发 （十三）54

梁君祥　（十二）356

梁开凤　（九）377

梁兰泉　（四）52—54

梁朗天　（十二）408

梁礼　（十二）464

梁礼光　（十二）378

梁礼乾　（十二）410

梁礼庭　（十二）463

梁礼垣　（十二）410

梁丽方　（十三）54

梁丽生　（十二）519,554,601

梁励男　（十二）438

梁励三　（十二）368

梁龙　（十三）407

梁龙廷　（十二）470

梁鲁生　（十二）406

梁侣梅　（十三）42

梁沦芳　（十二）326

梁纶卿　（六）43

梁买　（十三）15

梁满　（十一）376

梁梅　（十二）493

梁美焯　（十三）54

梁梦成　（十二）391

梁梦熊　（十二）400

梁宓　（三）236

梁名和　（十二）410

梁明致　（十三）101,107

梁鸣一　（九）642；（十）71

梁铭楷　（十二）439

梁鍪　（三）19

梁乃缵　（十二）492

梁能坚　（九）119

梁年　（十二）388

梁念德　（十二）480

梁泮　（九）350

梁培　（十二）75,590

梁培基　（十三）207

梁配仁　（十二）175

梁品三　（十一）330；（十三）54

梁评旺　（十二）316

梁璞珊　（十二）469

梁其　（十二）514,551

梁奇　（十二）369

梁启超（任公）　（二）46,47；（三）8—10,76；（四）8；（六）249,250；（七）416,449,453,455；（八）32,47,57,92,116,674；（九）264

梁洽　（十二）355

梁钦记　（十二）364

梁钦四　（十三）135

梁勤　（十二）467

梁秋　（四）83；（十二）369

梁求贤　（十二）472

梁全焕　（十二）391

梁权　（十二）409

梁人 （十二）391

梁仁沛 （十二）460

梁日初 （十二）401

梁日青 （十二）543

梁荣 （十一）376

梁荣光 （十二）407

梁荣锐 （十二）446

梁如 （十二）526,553

梁如九 （十二）485

梁瑞钿 （十二）319

梁瑞生 （十二）435

梁若泉 （十二）466

梁骚 （十二）490

梁善 （十二）398

梁善卿 （十二）537,571

梁芍坡 （十二）460

梁少东 （十）231

梁社发 （十二）369

梁社元 （十二）468

梁生 （十二）529,565

梁胜 （十三）119

梁胜林 （十二）390

梁省躬 （十二）33,520,556

梁石稳 （十二）466

梁士衡 （九）530

梁士模 （八）364；（十二）593

梁士让 （十一）330

梁士诒（燕孙） （二）89,354,357；（三）109,242—243；（四）445；（六）134,135,139,268,298,299,506；（八）224,240,241,247,255,256,353,367,368；（九）114,574

梁士洲 （十二）388

梁世慈 （十二）606

梁世芳 （九）376

梁市三 （十二）464

梁寿恺 （十）410

梁寿显 （十二）492

梁树南 （十二）399

梁树熊 （十二）63,587

梁四 （十二）412

梁松生 （十二）462

梁棠 （十二）438

梁天池 （十二）468

梁廷槐 （十三）85,133

梁廷相 （十二）471

梁旺 （十二）464

梁望 （十二）493

梁维林 （十二）331

梁伟 （十二）411

梁文灿 （九）381

梁文富 （十二）408

梁文钦 （十二）534,568

梁文松 （十一）210

梁文通 （十二）409

梁希冉 （十二）391

梁锡　（十二)424

梁锡余　（十二)446

梁系登　（十二)599

梁贤栋　（十二)407

梁贤清　（十二)416

梁贤天　（十二)471

梁显宏　（十三)54

梁羡　（十二)391

梁羡如　（十二)468

梁香池　（十二)378

梁象齐　（十二)407

梁象灼　（十二)460

梁孝镠　（十二)324

梁孝肃　（二)357

梁燮　（十二)463

梁信仍　（十二)468

梁星俦　（十二)492

梁星初　（十二)470

梁修林　（十三)15,47

梁修文　（十二)492

梁秀春　（四)52,123

梁秀芳　（十三)159

梁秀林　（十二)323

梁旭东　（十二)325

梁旭强　（十二)465

梁萱　（十)494,495

梁学　（十二)331

梁雪岩　（十二)365

梁炎　（十二)463

梁炎郎　（三)236

梁炎炘　（十三)44

梁耀斌　（十二)579

梁耀池　（十二)527,554,601

梁耀南　（十三)51

梁耀全　（十一)718

梁业　（十二)489

梁乙　（十二)331

梁奕德　（十三)54

梁意和　（十二)625

梁溢生　（十二)364

梁英　（九)197；（十二)279,511,541

梁英才　（十三)95

梁永　（十一)376；（十二)407

梁泳溟　（十二)463

梁有长　（十二)462

梁有成　（十三)12

梁有燊　（十二)409

梁佑勋　（十二)410

梁余永　（十二)378

梁愚　（九)206,211；（十二)22,506,547

梁雨池　（十二)417

梁雨金　（十二)459

梁禹平　（十一)643；（十三)506

梁玉书　（十二)468

梁域裕 (十二)465

梁煜成 (十二)468

梁煜林 (十二)405

梁元亨 (十二)446

梁月臣 (十三)15

梁悦魂 (四)301

梁云 (十二)326

梁允祺 (十二)506,512,514,550,
574

梁允煊 (十二)504,574

梁蕴兴 (十二)434

梁在 (十二)368,467

梁泽夫 (十二)407

梁泽生 (四)226;(十二)33,424,
520,555

梁沾鸿 (十)270—272

梁占 (十二)391

梁占安 (十二)439

梁章达 (十三)54

梁章允 (十二)410

梁兆荣 (十二)437

梁兆森 (十二)368

梁兆振 (十二)363

梁振华 (十二)588

梁振琴 (十二)416

梁植臣 (十二)463

梁志宏 (九)533,534

梁秩 (十二)490,491

梁秩文 (三)236

梁钟汉 (六)175,176;(十二)
271,596,603;(十五)38

梁仲昆 (十二)398

梁重良 (三)238,239;(四)290

梁柱海 (十二)407

梁卓贵 (十二)30,170,298

梁卓文 (十二)388,390

梁子荣 (十二)438

梁子元 (十二)407

梁紫垣 (十二)458

梁宗汉 (十二)576

梁祖禄 (九)138

梁祖荫 (十三)85

梁醉生 (五)446,447;(九)410,
582,584;(十二)116,617

廖安田 (十三)67

廖百芳 (五)525;(十三)204

廖彩辉 (十三)159

廖传诏 (九)162

廖达生 (十二)412

廖得山 (七)75

廖德山 (五)143;(九)319;(十
二)592

廖登 (十二)492

廖凤岐 (十三)53

廖凤书 (五)130

廖奉恩 (五)142;(九)319

廖富荣 （十二）406

廖刚 （十三）268，469

廖管廷 （十二）438

廖光享 （十二）409

廖桂生 （十二）516，553

廖国林 （十二）465

廖汉刚 （十三）159

廖汉寰 （十三）137

廖汉裔 （十二）370

廖华炳 （十二）438

廖继舜 （十二）412

廖家栋 （五）131；（六）464

廖家骥 （十二）578

廖剑秋 （十二）363，370

廖接 （十一）683

廖金吾 （十二）438

廖金英 （十二）368

廖景唐 （十二）537，570

廖琚 （十二）439

廖恪卿 （十二）322

廖兰初 （十二）468

廖朗如 （十）365；（十一）7，158，465；（十三）85，272，313，317，318，340，375，376，442

廖麟 （十二）467

廖伦 （十二）177，197，248

廖命 （十三）159

廖谋 （十二）327

廖南华 （十二）511，541

廖鹏声 （十一）442

廖平庵 （八）187

廖耆芳 （十一）683，684

廖全 （十二）526，552

廖霎尘 （十二）532，566

廖韶光 （十）346，347

廖石山 （十二）368

廖宿生 （十二）137，633

廖天送 （十二）411

廖挽权 （十二）512，542

廖维 （十二）411

廖伟理 （十三）53

廖文科 （十二）478

廖显佐 （十二）409

廖湘芸 （五）117，118，136，151，154，176，177，344，390，418，460，467；（六）409，413，415，423，430，562，586，588，592，604；（九）290，310，316，430，443，449，458，465，627；（十）87，88，178，181，186，226，228，466，467，553，569，611，695，697；（十一）63，116，117，251，561；（十二）230，349，455；（十三）397

廖燮 （十一）533，645；（十三）466，506

廖燮南 （十二）528，564

廖星舫　（三）244
廖行超　（五）495,526—528,547,
　　549;（六）588,591,624,638,644,
　　646;（七）595;（八）695,701;
　　（九）657;（十）59,179,184,467,
　　709;（十一）416,450,569,646;
　　（十三）104,271;（十五）312
廖炎　（九）119
廖衍甫　（十二）526,563
廖耀轩　（十二）513,537,550
廖应义　（十一）638
廖有权　（十一）121
廖远在　（十一）683
廖云炳　（十二）478
廖藻　（十二）579
廖章启　（十二）355
廖振　（十二）467
廖正兴　（九）378
廖致和　（十二）408
廖仲东　（十二）274
廖仲恺　（一）81,83,93,316,473;
　　（二）285;（三）126,137,158,
　　242,247,257,258,282,284,486;
　　（四）240,275,465,466,468—
　　471,475,476,481,484,511,527,
　　529,531,533,539,540,542,545,
　　555;（五）31,32,38,112,113,
　　163,172,250,259,271,272,292,

307,314,362,372,407,473,491,
496,517,529,531,538,545,547,
548,553;（六）198,211,226,500,
504,544,583,584,598,600,630,
644,676;（七）66,274,478,539,
540,548,549,554,555,630;（八）
88,146,197,468,597,599,606,
650,659,666,673,677,678,685,
690—692,707,776,786;（九）
212,217,225,226,239,276,280,
281,285,287,309,320,372,437,
605,613,634,641,648,660,662,
668,681,694,706,707;（十）9,
23,41,42,72,76,79,88,89,93,
94,96,102,106,107,112,115,
124,137,145,147,149,167,170,
173,178,181,185,204,210,211,
215,219,232,251,260,261,264,
265,274,284,287,294,297,316,
317,336,340,341,346,352,365,
366,386,389,393,395,396,408—
410,412,414,416,427,430—432,
440,450,467,471,472,479,482,
485,486,490,513;（十一）43,
127,130,144,148,158,178,179,
185,190,192,199,205,207,216,
217,222,229,233,235,236,238,
246,254,258,261,262,275,276,

282,284,285,287,297,311,319,
321,323,337,338,340,342,350,
357,360,372,380,381,383,392,
397—399,401,434,459,479,529,
555,641,683,713;(十二)42,79,
118,137,155,167,179,182,183,
198,305,342,344,452,502,583,
594;(十三)6,99,134,176,192,
199,260,272,283,284,286,298,
336,364,375,376,381,405,408,
411,422—424,426,427,429,432,
433,448,473—475;(十五)91,
207,345

廖卓芳 （十一）683

廖子鸣 （五）123

廖梓谦 （十三）73

廖宗北 （十二）598

列宁 （一）360,365;（二）335,
426,427;（五）278—280,297,
348,370,487,510,533;（六）380,
601;（七）41,557—559,667;
（八）82,529,599,647,654,660,
664,667,684;（十）406;（十五）
293

列玉珊 （十三）67

列治臣 （六）372

列子 （一）369

烈支多芬 （二）273

林安 （十二）234,313

林安定 （十二）405

林昂 （十三）53

林百民 （六）428

林宝田 （十二）538,572

林宝彝 （十二）624

林葆怿 （三）74,93,253;（五）34,
224;（六）384,388—390,392—
394,396—399,401—403,450,
451,460;（九）274,275;（十二）
46,181,582

林北立 （十二）466

林秉安 （十二）174

林炳 （十二）391

林炳桥 （十三）48

林炳照 （十二）175

林伯成 （十二）438

林伯和 （十二）593

林不帝 （十二）193,301;（十三）
39

林采昆 （九）463

林灿礼 （十二）391

林灿时 （十二）407

林昌武 （十三）495

林长 （十二）407

林长康 （十三）136

林长民 （九）119

林长胜 （十二）467

林长盛 （十二）405

林昶 （十二）437

林朝汉 （三）236；（九）119

林潮清 （十二）316,606

林琛 （三）19

林呈祥 （十二）446

林持纲 （十二）530,565

林赤民 （九）468；（十三）378

林初来 （十二）530,565

林春华 （十二）614

林春树 （十二）604

林椿荣 （十一）258

林达 （十）76；（十二）493

林达存 （十二）141,384,634；（十三）17

林达三 （五）42

林大任 （九）119

林德安 （十二）356

林德盘 （十二）466

林德胜 （十二）326

林德雄 （十二）480

林德轩 （五）48,72,145,146,149,151,168,536；（六）265,296,297,481；（九）309,344；（十二）578

林德云 （十二）467

林鼎甲 （十一）143

林定一 （九）254

林斗南 （十二）437

林杜 （十二）412

林芳 （十二）319,492

林飞云 （十二）89,388,606

林凤生 （十一）306；（十三）405

林凤梧 （十二）319

林凤游 （十三）263

林福业 （十二）465

林改良 （十二）326

林干 （十二）391

林干廷 （四）52；（十二）322

林格兰 （二）357；（四）98,169

林共进 （十二）472

林骨 （十三）386

林关义 （十二）409

林观胜 （十二）437

林冠慈 （二）265；（三）236

林光 （十三）58

林光汉 （十二）399

林贵洲 （九）378

林国光 （二）357

林国英 （十三）262

林海筹 （十二）313

林汉兴 （十二）466

林鹤龄 （十二）317

林鹤松 （四）66

林鹤余 （十二）464

林洪干 （十一）376

林鸿宝 （十二）323

林鸿超　（五）109

林鸿曜　（十二）324

林虎　（五）476，484，497；（六）454，461，470，571，579，585，586，678；（八）347，621，666，704；（十）5，465；（十一）579；（十五）274

林护　（十二）497，588

林华　（十二）365

林华焯　（十二）391

林浣　（十二）317

林焕廷　（五）378；（六）523，541，546，599；（九）335，350，522，523；（十二）313，589

林焕有　（十二）368

林晖庭　（八）586；（十二）497

林汇　（十三）154

林惠叶　（十三）48

林箕忠　（十二）446

林济泉　（十二）439

林继昌　（十三）376

林甲　（十二）490

林建安　（十三）67

林建昌　（十二）438

林建章　（六）554

林杰生　（十二）411

林杰新　（十二）390

林金阁　（十二）412

林金进　（十二）409

林金柳　（十二）522，544

林金养　（十二）412

林锦华　（十二）493

林进三　（十二）467

林进元　（十二）467

林觐　（十三）58

林经国　（十二）536，571

林警魂　（五）65；（十一）474；（十二）349，350

林敬满　（十二）367

林敬忠　（十二）391

林镜秋　（九）67

林镜台　（六）267，278，289，299，345；（十二）78，593；（十三）299，300

林驹　（五）359；（十二）638

林举多　（十二）471

林举燨　（十二）466

林举辉　（十二）461

林举礼　（十二）465

林举棠　（十二）472

林君复　（十一）202，674；（十二）119，617；（十三）385

林俊廷　（三）138；（五）443；（八）608，609；（九）457；（十三）508

林开臻　（十三）119

林开宗　（十二）479

林克利 （十二）326

林肯 （一）8,237,420；（二）155,
196,339；（三）148；（六）595；
（七）20,234,263,329,346,391,
398,473,520；（十三）161

林宽在 （十二）391

林逵九 （十二）178,446

林昆山 （十二）358

林来 （十二）573

林籁亚 （六）450

林籁余 （十二）522,544

林朗臣 （十一）243

林乐 （十二）319

林乐吾 （十二）397

林立楠 （十二）467

林丽生 （九）513,665；（十二）
321；（十三）116,406

林连财 （十二）175,374

林连称 （九）197；（十二）511,
515,546

林连富 （十三）67

林良儒 （六）429

林良玉 （十二）138,634

林霖义 （十二）175,365

林龙波 （十二）464

林龙祥 （十二）513,550

林买立 （十二）369

林茂龄 （十二）493

林梅端 （十二）533,566

林梅六 （十二）538,572

林梅瑞 （十二）326

林美回 （十二）524,558；（十三）
42

林蜜 （十二）374

林敏岩 （十二）464

林明盛 （十二）326

林铭三 （十二）327

林偶然 （九）197；（十二）511,545

林蓬洲 （十二）176,228,247,398,
414

林平波 （十二）439

林圃田 （五）316,317

林其蕤 （十二）417

林奇 （八）65,67

林祺 （十二）378

林启任 （十二）407

林启文 （十二）472

林启一 （九）119

林强 （十二）408

林钦 （十二）323

林清泉 （四）211,216

林琼 （十二）368

林裘墨 （十二）365

林屈伸 （十二）412

林权有 （十二）356

林泉 （十二）493

林日章 （十二）467

林荣 （十二）374

林荣滋 （十二）460

林容光 （十二）320

林容胜 （十二）391

林汝荣 （十二）368

林汝轩 （十二）378

林汝扬 （十二）330

林瑞安 （十二）535,570

林瑞琪 （二）357

林瑞忠 （十二）409

林润泽 （十二）447

林若豪 （十二）327

林若时 （六）615；（九）411,414,434；（十）559,581,594,604,629,706；（十一）116—118,132,174,301；（十二）261；（十三）307,369,403

林三和 （十二）537,571

林森(子超) （二）324,336；（三）89,247,253；（四）371,411；（五）31,50,69,72,87,88,92,96,99,109,130,135,143,345,351,358,365,366,399；（六）174,177,190,210,368,384,406,422,479,536；（七）552；（九）180,229,299,314,326,446,468；（十）74,112,116,141,145,157,159,192,253,305,348,397,456,462,463,479,500,503,513,538,600,616,618,655；（十一）3,4,64,66,67,107,149,170,205,207,218,226,238,242,260,261,275,277,283,294,296,302,320,336,340—342,372,387,397,399,407,434,440,458,508,510,535,574,576,586,594,612,680,681,710,712；（十二）148,151,153,507,548；（十三）54,120,190,199,200,284,365,388,490,491

林善承 （十一）325

林善逵 （十二）468

林善焯 （十二）462

林尚平 （十二）412

林韶 （十三）53

林少梅 （九）460

林绍生 （十三）95

林伸寿 （十二）137,516,531,545,620

林生财 （十二）326

林生江 （十二）479

林胜 （十二）368,467

林圣永 （十二）319

林师肇 （四）359,476,533；（九）197

林诗必 （十三）65

林时埙　（四）68

林世安　（十二）516,553

林世爵　（十二）431

林寿　（十二）399

林寿池　（十二）356

林寿华　（十二）636

林寿乔　（十二）326

林树藩　（十一）258

林树巍　（六）168；（八）503；（九）443,529,558,564,567；（十）85,88,120,137,167,168,175,208,265,587；（十一）379,483,500；（十二）332

林爽　（十二）319

林水浞　（十二）446

林斯琛　（十二）164,623

林松友　（十二）529,564

林滔　（十二）521,557

林特列　（八）105

林天贺　（十二）411

林天齐　（十二）405

林天奇　（十二）507,544

林天庭　（十三）93

林天喜　（十二）391

林天相　（十二）533,568；（十三）74

林铁汉　（十二）610

林廷干　（十二）468

林万燕　（十三）46

林维　（十二）521,557

林维祥　（十二）522,544

林伟夫　（十二）539,553

林伟楠　（十二）320

林蔚　（六）224

林温良　（十二）504,543

林文安　（十二）538,572

林文彬　（十二）325

林文光　（十三）159

林文鸿　（十二）534,568

林文联　（十二）462

林文庆　（四）59,183,323；（九）119,378；（十二）9

林文忠　（五）411；（十二）402

林我醒　（十二）469

林西黎　（十二）514,550

林希逸　（十二）526,552

林熙树　（十二）318

林喜智　（四）225,229

林贤　（十二）446

林贤炳　（十二）407

林贤豪　（十二）407

林贤友　（十二）407

林翔　（十）105,133,145,299,331,620,625,650,669,671,673,676,704；（十一）26,33,62,66,73,74,77,78,99,100,123,139,171,

180,207,219,261,264,265,273,275,279,293,299,300,309,310,341,342,354,394,395,399,434,435,445—447,488,508,534,547,571,592,595,596,617,624,636,637,640,686,710;(十二)122,133,146,617,621;(十三)172,346,351

林心泉 （九）592

林新贵 （十二）401

林信迕 （十二）391

林兴 （十二）388,478

林兴宜 （十二）325

林修梅 （二）330;（三）253;（五）61,95,127,158,216,228,230,242;（六）262,267,293,296,409,465,467;（九）292,306,315,327,328,334,336,349,370—374;（十二）220,227,581

林秀棣 （十二）413

林秀山 （十三）67

林学衡 （十二）73,590

林烟 （十二）480

林延 （十二）369

林燕 （十二）370

林扬 （十三）58

林扬武 （十二）537,571

林瑶 （十二）364

林耀如 （十二）446

林业明 （三）258,259;（十）119;（十二）304,311,312,316,318,321,323,325,329,330,336,337,356,358,364,366,372,373,376,377,381,382,389,390,400,403,413—416,422,423,433,435,441,447,448,456,457,461,473,478,479,486,487,490,491;（十三）12—14,24,25,33,39,40,42,43,46,47,51,52,56,57,65,66,72,73,79,86,89,93,94,117,118,126,127,135,136,146,147,152,153,157,158,163,164,182

林怡孙 （十二）515,549

林义顺 （四）45,73,87,91,93,107,323,339;（五）369,487;（八）146;（九）62,378;（十二）97,612

林奕权 （十二）467

林奕添 （十二）372

林逸川 （十二）316

林翼扶 （十三）137

林应祥 （十二）138,634

林英 （十二）319

林英杰 （十二）157,622

林英石 （十二）178,536,570

林瀛洲 （九）703,704

林永伦　（五）242；（十二）605

林永谟　（九）386；（十二）181,198

林永昭　（十二）446

林猷旭　（十二）326

林有　（十二）178,536,570

林有祥　（九）197；（十二）445,511,545；（十三）64

林鱼新　（十二）326

林玉郎　（十二）524,558

林玉台　（十二）364,370

林狱奇　（九）377

林裕安　（十二）412

林元邦　（十二）411

林元光　（九）213

林月轩　（十二）326

林云陔　（一）93；（八）473,677,678；（九）665；（十）8,232,299,564,634,662；（十一）11,186,189,190,376,382,510,580,639,679；（十二）236,322,343,344,354,384,386,428,443,484；（十三）35,63,91,221,249,336,380,405,428,444

林云生　（十二）371

林载伯　（四）276

林早　（十二）412

林则徐　（七）189

林泽民　（十二）412

林泽生　（十二）497

林泽斋　（十二）525

林章　（十二）391

林昭春　（十二）327

林照　（十二）373

林照英　（十二）18,504,541

林者仁　（十二）96,160,622,625

林贞　（十二）326

林榛　（十二）493

林振华　（十二）464

林振夏　（十三）496

林振雄　（十三）371

林震　（六）47；（十）541,550；（十三）49

林拯民　（三）126,247

林正复　（十三）41

林正煊　（九）331

林政良　（十二）533,568

林支宇　（五）114,322,384,404；（六）267,464；（九）306,354,465；（十）325；（十一）677；（十三）441,496,510

林织云　（十三）79

林直勉　（三）126,236,247；（五）181,229,524；（六）168,472；（八）503；（九）401,434,639,640；（十）261,334,479；（十一）298,330,537,558,571,596,601,

611,644,648,664,665,687,688,
700,701,703,709,710；(十二)
68,257,496,589；(十三)4,98,
362,463,468,479,487,504,507

林植庭 (十二)415

林志光 (十二)530,556

林志华 (十一)499；(十三)431,
457

林忠华 (十二)517,553

林仲鲁 (十二)161,635

林仲寿 (十三)41

林重平 (十三)53

林竹溪 (十二)320

林祝泉 (十三)58

林焯雄 (十二)466—467

林祝三 (十二)320

林卓平 (十二)464

林子峰 (三)251；(十一)397,
415,528；(十三)71,415,430

林宗斌 (十二)288

林宗雪 (九)42

林祖涵(伯渠) (三)257,258；(五)
60,95,96；(六)267；(九)293,
370；(十二)88,206,304,524,
561,606；(十三)284,459

林祖密 (五)120,122；(十二)102

凌光明 (十三)135

凌厚柏 (十三)54

凌焕文 (十三)67

凌骥 (十)359—361

凌家俊 (十二)356

凌竞安 (十二)355

凌瘦仙 (十三)135

凌霄 (十二)158,507,562,622

凌新益 (十二)439

凌印清 (十二)422

凌钺 (五)48,50,63,91,128,155,
244；(八)622；(九)185,290,
291,326；(十二)16,57,502,503,
560,585

凌云谱 (十二)439

凌昭 (三)258

凌振均 (十三)159

刘蔼余 (十二)437

刘霭 (十二)391

刘安 (四)429；(十二)371,491

刘白 (十二)131,619

刘百泉 (十三)70

刘邦 (一)400,402；(七)475,
496,507

刘傍 (十二)391

刘宝珊 (十二)431

刘备 (一)448,449

刘碧波 (九)378

刘斌 (十二)577

刘秉刚 (九)519

刘炳初 （十二）462

刘炳全 （十二）412

刘炳庭 （九）103

刘炳炎 （九）114

刘炳焯 （十二）466

刘伯昌 （九）119

刘伯隆 （十二）366

刘伯乾 （十二）319

刘伯英 （三）258,259；（十三）287,290

刘博明 （十二）331

刘才 （十一）377；（十二）331

刘才枝 （十二）390

刘策 （十一）606,691,692

刘昌 （十二）178；（十三）26

刘畅亭 （十二）492

刘成 （十二）83,596

刘成勋（禹九） （三）138,227；（四）532；（五）328,336,349,424,467,483；（六）527；（十）206,245,258；（十三）45

刘成禹（禺生） （一）81；（二）275,276,297,298,361,362；（四）489；（五）297,306,465,511；（七）554；（八）69,70,72,76—78,120,122,123,158,356,357,377,455,534,541,542,604,625,636,707,708,769,775,776；（九）78,651；（十）463；（十一）630；（十二）62,586；（十三）29,372,373

刘畴 （十二）331

刘楚湘 （十二）600

刘存厚 （四）552；（五）100,334；（六）248,289,304,305,307,327,333,339,345,377,440；（十二）89

刘达卿 （十三）138

刘达庆 （五）368；（六）420；（十二）639

刘大同 （二）344；（四）439；（十二）503,562

刘道一 （一）83；（九）151；（十五）11—13

刘德 （十二）412

刘德昌 （十一）484

刘德泽 （八）357；（十二）612

刘德志 （十二）391

刘灯维 （九）220

刘帝柱 （十二）368

刘殿臣 （十三）155,202,271

刘殿生 （十二）312；（十五）286

刘鼎云 （十二）407—408

刘定五 （五）36

刘笃培 （十三）441

刘发祥 （十二）412

刘飞尔 （一）233,234

刘飞鸿 （十二）371

刘凤生　（十二）532,567

刘福江　（十二）514,551

刘福球　（十三）56

刘福田　（十二）506,512,542,574

刘福珍　（十三）138

刘甫臣　（九）664

刘复　（九）233

刘富生　（十三）15,48

刘馥　（九）119

刘庚　（十二）610

刘公　（一）87,88

刘观华　（十三）81

刘官九　（十二）402

刘冠群　（十三）188

刘冠三　（四）464

刘冠雄　（五）449；（六）79；（八）576

刘盥训　（十二）52,585

刘光　（十二）506,561

刘光汉　（三）18；（四）131,132；（六）41

刘光烈　（六）392；（十三）286

刘广泰　（十三）15

刘贵长　（十二）355

刘贵友　（十二）524,558

刘桂昌　（十一）377

刘桂芬　（十三）67

刘桂亭　（十二）412

刘国定　（十三）81

刘国钧　（五）260,261

刘国森　（十二）368

刘国祥　（十一）643；（十三）505

刘国佐　（十二）33,580

刘海　（十二）493

刘汉彩　（十三）67

刘汉臣　（十二）608

刘汉川　（十二）83,596

刘汉华　（三）79；（四）276；（十二）93,96,588,607—609

刘汉明　（十二）409

刘汉清　（十二）431

刘汉山　（十二）327

刘汉香　（十二）517,547

刘翰如　（十三）55

刘浩　（十二）117,632

刘和合　（十二）438

刘宏道　（十三）225

刘鸿逵　（十三）235

刘侯武　（五）519

刘华　（十二）439

刘华生　（十二）518,542

刘华英　（十二）368

刘焕　（九）639,640；（十）211

刘焕藜　（九）306,309,332,333

刘焕清　（十三）138

刘焕香　（十二）403

刘恢汉 （十二）246,594；（十三）
　　79,86

刘辉廷 （四）92

刘惠良 （十二）389

刘鸡 （十三）49

刘积学 （三）257,258；（十二）305

刘基 （二）275；（三）213；（六）24

刘基炎 （四）448；（六）37,216

刘吉庭 （十三）119

刘汲之 （十三）338

刘纪文 （五）472；（六）560；（九）
　　235,612,615—617,623,645,
　　646,648,665,674,681；（十）1,
　　26,46,47,66—68,73,74,105,
　　108,119,145,281；（十一）26,66,
　　67,265,434；（十二）343,344,
　　353；（十三）2,172；（十五）360

刘纪信 （十二）260

刘季谋 （五）79；（九）251；（十二）
　　519,554

刘继新 （十三）159

刘家宾 （十一）258

刘家运 （一）83

刘见 （十二）493

刘建藩（崑涛） （二）325；（四）554；
　　（六）233,262,267,292,296；
　　（九）372

刘剑芬 （十二）624

刘剑虹 （十）73；（十一）258,259

刘鉴文 （十一）79

刘将杰 （十二）405

刘节初 （五）264

刘杰 （十二）388

刘洁 （十二）579

刘介藩 （五）329

刘金传 （十三）138

刘锦江 （九）555

刘锦梁 （十二）490

刘锦孝 （五）329,332

刘进旭 （十二）480,483

刘景辉 （十二）406

刘景三 （十二）492

刘景士蔑 （十二）492

刘景双 （十一）148,152；（十二）
　　101,615

刘景新 （十三）225

刘竞西 （十）269,352

刘敬 （十二）491,492

刘敬亭 （九）378

刘靖 （十二）117,632

刘静庵 （一）83

刘鞠可 （九）119

刘巨良 （十一）217,233

刘觉民 （十）622；（十三）15

刘觉任 （十三）302

刘崛 （九）206；（十二）32,268,

277,576,594;(十三)109
刘俊三 (五)424
刘竣复 (十二)629
刘凯 (十)333
刘康民 (十二)493
刘孔珍 (十二)408
刘况 (十三)308,441
刘坤 (十二)365
刘坤意 (九)378
刘焜 (十二)636
刘焜灿 (十二)636
刘礼谋 (十三)67
刘丽泉 (十二)435,437
刘利生 (十)167
刘濂 (十二)278
刘麟 (十二)492
刘麟书 (十二)355
刘柳波 (五)242
刘柳坡 (十二)130,323,618
刘聋万 (九)376
刘芦隐 (六)561;(十一)253;(十三)33,349
刘禄 (十三)81
刘莽汉 (十二)368
刘茂三 (十二)626
刘懋卿 (十二)130,619
刘民三 (十二)436
刘民特 (十三)15

刘民畏 (九)647;(十一)453;(十三)88
刘明 (四)519;(十二)320
刘明德 (十二)436
刘蕒生 (十二)473
刘穆 (十二)366
刘南 (十二)490
刘培寿 (十)640;(十三)484
刘沛 (十)355;(十三)271
刘聘 (十二)432
刘平 (九)187;(十二)493
刘岐山 (四)56
刘其贤 (六)510
刘其渊 (三)258,259;(十二)310
刘其珍 (十二)411—412
刘奇瑶 (十二)50,584
刘祺安 (十三)47,48
刘启华 (十二)331
刘起岩 (十三)50
刘谦祥 (四)318,418;(九)197;(十二)40,88,137,174,512,531,545,633;(十三)39
刘乾初 (十二)378
刘芹 (十二)456;(十三)148
刘清湘 (十三)493
刘群安 (十二)401
刘仁甫 (四)437,439
刘仁航 (九)303,317,318;(十二)7

刘日贵 （十三）159
刘荣 （十二）408
刘荣初 （十二）398
刘榕森 （十三）138
刘如松 （十二）406
刘儒堃 （五）260
刘锐 （十三）457,469
刘瑞年 （十二）438
刘瑞庆 （十二）408
刘瑞石 （十二）466
刘瑞廷 （十一）495
刘瑞业 （十二）390
刘润祥 （十二）458；（十三）148
刘润柱 （十三）58
刘若生 （十三）137
刘三苗 （十三）48—49
刘森 （十二）438
刘森耀 （十二）458；（十三）148
刘善余 （十二）191
刘绍基 （九）136
刘绍勋 （十二）471
刘社合 （十二）408
刘慎 （十一）307
刘生 （十二）391
刘生初 （十二）313
刘胜意 （十三）67
刘省三 （十二）469
刘世隆 （十二）398

刘式庵 （九）119
刘是明 （十二）371
刘守中 （五）551；（六）651,661；
　（十三）454
刘寿焜 （十二）405
刘署成 （十二）274
刘曙汀 （五）341,342
刘思复 （二）264
刘思华 （十二）331
刘泗 （十二）406
刘泗全 （十二）492—493
刘松云 （五）156
刘素英 （三）236
刘燧昌 （十二）107,616
刘棠 （十三）58
刘天眷 （九）656
刘天尧 （十二）390
刘铁城 （十三）77
刘廷 （十二）492
刘廷汉 （十二）508
刘廷敏 （十二）383
刘廷珍 （十）440；（十五）318
刘通 （十二）212,246,265；（十
　三）190
刘晚江 （十二）493
刘万里 （十二）119,617
刘薇卿 （十三）273,325
刘维光 （十二）493

刘维侣　（十二）493

刘伟衡　（十二）391

刘伟卿　（十二）596

刘文辉　（五）409；（九）461

刘文锦　（十一）366

刘西就　（十二）391

刘希波　（十二）490

刘希初　（十二）467

刘希惠　（十二）464

刘希暖　（十二）466

刘希派　（十二）408

刘锡麟　（五）13

刘显聪　（十二）399

刘显世　（三）227；（五）9，536；（六）137，248，279，281，285，297，298，301，312，316，317，345，384，398，412，418，432，433，482，486；（八）437

刘香浦　（五）70

刘湘　（五）125，231，286；（六）416，440；（九）311；（十）258；（十二）213

刘祥　（三）266

刘项　（十二）627

刘星海　（十二）104，603，615

刘星南　（六）111

刘醒吾　（九）474

刘杏津　（十二）363

刘学询　（四）9，10，12，17；（六）1；（八）6；（九）117

刘学亚　（六）354

刘巽生　（十二）327

刘亚泗　（六）236

刘亚威　（九）567，568

刘彦　（三）49，258，259；（八）251

刘晏　（九）28

刘燕翼　（九）140

刘扬　（六）371

刘仰廷　（十二）388

刘尧夫　（九）437

刘杳　（十二）391

刘耀墀　（十二）391

刘耀环　（十二）383

刘耀伦　（十二）493

刘一道　（十三）501

刘屹　（十二）130，633

刘易初　（四）224

刘益　（十二）480

刘逸持　（十二）410

刘毅　（十）644；（十三）246，281，349，350

刘因　（二）275

刘荫　（十二）613

刘英　（五）97；（九）295；（十二）61，578，586

刘英元　（十二）462

刘庸　（十二）519，562

刘雍　（四）331

刘镛　（十二）35

刘永年　（十二）405

刘咏阆　（十二）246

刘咏阎　（十二）206

刘泳阆　（十二）359；（十三）243，244

刘友敏　（九）216

刘友珊　（十）95；（十三）117

刘有群　（十二）399

刘玉湖　（十二）493

刘玉山　（五）388，435，474；（六）589，611；（七）430，438；（八）676；（九）447，487，488，525，541，543，547，548，553，558，561，564，570，591，593，599，601，606，618，654；（十）65，71，82，85，88，89，91，92，132，141，143，146，148，167，168，185，214，228，314，319，416，457，460，521，545，553，568，602，612，616，653，665，680；（十一）25，136，157，178，287，297，350，399，458，473，508，511，524，527，560，574，579，587，612，656，665，688，701；（十二）453，603，639

刘煜焕　（九）220

刘毓斗　（十二）579

刘元榭　（三）236

刘元樨　（二）357；（九）118

刘悦生　（十二）608

刘悦吾　（十三）159

刘钺　（十三）177

刘云轩　（十三）159

刘云眼　（十二）268

刘栽甫　（十一）49，88，601，602，609

刘藻成　（十二）412

刘藻华　（十二）378

刘泽　（十二）577

刘泽龙　（十二）76，87，591，603

刘泽泉　（十二）462

刘泽荣　（六）437

刘泽湘　（九）368

刘章显　（十二）401

刘兆明　（十二）407

刘兆铭　（九）681；（十二）625

刘照　（十一）377

刘照轩　（十二）327

刘臻　（十二）363

刘震寰（显臣、显丞）　（三）225；（五）338，425，432，435，440，470；（六）491，508，534，548，562，572，584，585，587—589，591，594，613，615，616，634，638，644，646，

648,675;(七)430,431,436,438,513,560;(八)559,561,572,609,617,637,638,712,713;(九)479,482,488,499,529,547,553,554,558,564,570,593,606,619,660;(十)29,37,65,71,85,88,89,92,110,127,131,132,134,137,140,141,144—146,149,167,168,173,178,185,214,228,247,291,319,333,338,390,416,457,460,545,553,585,588,602,611,616,653,656,665,697;(十一)25,46,93,98,108,129,136,157,164,178,185,230,287,297,338,342,350,355,356,393,399,440,458,460,473,508,511—513,520,524,526,557,565,574,587,612,620,656,665,676,688,691,692,701,704,717;(十二)230,429;(十三)213,285,411,466,499

刘震模 (十一)82

刘正兴 (九)378

刘政 (十)174

刘植臣 (十二)378

刘芷芬 (七)539;(十)27;(十二)592

刘志 (十一)326

刘志陆 (五)8;(六)307,412,420,422,428,436,586

刘治洲 (六)406;(十二)597

刘峙 (十三)371

刘柱石 (九)271

刘焯生 (十二)437

刘卓英 (十三)137

刘濯显 (十二)406

刘子芬 (九)188

刘子培 (十二)320

刘子文 (十二)597

刘梓森 (十二)461

刘宗宝 (十二)378

刘宗汉 (十一)420;(十二)189,473

刘祖武 (四)556;(六)288,290;(九)268;(十二)242

刘祖向 (十二)522,559

刘尊才 (十二)410

刘尊垣 (十二)437,438

柳大年 (六)80

柳大训 (九)328;(十一)591,593

柳嘉发 (十二)327

柳聘农 (二)318

龙安华 (十一)521

龙道舜 (十二)507,547

龙光 (十二)509,562

龙鹤龄 (十二)236

龙济光 (一)84;(三)84,118,

126,176;(四)239,351,441,444,
446,451,452,454,556;(六)168,
191,223,294,366,374;(七)23,
359,450,455,495,534,590,606,
643;(八)324,346,435;(九)
201,357;(十)102,583

龙培蕚 (十二)183

龙榕光 (十二)369

龙唐阶 (十二)517,549

龙廷杰 (十三)338,416

龙旭池 (十二)438

龙裔亨 (十一)258

龙灶容 (十二)439

龙璋 (五)19;(九)282

隆世储 (九)248,271

隆裕太后 (七)228;(八)218

楼守光 (十三)292

卢安泽 (九)87

卢炳良 (十二)327

卢炳勋 (十二)533,568

卢伯筠 (十二)21,505,546

卢伯兰 (四)93

卢朝亨 (十二)439

卢朝伟 (十二)463

卢炽南 (三)236

卢崇章 (十)681;(十一)237,238,
241

卢焘 (五)424;(六)477,481,

502,508;(九)362,368,384;(十
二)195,199,219,488;(十三)38

卢谔生 (十三)84,166,232

卢凤冈 (五)346

卢冠 (十三)58

卢光 (十二)391

卢桂华 (十二)530,565

卢汉 (十三)36,495

卢鸿 (十二)42

卢华岳 (十二)390

卢极辉 (三)236

卢己明 (十二)540,565

卢今洪 (十二)410

卢锦标 (十三)135

卢菊墀 (十)85;(十一)239—241

卢钜芬 (十二)412

卢可銮 (十三)54

卢焜 (十)422

卢籁 (十二)363

卢慕贞 (三)236;(四)201,353,
367,438,497,504,525,551;(八)
256

卢其芬 (十二)437

卢启彬 (十二)534,568

卢启泰 (十三)32

卢球 (十二)402

卢权旺 (十二)439

卢骚(卢梭) (一)397—399,432,

478,479；(二)54,155

卢森 (十二)369

卢善矩 (十一)132,267,268,356,357,403,404；(十二)275；(十三)369

卢省民 (十二)365

卢师谌 (十二)576

卢师谛(锡卿) (四)500；(五)74,76,82,133,137,243,386,387,426；(六)269,270,273,280,300,305,309,320,325,329,334,345,358,377,416,574；(八)621,769；(九)297,453,454,547,553,558,564,570,585,593,677；(十)65,71,85,88,89,92,132,141,143,146,149,167,168,185,223,228,276,416,457,460,545,553,568,602,610,616,653,665；(十一)25,108,136,144,157,178,180,287,297,350,399,458,473,508,511,524,526,560,574,587,612,656,665；(十二)608；(十三)280,435,450

卢师撰 (十三)113,257,457

卢式楷 (十二)599

卢泗初 (十二)417

卢松坡 (十二)396

卢泰基 (十二)391

卢天祥 (十二)540,565

卢天游 (十二)600

卢万瑗 (十二)369

卢伟廉 (十二)436

卢伟堂 (九)184

卢象森 (九)685

卢心铭 (十二)319

卢信 (二)357；(四)161；(十二)75,590

卢兴 (十三)408

卢兴邦 (五)345；(十三)359,482

卢兴原 (十)289,290,443,536,601,672；(十一)11,392,710；(十二)202,499

卢阳丰 (十二)327

卢耀堂 (九)192；(十二)504,512,550,574

卢殷民 (九)336

卢盈芳 (十二)317

卢永祥 (二)204；(三)135,138；(四)447；(五)321,537；(六)428,429,457,459,500,625,626,628,631,643；(七)278,279；(八)518,549,571,701,705—707；(九)249；(十)5；(十一)373,473

卢禹廷 (十二)376

卢玉颜 (十二)493

卢元弼 (十二)599

卢远嘉 (十二)355

卢运球 (十三)137

卢占魁 (六)382;(十三)483

卢振柳 (五)531;(十)244,566;
(十一)566,647,662;(十二)115,617,627;(十三)87,88,410,476

卢镇澜 (十二)212

卢正兴 (十二)327

卢志棉 (十二)417

卢仲博 (三)236;(九)119

卢仲琳 (八)363;(十二)591

卢祝三 (十二)407

卢子嘉 (三)135,138;(六)428,481;(七)427

卢梓竹 (十二)611

卢作楫 (十二)369

鲁岱 (十三)338,416

鲁涤平 (五)252,341;(六)464,593;(十)226,281,282,287,307,308,590,625,627,634,637,640,674,682,716;(十一)41,55,63,64,68,75,78,95,98,122,123,185,207,211,219,261,275,278,331,342,350,353,369,375,389,394,445,446,624;(十三)103,214,255,320,324,330,338,414,416

鲁广厚 (十一)484

鲁鸣 (十二)143,634

鲁塞尔 (四)44,46

鲁鱼 (十三)386

鲁子材 (六)418,448;(九)374

陆弼臣 (四)72;(六)15

陆伯泉 (十二)539,572

陆发桥 (六)224

陆费逵 (九)238

陆逢 (十二)467

陆福廷 (九)318;(十一)224;(十三)393

陆辅廷 (五)225,226

陆高满 (十二)613

陆功甫 (十二)363

陆光宿 (十二)463

陆皓东 (一)75,76,80;(二)8,154,264,310;(三)235,300;(四)275;(六)128;(七)466,471;(八)5,78,195;(九)4,258;(十五)3

陆宏 (十二)391

陆华显 (十三)140

陆际升 (十二)147,635

陆杰 (十二)613

陆进 (六)425;(十二)434

陆敬辉 (十二)391

陆敬科 (十一)397,528;(十三)

71,415

陆觉生 （十二）523,555

陆兰清 （十）37,38；（十二）62,586

陆利 （十二）408

陆领 （十一）17,18,44,45

陆露斯 （十一）316

陆孟飞 （八）359；（九）194；（十二）508,549,592

陆佩文 （十二）319

陆平 （三）236

陆祺 （十）170；（十二）601

陆秋杰 （四）78,79,94,299；（七）196

陆秋露 （四）91,192,197；（十一）67

陆任宇 （十二）523,555,581

陆荣廷（干卿） （一）84,403,431；（二）166,293；（三）93,118,217；（四）64,71,72,412,472；（五）173,456；（六）47,62,76,115,246,248,252,253,256,260—263,268,272,275,293,311,384,388—390,392—394,396—399,401—403,412,416,417,463,488,491,494,617,623；（七）23,305,342,352,382—384,386,390,406,407,495,521,534,580,586,589；（八）342,346,347,354,359,363,364,368,395,418,433,608,617,677；（九）295,314,317,360

陆石泉 （四）550

陆世益 （五）441

陆嗣曾 （十二）212,346；（十三）402

陆天中 （十二）368

陆桐 （十二）439

陆望华 （九）258

陆文辉 （三）236；（四）190,257,344,350,351,354；（六）141,142；（九）180；（十一）67

陆文石 （十二）408

陆享 （十二）402

陆耀文 （十一）306；（十三）405

陆耀芸 （十二）462

陆以龙 （六）311

陆幼刚 （十一）703；（十三）511

陆裕光 （六）462

陆征祥 （六）399；（八）205,207,213,222,321；（九）114

陆指明 （十二）512,542

陆志云 （六）184；（十）419,420；（十一）605；（十三）390

陆仲履 （十一）7,159；（十三）341,376,378

陆宗绪 （十二）607

陆宗舆 （六）395；（八）338，382，383

禄国藩 （五）482；（十）339；（十三）265

路里士 （九）177

路孝忱 （三）257，258；（五）285，423，424，444；（六）650；（八）637；（九）498；（十）176，202，270，545，553，602，616，711；（十一）25，136，157，178，287，297，350，399，474，500，508，511，524，527，561，574，587，612；（十二）220，309，339；（十三）123，250

路易沙 （二）136

路易十六 （一）397；（三）57

路易十四 （一）394，397；（二）126

吕苾筹 （十三）239

吕伯陶 （十二）438

吕超(汉群) （三）257，258；（五）94，133，200；（六）308，324—326，328，329，331，332，336，345，416，440，441；（九）323；（十二）229，233，271，276，281，309；（十三）218

吕春荣 （五）391；（九）482；（十）120；（十一）55

吕纯阳 （十一）244

吕凤奇 （十二）438

吕辅周 （五）264，335

吕复 （十二）53，73，585，590

吕公望 （三）238；（四）502，512；（六）228，229，233，234，421；（八）332；（十五）106

吕国治 （十二）242，245

吕汉章 （五）243

吕浩芳 （十二）463

吕洪生 （十二）408

吕怀素 （十二）526

吕焕棠 （十二）398

吕见三 （十二）322

吕剑秋 （五）129

吕钧 （十二）391

吕俊德(双合) （四）393，413；（九）205，234

吕俊典 （十二）446

吕口 （十二）326

吕利达 （十）679

吕妈成 （十二）480

吕梦熊 （十一）178，179；（十三）372

吕青云 （十二）479

吕日光 （十二）408

吕善超 （十二）438

吕绍登 （十二）515，549

吕生 （十二）529，565

吕守慈 （十一）200

吕水源 （十二)478

吕锁 （十二)410

吕天民 （三)239

吕维新 （十二)281

吕渭生 （十二)605

吕绪知 （十二)327

吕燿南 （十二)467

吕业鋆 （十二)355

吕一峰 （五)199

吕一夔 （五)239；（六)307；（十二)217

吕奕球 （十二)404,408

吕毓童 （十二)526,562

吕藻奇 （十二)433

吕志伊 （一)88；（三)19,238,257,258；（五)173；（六)18；（八)100,677,678；（九)78,118；（十)660,662,706；（十一)21—23,46,153,207,219,261,275,326,328,334,342,387,390,391,399,411,418,434,693,710,715；（十二)55,201,207,215,216,218,258,305,585；（十三)323,324,336

吕仲珊 （十三)67

吕卓文 （十二)438

吕宗荣 （九)228

吕宗望 （十二)438

吕祖真 （十一)643；（十三)506

伦允襄 （十二)602

罗锌 （十二)606,610

罗爱 （十二)358

罗安 （十三)135

罗璧初 （十二)471

罗丙申 （十二)412

罗炳四 （十三)138

罗伯绸 （十二)536,570

罗布 （十一)682,684,685

罗灿云 （十一)712

罗诚 （三)250；（十二)106,615

罗春霖 （十二)597,601

罗达廷 （十二)529,565

罗端侯 （九)305

罗敦惠 （十二)327

罗福寿 （十二)400

罗黼 （十二)598

罗緌笙 （五)213,214

罗古香 （八)4,5

罗光汉 （十二)21,506,546

罗桂芳 （九)548；（十)1；（十三)18,271,301,447,448,453,460

罗翰焯 （九)414

罗合 （十三)137

罗合和 （十一)377

罗桓 （十三)81

罗惠棠 （十二)313

罗继善 （十三)231,313,317,318

罗家衡 （五）37；（八）362；（十二）50，584

罗家修 （十二）117，632

罗检成 （十一）453，525

罗剑仇 （九）309；（十二）128，618

罗鉴龙 （九）338

罗椒生 （八）4

罗金开 （十二）533，568

罗金兰 （四）495

罗锦星 （十二）510，543

罗劲夫 （十）120

罗进兴 （九）703

罗景华 （十三）12

罗钜明 （十二）412

罗俊 （十一）39，225

罗昆 （十二）390

罗兰汀 （十二）525

罗乐三 （十二）436

罗乐事 （十二）401

罗磊生 （十三）155，253

罗立民 （十二）524，558

罗立荣 （十三）79

罗良斌 （五）436

罗林 （十二）446

罗洛翔 （十二）403

罗迈 （五）177；（八）136；（十二）524，561

罗满 （十二）533，568

罗乃阁 （十二）412

罗廼翔 （十二）412

罗翩云 （十二）461

罗齐柱 （十二）415

罗奇 （十三）148

罗启鸿 （十二）404

罗庆明 （十二）363

罗仁普 （九）331

罗任 （十二）244

罗社畴 （十二）369

罗寿三 （十二）526，553

罗斯本 （四）383

罗斯福 （七）20，116，253，263

罗四维 （十三）135，137

罗松贵 （十二）400

罗松乐 （十二）400

罗素 （一）384，385

罗为雄 （十三）209

罗伟强 （九）703

罗文干(钧任、君任) （五）364，370

罗文庄 （三）236

罗西 （十一）243，244

罗锡康 （九）367

罗贤忠 （十三）135

罗翔杏 （十二）412

罗燮南 （十二）465

罗信琼 （十二）465

罗信英 （十二）407

罗旭岳 （十三）501

罗养法 （十二）465

罗仪盈 （十二）412

罗义 （十一）377

罗翼群 （五）55,403,461,469,479,500;（六）200;（九）253,462,483,593,595,596,600,612,642,646,656,665,671,678,680,684,694,702,703,705;（十）1,4,9,30,34,52,53,55,57,58,65,67,71,82,87,92,100,105,108,132,157,158,170,174,216,267,278,310,315,322,445,506—508,518,526,528,529,532,533;（十一）69,71,73,137,139,140,560,561,576,591,600,612,639,654,658,665,668,672,678,686,689,710;（十二）257,332,414,425,481,497;（十三）3,18,84,151,173,174,203,480,493,500,507

罗瑛 （十二）318

罗永基 （十二）466

罗永乐 （十二）412

罗永庆 （十二）598

罗友信 （十二）412

罗有成 （十）404

罗禹言 （十二）326

罗玉衡 （十二）417

罗玉田 （十三）101

罗豫环 （十三）95

罗月桂 （十二）408

罗彰善 （十一）258

罗兆奎 （十二）244

罗肇初 （十三）15

罗哲明 （十三）508

罗振邦 （十二）473

罗镇湘 （十三）352

罗震 （十二）531,566

罗正文 （九）313

罗中奭 （十二）485

罗忠 （十）679

罗卓生 （十二）465

罗子山 （十二）327

罗宗迟 （十二）370

洛克菲勒（乐极非路、骆基化罗）（一）220;（二）150;（八）488

洛克哈特 （四）7

骆辉 （十二）364

骆伙 （十二）463

骆连焕 （九）61;（十一）428;（十二）182,251

骆谭 （五）427;（九）194;（十二）508,549;（十三）24

骆重润 （十二）408

M

马爱群　（十二）363

马安良　（五）13；（六）344

马鳌　（十二）402

马柏桐　（十三）44

马本洁　（十二）466

马本葵　（十二）465

马本哲　（十二）368

马炳林　（十二）367,467

马伯麟　（三）127；（五）178,224；（六）426,427,588；（九）397,407,418,576,621,622；（十）181,221,226,228,235,263,288,328,406,484,650；（十一）116—118,206；（十二）140,261,442,620,626；（十三）19,20,171,342,387

马伯乔　（十二）331

马伯援　（六）663；（八）396,569,575,617,618,718,768；（九）169

马伯志　（十二）464

马才晃　（十二）368,459

马才杰　（十二）398

马畅廷　（十二）464

马超俊　（五）495,539；（六）650,652；（八）720；（九）387,501；（十）613,615,651,667,709；（十一）54,77,78,106,157,192,207,261,275,292,295,314,319,325,405,454,513,547；（十二）394,450,451；（十三）221,230,413,455

马超群　（十二）116,617

马崇昌　（十二）152,621

马达三　（十二）403

马大俸　（十二）471

马大合　（十二）460

马大扬　（十二）470

马德贵　（六）288,290,351；（十二）626

马典如　（十二）464

马尔克恩　（八）51

马耳国（马耳达、马尔萨斯）　（七）165,181

马方平　（九）529

马芳　（十二）317

马逢伯　（九）295,305

马福庆　（十二）408

马福田　（十三）67

马福祥　（五）448

马福益　（一）82；（二）264；（八）122；（九）151

马高明　（十二）471

马哥波罗　（七）401

马耿光　（十三）467

马观宦　（十二）471

马冠可 (十三)44

马光铼 (十二)370

马光晔 (九)467

马光珠 (十二)470

马国良 (五)448

马国仁 (十二)326

马海 (十二)466

马汉修 (十二)464

马汉哲 (十二)362

马翰如 (六)303

马恒广 (十二)463

马恒立 (十二)464

马宏达 (十二)464

马洪藻 (十二)463

马鸿本 (十二)460

马鸿禧 (十二)464

马华芳 (十二)463

马华祥 (十二)463

马淮清 (十二)469

马焕球 (十二)316

马辉堂 (十二)417

马洞澴 (十二)464

马惠群 (十二)473

马济 (五)225,226;(六)461,470;(七)589

马骥 (九)229;(十三)85

马奖修 (十二)466

马峤峰 (十二)461

马杰瑞 (九)199

马锦登 (十二)470

马锦铎 (十二)464

马锦棠 (十二)469

马锦章 (十二)464

马镜池 (十二)464

马炯刚 (十二)468

马君武 (一)82,93;(三)242;(四)275,309;(五)243,262,271,281;(六)154,502,508;(九)118,282,361,364,368;(十二)51,80,150,189,199,213,583,585;(十五)80

马均 (十二)368

马格里(马凯尼) (八)7,8,10—13,17—21

马科民 (十二)465

马克思(麦克司、马克斯) (一)333,435,436,478—483,485,487—494,498,500,504,505;(二)328;(七)160,167,171,175,182,183;(八)82,473

马来庆 (十三)53

马力强 (十二)468

马砺余 (十二)473

马砺周 (十二)462

马良弼 (十二)597

马亮 (十二)472

马亮华 (十二)331

马亮荣 (十二)370

马邻翼 (五)448

马麟 (五)448;(八)473

马民生 (十二)406

马铭林 (十二)460

马培 (十二)473

马培灿 (十二)468

马培生 (一)86;(十二)601,605

马麒 (五)417,448

马启润 (十二)369

马仟修 (十二)459

马庆勋 (十三)138

马秋帆 (十二)180

马求德 (十二)464

马群生 (十二)471

马然良 (六)303

马日 (十二)409

马日龙 (十三)26

马荣日 (十二)464

马荣尧 (十二)466

马荣植 (十三)53

马如安 (十二)319

马如庆 (十二)319

马汝刚 (十二)142,634

马锐进 (十二)319

马瑞炯 (十二)369

马尚伟 (十二)464

马社祥 (十二)492

马世源 (十二)471

马式 (十)679

马树培 (十二)329

马舜民 (十三)15

马斯良 (十二)366

马松筠 (十二)465

马素 (四)290,297;(五)189,248,253,268,281,391;(六)167,174,437;(八)219,699;(九)414;(十)7;(十二)115;(十三)417,419

马廷勷 (五)448;(十二)145,621

马为韶 (十二)464

马维霖 (十二)466

马文聪 (十二)396,405—406

马文浩 (十二)406

马文元 (五)417

马武颂 (十)608;(十三)273,322

马希元 (九)354

马相荣 (十二)459

马湘 (七)442,526;(八)397;(九)420;(十二)380,385;(十五)355

马骧(幼伯) (五)295;(十二)56,585

马祥 (十二)465

马晓军 (十)644;(十三)171,191

马信 (十二)412

马兴顺 (四)144

马璇瑛 (十二)356

马炎 (十二)408

马耀星 (九)231;(十二)472

马翊屏 (十二)406

马荫秋 (十二)614,628

马应彪 (八)586;(十二)588

马永灿 (十二)497

马永平 (九)529

马友梧 (十二)464

马右白 (十二)614

马玉昆 (十二)319

马玉廷 (十二)433

马育航 (二)297,318;(五)217,224,372;(六)154;(九)345

马毓宝 (六)49,64,68,81,89,98,108

马源 (九)551

马月华 (十二)331

马悦常 (十二)467

马章云 (十三)137

马兆庆 (十二)405

马蓁 (九)358

马臻璇 (十二)464

马柱荣 (十二)369

马祝三 (十二)464

马庄修 (十二)468

马焯河 (十二)363

马卓元 (十二)464

马子贞 (五)554

马宗峻 (十二)323

马宗孟 (十二)470

马祖谟 (十二)579

麦宝山 (十二)463

麦炳初 (九)197;(十二)510,541

麦炳暖 (十二)468

麦伯干 (十二)468

麦德娟 (十二)463

麦鼎南 (十二)368

麦斗元 (十三)64

麦萼楼 (九)537;(十)278

麦根 (十二)493

麦更 (十二)492

麦国兴 (十二)468

麦积超 (十三)52

麦坚尼(麦金莱) (七)20

麦健昌 (十二)493

麦晋三 (十二)459

麦均 (十二)408

麦克高雷夫人 (四)29

麦克威廉士 (四)34—37;(五)128

麦丽生 (十二)378

麦林 (十二)472

麦侣云 (十二)468

麦民生 (十三)56

麦乾彩　（十二）463

麦乾初　（十二）460

麦琼三　（十二）468

麦荣坤　（十二）325

麦睿珊　（十二）510,546

麦森　（十二）177,180,214,447

麦圣雪　（十二）468

麦世泽　（十二）467

麦顺业　（十二）410

麦松稳　（十二）461

麦添松　（十二）368

麦铁根　（十三）51

麦锡儿　（十二）468

麦锡祥　（十二）465

麦燮　（十二）437

麦燮棠　（十三）72

麦燮堂　（十二）533,568

麦兴华　（十二）370

麦绪益　（十二）410

麦雅各　（十三）53

麦衍扱　（十二）398

麦尧圣　（十二）366

麦英俊　（十二）219

麦英球　（十二）468

麦泳舟　（十二）368,472

麦元景　（十二）458

麦源就　（十二）528,563

麦悦志　（十二）358

麦造舟　（五）458

毛邦燕　（十二）205

毛伯龙　（九）89

毛拂扬　（十一）377

毛济民　（五）210

毛如璋　（十三）437

毛协丞　（十一）211

毛玉书　（十二）399

毛仲芳　（六）431；（九）395；（十二）
　　65,587

毛周照　（十二）492

茅乃登　（九）22,27

茅延桢　（十三）372

茅祖权　（三）257,258；（七）549；
　　（十二）55,304,305,307,507,
　　560,585；（十三）284,302

梅邦华　（十三）26

梅彬乃　（十三）128

梅参天　（十二）408

梅春煊　（十三）95

梅栋　（十三）26

梅放洲　（五）183,188,207；（六）
　　436；（十）419,420；（十二）629；
　　（十三）85,313,317,318

梅庚寅　（十二）363

梅冠林　（九）442

梅光辅　（十二）411

梅光培　（五）344,410,411,481；

（八）307；（九）470，516，529，573，663，676，681；（十）31，34，58，59，145，185，228，334，335，362，363，407，430，447；（十一）9，10，65，190，668；（十二）328，354，452；（十三）227，246，260，287，348，493，500

梅国进　（十二）370

梅鹤父　（十二）399，411

梅华佑　（十二）409

梅杰墀　（十二）369

梅金波　（十二）399

梅锦棠　（十二）522，541

梅景森　（十二）408

梅迳　（十二）524，561

梅濂迺　（十二）432

梅迺安　（十二）492

梅迺铭　（十二）491

梅迺煦　（十二）370

梅培　（四）154；（五）87，88，99，106，119，470；（六）552；（十二）62，72，587，623

梅启明　（十二）408

梅强　（十三）54

梅乔林　（三）236；（四）213；（八）132；（九）60，119；（十二）11

梅渠远　（十二）413

梅荣　（十二）432，438

梅缫　（十二）408

梅文杰　（十二）411

梅屋庄吉　（四）309；（六）231，667；（八）1；（十五）99，100

梅笑春　（十二）397

梅翼之　（十二）319

梅荫平　（十二）415

梅悦卿　（十二）405

梅云岩　（十二）417

梅志新　（十二）408

梅卓荣　（十二）408

梅灼　（十二）435

梅子青　（十二）412

梅宗安　（十三）128

梅宗才　（十三）26

梅宗潮　（十二）409

梅宗镶　（十三）128

梅祖翼　（十二）411

蒙棣余　（十二）175

蒙杰生　（十二）412

蒙醴泉　（十二）175

蒙民伟　（十二）74，590

蒙炮　（十二）438

蒙仁潜　（九）696

蒙恬　（一）40

孟德斯鸠　（一）6；（二）261；（七）18，259，327；（八）121，122

孟恩远　（五）84

孟获 （二）361；（六）410,418,
424；（九）327,344

孟生（孟臣、万臣、门森） （二）
221,222,230,231,234,239；（八）
15—18,20

孟子 （一）6,19,48,396；（二）76,
195,287,366；（七）122,281,396,
496,509,522,656；（八）664

米契尔 （四）289

缪朝佐 （十二）388

缪甘瀛 （十二）391

缪官维 （十二）493

缪国珍 （十二）391

缪晃 （十二）493

缪嘉寿 （四）556；（六）393；（九）
268

缪金发 （十二）438

缪近 （十二）390

缪觉非 （十二）371

缪宽 （十二）413

缪笠仁 （十）637；（十三）326,
416,417

缪亮 （十二）371

缪培堃 （十一）269,270

缪培南 （十二）282

缪沛尧 （十二）388

缪庆福 （六）537；（十三）37

缪庆堂 （十二）391

缪秋 （十二）391

缪社松 （十二）391

缪颂川 （十二）368

缪祖绍 （十三）67

闵天培 （十一）643；（十三）505—
506

明启 （十二）368

明星辰 （十二）578

谟罕墨德 （一）334

摩理逊（莫里循） （二）121

莫安枢 （十一）258

莫灿庭 （十）671,677

莫国猷 （十二）407

莫鸿秋 （九）491

莫炯 （十二）515,551

莫康益 （十二）433

莫科里（马哥尼、马可尼） （七）
167,183

莫朗洲 （十一）44,45

莫利逊 （六）194

莫擎宇 （四）495；（六）268,307；
（七）283；（八）340；（十二）309,
425

莫泉 （十三）11

莫荣新 （三）126,253；（四）555,
557；（五）170,171,173,220,224,
227,234,448；（六）291,311,312,
329,384,398,412,416,417,450,

454,455,464,470;(七)284,434,534,643;(八)355,357,359,365,435,437,452,497;(九)348

莫汝材 （十二）493

莫仕 （十一）258

莫苏 （三）79；（十一）44,45

莫塔 （六）632

莫锡纶 （六）31

莫雄 （六）583

莫宗照 （十一）258

墨素连呢 （五）524

墨子 （一）381

牟鸿勋 （六）361；（八）184

牟琳 （十二）608

穆岱 （五）161

穆赖尔 （八）689；（十）576；（十一）214

穆勒（弥勒、密尔） （一）36,409

N

拿破仑（拿破伦、那破仑） （一）42,57,371,433,434；（二）95,123,127,132,136,143,283；（五）279；（七）249,253,264,274,411,413；（八）33,71,90,105,158,160,162,216

拿破仑第三（那破仑第三） （一）371,435；（四）391

内田良平 （四）13,14；（六）2,6；（七）4；（八）44,45,50,51,57,59,274；（十二）5

那典 （一）20

那其仁 （十三）450

那文 （九）525

南方常楠 （四）21,24,25

南方熊楠 （二）365；（四）19—25；（十五）4

倪汉信 （九）169

倪节孝 （二）320

倪世璜 （十一）657

倪嗣冲 （三）77,92,94；（四）452,468,472,527,556；（五）9；（六）20,26,50,56,60,61,72,246,248,250,254,357；（七）275；（八）337；（九）264；（十五）178

倪纬汉 （三）19

倪瀛 （十二）627

倪映典 （一）86；（二）312；（七）361；（九）4

倪元璐 （三）16

聂光汉 （十二）365

聂其述(云台) （五）397,398

聂绍南 （十二）439

聂受 （十二）438

聂星池 （十二）368

聂耀初 （十二）464

聂豫　（九）189；（十二）579

聂卓　（十二）399

宁调元　（一）83

宁坤　（十三）85，460

牛顿（纽顿、奈端）　（一）46，369，
　　463，464，481；（八）158

钮永建（惕生）　（三）242，282；
　　（四）381，446，447；（五）64；（六）
　　174，233，264，588；（七）245；
　　（九）118，141，269；（十三）102

农有兴　（九）271

侬鼎和　（十二）494；（十三）205

浓茹景　（十二）326

诺克斯　（四）236

诺曼　（四）493

O

区栋纲　（十二）471

区凤墀　（二）17；（四）3

区富　（十三）54

区广　（十二）371

区广常　（十二）465

区汉奇　（十二）508，524，561，625

区景才　（十二）537，570

区克明　（十）472—474

区林　（十一）377

区林兆　（十三）154

区买　（十二）424

区培　（十二）611

区启丁　（十三）153

区慎刚　（四）334，353，359，384，
　　386，403，421，540

区圣爵　（十二）465

区士依　（十三）152

区小光　（十二）326

区信英　（十二）530，556

区星耀　（十二）491

区毅　（十）525

区玉书　（九）694；（十二）351

区源泰　（十二）316

区昭汉　（十二）433

区作梁　（十二）439

欧朝俊　（十二）369

欧达泉　（十二）512，542

欧棣　（十二）401

欧绍欣　（十三）57

欧颂尧　（十二）493

欧汀贺　（十三）157

欧维纲　（十）104

欧阳鏿　（十一）166

欧阳宝珍　（十二）407

欧阳碧南　（十二）369

欧阳格　（九）404，424，427，456，
　　494；（十二）261，265；（十三）169

欧阳梗　（十二）206

欧阳官然　（十二）407

欧阳豪　（五）207；（九）210，347，447；（十二）611；（十三）309

欧阳昊　（十一）258

欧阳洪烈　（十一）35—37

欧阳洪卿　（十二）397

欧阳瀚祥　（十二）407

欧阳洁祥　（十二）407

欧阳敬之　（十二）224

欧阳静山　（十二）462

欧阳濂　（十三）395

欧阳琳　（九）424；（十一）669；（十二）267，360，612

欧阳南　（十二）331

欧阳棋　（十二）409

欧阳钦　（十一）258

欧阳卿　（十二）523，541

欧阳荣之　（三）236

欧阳寿康　（十二）376

欧阳尧　（九）195

欧阳沂　（十二）599

欧阳志夷　（十二）533，568

欧雨初　（十二）521，557

欧岳舟　（十二）518，555

欧赞襄　（十二）368

欧章本　（十二）365

欧卓兰　（十二）518，555

P

潘百生　（十二）465

潘宝寿　（十）375，382，383，385，434，448

潘宝兴　（十）382，383

潘保荣　（十二）492

潘必先　（十一）258

潘璧光　（十二）471

潘超元　（十二）466

潘朝生　（十二）431

潘成　（九）535

潘达微　（十一）67

潘德芳　（十二）471

潘德廉　（十二）437

潘德培　（十三）67

潘干谦　（十二）437

潘国亮　（十二）466

潘国强　（十二）466

潘国熙　（十一）82

潘汉亭　（十三）65

潘鸿图　（十一）442，576；（十三）282

潘惠居　（十二）431

潘积　（十二）492

潘嘉　（九）534，535

潘杰　（十）280

潘敬　（二）357

潘君谷　（十二）433,436

潘康时　（五）136；（九）290,310,
　　316

潘克修　（十二）480

潘孔嘉　（十二）466

潘丽山　（十二）437

潘连斌　（十二）406

潘莲生　（十二）438

潘乃德　（十二）84,600

潘南　（十二）527,554

潘南山　（十二）466

潘逢有　（十二）466

潘培敏　（十三）85

潘启光　（十二）406

潘启民　（十二）406

潘擎石　（十二）437

潘容端　（十二）437

潘瑞香　（十三）136

潘若涛　（十二）466

潘森　（十二）493

潘少亭　（十）460

潘盛财　（十二）492

潘士　（十）280

潘叔谦　（九）70

潘枢善　（十二）466

潘颂球　（十二）437

潘颂三　（十二）437

潘桃　（十三）14

潘维安　（十二）437

潘文治　（十）207；（十一）40,91,
　　95,96,119,163,231,634；（十二）
　　360；（十三）37,320,348,361,
　　499,500

潘侠魂　（十二）464

潘先华　（十二）319

潘杏棠　（十二）466

潘训初　（四）290；（十二）121,617

潘奕源　（十二）487

潘毅　（十）280

潘镒荣　（十二）460

潘寅善　（十二）471

潘应民　（十二）583,594—596,
　　599—604,607,611—616,624,625

潘应卿　（十二）326

潘西元　（十二）434

潘雨峰　（六）402

潘元谅　（十）564；（十二）212

潘月樵　（九）134；（十五）32,46

潘云村　（十二）521,557

潘泽民　（十二）466

潘祯初　（九）202

潘震亚　（十三）505

潘正道　（六）495；（十）588

潘植生　（十二）466

潘志超　（十三）136

潘珠安　（十二）506,546

潘灼南　（十二）604

潘子才　（十二）459

潘子贵　（十二）437

潘宗彝　（九）93

潘祖彝　（三）19

盘爱隆　（十二）465

盘璀隆　（十二）470

盘达尊　（十二）463

盘国昌　（十二）463

盘鸿钧　（九）444

盘活隆　（十二）463

盘炯尊　（十二）470

盘朋　（十二）396

盘全昌　（十二）325

盘铨昌　（十二）463

盘铨隆　（十二）470

盘润　（十二）469

盘尚呆　（十二）461

盘树南　（十二）368

盘文杰　（十二）463

盘益民　（十二）468

盘英元　（十二）463

盘煜隆　（十二）463

盘卓山　（十二）472

庞道荣　（十二）369

庞青城　（四）290

庞三杰　（九）188,190;（十二）577

庞世传　（十二）369

庞元澂　（十）27

庞子舟　（十二）580

裴在辂（贝特洛）　（一）44,53

彭邦栋　（九）383;（十二）599,606

彭炳森　（十二）27,513,536,547,571

彭伯良　（十二）480

彭伯勋　（十二）291,436

彭才德　（十）512;（十五）295

彭昌　（十）649,650

彭程万　（六）515,516;（九）311,398;（十二）613;（十三）216

彭澄　（九）621,622;（十三）31

彭春朗　（十二）337

彭春林　（十二）368

彭德荣　（四）483

彭福林　（九）378

彭纲　（十二）396

彭耕　（十三）338

彭国洪　（十二）412

彭国钧　（十三）338

彭国忠　（十二）370

彭海　（十）649,650

彭汉升　（十三）137

彭汉遗　（十二）598

彭汉章　（十二）243

彭鸿　（十）649,650

彭徽儒　（十一）258

彭惠贤 （十三）49

彭吉平 （十二）36,520,527,554,559

彭家广 （十二）464

彭家珍 （二）309；（九）160

彭建标 （十二）601

彭介石 （十）27；（十二）60,422,586,597；（十三）354

彭金芳 （十三）137

彭克俭 （九）166

彭堃 （九）320；（十二）628；（十三）378

彭利 （十三）54

彭砺石 （十二）417

彭禄权 （十二）409

彭銮清 （十二）436

彭梦生 （十二）319

彭年 （十二）125,632

彭丕昕 （九）119；（十二）12,15,291

彭芹香 （十三）135

彭清 （十二）438

彭汝颜 （十二）529,564

彭瑞麟 （十二）111,613

彭绍尧 （十二）325

彭晟 （十二）420

彭世洛 （五）507

彭寿山 （六）616

彭嗣志 （十）73,75,94

彭苏 （十）649,650

彭素民 （二）334；（三）258,259；（五）150；（九）119,474；（十一）328；（十二）127,304,307,311—313,316—318,320—325,327,329—331,336—338,356—358,364—367,371—374,376—379,381—383,385,389—391,400,401,403,404,413—417,422—424,433—436,440—442,446—448,456—459,461,462,469,473,478—480,483,485—487,490,491,493,618；（十三）11—15,24—26,33,39—44,46—49,51—53,55—60,65—67,72—74,79—81,86,89,93—95,97,98,117—119,126—128,135—138,146—148,152—154,157—161,163,164,170,182—185,284,316；（十五）322

彭遂良 （九）166

彭体 （十）649,650

彭添扬 （十二）369

彭添尧 （十二）406

彭同 （十）650

彭维纲 （十二）177,536,570

彭维杰 （十二）117,632

彭五 （十）649,650

彭效文 （十三）54

彭辛酉 （十二）404

彭星海 （十二）372,526,553

彭学浚 （十二）599

彭彦 （十）649,650

彭养光 （六）251；（八）340,763；
（九）198,320；（十一）459；（十二）510,575,596,597

彭毅 （十二）630

彭禹三 （十二）368

彭禹铸 （十二）410

彭玉田 （十二）131,619

彭远耀 （六）326,328

彭允彝 （六）392；（八）570；（十二）599

彭泽 （十二）82,595

彭泽文（泽民） （四）509；（五）288,293；（十二）31,526,552

彭占元 （六）111

彭昭 （九）166

彭贞元 （十一）8

彭志 （十）650

彭竹轩 （五）133

彭卓光 （十三）54

彭子耕 （十二）323

彭梓彬 （十二）480

P

丕斯麦 （五）477

皮广生 （九）458

平宝善 （十三）295,492

平刚 （七）195；（九）673；（十二）53,585

平山周 （一）78；（二）45；（四）10—12,19,26,28,55；（六）1,2,4,5；（八）24,53,57,102

粕谷义三 （五）534,535

蒲伯祥 （十二）363

蒲大芳 （三）321

蒲殿俊 （九）2

蒲鲁东（布鲁东） （一）8,369

蒲名元 （十三）106

蒲善明 （十二）319

蒲素柏 （十一）349,350

蒲星若 （十二）515,546

溥仪 （一）85；（五）559,560；（六）255,663；（八）728,763

Q

戚甘强 （十二）325

戚云龙 （十二）579

戚泽民 （十二）464

戚秩啺 （十二）432

戚焯勋 （十）343

戚卓卿　（十二）464

漆瞻琪　（十二）529,564

漆兆　（十一）286

祁耿寰　（十二）577,608；（十三）429,495

祁光华　（十三）81

祁隽藻　（六）486

祁寿　（十二）536,570

祁耀川　（二）357

祁映寰　（九）343

齐抚万　（三）135,138；（六）529,662

齐契林　（五）487,509；（六）584

齐燮元　（三）135,138,164；（五）246,499；（六）529,539,662；（八）550,705；（九）238,352

耆善　（八）118

谦益祥　（十）346,347

前年彰年　（九）453

钱铖　（十二）335

钱椿荣　（十二）492

钱大钧　（十三）316,371

钱国卿　（十二）327

钱嘉祥　（十二）117,631

钱开云　（十三）95

钱述　（十二）626

钱树芬　（三）236,250；（十）101

钱四和　（九）103

钱通　（十二）580

钱显章　（十二）604

钱祖勤　（十二）609,613

乔佛斯　（二）238,239；（八）9,11,21

乔根　（十二）107,631

乔林　（四）213

乔义生(宜斋)　（一）83；（九）227

芹昌　（十二）463

秦斌华　（十二）417

秦炳直　（五）225

秦步衢　（九）385

秦琛泉　（十三）159

秦广礼　（八）355；（九）293；（十二）50,584

秦广智　（十二）612

秦觐周　（九）378

秦始皇　（一）40,41,394,399,402；（七）469,507

秦守经　（九）378

秦树勋　（十二）124,618

秦天枢　（六）288,290,351；（十二）626

秦用奚　（六）502

秦毓鎏　（三）237,238；（四）242,478,479；（九）19,118；（十二）6；（十五）59

覃超　（六）252；（十二）67,587；

(十三)277

覃国炳 （十二)363

覃集成 （十二)625

覃师范 （九)119

覃寿恭 （十二)598

覃寿乔 （十)376

覃体仁 （十二)523,557

覃振(理鸣) （二)344；(三)159,
219,257,258；（五）154,321；
(六)188,203,265,304,321,335,
341,509；(十二)77,305；(十三)
284,306

青木宣纯 （六)183

丘观胜 （十二)326

丘国翰 （十二)132,619

丘海云 （十)137,138

丘汉根 （十二)480

丘华增 （十二)380

丘炯堂 （十二)533,567

丘康 （十二)369

丘启辉 （十二)326

丘启明 （十二)365

丘润生 （十一)653

丘世琼 （十二)409

丘四 （一)76；(二)264,310

丘天锡 （十二)512,542

丘湘兰 （十二)363

丘修端 （十二)465

丘秀松 （十二)368

丘义斌 （十二)368

丘右传 （十二)381

丘玉如 （十二)534

丘苑庵 （十二)516,546

丘珍华 （十三)159

丘政衡 （十二)337

丘祝汉 （十二)538,572

丘佐熙 （十一)258

邱福銮 （十二)601

邱汉宗 （十三)456,469

邱鸿钧 （九)673；(十二)637；(十
三)142

邱汇宗 （十二)521,559

邱廑竞 （十二)33,519,556

邱炜菱 （三)9

邱文彬 （十三)69

邱文绍 （三)236

邱仰峰 （十二)547

邱永生 （十二)605

邱于寄 （三)242；(十二)143,621

邱赞寅 （五)213,214

邱仲川 （十三)107

秋瑾 （一)83；(二)264；(七)197,
198；(八)134,333,334；(十五)
53,110,117,118

仇鳌 （九)119；(十二)581

仇亮 （九)119

仇志远 （九）121,122

仇卓文 （十二）437

裘灿 （十二）465

裘章淦 （十二）600

瞿方书 （九）119

瞿钧 （十二）94,608

曲同丰 （十）398,531;（十三）269

屈为曾 （十）649

屈映光 （四）452;（六）211

犬养毅(木堂) （一）78;（二）204,297;（四）8,9,13,15,22,23,55,209,232;（五）15—17,223,488;（六）147,166,258,353,362,665,676;（八）29,47,76,316,351,644;（十五）67,90,163

犬塚木 （五）3

犬塚信太郎 （一）79;（五）144

阙玉麒 （六）229

R

冉鑫 （十二）579

饶弼臣 （十二）511,543

饶芙裳 （十）170;（十二）601

饶镜彬 （十二）511,544

饶鸣鸾 （十二）595

饶潜川 （四）383,465,466,488,529,542;（五）23,47,293,326;（九）197;（十二）512,547

饶秋元 （十二）540,573

饶如焚 （三）236;（九）119

饶章甫 （十二）597

饶子和 （六）427,431,436,438,450

任传伯 （十三）160

任春华 （十三）127

任光宇 （三）242

任鹤年 （三）238;（五）440;（九）692;（十一）366

任鸿隽 （三）236;（九）118

任金 （五）426;（十二）195,251;（十三）58,59,384

任培生 （十二）627

任廷栋 （十三）54

任彤 （十二）327

任心符 （九）530

任应岐 （十一）584

任治龙 （十三）37

任重 （十二）597

容炳南 （十二）437

容炽 （十二）391

容观棣 （十二）324

容闳 （四）18,139,148,268;（八）56,57

容华辉 （十二）406

容觐彤 （十二）190

容景芳 （十二）501;（十三）124

容开　（九）177

容梅初　（十二）435

容少康　（十二）388

容树尧　（十二）437

容嵩光　（十二）433

容五云　（十二）391

容星桥　（九）201

容扬　（十二）437

容逸卿　（十二）431

容秩卿　（十二）436

儒班　（五）162

阮本畴　（四）388,400,461；（五）27,43,259,563

阮本旺　（十二）397

阮碧湛　（十二）405

阮达初　（十二）402

阮棣春　（十二）401

阮棣培　（十二）405

阮飞　（十三）67

阮复　（九）284,285；（十二）95,579,623

阮观煨　（十二）175

阮官成　（十三）15,48

阮汉年　（十二）397

阮汉卿　（十二）409

阮汉生　（十二）463

阮汉祥　（十二）367

阮宏如　（十二）409

阮湖　（十二）396

阮惠　（十二）437

阮建堂　（三）265

阮京宽　（十二）409

阮康　（十二）175,369

阮焜　（十二）400

阮来亚　（十二）405

阮乐　（十二）363

阮礼宏　（十二）493

阮力　（十二）489

阮丽川　（十二）357

阮利　（十二）396

阮伦　（四）216,241,400；（五）43,289

阮茂熊　（十二）469

阮懋初　（十二）409

阮暖　（十三）58

阮培　（十三）58

阮品琛　（十二）389

阮平世　（十三）66—67

阮岐山　（十二）408

阮其昌　（十二）604

阮庆金　（十二）410

阮日华　（九）356；（十二）94

阮若春　（十二）463

阮善初　（十二）409

阮石湖　（十二）365

阮式　（九）25,26

阮天培 （十二）408

阮信材 （十二）410

阮信楠 （十二）368

阮炎 （十三）56

阮尧 （十二）369

阮耀祥 （十二）368

阮义顺 （十二）493

阮艺 （十三）56

阮有添 （十二）407

阮珍耀 （十二）463

阮臻德 （十二）409

阮振渠 （十二）439

阮灼宸 （十二）407

阮祖阁 （十二）413

芮恩诗(芮恩施) （一）100,231,233；（五）47,71,302

瑞澂 （一）87,88；（二）177；（四）456,457；（七）449,464,626,658

S

萨鼎铭(镇冰) （三）99；（五）369,449；（八）118,119；（九）468

萨里斯堡(倍)勋爵 （二）251

赛尚阿 （三）320

三上丰夷 （四）67；（六）5,22；（八）308；（十五）14

桑弘羊 （一）30,32

桑文俊 （十）84

涩泽荣一 （三）278,396,398；（四）314；（六）665—667,676；（七）216,243；（八）276,309,738

沙德 （一）238

山田纯三郎 （一）79；（二）204,324；（四）331,461；（五）114,144,496；（六）181；（八）150,152,167；（九）191；（十五）23,127,128,333

山田良政 （一）79,80；（二）324；（四）16；（五）114；（八）150,275；（十五）23,67—69,152,163

山座圆次郎 （八）115

单宝鋆 （十）341

单秀川 （十）341

商鞅 （七）281,294

尚镇圭(天德) （二）334；（十二）598；（十五）275

邵德进 （九）130,134

邵栋华 （十二）493

邵力子 （三）257,258；（七）183；（九）303；（十）27；（十五）24

邵茂春 （九）103

邵逸周 （九）119

邵元冲 （二）425,426；（四）290,552；（五）41,123,139,151,188,557,562；（六）221,556；（七）284,285,292,295,559；（八）312,

361—363,379,394,682,683,760；（九）192,299,469；（十二）24,70,576,589；（十三）284,349,368,379；（十五）94

邵钊 （十二）412

邵仲辉 （三）242

邵仲康 （十二）598

申鼎 （十二）637

申圭植 （七）378；（八）463,465

神农 （一）27,28,450；（二）289

神田代木 （九）205

沈霭塘 （十二）638

沈粥 （十二）363

沈秉荃 （九）30

沈炳煌 （十二）513,550

沈昌枬 （十一）258

沈恩孚 （三）242

沈国英 （十二）577

沈汉秋 （十二）578

沈鸿相 （十二）507

沈鸿英 （二）192；（三）127,205；（五）226,386,392,423—425,431,432,435,436,442—446,451,468,470,501；（六）420,470,490,531,534,552,562,566,570,617,620,623,633,635；（七）389,444,476,488,579,586,589；（八）559,561,568,570,572,576,584,585,588,590—594,603,609,638,677；（九）447,470,471,478,479,481,496,505,526,529,536,546；（十）70,651,667,685；（十一）15,29,30,154,473,532；（十二）328,482

沈加友 （十三）138

沈健飞 （十一）632

沈靖 （十二）123,152,581,618,621

沈克刚 （九）172

沈琨 （三）19

沈联芳 （四）64,191；（九）68

沈缦云 （四）257,269,271,272；（七）196,197；（十五）31,126

沈懋昭 （九）21

沈懋照 （六）31

沈启琳 （十二）638

沈秋舫 （十二）434

沈荣光 （十）636；（十二）387,482

沈声夏 （九）339

沈树良 （十二）511,543

沈铁成 （十二）565

沈桐轩 （十三）507—508

沈万云 （四）299

沈维心 （十二）610

沈文光 （四）100

沈文肃(葆桢) （七）65

沈希南 （七）65

沈翔云（虬斋） （一）81；（二）264；
（九）34

沈欣吾 （十三）85,313,317,408

沈宣昌 （十二）337

沈选青 （十二）335,504,543

沈寅宾 （十一）582,583

沈应时 （十三）371

沈镛 （三）242

沈止敬 （五）94

沈智夫 （十）170；（十二）594,601

沈重熙 （十三）85

沈子良 （九）611

沈子云 （十三）137

生竞雄 （十二）465

盛碧潭 （十二）577

盛华林 （五）117,136；（九）290,316

盛荣超 （十三）5

盛宣怀 （一）97,491；（二）105；
（四）18,260,265,270,271；（六）
45,100；（七）39；（八）164；（九）29

盛延祺 （六）542；（十一）603,604；
（十二）360

师尚谦 （十二）532,561

师世昌 （十二）614

施炳华 （十二）529,564

施成 （三）258,259

施承谟 （十二）422,507,560

施朴生 （十二）326

施仁德 （十二）34,519,556

施瑞麟 （四）467,483

施自鸣 （十二）627

石达开 （一）401

石大 （十二）493

石凤鸣 （九）10

石蘅青 （六）16

石锦波 （十二）413

石井晓云 （十五）19

石敬瑭 （六）506

石美基 （十二）468

石铭勋 （十二）244

石青阳 （四）500；（五）76,82,
133,135,155,220,243,274,315,
332,336,342,343,456,467,468,
483；（六）223,267,269,270,278,
279,282,283,290,299,308,309,
311,312,324—326,329,332,334,
342,345,350,354,358—360,
367,369,371,414,416,440；（七）
559,652；（九）283,436；（十）
210；（十二）100,101,137,229,
233,608,615,620；（十三）89,
206,218,284

石仁山 （九）128

石汝霖　（十三）180,272

石顺豫　（十三）80

石小川　（六）457

石星川　（四）555；（五）1；（六）293,309,310

石瑛　（四）116；（六）16；（十三）284,286

石蕴光　（十二）33,580

时功玖　（八）459；（十二）70,589

史宾那沙（斯宾诺莎）　（一）46

史鼎孚　（五）84

史家麟　（三）19

史坚如　（一）79,80；（二）43,264,310,314；（三）300；（四）15,17；（六）128；（七）466,471；（八）78

史久光　（九）119

史卡费尔德　（四）460

史可法　（一）358,360；（三）16；（八）514

史明民　（九）218；（十二）536,562

史青　（三）300；（四）114；（九）119

史推恩　（十）323

史托特　（四）460

史志元　（九）307

士丕文　（九）175—177

释迦牟尼　（七）514；（八）158

守义　（三）98；（十二）527,554

叔孙通　（七）249,257

枢金　（十二）138,634

梳格底（苏格拉底）　（一）46

舒百川　（五）329,337,362

舒尔曼　（八）639—641

舒用之　（十）645

帅功　（三）258

司的文生（史蒂芬森、斯蒂文孙）　（七）167,183

司徒桀　（十一）295

司徒安　（十二）406

司徒安谋　（十二）391

司徒碧珊　（十二）470—471

司徒炳伸　（十三）67

司徒朝相　（十二）471

司徒承彩　（十三）67

司徒纯　（十二）391

司徒慈　（十二）391

司徒道之　（十二）465

司徒德彬　（十二）468

司徒德伦　（十二）472

司徒德炜　（十三）14

司徒涤怀　（十二）411

司徒董　（十二）492

司徒恩泽　（十二）405

司徒发淦　（十二）468

司徒发海　（十二）391

司徒发舜　（十二）468

司徒发位　（十二）389—390

司徒芬　（十二）411

司徒福　（十二）492

司徒福畴　（十三）67

司徒福年　（十二）465

司徒高　（十二）492

司徒光军　（十二）465

司徒广永　（十二）391

司徒桂　（十二）489

司徒汉男　（十二）459

司徒汉庭　（十二）468

司徒怀汉　（十二）462

司徒绩懿　（十二）465

司徒竞强　（十二）411

司徒俊璧　（十二）468

司徒俊礼　（十三）65

司徒俊廉　（十二）391

司徒俊良　（十三）67

司徒俊明　（十三）64

司徒俊士　（十二）391

司徒俊照　（十二）468

司徒克利福　（四）336

司徒坤　（十二）331

司徒涞福　（十二）397，402

司徒丽川　（十二）465

司徒良　（十二）391

司徒枚　（十二）391

司徒鸣绪　（十二）411

司徒泮衍　（十二）391

司徒培芳　（十二）411

司徒渠　（十三）67

司徒群　（十二）391

司徒日月　（十二）463

司徒荣　（十二）279

司徒如　（十二）468

司徒汝林　（十三）67

司徒瑞南　（十二）409

司徒润生　（十二）464

司徒若海　（十二）468

司徒尚珍　（十二）391

司徒绍　（十三）67

司徒圣　（十二）491

司徒石　（十三）67

司徒石泉　（十二）461

司徒士伦　（十二）391

司徒仕芳　（十三）67

司徒仕焯　（十二）468

司徒寿　（十三）67

司徒树兰　（十二）465

司徒树敏　（十二）399

司徒双龙　（十二）493

司徒颂舆　（十二）463

司徒铁魂　（十二）463

司徒威林　（十二）463

司徒位畬　（十二）464

司徒文海　（十二）468

司徒文华　（十二）462

司徒文锐 （十二）391

司徒文学 （十二）468

司徒文质 （十二）468

司徒熙航 （十三）67

司徒侠夫 （十二）460

司徒献 （十二）411

司徒献奶 （十二）411

司徒享 （十二）439

司徒协 （十二）320

司徒携区 （十二）466

司徒绪堂 （十二）465

司徒璇 （十二）355

司徒绚墀 （十二）470

司徒雅文 （十二）391

司徒雅轩 （十二）464—465

司徒衍衢 （十二）465

司徒扬 （十二）492

司徒尧 （十二）411

司徒业 （十二）468

司徒乙秀 （十二）471

司徒懿渠 （十二）469

司徒莹 （十一）175

司徒瀛 （九）538

司徒颖 （二）357；（十）170

司徒永春 （九）376

司徒永芳 （十三）67

司徒有拱 （十三）64

司徒于业 （十三）26

司徒泽民 （十二）411，464

司徒榛 （十三）67

司徒振厚 （十三）67

司徒职 （十二）401

司徒仲明 （十二）459，468

司徒重臣 （十二）319

司徒专佑 （十二）492

司徒卓廷 （十二）460

司徒宗 （十二）492

司徒宗盛 （十三）67

司徒作 （十二）391

斯密亚丹（亚丹斯密、亚当·斯密） （七）164，165，167，171，180—183

寺内正毅 （四）209，523；（八）318

寺尾亨 （一）4，79；（四）493；（五）3，144；（八）85

宋蔼龄 （四）360，363

宋柏多 （十二）473

宋伯芬 （五）442—444

宋萃仁 （十二）525

宋大章 （九）436，439；（十二）133，620；（十三）144

宋逢春 （十二）402

宋复九 （十二）361

宋广 （十）345

宋海平 （十三）50

宋鹤庚 （五）252；（六）464，467，612，613；（八）637；（九）354；

（十）308,325,437,554；（十一）374,514；（十三）103,214,215,255,306,450

宋华荀　（十二）122,632

宋惠卿　（十二）119,617

宋辑先　（六）299,527；（十二）430

宋嘉树（耀如、跃如）　（一）76；（四）274,309

宋教仁（钝初、渔父）　（一）56,64,87,412；（二）267,280；（三）18,19,45；（四）256,282,310,351—352,358,381,448；（六）79,151,157—161；（七）11,12,118,240,275,277,317,464,482,483；（八）84,98,100,102,130,178,228,287,288,290—292,300,301,323,324,376,616,698；（九）15,97,114,118；（十五）80,81,368

宋金福　（十三）58

宋梁　（十三）395

宋茂胜　（十二）383

宋铭黄　（二）318

宋庆龄　（一）326；（二）426；（三）279,280,284,285；（四）360,363；（五）175,320,473,491,517,518,533,537,538,547,548；（六）231,524,532,600,667；（七）294,445,711；（八）36,326,468,507,514,624,643,682,690,699,775,777,778,786；（十五）99,100,119,135,222,241,265

宋荣昌　（十一）286；（十三）316,371,400

宋瑞珊　（十二）19,529,544

宋善生　（十三）51

宋少白　（十三）50

宋少仙　（十三）137

宋绍殷　（九）652；（十一）149,150

宋绍尊　（六）324

宋世科　（十）465；（十二）627

宋树勋　（十二）128,633

宋韬　（十三）180,272

宋填华　（十二）628

宋炜臣　（九）22

宋卫国　（十三）54

宋以梅　（五）412；（十二）608；（十三）242

宋渊源　（四）341,450；（五）126,140,369,381；（九）464；（十一）720；（十二）54,585；（十三）128,202

宋元恺　（四）506；（十二）503,560

宋轧先　（六）311

宋桢　（十二）598

宋振　（四）392,405；（十二）573,574

宋镇华 (十二)206;(十三)28

宋卓勋 (十二)464

宋子衡 (三)233,265

宋子文 (二)425,426,428;(三)612;(五)29,498,538;(八)782,783;(九)503,523;(十)354,358—361,477,481;(十一)81,120,130,261,300,306,308,321,327,329,331—333,342,347,478,558,588,614,710;(十二)489;(十三)35,191,324,398,401,405,413,448

宋子扬 (十二)6,7

苏伯特(舒伯特) (二)328

苏苍 (十)696;(十一)29;(十二)99,612

苏成香 (十三)54

苏从山 (九)529,622;(十)104;(十二)375;(十五)269

苏飚周 (十二)318

苏法贺 (十二)326

苏法聿 (十一)452;(十二)210,226,249,322

苏福 (十二)225,227,289

苏冠民 (十二)331

苏广 (十二)525,558

苏广寿 (十三)42

苏国英 (十三)138

苏汉生 (十二)465

苏汉孙 (十二)378

苏汉忠 (四)42,73

苏护民 (十二)465

苏惠潮 (十二)492

苏筠尚 (三)242

苏俊五(伍) (十三)36,205

苏坤 (十二)515,551

苏理平 (十二)64,524,561,587

苏霖 (十三)58

苏孟裔 (十二)457;(十三)146

苏启文 (十二)376

苏茕茕 (十二)436

苏惸惸 (十二)436

苏慎初 (二)318;(四)351

苏世安 (六)609;(十一)501;(十三)201

苏世杰 (十一)714;(十三)512

苏守奎 (十三)54

苏受滔 (十二)323

苏树洪 (十二)468

苏树燊 (十二)492

苏澍偕 (十二)318

苏桃舫 (十二)417

苏天霖 (十二)319

苏维亚 (十二)485

苏谓 (十一)718

苏无涯 (十二)18,277,504,509,

560,573

苏效良 （十三）81

苏啸山 （十二）319；（十三）138

苏英会 （十二）487

苏有福 （十二）326

苏祐慈 （十二）593

苏玉田 （十二）604

苏准如 （十二）471

苏子彬 （十二）327

苏子谷 （五）79

粟无忌 （九）321

粟显扬 （十三）495

燧人氏 （一）450；（七）401

孙宝琦 （一）65；（七）589；（八）79

孙本戎 （十）672；（十二）273；（十三）359

孙昌 （四）128,139,149,152,153,168,206,225,460；（十五）134,170

孙成阁 （十一）655,657,658

孙传芳 （五）379,380；（六）500；（七）427,589；（八）576,584；（九）505

孙道仁 （四）381；（六）78,86,127,134；（八）195；（九）148

孙扶邦 （十）41

孙干昆 （三）236

孙光明 （四）353；（十二）603

孙洪伊（伯兰） （三）217—220,248,251—253,257,258；（四）469,470；（五）6,7,10,12,439；（六）257,264,274,283—285,321,325—329,336,341,362,377,379,380,544,550,561,566,567,583；（八）354,539,590,591；（九）223,259,297；（十二）44,46,95,305,333,582,583

孙惠良 （十二）406

孙继烈 （十二）82,595

孙继先 （二）340

孙建宗 （十二）406

孙鉴贞 （十二）491

孙杰 （六）114

孙竞仁 （二）340

孙静山 （九）240

孙镜 （三）258,259；（十二）304,352,357,358,364,365,372,373,376,377,381,389,400,401,413—416,422,423,433,434,441,442,447,448,456,459,473,478,487,490,508；（十三）12,13,24,25,33,39,42,46,47,51,52,56,65,72,79,80,86,89,93,117,126,135,136,146,152,153,157,163,164,182,183,185

孙镜亚 （五）394；（九）441；（十

二)422;(十三)87

孙科(连生、哲生) (一)326,328;
(二)425,426,428;(三)33,236;
(四)202,278,497,536;(五)28,
30,32,38,461,463;(六)164,
173,382,415,422,426,453,456,
458,468,657;(七)436;(八)
473,702,711,777,778,782,788;
(九)348,359,556,654,682,684,
697;(十)31,34,56,119,122,
141,145,185,189,204,228,240,
273—275,294,317,367,404,
480,492,493,547,685;(十一)
175,176,186,193,194,261,431,
444;(十二)151,621,635;(十
三)199,260,405,413

孙麟 (三)237,238

孙眉(德彰、寿屏) (一)76;(四)
200,228;(六)13,85,171—173;
(八)62,406;(十一)67;(十二)
2;(十五)134

孙谋 (十一)600

孙清标 (十二)522,544

孙庆培 (二)340

孙汝斌 (十二)406

孙瑞隆 (十二)326

孙润宇 (九)119,142

孙绳 (十二)276

孙天霖 (十二)142,634

孙天孙 (十三)176

孙廷撰 (三)236

孙统纲 (十一)111;(十三)361

孙琬 (三)236

孙万乘 (九)652;(十三)114

孙文盖 (十二)525

孙文元 (九)632

孙武 (一)87,88;(四)267;(六)
93,104

孙仙霞 (三)236

孙祥夫 (八)620;(九)339,402,
405,410,493,508,526,587,688;
(十)183;(十二)208,260,454;
(十三)164,197,198,483

孙歆羡 (十二)355

孙一鸣 (九)236

孙寅初 (十五)107,108

孙永安 (四)556;(九)268

孙勇 (九)572,631,635

孙禹行 (六)656,658,661,664

孙玉韶 (十二)491

孙毓筠 (三)238;(六)26,68,153,
177;(九)48,88,105,130

孙岳 (六)40;(七)669,670,673,
688;(八)534,766;(十一)530

孙悦初 (十三)81

孙璋琪 (十二)402

孙兆良 （十二）410

孙之虑 （十一）151

孙智兴 （四）367,438,525;（十五）169

孙钟 （十二）593

孙宗昉 （九）302

孙宗孺 （十二）577

孙纵横 （十二）614

索飞龙 （十二）579

索士比亚 （八）356

T

塔夫脱 （七）263

太甲 （一）60;（七）258,329;（八）314

太永宽 （十二）263

谈继昌 （十）665

谈锡达 （十一）211

谭鳌 （十二）405;（十三）54

谭柏 （十二）466

谭扳 （十二）467

谭邦 （十二）439

谭弼 （十二）370

谭丙子 （十二）522,541

谭炳 （九）377

谭炳桓 （十二）472

谭炳鉴 （十三）480,508

谭炳堃 （十二）471

谭伯棠 （十二）465

谭步觉 （十二）468

谭裁之 （十二）373;（十三）153

谭昌琛 （十二）468

谭长 （十二）432

谭长年 （十二）279;（十三）198

谭朝佐 （十二）366

谭池 （十二）432

谭带胜 （十二）412

谭道渊 （九）27,28

谭道源 （十一）232;（十三）328

谭德栋 （四）77

谭德尉 （九）519

谭发湖 （十二）402

谭富 （十二）391

谭干臣 （六）43

谭淦明 （十三）81

谭根 （四）369,372,377;（六）191,192;（九）195,211;（十二）578

谭庚 （十二）391

谭攻阻 （十二）509,549

谭恭发 （十二）433

谭广大 （十二）405

谭贵福 （十二）439

谭桂初 （十二）326

谭海 （十二）439

谭汉波 （十二）412

谭汉裔　（十二）368

谭浩明　（六）248，269，275，284，
　　313，337，398，445，491

谭和发　（十二）439

谭衡　（十三）44

谭鸿任　（十三）225

谭鸿源　（十二）465

谭华汉　（十二）465

谭槐文　（十三）128

谭辉　（十二）391

谭辉屏　（十二）391

谭吉　（十二）378

谭楫　（十二）391

谭家程　（十三）154

谭家豪　（十二）467

谭家岳　（十二）468

谭杰芬　（十二）468

谭杰生　（十二）468

谭锦棠　（十三）154

谭锦元　（十二）465

谭进　（十一）421；（十二）254，522，
　　552；（十三）64

谭景宸　（十二）412

谭璟　（十一）462；（十三）441

谭举云　（十二）439

谭钜盛　（十三）154

谭君博　（十三）54

谭俊信　（十三）26

谭楷运　（十二）410

谭良策　（十三）159

谭亮谋　（十二）412

谭龙光　（十三）152

谭洛川　（十二）472

谭勉农　（十二）405

谭民三　（十二）71，141，588

谭明　（十二）391

谭南　（十二）492

谭牛　（十）42，43

谭沛英　（十三）154

谭品臣　（十二）467

谭平　（九）340；（十）390；（十二）
　　527，563；（十三）198

谭平山　（五）548；（八）589，667，
　　668，777；（十一）479；（十二）
　　307，450；（十三）199，284，413，
　　436，448

谭启文　（十二）363，365

谭启秀　（六）557；（九）705；（十三）
　　483

谭人凤（石屏）　（一）64，87；（二）
　　318；（三）18，19，218，219，245，
　　246，248，251—253；（四）338，
　　397，398，493，501，540；（六）63，
　　68，82，233，235，257，264，284，
　　292，321，341；（七）658；（八）
　　130；（十五）154

谭瑞恭　（十二）322

谭润兴　（十二）459

谭三安　（十二）439

谭少军　（十二）316

谭声根　（十二）372；（十三）152

谭声鉴　（十二）468

谭声耀　（十二）460

谭声永　（十二）462

谭声攸　（十二）492

谭声兆　（十二）472

谭盛　（四）509

谭仕江　（十二）178

谭寿　（十二）438

谭曙卿　（十）279

谭述唐　（十二）398

谭泗　（十二）439

谭松寿　（十三）154

谭宋　（十二）438

谭颂平　（十二）467

谭孙田　（十二）480

谭天祥　（十二）439

谭廷芳　（十二）467

谭旺　（十二）439

谭惟详　（九）470；（十二）509，560；（十三）314

谭维　（十二）378；（十三）26

谭伟林　（十二）404，468

谭伟南　（十三）153

谭炜楼　（十二）147,629

谭炜南　（十二）373

谭蔚文　（十二）468

谭文键　（十二）467

谭文沾　（十二）465

谭锡麟　（十二）411

谭熙鸿　（七）552；（九）118

谭显德　（十二）467

谭显辉　（十二）472

谭宪龙　（十三）54

谭宪谋　（十三）81

谭小赤　（十二）492

谭学夔　（二）357

谭延闿（组庵、祖庵、组安、祖安）（二）325，329；（三）217—219，227，242；（四）326，381；（五）7，11，179，185，201，215，217，226，228，233，251，252，312，315，332，355，424，456，478，481，559；（六）68，99，248，264，269，284，321，341，398，412，417，430，431，452，467，469，471，557，558，561，575，593，604，605，608，612，623，625，630，633，634，641—643，645—647，649，652—657，660，672；（七）245，513，595；（八）393，430，437，598，637，677，707，708，712，713；（九）354，485，494，510，541，550，

569,574,576,590,598,599,601,
629,672,673,677,682,683,687,
688,692,693,699;(十)22,29,
31,70,71,110,114,129,140,174,
223,225—227,234,238,266,269,
280—282,287,291,292,298,308,
311,314,319—327,342,346,350,
351,375,386,387,395,413—415,
427,438,442,445,447,457,460,
464,500,510,512,516,534,539,
541,545,553,554,602,616,653,
665,699,702;(十一)25,136,
138,144,154,157,164,178,186,
207,217—219,231—233,237,
243,250,261,268,274,275,287,
297,342,348,350,369,373,374,
385,393,399,419,434,440,443,
458,460,467,468,471,473,481,
497,508,511,520,524,526,527,
529,531,534,537,541,557,560,
574,587,592,612,637,640,652,
653,656,665,687,688,699,701,
717,719,720;(十二)285,338,
342,349,387,395,442,445,475,
476,488,495,499,501;(十三)8,
9,20,22,38,41,68—70,87,92,
99,100,102,119,121,122,125,
134,141,162,182,187,199,201,

207,223,228,241,243,247,260—
262,278,284,291,298,300,306,
309,320,324,328,330,335,339,
340,344,345,351,371,383,393,
411,414,417,418,433,434,439,
448,462,465,470,474;(十五)
201,280

谭扬　　（四）77；（六）15
谭杨业　（十二）325
谭尧阶　（十三）81
谭裔炽　（十三）126
谭裔锦　（十二）402
谭裔谅　（十三）128
谭裔煓　（十二）412
谭毅君　（三）19
谭毅强　（十二）465
谭英文　（十二）489
谭有扶　（十三）154
谭宇明　（十二）467
谭雨翘　（十三）158
谭毓云　（十三）81
谭元贵　（十二）522,541
谭月波　（六）320
谭云轩　（十二）604
谭在田　（十二）366,472
谭赞　　（十二）398
谭泽波　（十三）154
谭钊　　（十二）531,542

谭贞林　(十二)399

谭振　(十二)493

谭镇基　(十一)258

谭中汉　(十二)368

谭周　(十二)409

谭焯耀　(十二)514,551

谭卓廷　(十二)411

谭卓耀　(十二)515

谭子光　(十二)437

谭子钜　(十二)528,564

谭子垣　(十三)81

谭宗荣　(十二)408

谭宗喜　(十三)54

谭宗尧　(十二)408

谭祖幸　(十二)446

谭佐卿　(十二)624

汤伯令　(四)106

汤发祥　(十三)50

汤华　(十三)148

汤华崇　(十二)410

汤化龙　(三)49,76;(六)248—250;(八)321;(九)119,264

汤建宽　(十三)67

汤节之　(五)381

汤介眉　(十二)411

汤朗亭　(六)450

汤连　(十三)11

汤濂　(十二)319;(十三)137

汤隆恩　(十二)368

汤名惠　(十二)469

汤名骥　(十二)473

汤名振　(十三)54

汤培　(十二)319

汤普森　(三)271

汤瑞南　(十二)368

汤寿潜　(四)243;(六)18;(九)30,36;(十二)9

汤寿田　(十二)410

汤廷光　(五)298,299;(六)450,454;(八)490;(十)384;(十二)182,198,199,594;(十三)267

汤熙　(十三)256,403

汤芗铭　(四)37,412;(六)18;(八)347;(九)118;(十一)374

汤元　(十二)398

汤悦　(十二)409

汤子模　(五)456;(六)308;(十一)677;(十三)219,509

唐宝锷　(八)590,591;(九)325,348

唐才常　(三)10;(四)12;(八)78

唐昌存　(十二)326

唐春林　(九)378

唐冠亚　(.十二)244

唐贵　(十二)177,536,570

唐继尧(蓂赓)　(一)431;(二)

327;(三)93,99—102,138,217,226,227;(四)445,452,532,538,543;(五)36,71,82,103,136,170,179,185,213—216,239,249,262,287,295,387,390,391,468,555;(六)137,179,246,248,257,260—263,265,266,268,270—272,275,276—278,280,282,286—290,292,297—299,301—304,306,307,310—312,314,327,331,333,336—338,343,345,347—352,359,362—364,367,369,370,384,388—390,392—394,396—399,401—403,407,412,413,416,418,421,427,430—432,438,440,445,464,467,472,476,477,481,482,486,508,509,511,513,627,628,647;(七)283,351,352,389,584;(八)363,364,442,445,453,483,487,617,665;(九)292,301,326;(十)191;(十一)412,474;(十二)184,188,229

唐继虞(萍赓) (四)538,548,556;(六)292,312,362;(十一)474

唐健 (十二)524,561

唐鉴 (六)216;(九)378

唐锦兰 (九)378

唐敬富 (十三)13,14

唐镜湖 (九)529

唐康培 (十二)160,622

唐克明 (五)157,302;(六)309,313,390,410;(九)304

唐麟 (四)155

唐纳 (十二)439

唐翘卿 (六)43

唐庆镁 (九)89

唐绍仪(少川) (二)318,326,327;(三)92,93,98—102,219,224,242,244—246,248,253,281;(四)261,264,460,462,472,490,493,498,501,506,523;(五)16,67,69,87,92,163,185,243,262;(六)30,49,67,70,71,75,77,79,80,82,95—97,99,101,104,109,119,120,175,223,229,231,233—235,243—245,253,258,329,341,353,388—390,392—394,401,441,442,450—452,464,467,469,472,476,477,479,481,482,486;(七)39,245;(八)154,155,162,165,166,181,203,296,374,388,427,433—436,445,590,665;(九)31,95,96,100,158,170,229,299;(十二)43,184,199,582

唐申 (十二)399

唐生智 (十)414

唐嵩　（十二）369

唐廷枢(景星)　（二）33

唐熙年　（十二）535,569

唐贻拔　（十二）412

唐英沛　（十二）433

唐煜秋　（十三）26

唐元枢　（十二）206

唐元湛　（三）242

唐在礼　（六）101,114

唐藻华　（十二）33,520,556

唐哲夫　（五）109

唐正隆　（十二）513,544

唐支厦　（九）119；（十三）28

唐豸　（六）132；（九）119

唐铸　（五）446

韬美　（一）81；（四）120

陶成章　（三）18；（四）118,119,121—124,397；（六）28,29；（八）100,130,133；（十五）112

陶澄孝　（十三）400

陶弘景　（四）252

陶炯　（十三）32

陶侃　（六）246

陶乐勤　（九）332

陶礼燊　（九）299；（十三）258

陶勉斋　（十三）346

陶森甫　（五）95,98

陶思澄　（六）22

陶一民　（十一）376

陶荫轩　（十五）107

陶咏南　（三）19

陶渊明　（一）36

陶振基　（九）172

笹川洁　（五）81

田炳章　（十一）231；（十二）261；（十三）502

田桓　（三）257,258；（十）324；（十二）310,311；（十三）259

田铭璋　（九）466

田清涛　（九）439

田士捷　（六）542；（十二）261,498

田颂尧　（五）336

田桐(梓琴)　（三）205,242,257,258；（四）337,441,450,489；（六）186,195,207,215；（八）313,314,542；（九）119；（十二）77,268,305；（十三）222,223

田牺　（十二）579

田曦　（十一）8,48,93

田应诏(凤丹)　（五）48,141,146,149,151,219,230；（六）304,314,370；（九）328,349

田永正　（十二）110,616

田玉洁　（六）396

田云龙　（四）556

田中义(田中义一)　（二）169；

（四）451,458,493；（五）562；
（十）78

田忠柏　（十三）37

田钟谷　（十三）179

铁里沙夫　（十一）168

铁良　（八）118

铁木真　（二）48,283

佟兆元　（五）429

童常志　（十二）627

童杭时　（八）364,390,391；（十
二）84,197,599；（十五）140

童洁泉　（十五）140

童勤培　（十二）577

童天铎　（十三）216

童萱甫　（五）50,68；（九）314

童子钧　（九）3

涂寄舫　（十二）510,575

涂欣可　（十二）337

涂潜　（三）19

涂震亚　（九）620；（十三）32

拓鲁生　（四）290

W

瓦特(华特)　（七）167,183

万斌　（十二）103,615

万黄裳　（十二）59,500,524,561,
582—616,623—631；（十三）368

万金培　（十二）388

万丽生　（十二）480

万民强　（十三）12

万时雨　（九）103

万世勋　（十三）189,495

万咸一　（十三）189

汪德渊　（九）227

汪福魁　（十三）241

汪汉　（十二）175,374

汪哕鸾　（八）459；（十二）77,592

汪建刚　（十二）593

汪俊升　（九）85

汪鲲南　（十二）99,625

汪缦卿　（九）2,3

汪培实　（十三）382

汪荣宝　（三）49

汪松　（十二）369

汪廷襄　（三）238；（九）119

汪宪琦　（十二）119,617

汪啸涯　（十二）420；（十三）399

汪彦平　（十三）2

汪洋　（四）290

汪幼庵　（四）290

汪兆铭(精卫、季新)　（一）54,84,
85,316,322；（二）264,285,425,
426,428；（三）126,158,199,220,
258,283,304,325,392；（四）56,
60,61,63,64—66,68,69,71,73,
74,76,95,96,100,121,123,154—

156,163,166,174,175,210,230,
264,275,311,334;(五)6,9,45,
105,287,307,314,316,317,319,
329,353,354,361,393,452,456,
457,488,489,530—532,542,548,
557,562,563;(六)5,6,16,25,37,
41,55,77,79,87,91,96,99,101,
104,123,298,299,377,379,500,
504,544,554,564,565,580,583,
600,608,655,656,658,666,673;
(七)33,67—70,79,278,539,673;
(八)90,91,104,112,123,130,
149,178,237,299,370,433,549,
556,557,591,598,599,601,619,
666,668,695,709,720,758,774—
779,781—785;(九)151,346;(十)
22,401,403,479;(十一)323,513,
529,668,713;(十二)333,583,
587;(十三)199,284,286,396,
448;(十五)331,387

汪仲如　(十二)369

汪宗准　(十三)84,122

王蔼庐　(三)19

王爱常　(十二)337

王安福　(六)334

王安富　(六)328,329,338,343,
345,353,354;(九)368;(十二)
136,600,620

王安澜　(五)88;(六)93

王安石　(七)253,491

王柏龄　(十三)34,316,365

王宝贤　(十三)241

王保　(十二)493

王北善　(十二)493

王秉钧　(六)571,588,590,591;
(十)194,249,339,368;(十三)
104

王秉谦　(六)330;(七)549;(十)
391;(十二)597

王秉权　(十三)159

王秉瑞　(十三)508

王伯常　(五)133

王伯群　(六)392,479;(八)434;
(十二)188,198,218,219

王博谦　(四)290

王昌期　(十二)273

王昌运　(十二)318

王成　(十三)48

王承斌　(七)669,670;(十一)530

王程远　(十二)577

王宠惠(亮畴)　(一)4;(三)138,
236,242,276—278;(四)1,6,
116,117,243,447,472;(五)364,
370;(六)16,18,58,87,129,136,
141,160,531,538;(七)243,245,
326;(八)160,161,164,174,177,

178,293,591—593;(九)33,92,
107,114,118,136,146,147,170;
(十二)3;(十五)7

王春霖　(十一)3

王翠山　(十一)258

王大光　(十二)627

王大同　(十二)316

王道(王啸吟)　(九)306;(十)174

王得庆　(十一)250,268,722;(十三)328

王登云　(五)458;(六)556

王涤民　(五)84

王鼎　(九)308

王定华　(五)441;(十二)638

王东桂　(十二)356

王都庆　(十三)503

王度　(十二)95,623;(十三)186,220

王敦五　(十二)320

王法勤　(五)51;(十二)56,585;(十三)284,302

王璠笃　(十二)605

王夫之　(三)16

王莆鸿　(十三)12

王福骈　(十三)46

王斧　(四)98,101

王釜　(十二)77,592

王辅臣　(十三)159

王复苏　(十二)466

王纲　(十三)219

王赓　(六)114;(八)211

王观铭　(十二)76,591

王光山　(四)57

王国栋　(六)93

王国辅　(十三)200

王国璇　(五)464;(十二)495,497;(十三)16

王汉光　(十三)95

王汉章　(四)290

王和顺　(三)30,61;(六)94,107,109;(七)69;(八)107

王恒　(七)549;(八)658;(九)336;(十三)124,339,460

王珩琯　(四)555

王洪身　(十二)615

王鸿鉴　(十)502

王鸿庞　(五)412

王鸿盛　(十二)439

王鸿勋　(十)323

王鸿猷(子匡)　(四)114—116,118,133,137,255,256;(六)18,143;(九)13,80,102,118;(十二)628

王华国　(十二)578

王华庭　(十二)538,567

王怀乐　(十二)462

王怀庆　(十一)244

王怀盛　（九）162

王槐廷　（四）81,82

王焕龙　（十三）431,451

王辉　（十）88

王积源　（十二）404

王吉壬　（十一）391；（十二）495；
（十三）272

王济辉　（四）466

王家驹　（九）129

王家琦　（十三）343

王家襄　（三）57

王兼善　（九）80

王健臣　（十二）369

王健海　（十二）363

王杰　（十二）593

王介夫　（九）172

王金水　（十二）355

王金汤　（十三）137

王京岐　（十三）159

王景龙　（十三）381

王景炘　（十一）258

王敬祥　（四）315,347,402,404,
408；（九）14,112,113,203；（十
二）24,507,548

王敬信　（十二）212

王镜波　（十二）514,516,553

王镜湖　（十三）159

王珏　（六）396

王觉民　（十二）323

王均　（六）588；（十）703；（十一）
258；（十二）418；（十三）105

王俊　（十三）371

王峻仙　（三）236

王开　（十）575；（十三）64

王开清　（十五）296

王凯旋　（十三）48

王康　（十二）326

王康财　（十三）67

王康实　（十三）67

王克敏　（三）219,220

王连璧　（十二）215

王连贤　（十一）258

王良弼　（十）138

王龙　（十二）319

王隆中　（十三）21

王莽　（二）156；（四）391；（六）486

王懋功　（五）225,353；（十二）637；
（十三）362

王孟琹　（九）188

王冕琳　（十三）424

王名熙　（十）343；（十一）493

王明　（十）88

王明初　（十二）326

王鸣亚　（十）137,138；（十二）211,
286；（十三）508

王乃昌　（九）376,379；（十二）76,

233,234,237,591

王南微 （十一）168；（十三）271，381

王品 （十三）58

王柒耀 （十二）320

王奇 （六）300,301

王祺 （十三）85

王祺振 （十二）206

王庆华 （九）119

王秋湄 （八）190

王全 （十一）376

王泉笙 （十二）527,563

王人伟 （十二）327

王仁熙 （十三）228

王忍盦 （五）437

王任化 （十三）122,200

王如进 （十二）533,568

王汝为 （十）368,433,434；（十三）265

王汝贤 （三）219；（六）319,341

王瑞庭(王瑞廷) （十二）322,533,566

王润女 （十）88,89

王若周 （十一）40

王三槐 （三）320

王森桂 （十三）48

王善继 （十二）23,516,562,576

王尚琴 （十二）322

王尚乳 （十二）326

王少兰 （九）378

王绍鏊 （十二）593

王绍一 （五）193

王士才 （十二）539,552

王事祥 （九）377

王守愚 （十）714,717；（十二）36,579

王寿 （十二）412

王受高 （十一）258

王叔金 （十二）357

王淑涵 （十二）525

王树槐 （十二）601,603

王顺厚 （十二）315

王硕果 （十二）461

王思恭 （十三）98

王素 （六）215

王素朴 （十二）407

王棠 （三）236；（五）464,479；（八）611；（九）495,524,545,557,592,594,603,604,607,609,611,615,623,627,633,635—638,645,653,656,661,663,666,670,675,679,686,690,691,700；（十）84,94,131,169,180,190,195,387,527,540,558,704；（十一）570,577,625,627,632,633；（十二）360,495；（十三）1,140,168,

458,484,486,504

王梯云　（十二）518,555

王天培　（十二）243

王天纵　（五）184；（十二）164

王廷庚　（九）377

王廷扬(孚川)　（四）502,512,557

王统一　（六）207；（八）313,315

王维白　（五）145

王维纲　（六）308,326,328

王维汉　（十一）315,324

王维妹　（十二）355

王伟昌　（十二）465

王伟夫　（十二）159,622

王慰如　（十三）137

王文彬　（十）560,561

王文翰　（十三）90

王文华(电轮)　（五）174；（六）277,286,311,312,315,335,345,357,408,417,418

王文举　（十二）326

王文庆　（六）206,229

王文泰　（十三）37

王文有　（十三）148

王五星　（十二）316

王武昌　（十三）39

王锡均　（六）20

王夏　（九）119

王先孚　（九）54

王献芝　（十二）580

王湘　（四）532；（六）307；（八）363；（十二）55,57,274,585,586

王孝伯　（六）656,658,661

王孝缜　（九）119

王信智　（十二）322

王星南　（十二）325

王星泉　（十二）177,536,570

王星垣　（十二）320

王勋　（六）45,100；（八）164

王亚樵　（九）469

王晏安　（十二）355

王晏来　（十二）530,565

王阳明　（七）6,280

王耀　（十二）637

王一亭　（四）290；（七）243

王揖唐　（三）57,223,224；（五）127；（七）306,311,312；（八）388—390,393

王仪　（十）460

王贻堃　（十）138

王奕友　（四）291,299；（六）130

王裔　（十二）534,567

王荫槐　（十二）125,632

王应潮　（十三）129,272

王永宏　（十三）67

王永泉　（五）212,214,343,354,362,363,373,380,422,449；（六）

389,447,455,500;(八)572;
(九)442,460,468,545

王永锡 (十二)599

王用宾 (三)257,258;(六)251,
651;(八)541,563,658;(十)
510;(十二)132,216,284,305,
306,619;(十三)313,314,454,
459

王有兰 (八)155;(十二)75,590

王有容 (十二)326

王有蓉 (十二)522,560

王宇青 (五)84

王雨我 (十三)157

王玉树 (六)330

王玉珠 (四)82,83

王育寅(春初) (五)198,200,228;
(六)460,465,467

王遇甲 (六)106

王毓堂 (九)377

王元懋 (九)378

王约瑟 (五)416—418

王月洲 (四)190

王云华 (六)20

王云阶 (六)502

王宰善 (九)39

王占元 (一)349;(二)198,200;
(四)452,553;(五)210;(六)50,
306,390;(七)374;(八)470

王兆奎 (十二)303

王珍 (十)88

王振渚 (十二)611

王镇乾 (十二)355

王震 (三)242,248;(六)17,31;
(九)76

王正卿 (五)317

王正廷(儒堂) (三)220,242;
(五)46,306,400,401,486;(六)
79,138,139,257,258,377,379,
394,399;(八)357,377,657;(十
二)45,582—584

王之南 (九)548

王之瑞 (三)236

王芝祥 (三)238;(九)90

王志德 (十一)502

王志远 (十三)157

王治安 (六)325

王忠 (十一)40,45

王忠诚 (九)197;(十二)37,505,
544

王仲文 (十二)602

王竹山 (十三)269

王卓 (九)162

王子珍 (五)454

王子中 (五)49,110,146;(十二)
163,623

王紫剑 (十一)603;(十三)492

王自立 （十二）320

王宗妙 （十二）319

王宗沂 （十二）228,250,326

威尔逊 （一）96,236,363,364；（二）115,294；（三）252；（四）357；（五）45,52；（六）169,170,247,248,384—387,389；（七）263,350；（八）422,423

威克福 （二）240

威廉第二 （二）127

威廉第一 （一）452；（二）136

威斯敏士打 （七）17

巍畅茂 （九）697,698

韦柏佛斯 （五）277

韦昌辉 （一）401

韦杵 （十）422；（十一）499

韦冠英 （十）334；（十一）5,24,25,84,589,620,670；（十二）230,429；（十三）311,493,498,500

韦就 （十二）276

韦荣熙 （十）303,357,377,525,539,563；（十一）272,300,301；（十三）206

韦一新 （十三）113

韦玉 （十）52；（十二）422,427

韦增复 （十三）221,256

韦振谋 （十二）237

维多利女王 （二）123

卫秉钧 （五）217

卫厚糌 （十二）406

卫景遒 （十）2

卫鼐 （十三）70,491

魏邦平（丽堂） （三）125；（五）219,220,227,238,298,299,405,423,425,432；（六）419,443,449—452,454,534—536,539,541,557,560,568；（八）502,514,518,568,570；（九）386,392,465,470,602；（十）36,51,83；（十二）256,303,304,348；（十三）17,78,130,133

魏宸组 （四）261；（六）18,79,399；（八）251

魏登 （十一）377

魏会英 （十三）501

魏熙 （十二）609

魏勋 （九）324

魏奕 （三）213；（六）24

魏肇文 （十二）599

魏正家 （十一）695

魏子浩 （三）242；（六）431,450；（十二）595

温炳臣 （四）22

温昌基 （四）69

温呈祥 （十二）532,567

温崇礼 （十二）532,543

温德尧 （十二）611

温德章　（十三）290

温福田　（十）360,361

温观福　（十二）493

温国恩　（十二）462

温金　（九）539

温锦池　（十二）537,570

温竞生　（十三）273,325

温菊朋　（十二）541

温君文　（十二）508,543

温良　（十三）70

温蕙生　（十二）539,552

温庆武　（四）89,202；（九）65

温山炎　（十二）533,540,563,575

温生才　（二）265；（三）19,236；（四）213；（七）462,495,579,580,583

温世珍　（九）111

温寿生　（四）401

温淑铭　（十三）137

温树德　（五）448；（六）537,540；（八）490,517,523,595；（九）434,529,545,547,558,564,626,628；（十二）260,261；（十三）37

温树棠　（十二）319

温斯顿·丘吉尔（邱吉尔）　（八）747,753

温天铎　（十）101

温挺修　（十三）346

温雄飞　（八）120；（十）520

温玉铿　（十二）533,568

温泽华　（十）2

温振洽　（十二）492

温宗发　（十二）530,563

温宗铠　（六）302；（十二）613

温宗尧(钦甫)　（三）242；（四）290,446；（六）16,19,43,77,96,136,243,244,453；（七）245,337；（八）434；（九）138,146,147

文炳荣　（十二）327

文步阶　（十二）626

文登瀛　（十二）597

文鼎仙　（十二）577

文笃周　（十二）593

文良永　（十二）465

文明清　（十二）117,631；（十三）108,140

文任儒　（十三）310

文锐成　（十二）432

文素松　（十三）371

文天祥　（二）156；（七）282,289；（八）514；（十五）236

文振威　（十二）438

翁德盛　（十三）95

翁汉传　（十二）369

翁和标　（十二）319

翁辉腾　（九）543

翁继芬　（九）119

翁捷三　（十二）246,270

翁镜祥　（十二）446

翁联略　（十二）408

翁了解　（十二）525

翁世仕　（十二）319

翁世伟　（十二）319

翁式亮　（六）537；（九）448,471,
506

翁同龢　（三）8

翁洗尘　（十二）327

翁享周　（十二）511,540

翁志山　（十二）528,557

倭理思　（一）26

乌德将军　（八）460

乌勒吉　（十三）298

邬爱平　（十二）406

邬宝祥　（十二）596

邬达生　（十二）402

邬礼光　（十二）406

邬普衡　（十二）403

邬启濂　（十二）406

邬庆时　（十三）85,313,317,318

邬日初　（十二）396

邬什　（十二）411

邬顺坤　（十二）406

邬祐　（十二）406

巫爱我　（十二）337

巫国顺　（十二）366

巫琦　（十三）295

巫秋文　（十二）383

巫荣聪　（十二）382

巫荣业　（十二）383

巫士波　（十二）383

巫世珍　（十三）15

巫天宋　（十二）411

巫廷福　（十二）382

巫新喜　（十二）383

巫奕鹏　（十二）368

巫子成　（十二）380

吴铤万　（十二）326

吴宝功　（十二）638

吴斌　（十一）257,264；（十二）276

吴伯　（十二）509,517,549,575

吴伯鳌　（十二）396

吴伯群　（十二）395

吴伯容　（十）341

吴采若　（十二）522,552

吴菜瓜　（十二）527,563

吴苍　（三）257,258

吴昌贤　（十二）537,571

吴朝晋　（八）135；（十二）397

吴成满　（三）236

吴承斋　（六）338；（十二）150,159,
621,635

吴城一　（十二）436

吴池波　（十三）25

吴炽寰　（四）510；（十二）504,574

吴从光　（十三）54

吴大洲　（四）447；（六）185,200,204,216,219；（十二）579

吴道晋　（九）166

吴德操　（十二）398

吴德孚　（九）377

吴德如　（十二）396

吴登昌　（十二）326

吴敌　（九）504；（十二）362,395

吴涤凡　（十二）493

吴涤宣　（十二）206,240

吴砥伯　（十二）493

吴鼎　（十）334

吴鼎昌　（七）306,310,312

吴东启　（九）699；（十二）190,497,588；（十三）143

吴东垣　（五）240,241

吴栋周　（二）357

吴多铣　（十二）356

吴芳　（十二）529,552

吴福　（十二）439

吴公奋　（十二）530,556

吴公辅　（九）197；（十二）338,511,543

吴公干　（三）258；（九）471；（十三）187

吴公侠　（十二）517,549

吴公义　（十二）409

吴冠球　（十二）356

吴贯三　（十二）368

吴光新　（四）555；（六）286,303；（七）285,286

吴广　（一）402；（七）219

吴炅　（十二）535,569

吴桂喜　（十二）369

吴国英　（十）469

吴海华　（十二）446

吴海机　（十二）388

吴汉　（十二）398

吴汉光　（十三）15

吴瀚澂　（二）357

吴合　（十二）409

吴合胜　（十二）529,564

吴和义　（十）127

吴鸿昌　（六）393

吴鸿光　（十二）402

吴鸿勋　（十二）602

吴欢澜　（十）334

吴奂　（十三）495—496

吴焕廷　（十一）659

吴焕云　（十二）462

吴汇正　（十二）463

吴楫康　（十二）489

吴季谦　（十三）53

吴季佑　（十三）273

吴继玠　（十二）579

吴佳荣　（十二）363

吴家麟　（十）682；（十三）338，424

吴家铨　（十三）328

吴剑鸣　（十二）409

吴剑学　（十）226；（十三）103，214

吴鉴溪　（十二）405

吴江　（十二）370

吴江左　（十二）160，577，622

吴节薇　（三）233，265

吴杰己　（十二）337

吴介璋　（三）257，258；（十二）280，309；（十三）216

吴近　（十二）638

吴进　（十二）529，564

吴进安　（十二）553

吴进初　（十二）531

吴景鸿　（六）335

吴景濂（莲伯）　（三）49，144，242，253，255；（四）533；（五）34，66，67，130，134，315，364；（六）80，111，141，258，329，384，479；（八）251，357；（九）314；（十二）15，16

吴景熙　（十三）286

吴景英　（十三）286

吴竞道　（十二）470

吴敬恒（稚晖）　（一）81；（二）264，425，426；（三）242；（四）38，113，115，116，121，124—126，129—132，136，165，180，204，207，210，230，237，365；（五）161，163，562；（六）16；（八）704，778；（九）227；（十三）285

吴靖　（十）356；（十三）145，271

吴镜如　（六）107

吴君平　（十三）58

吴俊杰　（十二）578

吴克昌　（十二）369

吴克明　（十二）480

吴克蕴　（十二）407

吴孔恒　（十二）412

吴坤登　（十二）356

吴坤丰　（十二）356

吴坤珍　（十三）15

吴昆　（六）310

吴礼和　（十二）263

吴礼庭　（十二）525

吴良　（十三）431

吴良信　（十二）399

吴麟趾　（十二）479

吴六奇　（十二）36，520，548

吴禄　（十二）465

吴禄贞　（二）311；（四）221，225；（八）72；（九）79，80

吴茂　（十二）462

吴孟运　（十二）407

吴弥显　（十二）319

吴明浩(仰芝)　（五）476；（六）569

吴明皆　（十一）659

吴枏　（十一）520；（十三）453

吴南宫　（十二）528,557

吴能杯　（十二）401

吴能雁　（十二）407

吴泮　（十二）402

吴沛霖　（九）18

吴佩孚(子玉)　（一）422；（二）178,184,189；（三）113,135,138,164,180,181,185,188,190,196,197,201,203—206,255；（五）205,210,282,301,304,346—348,377,379,380,439,449,453,456,499,524；（六）401,402,496,500,525,528,538,543,552,578,662,669,670；（七）324,336,374,375,425,427,428,473,475,495,496,499,557,571,580,583,588,605,627,642,673,675,677,682,683,688,691,692；（八）428,443,459,469,470,473,478,481,483,485—487,489,491—493,505,514,520,521,536,539,541,545,546,548,550,558,559,565,567,571,572,577,579,581,584,585,591,593,595,608,642,656,665,700,709,716,717,724—727,744,746,748,752,756；（九）341,342,437,439,505,651,689；（十）315,316；（十一）398,530

吴佩潢　（三）242

吴岐　（十二）630

吴起汉　（十二）608,626

吴器楠　（十）341

吴洽显　（十二）410

吴千蒿　（十二）493

吴乾达　（十二）356

吴乾哲　（九）377

吴钦德　（十三）26

吴清华　（十二）464

吴庆余　（十）119；（十二）512,548

吴庆云　（十二）327

吴琼昭　（十二）358

吴秋寿　（十二）407

吴群芳　（十二）489

吴汝标　（十二）437

吴汝登　（十二）437

吴锐　（十一）252

吴瑞　（十二）437

吴瑞泉　（十二）396

吴润生　（十二）327

吴三桂　（一）360；（三）66,290,305；（六）506

吴三镜　（十一）246,319,669

吴山　（三）282；（五）230；（九）348；（十二）35,91,519,562,607

吴善标　（十二）399

吴善初　（十二）326,356

吴少甫　（五）13

吴少琴　（十二）606

吴绍璘　（六）78

吴审玑　（十二）337

吴胜　（十二）465

吴盛墀　（十二）399

吴士配　（十二）407

吴世富　（十二）356

吴世荣　（四）172,321,325；（五）22；（六）196

吴世英　（九）587

吴世桢　（十二）531,553

吴事业　（十三）50

吴适　（五）345；（十二）96,264,625

吴守箴　（十三）41

吴述仁　（十二）397

吴澍勋　（十二）139,620

吴泰　（十二）326

吴天涯　（十二）319

吴田玖　（九）377

吴铁城　（二）357；（五）527,548；（六）210,631,646,647,654；（七）596；（八）689,702,707；（九）56,204,212,228,483,555,600,651,665；（十）31,34,57,183,185,187,189,205,208,249,301,327,328,369,474,489,553,557,572,576,582,583,590,593,594,628,643,644,653,689；（十一）186,214,361,401,414,428,446,472—474,499,550,616,622,655—657,666,688,701；（十二）82,141,332,515,575,595；（十三）199,260,319,325,427,431,432,437,449,451,457,465,467,476,477

吴维汝　（十二）411

吴伟廷　（十二）319

吴蔚章　（六）377

吴文彬　（十二）407

吴文川　（十一）200,201

吴文龙　（九）327；（十二）449；（十三）271

吴悟叟　（四）93,107,112

吴侠夫　（十二）464

吴贤才　（十二）379

吴香初　（十二）335

吴襄佑　（十二）400,407

吴祥沃　（十三）138

吴祥祝　（十三）41

吴小枚　（十二）513,550

吴信宽　（十二）390,391

吴醒汉　（五）107,154；（六）410；
　　（九）192,326；（十二）83,255,
　　576,597

吴醒亚　（十二）420

吴熊　（十二）464

吴旭　（十二）639

吴煦泉　（五）356；（九）503；（十三）
　　417

吴选英　（十二）325

吴衍慈　（十一）545；（十三）50,472

吴衍道　（十二）402

吴衍枢　（十二）377

吴琰生　（十二）530,556

吴扬芳　（九）378

吴养初　（十二）323

吴业创　（十二）497

吴业刚　（四）495；（十二）630

吴业守　（十二）402

吴液波　（十二）412

吴倚沧　（六）473

吴益　（十二）369

吴逸民　（十二）327

吴毅　（十三）26

吴翼德　（十二）412

吴寅　（十二）412

吴应铛　（十三）216

吴英玉　（十二）379

吴永珊　（三）238；（九）118

吴永襄　（十）341

吴有　（十二）319

吴嵎　（十二）473；（十三）271,383

吴裕安　（十二）431

吴元瑛　（十二）324

吴樾　（二）264,308,310,312；（九）
　　86；（十五）61,390

吴允享　（十三）48

吴在深　（十二）410

吴赞坚　（十二）396

吴赞庸　（十三）58

吴藻华　（六）181；（九）215,216；
　　（十二）21,503,560,576,577

吴泽彬　（十二）376

吴泽理　（九）439；（十二）630

吴泽松　（十三）54

吴泽庭　（十二）457；（十三）148

吴泽尧　（十二）396

吴曾仔　（十）341

吴钊　（十二）313

吴兆鲤　（十二）611

吴兆麟　（六）361

吴兆枚　（十二）211

吴肇甫　（十二）608

吴贞襟　（十三）95

吴镇　（三）236；（九）507,515

吴震东　（十）339；（十三）265

吴正卿　（十二）577

吴志革 （十二）464

吴志馨 （六）542；（九）404；（十二）261，595；（十三）37

吴智识 （十二）358

吴忠信 （三）237，238，257，258；（四）448；（五）41，55，257，265，294，295，454；（六）224，225，324，330，431，449；（九）321；（十二）236，315，320，615

吴竹之 （十二）327

吴卓峰 （十）138；（十二）379

吴子昭 （十三）119

吴梓 （十二）409

吴宗慈 （二）292；（四）532；（五）227；（六）307，491；（八）363；（十二）53，58，585，586；（十五）139

吴宗民 （十一）204；（十三）156

吴宗明 （九）181，217；（十二）517，544

吴祖约 （十三）137

吴作道 （十二）397

吴作合 （十二）407

吴作奕 （十二）407

吴作震 （十二）407

吴作植 （十二）407

吴作助 （十二）407

伍爱 （十二）391

伍葆初 （十二）370

伍碧梧 （十二）322

伍秉汉 （十二）529，564

伍波杰 （十二）369

伍伯陶 （十二）402，410

伍伯庄 （十二）410

伍灿瑞 （十二）439

伍仓德 （十三）67

伍策勋 （十二）364，370

伍长福 （十二）370

伍超 （二）301；（十二）363

伍朝海 （十三）117

伍朝枢(梯云) （二）337；（三）142，144，251，253；（五）69，287，493，502，547；（六）136，265，373，384，511，545，570；（七）559；（八）434，462，475，510，597，601，637，660，666，707；（九）669；（十）3，79，95，145，221，222，304，324，382，483，497，637，675；（十一）34，88，169，207，219，249，260，275，321，342，372，392，399，415，434，458，508，529，553，574，622，627，635，694，710；（十二）198，601；（十三）62，83，396，408，411；（十五）294

伍崇珏 （九）119

伍崇生 （十二）411

伍凑学 （十二）411

伍达卿　（十二）320

伍大光　（十一）397,528,586,659；
　（十三）41,83,415,490

伍德　（十二）480

伍帝焕　（十二）367

伍恩　（十二）410

伍发文　（十二）523,557

伍愤然　（十二）470

伍孚卿　（十二）320

伍福常　（十二）411

伍福良　（十二）370

伍福尧　（十二）436

伍甘庆　（十二）364

伍公赤　（十）485

伍冠球　（三）236,238

伍光宗　（十三）67

伍广鸿　（十二）411

伍广进　（十二）405

伍桂　（十二）439

伍汉才　（十二）404

伍汉莲　（十二）319

伍浩川　（十二）467

伍横贯　（四）495；（十二）592,608

伍宏达　（十二）409

伍宏汉　（三）236；（四）345；（十
　二）471

伍洪培　（十二）535,569

伍鸿福　（十二）369

伍鸿谱　（十二）438

伍槐　（十二）410

伍焕　（十二）411

伍辉南　（十二）411

伍慧泉　（十二）406

伍继曾　（十）441

伍甲　（十二）465

伍洁生　（十二）320

伍锦留　（十二）400

伍警常　（十二）539,553

伍觉魂　（十二）365

伍俊荣　（十二）459

伍来不　（十二）409

伍礼廷　（十二）411

伍立勋　（十二）411

伍丽臣　（十二）521,557

伍良　（十二）407

伍麟祥　（十二）540,565,572

伍六　（十二）331

伍龙驹　（十二）438

伍禄寿　（十二）473

伍美耀　（十二）363

伍民甫　（十二）401

伍乃章　（十二）436

伍楠　（十二）437

伍平一　（三）13；（四）323,333,
　347,369,372,375,377,384,385,
　395；（六）164；（八）118,133,

134;(九)187,208;(十)353;(十二)503,573

伍其悦 (十二)434

伍奇勋 (十二)439

伍乾三 (十二)530,564

伍秋学 (十二)399

伍权达 (十二)412

伍权洽 (十二)469

伍勷民 (十二)326

伍认不 (十二)370

伍荣祺 (十二)364

伍如碧 (十二)405

伍汝康 (九)580,590,632;(十)191,228,230,243,247,282,350,353,630,689;(十一)337,413;(十二)294,637;(十三)193,194,257

伍瑞龙 (十二)408

伍瑞年 (十二)611

伍色旗 (十二)465

伍尚铭 (十二)530,545

伍尚铨 (四)379;(十二)20,137,505,545,633;(十三)39

伍时爱 (十二)368

伍时扮 (十二)407

伍时具 (十二)391

伍时宋 (十三)65

伍时铣 (十二)411

伍时贤 (九)567

伍时仰 (十二)466

伍是民 (十二)401

伍树枛 (十二)269

伍松 (十二)391

伍松现 (十二)326

伍宋瑞卿 (十二)370

伍颂唐 (十二)629

伍陶吾 (十二)316

伍廷芳(秩庸) (二)327,331,337,338,340;(三)25,93—95,99—102,113,117,119,121,217,220,242,251,253,260,261,281,528;(四)243;(五)34,68,124,180,185,262,493;(六)16,18—20,27,28,30—34,36—40,43—45,48,49,56,59—61,64,65,67,70,71,73,75,77,81,160,250,253,257,264,265,329,348,373,378,384,388—390,392—394,396—399,401—403,441,442,450—452,464,467,469,472,476,477,479,481,482,486;(七)291,292,337;(八)155,161,166,176,177,360,433,434,436,445,504,506,508,514,554;(九)148,154,307,373,375,377,383,391,661;(十一)107,589,599,622;(十二)3,43,

45,188,198,199,256,582;(十五)226,227,307

伍廷壮 (十二)408

伍同进 (十二)411

伍维珍 (十二)405

伍文协 (十二)411

伍物 (十二)391

伍熹石 (十二)504

伍肖岩 (五)80,147

伍新晃 (十二)412

伍星屏 (十二)319

伍璇玑 (十二)487

伍学焜 (六)443,535;(九)489,491,499,502,529,567,648,704;(十)236,237,304,330,338,362,373,378,413,436,446,636,661,692;(十一)6,309—311,486,507,510,539,540;(十三)7,11,212,260,327,332,333

伍学焜 (十二)589

伍学铨 (十二)408

伍勋产 (十二)410

伍曜南 (九)179

伍耀畅 (十二)465

伍耀康 (十二)465

伍耀逵 (十二)408

伍耀绕 (十二)408

伍耀三 (十二)630

伍耀庭 (十二)588

伍毅廷 (十二)324

伍英 (十二)411

伍英文 (十二)405

伍游学 (十二)398

伍友初 (十二)319

伍于定 (十三)67

伍于护 (十二)409

伍于镜 (十二)400

伍于炉 (十二)411

伍于信 (十二)409

伍于镛 (十二)400

伍于簪 (八)438;(十二)229,238,497,593

伍于焯 (十二)438

伍遇春 (十二)492

伍毓宽 (十二)397

伍毓瑞 (五)148;(六)420—422;(九)322,547,579;(十一)598,620;(十二)279,430;(十三)498

伍毓珊 (十二)206

伍元泮 (十二)408

伍元裔 (十二)408

伍远锄 (十二)446

伍岳 (九)490,624;(十一)11;(十二)362;(十三)91

伍云披 (十二)526

伍云坡 (十三)54

伍蕴山　（十二）504,541

伍植鸿　（十二）434

伍仲华　（十二）398

伍祝川　（十二）316

伍卓　（十二）379

伍卓庭　（十二）531,546

伍子金　（十二）178,446

伍子良　（十二）391

伍子瑜　（十二）409

伍梓林　（十二）435,436

伍自立　（十一）40,92；（十三）348,349

伍宗珏　（二）357；（三）236

武丁　（一）14

武黎哈佛　（二）71,72

武立元　（九）89

武士英　（八）324

武仲英　（四）290

X

西蒙　（八）141—143

西摩　（一）440

希斯洛　（七）259

锡良　（一）85

锡子侯　（十二）319

席楚霖　（十三）248

席德辉　（九）117

席正铭　（五）76,102,103；（十二）26,86,111,578,602

喜斯罗（希斯洛）　（一）2

夏百子　（三）236；（九）524

夏次岩　（九）213

夏登云　（十二）117,632

夏尔玛　（六）211；（九）189,192；（十一）159,257,263；（十二）576

夏名儒　（十二）35,519,562

夏求　（十二）326

夏声　（十三）271

夏寿华　（五）490

夏述唐　（六）216,330,333,355,356,421

夏月珊　（九）134；（十五）33

夏拯民　（十二）523,558

夏之麒(寅卿)　（四）358,448；（九）210；（十二）578

夏之时(亮工)　（五）334,335；（六）105,112,308,309,324,329,334,395；（九）2

夏芷芳　（五）10,362；（十二）126

夏重民　（二）336；（四）404,441,495；（五）220,241；（八）197；（九）450；（十）469,592；（十一）696；（十二）17,147,283,503,509,575,635

夏醉雄　（九）583；（十三）20

先汉兴　（十）280

咸马里(荷马李、荷马里) (一)89；
　(二)251,256,314；(三)273；(四)
　141,147,148,151,152,155—158,
　170,171,176,181,182,187,188,
　225,226,234,235,278,289,292,
　293,320,340,363,416；(五)275,
　290；(六)9,10；(八)176
咸马里夫人(包尔小姐、荷马李夫
　人) (二)314；(四)177,277,
　292,320,330,340,363,415,425,
　485；(五)275,290
冼海 (十)43
冼荣祥 (十二)431
冼善之 (十)39,42—44,58,59
冼锡鸿 (十二)417
向楚 (十五)138
向传义 (六)326,328
向炯 (九)695
向昆 (三)258,259
向育仁 (六)324,416
项羽 (一)400,402；(七)475,496,
　507
萧北垣 (十二)391
萧秉良 (十)127
萧炳南 (十二)368
萧炳章 (十二)206,283；(十三)
　377
萧成美 (九)241

萧崇道 (十三)308
萧初秋 (四)448
萧春生 (十二)516,552；(十三)
　119
萧德钦 (十三)126
萧度 (十二)232
萧凤翥 (十二)600
萧佛成 (四)101；(十二)509,549
萧福 (十二)492
萧庚盖 (十二)489
萧观灵 (十二)438
萧冠英 (十三)228
萧贵 (十二)331
萧国昌 (十二)391
萧国民 (十三)48
萧汉卫 (四)212,233；(九)200
萧何 (二)273
萧辉锦 (九)291,296；(十二)106,
　268,599,616
萧剑云 (十二)531,545
萧介生 (十二)493
萧金大 (十二)370
萧锦波 (十二)388
萧晋荣 (十二)61,586
萧竞三 (十二)433
萧敬轩 (五)113；(六)324
萧觉民 (十)28—30
萧克昌 (九)152

萧宽　（三）251；（十二）391

萧昆　（十二）371

萧连开　（十二）439

萧亮乾　（十二）411

萧茂业　（十二）327

萧启和　（十二）391

萧全棣　（十二）532,543；（十三）58

萧纫秋　（五）79

萧荣芳　（十二）117,631

萧少雄　（十二）368

萧生贤　（十二）493

萧时昌　（十二）368

萧实中　（五）48,50

萧受子　（十二）408

萧述之　（十二）491,493

萧泗　（十二）391

萧廷才　（十二）382

萧文　（十二）161,622

萧文楼　（十二）535,569

萧湘　（十）306；（十三）252

萧萱　（四）456；（六）222；（九）637；（十）572；（十二）16,113,339,502,602；（十三）304；（十五）361

萧学智　（十）633；（十一）1

萧养晦　（十三）357

萧耀南　（六）529

萧一苇　（十二）405

萧镒基　（十三）46

萧翼鲲　（五）321；（六）509；（九）119；（十二）206

萧荫　（十二）391

萧寅健　（十二）327

萧友梅　（三）236；（九）118

萧友三　（十二）327

萧雨滋　（四）138,154

萧钰　（十三）493

萧毓馨　（十二）368

萧元合　（十二）391

萧章计　（十二）409

萧章解　（十二）391

萧照彬　（十二）331

萧照然　（十二）493

萧真民　（十二）406

萧植芳　（十二）391

萧焯熙　（十二）493

萧祖桂　（十二）396

萧祖禄　（十二）405

萧祖雄　（十二）629

协乐嘉一郎　（三）486

谢八尧（谢伯瑶）　（四）386,495

谢白燊　（十二）609

谢百城　（四）437；（十三）28

谢炳　（十二）366,370

谢炳光　（十二）326

谢炳坤　（十二）523,575

谢伯杰 （十二）469

谢伯伦 （十二）492

谢参 （十二）471

谢参汉 （十二）492

谢超武 （十二）37,579

谢承焘 （九）125

谢持(慧生、惠生) （三）61,242,
258;（五）78,82,83,85,95,117,
120,156,168,289,338,349,370;
（六）209,268,305,334,353,377,
448,569,574,583,588,651;（八）
318—322,572,574,579,688,775,
776;（九）188,195,210,218;（十）
27,449;（十二）42,60,167,173—
177,179,183,187,192,193,196,
201,204,210,213,214,221,227,
232,243,246,247,249,252,255,
257,258,284,285,289,290,297—
299,305,347,421,422,502,586;
（十三）177,285,286,302

谢崇现 （十三）54

谢春生 （四）293

谢德臣 （十）557

谢登 （十二）492

谢栋 （十二）492

谢栋彦 （十二）412

谢杜衡 （十一）218

谢敦 （三）236

谢愤生 （五）368;（九）591;（十
一）199;（十二）639

谢奉琦 （九）160

谢福来 （十二）466

谢福郎 （十二）524,558

谢福煦 （十二）492

谢富 （十二）391

谢光廷 （十二）438

谢广源 （十二）513,550

谢国光 （六）262,607;（十）226,
308;（十一）232,369,376,388,
394,399,402,417,434,445,462,
480,487,488,508,520,558,560,
561,621,636,638,645,651;（十
三）103,214,415,416,421,424,
441,480,493,496,500,505

谢海 （十二）492

谢汉兴 （九）197;（十二）512,545

谢华威 （十二）492

谢焕庚 （十三）54

谢惠初 （十一）258

谢己原 （三）247;（十二）504,542

谢济镳 （十二）411

谢家鸿 （十二）607

谢家琚 （十二）466

谢鉴强 （十二）466

谢将兴 （十二）325

谢介僧 （十二）581

谢晋 （十三）308
谢揩 （十一）335,336
谢巨非 （十二）492
谢爵臣 （十二）466
谢俊亨 （十二）462—463
谢俊廷 （十一）110,335
谢恺 （十二）629
谢坤 （十二）489
谢坤林 （三）236
谢连照 （十三）54
谢良牧 （四）426；（五）385；（九）400,446,466,504,665,686；（十）4；（十二）345,359,361,395,600
谢麟柱 （十二）493
谢孟杰 （十三）159
谢明星 （三）236
谢铭为 （十二）465
谢沐 （十二）466
谢能高 （十二）411
谢能钦 （十二）466
谢鹏翰 （十二）598
谢其鸿 （十二）466
谢其新 （十一）649
谢其珍 （十三）137
谢苣原 （四）408
谢谦谐 （十二）506,546
谢容光 （十二）492
谢汝畅 （十二）469

谢汝程 （十二）465
谢汝和 （十二）417
谢汝湘 （十二）412
谢汝扬 （十三）54
谢瑞德 （十二）466
谢申岳 （九）345
谢盛之 （十三）273
谢式南 （十二）527,560
谢适群 （十一）397,528,544,564,578,587,599,612,614,663,673,710,716；（十三）109,415,474,475
谢树棠 （十二）588
谢四女 （十二）464
谢松初 （十三）67
谢松南 （十二）601
谢铁良 （五）479；（九）566,579；（十）104；（十二）375；（十五）269
谢廷俊 （九）708
谢万宽 （五）501
谢维显 （十二）492
谢维悄 （十二）424
谢维早 （十二）466
谢文炳 （五）446；（八）496,497,499,501；（九）485,493,598；（十）249,322
谢文兴 （十）360,361
谢无量 （四）519；（十三）351,425

谢五有 (十三)26

谢禧 (十二)412

谢协民 (十三)148

谢心准 (六)209;(九)201,324,551;(十二)121,263,475,617;(十三)21,22,462

谢信彦 (十二)438

谢星南 (十二)466

谢行三 (十二)438

谢亚德 (十二)355

谢耀公 (十二)512,548;(十三)41

谢耀光 (十二)137—138,633

谢耀南 (十二)337

谢一平 (十二)417

谢诒斌 (十二)463

谢奕贲 (五)178

谢益 (十二)412

谢逸如 (十二)337

谢毅 (十)249

谢荫民 (十三)59

谢寅 (十三)456,469

谢尹 (十二)236

谢英伯 (三)158;(五)51,151,246,511,563;(六)174;(八)436,437,488,668,775,776;(九)337;(十)463;(十二)63,587;(十三)199,386

谢瀛洲 (十三)390

谢永璁 (十二)492

谢永年 (十二)524,561

谢渔伯 (十二)473

谢宇擎 (十二)464

谢雨生 (十三)15,46

谢元骥 (十五)146,147

谢源兴 (十二)538,572

谢远涵 (十一)58;(十二)282;(十三)299

谢远桥 (十三)159

谢澐 (十二)269

谢章云 (十二)465

谢钊 (十)178

谢仲山 (九)54

谢祝初 (十二)417

谢祝三 (十二)398

谢卓峰 (十二)369

谢梓垣 (十三)146

谢自运 (十二)356

谢缵泰 (二)43;(四)21;(八)44

辛博森 (二)118,121

辛慈 (五)292

辛汉 (九)132,135,136,142

辛焕庭 (十二)117,631

辛景祺 (十二)605

辛丕斋 (十三)216

辛素贞 (八)163

邢炳光 （九）210

邢定培 （十二）326

邢定荣 （十二）318

邢定缵 （十二）326

邢福基 （二）357

邢福苓 （十二）326

邢福云 （十二）326

邢甘桃 （十二）318—319

邢栗山 （十二）318

邢森洲 （十二）243；（十三）97，114

邢业舜 （十二）326

邢诒禄 （十二）325

邢诒濡 （十二）315

邢诒源 （十二）356

幸焕基 （十二）391

幸跃衢 （十三）136，138

熊宝慈 （五）446

熊秉坤 （一）87；（二）148，177；（三）257，258；（五）154，157，158；（七）307，314，452；（九）326；（十二）85，314，315，388，578，602

熊炳霖 （十二）525

熊伯言 （十二）523，557

熊成基 （一）83；（二）264，308，310，312；（四）107；（六）46；（七）26；（八）122；（九）86，166；（三）19

熊持 （十二）579

熊传第 （九）119

熊济周 （五）333

熊锦湘 （十二）404

熊炯棠 （十二）370

熊爵一 （十一）79

熊克武（锦帆） （三）138，227，238；（五）60，70，100，112，145，185，190，231，339，456，467—469，483，536，555，564；（六）29，291，298，301，303，308，311，312，324，334—336，338，339，345，346，350，359，360，365，369，374，375，377，384，398，416，422，440，441；（七）652；（八）85，370，572；（九）3；（十）31，206，245，258；（十一）474，676，677；（十二）136，620；（十三）44，284

熊理 （四）443

熊略（公续） （五）298；（六）537；（八）527

熊明兴 （十二）518，554

熊慕颜 （五）133

熊罴 （十一）79

熊群青 （十三）217

熊文灿 （六）255

熊文初 （十三）157

熊希龄 （四）264；（五）54；（六）

248—250;(九)114;(十五)396

熊阳钰　(十一)145

熊尧佐　(十三)158

熊英　(十二)64,587

熊有光　(十一)258

熊玉珊　(十二)516,553

熊兆孟　(十二)524,561

熊兆渭　(五)334

熊振明　(十三)159

徐百长　(十二)370

徐百容　(三)236

徐保民　(十)240

徐炳炎　(十二)578,581

徐昌侯　(九)673

徐长盛　(十二)466

徐承爌　(三)258,259;(十二)314

徐承庶　(十二)607

徐承燠　(十三)85,313,317,318,408

徐达　(二)275

徐德　(十一)92

徐德祐　(十二)533,568

徐东垣　(九)330,340;(十二)594

徐栋　(十二)215

徐洞云　(十二)510,574

徐方济　(十三)34,251

徐飞虎　(十二)518,542

徐傅霖　(二)357;(十)170

徐富　(十二)405

徐耕陆　(五)413

徐贯　(十二)465

徐光启　(二)59,64

徐国楠　(十二)410

徐汉臣　(九)544;(十一)287,288

徐鹤仙　(六)420,422—424,429

徐化龙　(九)232

徐惠霖　(十二)601

徐际恒　(九)436

徐坚　(十三)383

徐见龙　(十二)465

徐鉴　(九)198;(十二)522,560

徐鉴臣　(六)319,320

徐经训　(十三)278

徐景贤　(十二)378

徐镜清(瑞霖)　(五)140,351,360,375,434;(九)450;(十二)66,111,578,587,616,637

徐觉　(十二)431

徐朗西　(三)242;(四)481;(六)182,204,327,329,336,361;(八)330;(九)192,283;(十二)16,502

徐荔　(十二)460

徐明注　(十二)355

徐璞　(九)265;(十二)606

徐谦(季龙)　(三)242,248,253,

281,282；（五）14,43,50,51,53,
62,68,69,78,85,150,168,173,
184,185,195,288,289,394,439,
466,472；（六）129,136,138,139,
141,318,329,384,390,531,538,
544,550,552,556,578,662；（八）
370,418,591,667,668,679,768；
（九）362,367,376,381,383；（十
二）79,188,198,211,212,244,
246,333,583；（十三）64,374,454

徐清和　（五）511；（八）658,688,
775；（十）463

徐清泰　（十二）602

徐群芳　（十二）511,545

徐然　（十一）377

徐日初　（十二）331

徐瑞林　（六）196

徐扫非　（十三）148

徐尚忠　（三）236

徐少秋　（三）236,251

徐绍驹　（十二）378

徐绍桢　（十一）397；（十三）415

徐绍桢（固卿）　（二）330；（三）
236—239,251；（四）548；（五）
186,382,383,395,419,481；（六）
433,435,535；（七）436；（八）
360,579,637；（九）32,118,385,
393,486,487,490,492,507,511,

512,515,521,527,532,537,538,
581,625,659；（十）6,68,75,114,
145,177,203,274,283,311,312,
317,377,379,392,469,510,512,
575,667,687,716；（十一）9,27,
39,109,110,128,196,204,207,
214,218—219,226,227,259,260,
275,325,332,335,336,342,359,
366,370,372,387,390,399,419,
434,458,461,464,497,508,513,
528,531,536,539,540,545,549,
551,565,574,696；（十二）4,141,
144,145,150,164,199,203,205,
208,209,229,242,245；（十三）6,
9,50,61,76,77,82,225,245,
274,346,464,471,472；（十五）
278

徐申伯　（三）236

徐世昌（菊人）　（二）184；（三）99,
104—110,113,114,190,223；
（五）53,57,87,92,190,237,249,
281；（六）249—251,384,387,389,
390,392,393,395,398—400,405,
463,466,478,481,482,486,487,
506；（七）278,279,313,322,336,
341,360,481；（八）353,372,375,
393,395,432,449,466,474,493—
495,532,665；（九）295,299,315,

375,388

徐世强　（十二）105,615

徐适　（十二）117,631

徐寿南　（十二）363

徐树荣　（九）407,559,597,620,677,682;（十）131,175,176,228,236,246,250,329,568;（十一）116—118,156;（十二）287,362,394

徐树铮(又铮)　（三）88,93;（五）66,127,249,351,367;（六）408,500;（七）307,548;（八）388,393,424,549;（九）315,325,326;（十）381

徐双丁　（十二）465

徐苏中　（三）258,259;（五）212,411;（九）198,400,484;（十二）307,308,503,527,560;（十三）181,182

徐天琛(徐天深)　（十）91,187,188,252,264,272;（十一）500,514;（十二）278,279,287;（十三）436

徐天趣　（十三）81

徐田　（三）236;（十二）8

徐统雄　（四）403,422,508,510,511,537,549;（十二）512,542

徐维绘　（九）442

徐维扬　（二）318;（九）360

徐伟　（十）518,529;（十二）494;（十三）500

徐文镜　（十三）58

徐希元　（十一）397,528,545;（十三）61,244,415,471

徐锡麟　（一）83;（二）264,308,310;（三）18;（六）46;（七）26;（八）122;（九）166;（十五）17,110

徐孝刚　（六）106,322—324

徐效师　（十一）80;（十三）160

徐血儿　（四）290;（十五）80

徐演群　（十二）628

徐砚修　（十三）137

徐耀南　（十二）396,406

徐仪峻　（十二）497

徐永丰　（九）269,618

徐于　（九）576,597;（十二）499

徐元诰　（九）333;（十二）283,594

徐韵泉　（十三）508

徐赞泉　（十二）391

徐赞周　（九）69

徐召虎　（十二）624

徐兆丰　（九）162

徐之琛　（十二）66,587

徐峙嵩　（三）236

徐中华　（九）697

徐忠立　（十二）112,114,616
徐壮立　（十二）516,546
徐子禄　（十二）461
徐宗鉴　（九）318
许柏轩　（九）69
许炳康　（十二）326
许采卿　（十三）137
许昌登　（十二）467
许崇灏　（十）390,697；（十一）71,
　　72,74,139,184,185,207,261,
　　272,312,358,383,415；（十二）
　　282；（十三）276,368,381
许崇清　（十一）316；（十三）199
许崇智（汝为）　（三）55,125,127,
　　128；（四）360,376—378,392,
　　394,396,405,406,408,410,417,
　　426；（五）30,41,56,57,101,122,
　　140,169,312,313,315,318,328,
　　329,332,337,342,351,358,362,
　　367,369,374,391,403,413,434,
　　452,455,479,482,498,522,533,
　　544—546,548,551；（六）189,
　　196—198,204,216,217,226,230,
　　318,324,330,333,349,354,367,
　　378,402,430,431,453,474,484,
　　490,499,501,513,515,516,530,
　　535,546,548,550,552,555,557,
　　562,571,582,584,585,588,589,

591,593,598,603,607,609,618,
624,630,633,634,638—641,644,
646,655,675；（七）497,560,573,
660；（八）341,347,362,433,473,
482,486,518,522,526,548,552,
556,572,590,598,623,682,695,
701,712,713；（九）180,189—193,
197,264,304,312,321,373,398,
443,459,470—472,476,524,529,
533,545,547,558,564,660；（十）
5,28,29,65,70,71,85,88,89,92,
110,111,131,132,141,145,146,
149,167,168,178,185,214,228,
246,270,291,318,331,381,396,
416,419,457,460,465,494,508,
518,533,535,545,553,570,581,
590,602,616,653,665；（十一）18,
21,22,25,33,34,69,71,73,74,87,
91,96,97,102,117,131,133,134,
136,137,139,147,152,157,161—
163,178,186,231,251,255,265,
276,287,295,297,302—304,342,
350,357,368,371,399,404,416,
440,449,453,458,468,473,508,
511,524—526,554,555,557,573,
574,585,587,609,612,628,629,
634,656,665,671,676,679,688,
701,704,717；（十二）24,35,47,

72,86,87,112,229,271,292,303,304,502,503,574,578,582,583,603,636；（十三）213,217,285,347,359,368,396,402,411,442,448,473；（十五）91,207,364,393

许春草　（九）454；（十二）33,287,519,556

许大德　（十三）184

许大经　（十一）425

许大煜　（十二）417

许道生　（五）104,105

许得水　（十二）516,546

许德　（十一）377

许德宽　（十二）117,632

许凤仪　（十二）325

许福民　（十二）464

许国霖　（四）448

许和元　（十二）546

许荷德　（十二）624

许会民　（十二）467

许积芹　（十二）466

许济　（十二）273,629；（十三）369

许继祥　（十二）67,587,610

许金柏　（十二）408

许金旺　（十二）408

许炯昌　（十二）460

许军儒　（十二）438

许琅书　（十二）356

许礼雅　（九）577

许良瑞　（十二）464

许清滚　（十二）511,516,546

许球　（十二）464

许人观　（十二）612

许瑞龙　（十二）325

许瑞轩　（十二）472

许若山　（十二）417

许绍宗　（十二）303

许生　（十二）467

许石贵　（十二）532,543；（十三）58

许世英　（三）283；（五）554；（六）634,637,665,668；（八）389,707,708,766

许寿民　（十一）427；（十二）166,169,187,224,300

许松祯　（十二）326

许棠　（十二）439；（十三）57

许廷聪　（十二）408

许同得　（十二）464

许武权　（十二）417

许协揆　（九）309

许行怿　（十三）28

许雪秋　（四）51,64—67；（六）4

许仰山　（十二）327

许亦周　（十二）369

许逸夫　（十二）510,574

许映初　（十二）327

许有　（十一）377

许元和　（十二）516

许月波　（十二）464

许则敦　（十二）625

许兆基　（十二）434

许振　（十三）44

许之禄　（十三）15

许直臣　（九）212；（十二）531，542

许植民　（十二）467

许治平　（十二）405

许卓然　（五）122，345，374，375，433；（六）402；（十）402，696；（十一）56，222

许宗创　（十二）406

续桐溪　（六）651，661；（十三）454

续西峰　（四）438；（五）522；（十）510

煦章　（十二）473

宣统皇帝　（六）31

萱野长知　（一）79，84；（四）50，54，65，67—69，167，178，196，215，237，276，459；（五）5，488；（六）5，6，166，189；（八）102，103，135，308，315，780；（十二）449

薛彬良　（十二）137，633

薛秉禧　（十二）137，633

薛春和　（十二）410

薛德光　（十二）460

薛汉英　（四）413；（六）177，182；（九）211，217；（十二）505，605

薛鸿雯　（十二）319

薛家弼　（十二）516，545

薛嘉祺　（十二）403，412

薛锦标　（十一）397，528；（十三）415

薛履新　（十三）268

薛木本　（五）254

薛钦远　（十二）396

薛群昌　（十三）51

薛新远　（十二）398，410

薛毅夫　（十二）464

薛云章　（十二）163，635

薛哲　（九）166；（十五）390

Y

严安助　（十二）326

严博球　（十）48

严德明　（十一）418，419

严东胜　（十二）433

严钝摩　（十三）496

严福纪　（十二）322，532，566

严复（又陵）　（一）32，35，36，409

严恭　（十二）599

严观业　（十二）370

严光汉　（十三）94

严桂喜　（十二）409

严华昆　（十二）409

严华生　（十二）509,573

严怀新　（十二）409

严骥　（十二）149,621

严宽　（十一）85；（十三）356

严连胜　（十二）410

严培俊　（十二）108,616

严乾　（十二）412

严庆辉　（十三）26

严瑞轩　（十二）523,557

严绍林　（十二）370

严锡榴　（十二）409

严勋昭　（十二）412

严月生　（九）421；（十）52—55

严岳炽　（十二）409

严云卿　（十二）323,326

严兆丰　（十）390,435,585,589；（十一）590；（十二）230,429

严重　（十三）371

严子芸　（十二）485

阎崇义　（十二）505,560

阎凤冈　（十三）280

阎鸿举　（十二）597

阎锡山（百川）　（四）437；（六）122；（七）138,142；（八）89,250,252,665

阎志远　（十二）603

颜炳抵　（十二）492

颜炳联　（十二）492

颜炳元　（十二）134,156,620

颜伯梁　（十二）320

颜春侯　（十二）511,541

颜德基　（五）76,78,82,116,133,145；（六）324,325,329,334,345,375,376,416,440,455

颜国华　（十）280

颜继昌　（十二）489

颜鉴光　（十二）492

颜金叶　（十二）448,545

颜锦标　（十二）326

颜丽邦　（十二）491

颜利和　（十二）492

颜良伯　（十二）368

颜孟玑　（十二）492

颜强　（十二）402

颜如愚　（十二）106,616

颜若愚　（六）395

颜书鸾　（十三）15

颜绪华　（十二）492

颜耀华　（十二）492

颜毅　（十二）319

颜焯辉　（十二）492

奄比多加利（恩培多克勒）　（一）45—46

扬雄 （一）37
杨蘋溪 （十一）659
杨百海 （十二）319
杨宝成 （十二）438
杨备朝 （十二）493
杨丙 （三）486
杨炳辉 （十二）530,556
杨伯文 （十二）609
杨朝元 （十一）352,358
杨潮 （十二）439
杨诚恺 （十二）526,562
杨池生 （六）555;（七）587;（九）570;（十二）428;（十三）108,116
杨持平 （六）402
杨楚材 （十二）15
杨春畴 （十二）516,546
杨春浩 （十二）612,613
杨纯美 （四）465;（五）13,293;（十二）207
杨大汉 （十二）529,564
杨大实 （五）367;（六）330;（八）671,688;（九）450,452,665;（十二）76,591
杨道馨 （五）321
杨德麟 （十二）533,540,563,575,610
杨德源 （十二）242
杨帝 （十三）67

杨帝荣 （十三）58
杨殿南 （十三）50
杨鼎新 （十三）58
杨笃生 （四）118,230;（七）629;（九）86
杨度 （二）75;（五）450;（六）177,561,566;（八）84,542
杨蕃史 （十二）542
杨芳 （三）320,321;（十二）153,635
杨凤岐 （十三）54
杨福荣 （十二）403
杨福田 （十二）72,589
杨复 （十二）626
杨赓笙 （三）257,258;（九）565;（十三）217
杨古杰 （十三）67
杨官梅 （十二）369
杨冠英 （四）108
杨光庆 （十二）462
杨光湛 （十二）246,270
杨广达 （四）408;（十二）531,542
杨圭瓒 （十二）578
杨桂秋 （十一）622,623
杨桂廷 （十二）534,569
杨国华 （十三）135
杨国旗 （十二）409
杨国卫 （十三）54

杨国英　（十二）315

杨汉魂　（九）236；（十二）81,595

杨汉烈　（五）345,432

杨汉三　（十二）464

杨汉孙　（四）397；（九）200；（十二）504,540

杨贺　（九）124；（十二）391

杨鹤龄　（一）75；（八）63,65；（九）304,355；（十）380；（十二）218,445

杨虎（啸天）　（五）74,137；（六）644,647,648；（七）596；（九）297,298,422,428；（十）193,194,573；（十一）482；（十二）140,454,578,613,620；（十三）74,75,305,311

杨华金　（十三）58

杨华馨　（九）399；（十）345；（十二）109,421,611,616

杨化昭　（五）540

杨辉兰　（十二）480

杨回来　（十二）358

杨惠　（十二）129,618

杨济沧　（三）242

杨继初　（十二）480

杨继志　（十三）53

杨佳礼　（十二）527,563

杨家骅　（十二）627

杨嘉脩　（十一）489

杨嘉猷　（十二）441

杨建来　（十二）539,572

杨建周　（十二）323

杨剑秋　（十二）231

杨健清　（十二）489,492

杨结扳　（十二）456

杨捷　（十二）326

杨锦龙　（六）574,615；（十）292

杨锦堂　（九）674；（十二）624

杨旌贺　（十三）54

杨竞华　（十二）327

杨菊坡　（十二）432

杨开　（十二）391

杨开源　（十二）600

杨开珍　（十二）326

杨可任　（十二）464

杨克兴　（十二）155,621

杨宽　（十二）331

杨坤如　（一）402；（五）448,497；（七）525；（九）543,609,610

杨焜　（十二）548

杨烈　（十一）694

杨林耀　（十二）378

杨廪　（十二）406

杨刘安　（十二）491

杨满　（五）153；（十三）58

杨梅宾　（九）611

杨梦弼　（十）170；（十二）601

杨勉之　（九）119

杨明扬　（十二）540,573

杨铭源　（十二）76,591

杨谋强　（十二）532,566

杨木钦　（十二）130,619

杨南仁　（十二）535,569

杨念　（十二）409

杨培基　（十二）492

杨捧章　（十三）119

杨其焕　（九）218；（十二）290

杨勤　（十二）390

杨清高　（十二）355

杨衢云　（一）76,80；（二）43,258,310；（四）10—12,14,18,21；（六）1,3,128；（八）44,49,50,123

杨日晓　（十二）465

杨容　（十三）26

杨如轩　（六）555；（七）587；（九）570,602；（十二）428；（十三）108,116

杨汝威　（十）646

杨瑞亭　（十三）360

杨森　（五）343；（七）427,589；（九）437；（十）258

杨少甫　（十）415,416

杨少河　（十一）653

杨少佳　（十二）519,554

杨燊　（十二）401

杨时杰　（十二）598

杨世典　（九）378

杨世督　（十二）143,634

杨世经　（十二）326

杨仕东　（三）236

杨仕强　（十）296—298

杨守约　（九）103

杨寿彭　（一）81；（四）93,402,430,453,471；（五）79,236,237

杨受百　（九）103

杨述凝　（三）258,259；（十三）279

杨树德　（十二）628

杨庶堪（沧伯、沧白）　（三）134,205,242,257,258；（四）405,407,410,438；（五）61,70,78,99,112,126,285,296,322,332,426,461,462,465,471,473,474,480,482,485；（六）269,300,309,334,336,338—340,345,346,369,395,403,410,513,518,543,561,565,570,618；（七）560,596；（八）313,598,638,661,683；（九）311,354,545,629；（十）78,325,522,545,550,553,554,559,564,571,572,575,577,580,583,585,589,590,594,603,605,615,627,641,

656,657,662,677,690,694,695,705;(十一)9,11,13,26,31,32,34,50,65,67,77,94,103,107,110,112,118,133;(十二)117,135,176,184,185,187,192,196,200,201,204,210,221,227,243,246,247,249,251—253,257,258,284,285,289,297,298,300,301,305,310,338,342,420,502,573,617,620;(十三)70,88,99,178,199,282,283,285,303,304,364;(十五)91,231,282

杨水 （十二）493

杨四兴 （十二）528,557

杨泰 （十一）60,61;（十二）495;（十三）354

杨泰峰 （十三）359

杨天骥 （八）592

杨添发 （九）378

杨铁血 （十三）50

杨廷光 （十）346

杨廷培(冀阶) （五）462,482,483,495,504;（七）430,438;（九）517,529,547,558,564,590,629;（十）59,65,83,85,88,89,145,167,168,178,194,201,222,224,227,228,231,416;（十二）375;（十三）104,208,210,211

杨桐桂 （十二）377

杨万夫 （七）69

杨王超 （十）697

杨维三 （十二）327

杨温泉 （十二）604

杨文彬 （九）77

杨文捷 （十二）493

杨伍璇 （十二）355

杨西岩 （五）379,464;（六）91,535;（八）435;（九）485,500,519,552,556,582,624,641,644;（十）9,340,371,380,411,427,453,456,457,461,477,492,515,516,532,586,589,590,607,608,614;（十一）75,544;（十二）588;（十三）7,11,242,260,272,273,281,301,305,308,322,324,325,464,471;（十五）294

杨希闵(绍基) （三）225;（五）350,386,426,436,451,500,547,553,565;（六）504,534,539,555,565,572,576,584,585,587,588,591,594,602,611,613,618,619,634,635,638,643,644,646,677;（七）430,431,436,438,442,443,513,595;（八）559,561,572,598,623,637,657,712,713;（九）136,444,478,481,482,488,490,511,

512,521,528,529,547,552,553,558,562,563,570,581,585,593,600,602,606—608,651,668;（十）25,65,71,85,88,89,92,109,121,124,125,131,132,141,145,146,149,167,168,178,185,194,214,215,218,225,230,238,266,281,282,293,316,319,330,339—342,368,375,382,383,385,389,395,404,415,421,422,438—440,447,451,452,454,457,460,467,473,483,501,505,521,543,545,547,553,554,556,557,574,585,602,616,653,665,686,700,711,712;（十一）15,25,30,68,70,135,136,154,157,164,168,178,186,187,199,212,213,230,245,246,287,297,319,342,350,399,433,438,440,458,460,461,473,508,511,516,520,524,526,555,557,568,574,582,587,612,643,644,646,656,665—667,676,683,687,690,693,694,696,698,701,704,705,708,712,717;（十二）303,426;（十三）99,104,115,167,209,210,284,411,505,510,512;（十五）318

杨锡遐 （十二）388

杨熙绩 （九）301,328,495;（十二）345,498

杨喜生 （十二）383

杨仙逸 （五）87,88,99,106,340,408,479;（九）509,524,525;（十）27,45,104;（十二）208,302,639;（十五）265,266,269,339

杨显焘 （九）122

杨襄甫 （五）143;（九）319

杨晓 （十二）389

杨孝纯 （十一）462

杨秀衿 （十二）439

杨秀清 （一）401;（八）656

杨训畅 （十二）439

杨言昌 （十三）295

杨扬锡 （十二）408

杨耀焜 （十二）532,543

杨宜生 （十）371;（十三）273,322

杨义胜 （十二）629

杨易初 （六）43

杨益 （十二）406

杨益谦 （五）212;（六）418,448;（十二）503,559

杨逸民 （十三）53

杨英三 （十三）53

杨莹 （九）169

杨庸夫 （十二）465

杨永泰 （二）357;（十二）215,601

杨友棠 （十一）721;（十三）339

杨友熙　（十二）613

杨宇霆(麟葛、邻葛)　（五）367,431

杨禹昌　（九）166

杨玉　（十二）446

杨玉如　（十二）407

杨玉山　（九）331

杨裕厚　（十三）53

杨裕勤　（十二）391

杨遇春　（三）320,321

杨毓菜　（五）384

杨愿公　（十二）216；（十三）484

杨月乔　（十二）326

杨云鉴　（十三）52

杨允恭　（十一）602,603；（十三）478,492

杨运　（十二）368

杨泽民　（十三）159

杨昭雅　（十二）536,571

杨兆创　（十二）480

杨兆鋆　（三）19

杨肇基　（六）348,369

杨蓁（映波）　（五）86,139,319,426；（六）504；（九）554；（十二）354,444,474,475；（十三）99

杨振彪　（五）13

杨振声　（十二）406

杨镇麟　（三）236

杨镇胜　（十二）327

杨直夫　（十）4

杨志章　（十）715；（十一）436；（十三）84,337,434

杨质权　（十二）316；（十三）135

杨焯　（十二）492

杨卓林　（九）86,159

杨灼如　（十二）515,551

杨子嘉　（十一）57；（十三）143

杨子明　（十一）117

杨子琪　（十三）118

杨子清　（十二）319

杨子生　（十二）378

杨子修　（十二）308,309

杨子毅　（十）82,578；（十一）181；（十二）384；（十三）237,311,312,317,383,384

杨梓任　（十）2

杨宗炯　（八）678；（十三）330

杨作义　（十二）355

姚伯麟　（二）285,286

姚大慈　（十）42；（十三）85

姚大愿　（十三）85

姚观顺　（三）251；（七）526；（十二）264,339,380；（十三）87,89

姚翰卿　（十二）598

姚金榜　（十三）67

姚金溪　（十二）36,521,525,548

姚景澂　（十二）142,634

姚荣泽　（六）81；（九）25,26

姚世俨　（九）530

姚畏青　（九）338

姚耀球　（十二）319

姚勇忱　（四）290

姚雨平　（一）86；（二）318；（五）199,206,516；（六）47；（八）147,153,154；（九）483,540,543,558,564；（十）34,38,44,246,391,552；（十一）434；（十二）332；（十三）75,149,267,365,371

姚瓒琚　（十二）378

姚振乾　（六）396

姚褆昌　（十二）419；（十三）226,229

姚植朋　（十二）437

姚志强　（三）19

燿田　（十二）469

耶稣　（一）47,356,381；（二）214,361；（三）9；（七）468,528；（八）62,158

叶扳桂　（十二）517,544

叶宝书　（九）127

叶标　（十一）502

叶彬章　（十二）521,559

叶秉衡　（十二）262

叶伯衡　（十二）605

叶伯英　（十二）472

叶昌荣　（十二）355

叶长盛　（六）37

叶成林　（十二）378

叶承祖　（十二）532

叶崇濂　（十二）397

叶楚伧　（三）242,257,258；（七）342,553,555；（八）447,753,780；（十二）304,313,316,318,322—324,329,331,336,338,357,358,364,367,372,374,377,378,381,382,385,389,390,400,404,413—415,417,422,424,433,436,441,446,448,456,457,462,473,478,479,486,487,490,491；（十三）12—14,24,26,33,39,40,42,43,46,48,51,53,56,57,65,66,72,73,79,80,86,89,93,94,97,117,118,126,127,135,137,146,147,152,154,157,158,163,164,182,183,284

叶春华　（十二）466

叶春谱　（十二）446

叶春裔　（十二）466

叶次周　（十一）465；（十三）385,442

叶聪明　（十二）358

叶萃英　（十二）355

叶达煦　（十三）128

叶定国　（十二）637
叶独醒　（四）338，379，389，391，394，401，407，409，410，414，416，426，438，505，531，539，553；（五）196，255；（六）174；（九）195，224；（十二）20，41，137，173，193，301，505，530，545，633
叶福　（十二）408
叶富　（十二）596
叶恭绰(誉虎)　（五）274，463，474，475，477，481，484，485，499；（六）600，607，626，635，643，645，657；（七）196，544；（八）594，595，608，642，766；（九）694，708；（十）6，12—14，23，55，61，62，73，79，80，96，98，121，126，145，185，195，202，216，219，228，241，274，277，304，344，347，361，363，365，366，368，389，393，408—410，412，417，425，430—432，448，470，471，476，486，488，495，498，524，537，544，553，558，565，577—579，585，589，592，609，624，627，645，646，656，688，689，694，695，697，701，705，706，715；（十一）4，7，8，23，27，41，56，83，89，90，110，118，119，126，149，158，159，163，165，166，181，197，202，203，207，213，215，217，219，229，255，256，260，261，265，275，276，280，282，308，312，314，317，321，333，335—339，342，348，350，351，362，363，367，373，387，389，398，399，402，404，406，407，412，413，415，431，433，434，436，438，447，465；（十三）9，10，22，84，85，99，110，120—122，132，133，160，161，165，166，231，238，260，264，266，272，293，309，311—313，317，318，331，337，341，353，375，376，378，383—385，392，394，405，408，409，412，421，423，434，435，445，446

叶观生　（十二）439
叶冠杰　（十二）408
叶光明　（十二）355
叶含芬　（十二）521，559
叶汉溪　（十二）356
叶华源　（十二）368
叶惠南　（十二）369
叶佳鱼　（十二）355
叶建兴　（十二）630
叶金发　（十二）412
叶金荣　（十二）369
叶经和　（十二）493
叶景文　（十二）326
叶举　（一）402；（三）117，118，

125,126；（五）299；（六）513，514,518,555,586,678；（八）505，515,523,525,559,560；（九）392，506,535；（十一）711；（十二）266

叶君培 （十三）127

叶开 （十二）368

叶奎记 （十三）137

叶丽香 （十二）401

叶良 （十）414

叶良齐 （十二）326

叶霖普 （十二）438

叶美 （十二）389

叶鸣君 （十一）357

叶南强 （十三）67

叶农生 （十三）386

叶佩瑜 （十三）76

叶其芬 （十一）258

叶其森 （十）73,75；（十一）256，258,259

叶青钱 （十）72；（十一）258

叶青眼 （十二）33,519,556

叶全 （十三）65

叶荃 （三）257,258；（六）374,505；（十二）230,309

叶任生 （十二）289

叶纫芳 （三）258,259；（十二）310

叶荣聚 （十二）369

叶荣燊 （十三）73

叶容 （十二）370

叶如富 （十二）460

叶汝蓁 （十二）493

叶瑞烘 （十）245,273；（十五）277

叶韶奎 （九）75,76

叶仕林 （十二）464

叶嵩庆 （十二）480

叶伟君 （十三）159

叶卫民 （十二）468

叶文皋 （十三）159

叶锡棠 （十二）369

叶夏声 （三）247；（四）344,376，377,456；（五）38,88,91,208，388；（六）222,226；（八）435，579,601；（九）298；（十）27,170；（十二）33,51,80,113,519,555，574,584,595

叶显 （十二）209

叶香石 （四）537；（六）374

叶享 （十二）369

叶晓堂 （十三）138

叶心传 （十二）602

叶新元 （十二）515,551

叶燕浅 （十二）487

叶义 （十二）529,565

叶永达 （十二）408

叶友华 （十二）409

叶雨亭 （十二）336

叶玉桑　（九）378

叶玉堂　（十二）398

叶毓勋　（十二）534

叶元　（十二）467

叶云生　（十二）465

叶允藏　（十）421,422

叶泽民　（十二）522,541

叶泽垣　（十二）411

叶增铭　（六）31

叶照阳　（十一）79

叶镇　（十二）630

叶知　（十二）412

叶植生　（十三）54

叶殖兰　（十二）398

叶祝照　（十二）437

叶子清　（十二）325

叶子琼　（十三）468

叶祖祥　（十三）159

叶醉生　（十二）628

伊萨克　（五）162

伊萨克·F.马科森　（八）485

伊斯拉　（五）180

伊藤博文（伊候星君）　（一）80；（二）302,324；（四）16,309；（八）58

伊尹　（一）60；（二）156,365；（七）257,258,329；（八）314

怡昌隆　（十一）425

乙治郭　（五）46

义华第七　（二）127,138

亿黎　（七）125

易白沙　（五）262,263,271

易次乾　（五）20；（十）170

易复初　（五）133

易简　（十三）483

易剑泉　（十二）191

易迺谦　（六）106

易培基　（五）271,520

易钦吾　（十一）410

易绍英　（十一）232

易廷熹　（二）357；（九）119；（十二）116,617

易象　（十二）524,561

易应乾　（十一）212；（十三）392

易致和　（十二）630

殷汝耕　（五）2—6；（十二）594,623

殷汝骊　（三）242

殷少康　（六）442

殷占闾　（九）333,334

殷子燊　（十二）327

尹昌衡　（六）90；（八）227,237

尹德　（十二）492

尹辅汤　（十二）535,569

尹洪顺　（九）539

尹骥　（五）391,458；（九）392,

466,473；（十二）611；（十三）18

尹钧　（十二）579

尹宽　（十三）159

尹乐田　（五）148

尹伦　（十三）469

尹岳　（十二）156,626

尹正揆　（十一）86

尹忠义　（十一）76

尹子柱　（九）210

应德闳　（八）324

应夔丞　（六）156；（八）306,324

嬴壬癸　（十二）446

尤操范　（十二）580

尤登尼奇　（五）279

尤福记　（九）84

尤列　（十五）3

游盛庠　（十二）526,562

游运炽　（九）318

游运熹　（六）395

游子山　（十二）130,324,618

游子章　（十二）327

有巢氏　（一）393,450；（七）254

有贺长雄　（三）62；（九）53

于冲汉　（五）430

于德坤　（六）137；（九）119

于洪起　（八）562；（十二）76,591

于均生　（十二）113,114,598,616

于克勋　（十二）118

于若愚　（十三）144

于尧勋　（十二）632

于应祥　（九）458,473,508

于右任　（三）242,257,258；（四）290；（五）67,86,132,421,562；（六）18,382,396,397,381；（七）245；（八）336,370；（九）118,296,297,313,368；（十）78；（十二）199,265,305；（十三）284；（十五）49

余锟中　（十二）405

余蔼如　（十二）364

余百骢　（十二）463

余百发　（十三）12,47

余百逢　（十二）432

余百汉　（十二）374

余百良　（十二）382

余百年　（十二）463

余百藻　（十二）374

余保纲　（十二）459

余彬章　（十二）408

余斌臣　（九）699；（十二）497,588

余炳和　（十二）367

余伯筹　（十二）412

余伯良　（八）625；（十）279；（十二）382

余伯昭　（十二）326

余才　（十二）33,370,520,555

余灿和　（十二）407

余超瑞　（十二）370

余朝恩　（十二）464

余朝振　（十二）406

余成烈　（九）11,106

余澄坡　（十二）406

余绰夫　（十二）402

余达光　（十二）409

余达章　（十二）397

余鼎初　（十三）148

余端和　（十二）467

余敦棠　（十三）81

余芳　（十二）409

余飞腾　（十二）463

余凤棠　（十二）398

余福　（十三）148

余福旋　（十二）364

余富　（十二）410,467

余淦　（十二）493

余谷　（十二）244

余官章　（十二）407

余冠成　（十二）490

余冠英　（十二）327

余光礼　（十二）466

余国保　（十二）175

余国俊　（十二）463

余海　（十二）409

余海筹　（十二）369

余海和　（十二）467

余汉强　（十二）368

余汉卿　（十一）694

余浩廷　（十）614；（十三）273,325

余和溎　（十二）397,407

余和光　（十二）326

余和翰　（十二）405

余和鸿　（五）400,401；（九）461；
　　（十一）607,617,618,663,664,
　　689,710；（十三）46,399,487,495

余和珠　（十二）369

余鹤松　（十三）400

余华添　（十二）371

余华熙　（十二）405

余华章　（十二）408

余怀添　（十二）405

余黄仙花　（十二）371

余辉照（余烨照）　（十一）578；（十
　　二）155,635；（十三）395

余辉中（余烨中）中　（十二）407；
　　（十三）147

余蕙洲　（十二）407

余积中　（十二）397

余基　（十二）368

余吉屏　（十二）331

余际唐　（十一）677；（十三）509

余佳舟　（十二）403

余家和　（十二）407

余坚良 （十二）437

余俭中 （十三）148

余简旺 （十二）378

余建光 （三）486；（四）448；（六）293；（十五）389

余杰臣 （十二）406

余杰和 （十三）54

余杰庆 （十二）464

余藉之 （十二）355

余金练 （十二）411

余金中 （十二）471

余锦和 （十二）396

余锦龙 （十二）408

余锦森 （十二）470

余锦源 （十二）369

余近德 （十二）369

余进和 （十三）148

余京 （十二）33,423,520,555

余经章 （十三）135

余景星 （十二）363

余竞生 （十三）54

余敬礼 （十二）396

余敬全 （十二）371

余镜和 （十二）397

余玖 （十二）463

余矩方 （十二）406

余军侠 （十二）406

余君侠 （十二）398,409

余康和 （十二）412

余康中 （十二）399

余抗 （十二）356

余夔 （三）236

余坤和 （十三）146

余昆治 （十二）369

余焜和 （十二）438

余来 （十三）15

余来吉 （九）378

余乐纯 （十二）405

余礼彬 （十二）464

余礼敦 （十二）471

余礼仲 （十二）174,372

余立和 （十二）434

余立奎 （十）465,466

余利得 （十二）406

余连 （十二）366

余莲舫 （十二）438

余良材 （十二）577

余林甫 （十二）407

余林仕 （十二）371

余令端 （十二）378

余六吉 （九）542

余孟亭 （十一）696

余民安 （十二）374

余民生 （十二）371

余民钟 （十三）44

余明三 （十二）466

余鸣岐　（十二）466

余铭元　（十二）439

余暮登　（十二）438

余浓那　（十二）371

余彭龄　（十二）371

余普基　（十二）175,363

余齐　（十二）438

余齐活　（十二）439

余其中　（十二）405

余企中　（十三）54

余启华　（十二）466

余启康　（十二）523,558

余强　（十二）463

余庆标　（十二）378

余庆强　（十二）461

余庆宗　（十二）470

余琼中　（十三）67

余权和　（十二）493

余铨章　（十三）67

余让　（十三）58

余仁和　（十三）148

余仁舟　（十二）398

余稔中　（十二）462

余日烨　（十三）148

余日波　（十二）356

余日长　（十二）364

余日朝　（十二）412

余日升　（十二）358

余日章　（一）91,92；（五）397,398

余荣　（四）522；（五）169,171；（十二）329

余荣超　（十二）367

余荣仕　（十二）364

余荣鎏　（十二）463

余如登　（十二）439

余汝珊　（十二）466

余瑞　（十二）331

余瑞芝　（十二）391

余润光　（十二）370

余润生　（十二）396

余森　（九）119

余森郎　（三）236；（十二）404

余善绪　（十三）54

余少民　（十二）469

余燊熙　（十二）467

余仕豪　（十三）43

余仕鸿　（十三）48

余仕清　（十三）48

余轼和　（十三）145

余寿屏　（十二）396

余寿祺　（十二）371

余叔藩　（十二）409

余叔华　（十三）148

余述畬　（十二）468

余顺　（十二）489

余斯博　（十二）326

余四　（十二）391

余松林　（十二）463

余颂和　（十二）397

余塔中　（十二）406

余桃稳　（十二）408

余陶民　（十二）512,548

余提　（十二）331

余天民　（十二）412

余添旺　（十二）410

余田侯　（六）447,458,462

余廷俊　（十二）405

余万清　（十二）175,374

余维谦　（十一）476；（十三）201,430,431

余维章　（十三）136

余伟和　（十二）463

余卫汉　（十二）467

余卫民　（十二）471

余文桂　（十二）368

余文暖　（十二）407

余文腾　（十二）368

余文学　（十二）523,558

余文仰　（十二）371

余文耀　（十二）369

余稳和　（十二）463

余翁如英　（十二）371

余五中　（十三）67

余锡　（十二）434

余锡坤　（十二）463

余熙和　（十二）465

余禧中　（十二）432

余湘兰　（十一）382

余祥辉　（三）242

余祥炘　（十二）110,616

余新　（十二）468

余信盛　（十二）175

余星和　（十二）411

余杏　（十二）407

余雄飞　（十二）466

余修中　（十二）468

余旭　（十二）356

余煦中　（十二）407

余雅丞　（十二）595

余炎　（十二）433,438

余兖羡　（十二）472

余衍廷　（十二）463

余演中　（十二）460

余尧　（十二）246

余尧礼　（十二）492

余垚　（十二）270

余耀棠　（十二）464

余耀正　（十二）408

余耀枝　（十三）54

余耀宗　（十二）319

余业和　（十二）405

余叶和　（十二）407

余揖(余楫)　（十二）504,542；（十三）58

余以和　（十二）508,548

余易初　（十二）406

余逸滨　（十二）405

余溢初　（十三）119

余毅生　（十二）357

余寅礼　（十二）438

余鹰扬　（五）211；（九）344

余优想　（十二）400

余有　（十二）371

余祐　（十二）364

余祐晃　（十三）67

余雨培　（十二）403

余玉章　（十三）67

余育之　（六）417；（十三）1

余郁良　（十二）407

余毓鳌　（十二）369

余毓衡　（十二）401

余毓伦　（十三）54

余毓瑞　（十三）146

余毓伟　（十三）148

余毓文　（十二）406

余毓携　（十二）370

余毓源　（十三）48

余毓照　（十二）467

余元乐　（十三）54

余元享　（十二）371

余悦和　（十二）407

余云初　（十二）423

余云卿　（十一）559

余赞和　（十二）407

余藻　（十三）54

余燥礼　（十二）463

余泽臣　（十三）148

余泽笺　（十）414

余占魁　（十二）405

余章广　（十二）326

余章森　（十二）466

余兆麟　（十三）54

余蓁中　（十三）146

余振福　（十二）371

余振贵　（十二）407

余振琼　（十二）355

余震华　（十二）406

余植三　（十二）466

余植宪　（十三）54

余植勋　（十二）369

余治中　（十二）407,512,548

余质民　（十三）295

余质生　（十二）406

余中胖　（十三）138

余中永　（十二）438

余中铖　（十二）404,411

余仲强　（十三）15,47

余朱如芸　（十二）371

余珠章　（十二）356

余柱庆　（十二）435

余柱铨　（十二）371

余祝礼　（十二）356

余祝平　（十二）369

余祝三　（十二）463

余壮鸣　（十三）176，239

余焯礼　（十二）405；（十三）468

余焯章　（十二）409

余卓　（十二）463，465

余卓凡　（十二）432

余卓华　（十二）406

余卓民　（十二）406

余子光　（九）703

余子豪　（十二）480

余子燕　（十二）464

余梓南　（十二）403

余宗耀　（十二）331

余祖荫　（十二）433

俞飞鹏　（十三）368，371

俞奋　（十二）577

俞凤韶　（三）242

俞河汉　（十二）216

俞继进　（十二）528，557

俞应麓　（十三）216

俞智盦　（十三）273，322

禹瀛　（十二）599

庾恩旸　（六）292，349；（十五）155，268，325

喻培棣　（六）326，328

喻培伦　（九）160

喻世钧　（十三）241

喻业　（十二）532，543

喻毓藩　（十三）92

喻毓西　（六）132，581；（九）119，576，614；（十）182；（十二）481

毓朗　（八）118

袁瀗　（十二）535，569

袁琫明　（十二）627

袁炳煌　（十二）597

袁曹汝　（十二）405

袁带　（六）360；（九）290；（十）183

袁德㻌　（十二）638

袁鼎卿　（三）138

袁国雄　（十二）368

袁华伍　（十二）368

袁华选　（四）309

袁家瑞　（六）361

袁景荣　（十二）534

袁良骅　（九）398，411，621，622；（十二）261；（十三）31

袁麟阁　（十二）96，625

袁培　（十二）627

袁勤能　（十二）464

袁世凯（项城、慰廷、慰庭、慰亭）
　（一）56，58，59，61，62，317，395，

399,400,412,422;(二)84,93—95,97,98,116,121,148,156,169,188,253,255,265,267,268,280,292,293,298,348;(三)10,45,51,52,60,76,80,87,101,103,185,190,196,197,200—203,214,215,279,390,393,481;(四)134,263,269,279,281,284,292,294,298,315,316,321,334—337,343,350,355,357,376,379,380,409,425,427,428,431,436,447,454,455,459,495,524,530;(五)16,18,44,278;(六)14,17,31,32,35,39,49,50,52,57,60,65—67,69—73,75—77,79,80,82—85,88,90—92,94—97,99,103,106,109—111,113,114,116,117,119—121,123—129,131—133,135,137,138,140,142—144,146—153,155—161,163—165,169,170,174—176,194,214,264,275,386,476,483,486—488,493;(七)29,32,33,36,90,91,97,130,149—151,248,249,251,252,255,256,270—272,275,277,302,304,306,321,322,328,335,359—361,383,386,399,411—413,418,420,422,426,428,431,447,449,464,465,475,482—484,489,499,507,518,532,556,588,605,606,682,683,691,709;(八)95,116,141,146—149,154,163,165,166,169,174,176—178,189,202,203,206,207,209,210,212—214,217,220—229,231—233,237—240,244,247,248,255,256,262,264,270,271,274,287—291,293,295—298,303,315,317,320—325,327,328,336,357,360,376,377,392,415,416,423,446,479,492—494,505,571,582,615,616,742,744,748;(九)7,32,90,91,95,96,100,137,154,155,173,174;(十五)126

袁兴福 (十)398

袁兴周 (九)470

袁炎 (十二)460

袁奕相 (十二)463

袁逸 (十二)625

袁远胜 (十二)365,370

袁兆祺 (九)539,540

袁肇春 (十三)11

袁振 (十二)327

袁祖铭 (三)138;(五)555;(六)267,277,278,325,345;(十)258

约翰海 (七)321,324

月好 (十二)407

岳森 （十一）138；（十三）113，257

岳云宾 （十一）365

越飞 （三）137，138；（五）303，305，307，346，376，387，424，491，557，558；（六）556，558，564；（八）544，545，547，564，565，569，597，599，605，606

爝和 （十二）469

云逢益 （十二）322

云金发 （十二）187

云瀛桥 （十一）554；（十三）85

云竹亭 （四）169

Z

载沣 （一）85；（七）280；（八）118，119，127，243，763；（十五）387

载涛 （八）118，119，128

载洵 （二）264；（八）119，128

载泽 （八）118；（十五）61

臧善达 （九）316

臧在新 （九）191；（十二）577

臧致平（和斋） （五）353，354，362，379，477，479，540；（六）307，430，451，455，565，571，609，618；（九）545；（十）5，22；（十一）28；（十二）636

泽村幸夫 （六）663，664；（七）241；（八）272，367

曾安韶 （十二）371

曾澳 （十三）469

曾拔 （十三）16

曾办 （十三）205

曾炳 （十二）407

曾长福 （十二）532，543

曾成裘 （十二）464

曾传鲁 （十）101

曾春和 （十二）403

曾春仪 （十二）465

曾道 （十三）286

曾德天 （十三）159

曾法江 （十三）154

曾繁庶 （三）258，259

曾飞云 （十二）539，552

曾福 （十三）26

曾干楠 （十二）532，566

曾干桢 （十二）599

曾根俊虎 （一）76；（二）297，298；（八）28，37，76

曾公乐 （五）300；（九）417

曾广大 （六）93

曾桂芳 （十二）437，459

曾国藩 （一）37；（二）28，275；（三）291，320；（七）11，516，520；（八）77；（九）28

曾国荃 （七）491

曾海恩 （十二）319

曾汉川　（十二）431

曾翰生　（十二）605

曾惠霖　（十二）465

曾绩之　（十二）395

曾集卿　（十二）411

曾集棠　（九）186

曾纪华　（十二）465

曾纪孔　（十一）422；（十三）67

曾兼金　（十二）355

曾杰　（三）19；（九）306；（十二）578；（十三）452

曾介眉　（十）76,211

曾金坛　（十二）536,571

曾景星　（十二）118,617

曾均明　（十二）406

曾康义　（十二）493

曾鲲化　（九）233

曾连庆　（四）69,88,89

曾连胜　（十二）465

曾联森　（十二）405

曾鲁　（十一）643,718；（十二）385；（十三）271,506

曾民权　（十二）470

曾鸣鸾　（十二）327

曾墨园　（十二）410

曾攀荣　（十）343,346,455

曾培　（十二）398,410

曾沛传　（十二）459

曾璞丘　（十二）403

曾齐　（一）81

曾勤康　（十二）417

曾清早　（十二）536,571

曾秋　（十二）410

曾壬龙　（四）69,88,109,111,202

曾容　（十）42,43

曾三贵　（十二）491

曾森贤　（十三）137

曾尚武　（十二）85,578,602；（十五）37

曾省三　（三）258,259；（九）197；（十）665；（十二）310,508；（十三）298

曾诗传　（十二）404

曾儵　（九）19

曾水英　（十一）377

曾天福　（十二）369

曾万钟　（十）554

曾唯　（十三）55,78

曾维翰　（十二）521,559

曾卫民　（十二）355

曾西盛　（八）589；（十一）39；（十三）435

曾锡周　（一）86；（八）106

曾显锋　（十二）467

曾宪纯　（十二）537,570

曾祥瑞　（十二）368

曾杏初　(十二)326,532,566

曾呀　(十二)413

曾彦　(六)392;(十二)67,586;
　(十三)277

曾耀毓　(十二)407

曾镛　(十一)223,410;(十三)
　333,394

曾勇甫　(十三)216

曾优群　(十二)463,469

曾有　(十一)376

曾有胜　(十二)439

曾祐荣　(十二)467

曾瑜瑚　(十二)439

曾雨佳　(十二)363

曾玉麟　(十二)467

曾毓鳌　(十二)461

曾毓隽　(五)127;(九)315

曾辕　(十二)521,559

曾云渠　(十二)467

曾允明　(四)465,466,529;(五)
　23,47;(十二)536,571

曾赞基　(十二)410

曾昭墀　(十二)627

曾昭文　(六)79

曾振五　(十二)538,572

曾志高　(十二)537,571

曾秩军　(十二)458

曾稚南　(十三)205

曾子书　(十二)142,146,634

曾子伟　(五)349

曾自完　(十二)326

曾宗鲁　(十二)528,563

查光佛　(十二)206

查昆臣　(九)184,185

查能一　(九)169

翟波　(十二)411

翟崇亮　(十二)638

翟富文　(十二)599

翟桂　(十二)411

翟浩亭　(五)197;(六)455

翟吉　(十二)411

翟熙　(十二)399

詹炳炎　(九)191;(十二)628

詹大悲　(二)299;(三)257,258;
　(五)516;(七)552;(十二)305

詹大为　(十二)439

詹德烜　(十二)95,624

詹调元　(十二)600

詹开柏　(十三)15

詹开奉　(十三)15

詹美生(詹姆森)　(一)136

詹蒙　(九)162

詹所奉　(十三)15

詹行瑰　(十二)322

詹扬文　(十三)66

詹义生　(十二)439

詹易浓　（十三）95

詹永祺　（十二）600

詹仲民　（十三）12

湛湉芬　（九）694

湛海清　（十一）623

张蔼蕴　（三）276；（四）298；（九）64

张安　（十二）319

张百麟　（十二）606

张百韶　（十二）369

张百思　（十二）439

张百雄　（十二）439

张邦昌　（六）506

张宝钊　（十二）318

张保　（九）376

张本汉　（九）197；（十二）26，117，510，573，622，631

张弼臣　（十二）369

张彪　（一）83，88；（二）177；（四）457；（七）464，658；（八）615

张炳光　（十二）408

张炳槐　（十二）412

张炳骥　（十三）138

张炳善　（十二）412

张炳生　（十二）174，374

张伯烈　（四）552；（六）290；（十二）52，585，613

张伯伦　（二）121，122；（四）7

张伯平　（十）404

张伯荃　（十一）26

张伯轩　（十二）478

张伯荫　（十二）323

张伯雨　（十三）273

张伯桢　（二）357

张策秦　（十二）406

张察　（九）26

张昌鲁　（十二）526，562

张超　（十二）637

张超神　（三）236

张成谟　（四）377；（十二）509，549

张承樾　（九）32

张澄　（十二）446

张炽章　（九）119

张崇　（九）18

张崇智　（十二）436

张楚　（九）169

张楚白　（十二）406

张春木　（三）258；（十二）314

张椿楠　（十二）319

张椿协　（十二）465

张椿泽　（十二）413

张达一　（十二）405

张大昕　（六）114；（十二）60，586

张大义　（三）238；（九）119；（十二）51，585

张丹青　（十二）594

张得尊　（六）302

张德　（十二）319

张德徽　（十一）258

张德卿　（四）81—84

张德彝　（一）50

张敌清　（十二）406

张棣廉　（十二）410

张殿儒　（六）50

张东健　（十三）67

张栋耀　（十二）463

张恶石　（九）467；（十二）422

张恩汉　（十二）514，551

张发　（十二）383

张藩　（五）322；（九）365

张钫(伯英)　（六）382

张飞生　（六）396

张凤墀　（十二）412

张凤翔　（六）73，85，90

张福安　（十三）26

张福民　（十二）382

张福荣　（十二）405

张福双　（十二）405

张福堂　（十三）276

张福怡　（十二）406

张黻臣　（十二）469

张甫坚　（十二）439

张馥祯　（八）163

张幹之　（六）402

张刚　（十二）538，567

张阁　（五）400；（八）601；（十二）626

张公悌　（十二）337

张拱辰　（三）258，259；（十二）314；（十三）391

张毂　（十三）338，424，508

张观显　（十二）404

张光炜　（九）363，368

张光耀　（十一）377

张广建　（五）204；（六）81

张贵子　（十二）465

张桂林　（十二）383

张国淦　（三）162；（八）420，421，645；（十三）284

张国涵　（十二）378

张国森　（十二）448；（十三）271—272

张国威　（十）193，324；（十三）175

张国扬　（十三）159

张国元　（三）236；（十三）41，125

张国桢　（六）580，615；（七）513；（九）505；（十）188，553，569；（十二）609；（十三）270

张国振　（十二）396

张海涛　（九）351

张海一　（十二）464

张海洲　（十二）117，632

张涵初 (六)80

张汉 (十三)332

张汉持 (十二)478

张汉森 (十二)438

张汉溪 (十二)327

张汉贤 (十一)694,695

张汉雄 (十二)469

张汉彰 (十三)15

张浩 (三)242

张合 (十)88,89

张宏远 (十一)647

张洪 (十三)54

张侯椿(张侯春) (十二)517,553

张华澜 (十二)74,215,590

张华玲 (十二)378

张化成 (五)242;(十二)611

张化璋 (十二)131,619

张怀芝 (三)88;(四)461,556;(五)9;(六)50,53,72,220,221,246,294,367;(九)225

张槐青 (十一)39

张辉瓒 (十一)722;(十三)327

张汇滔 (九)240;(十二)101,503,560,576,615;(十五)178

张惠长 (五)87,88,99,106;(十二)117,262,632

张惠臣 (十一)446;(十三)437

张惠人 (九)101,102

张积梧 (十一)258

张吉盛 (十二)589

张继(溥泉) (一)81;(二)264;(三)242,252,253,257,258;(四)125,204,237,382,446,447;(五)5,6,353,380;(六)217,219,233,258,268,271,298,299,556,583,651;(七)92;(八)37,130,249,304,347,349,350,572,573,618,667,668,688,693,694,696,698,776;(九)449;(十一)484;(十二)200,203,207,213,221,225,227,229,231,243,246,247,249,252,258,284,285,289,290,297—299,302,305,306,329,594;(十三)302,285,454;(十五)186

张家瑞 (十三)316,371

张謇(季直) (三)138;(四)243,251,252;(六)23,26,68,95,109;(七)464;(八)162;(九)15,28,140,152

张建勋 (十二)383,577

张健男 (十二)317

张健斋 (十二)579

张鉴安 (十二)111,616

张鉴藻 (十一)168,212,694;(十二)497;(十三)392

张介眉 （九）691；（十）149

张金胜 （十三）58

张金印 （六）396

张金源 （十二）399

张金钊 （五）353；（九）462

张锦 （十二）405

张锦堂 （十二）507，560

张晋 （十）391；（十三）176

张觐庆 （十二）469

张经席 （十二）317

张精卫 （十一）471

张敬三 （十）707

张敬尧 （二）325；（三）88；（五）10，159，177，185，265，308，402；（六）423；（九）333；（十一）374

张敬之 （十二）598

张静愚 （十三）26

张九维 （四）38；（五）446，447；（九）486；（十二）339，392；（十三）226

张巨华 （十二）364

张骏 （九）438

张开儒（藻林） （二）335；（五）9，315，337，338，352，356，375，389—391，393，406，422，438；（六）311，364，372，373，531；（七）291，292，380，513；（八）365，559，598，637；（九）444，671；（十）77，243，261，355，372，373，424，436，446，460，563，629，683；（十一）60，61，85，145，187，207，219，224，236，261，275，318，342，399，434；（十二）43，142，164，380，450，494，582；（十三）36，132，156，195，196，205，207，208，212，233，239，248，253，271，278，326，328，329，337，354，356，394，437；（十五）143

张开智 （十二）412

张康 （八）341，342；（十二）319

张克瑶 （五）457；（九）470

张孔钿 （十二）493

张坤炳 （十二）378

张锟伦 （十二）370

张来就 （十二）439

张蓝田 （十二）486

张澜 （六）327，333，339

张老深 （十二）404

张乐行 （三）320

张礼炯 （十二）439

张丽埙 （十二）493

张沥林 （十）42

张莲盟 （十二）406

张莲生 （十二）535，569

张烈民 （十二）464

张麟 （十三）231，313，317，318

张龙恩 （十三）138

张龙云　（十二）95,623

张鲁藩　（五）26;（九）285

张鹿鸣　（十一）258

张洛川　（十二）398

张茂祥　（十二）383

张孟鹏　（十二）327

张梦汉　（十二）461

张棉祥　（十二）437

张民达　（五）472,474,544;（六）655;（七）573;（十）179;（十一）19,47,53,125,134,149;（十二）28,513,575,588;（十三）339,369,465

张明春　（十二）412

张明魁　（十二）368

张鸣岐　（一）89;（四）230,442;（六）10;（七）574,625,643,659;（八）133

张铭彝　（九）119

张乃燕　（九）435;（十二）422;（十三）345

张南生　（十二）604

张培爵　（六）105;（九）2

张培焜　（十二）408

张沛　（十一）83;（十三）85,309,312,313,356

张需霖　（十三）503

张鹏程　（十二）211,579

张鹏云　（二）303

张平安　（十二）319

张岂庸　（十二）271

张启荣　（五）375,404,406;（九）444,445,454,459,460,465;（十）496,502,613;（十三）288,318

张骞(张博望)　（一）356

张晴旭　（十二）325

张庆　（八）593;（十二）548

张庆豫　（十二）163,622

张秋白　（二）332;（三）258,259;（六）546;（七）415,554,555;（八）570,574;（十）528;（十二）229,304,311,316,323,329,336,358,364,372,377,381,389,400,413—415,422,433,441,448,456,473,478,487,490;（十三）12,13,24,33,39,42,46,51,56,65,72,79,86,89,93,117,126,135,146,152,157,163,164,182,284

张全享　（十二）318

张权　（九）169

张群　（四）551;（五）99,100;（十二）92,607

张人杰(静江)　（一）86;（三）242,248,258,486;（四）48,319,377,479;（五）358,402,521,550;

（六）377,482,598；（七）243,559；（八）106,777—780；（九）13,58,60,409；（十二）25,28—31,34,35,40,41,305,502；（十三）284,345；（十五）91,208,224,225,343

张人骏 （八）174

张仁俭 （十二）319

张仁鉴 （三）19

张仁普 （十二）124,618

张日新 （十二）448

张荣椿 （十三）54

张荣光 （十一）268,271

张荣郡 （十二）406

张荣茂 （十二）437

张如富 （十三）95

张汝翘 （二）357；（八）242,243

张汝勤 （十二）412

张瑞玑 （六）396

张瑞麟 （五）536

张瑞荃 （十二）462

张瑞萱 （八）388；（十二）76,591

张睿阶 （十二）318

张若湖 （十二）493

张赏权 （十二）405

张少繁 （十三）80

张少龄 （十二）409

张少棠 （九）555

张绍峰 （十二）330

张绍曾（敬舆） （三）74,135,138,139,220；（五）329,380,382,383,395,400,419—421,449,467,483,564；（六）254,379,538,542,552；（八）563,590,592

张社均 （十二）413

张升平 （十）440,441

张生笏 （十二）326

张胜 （十二）638

张识尘 （十）391；（十三）82

张士仁 （五）221；（十三）258

张士钰 （六）50

张世昌 （十三）273,325

张世忱 （十二）107,630

张世膺 （九）79,80

张世宗 （十二）528,564

张式博 （十）96,97

张寿南 （十二）461

张澍时 （十三）60

张刷五 （十二）327

张双 （十二）424

张双全 （十二）319

张顺诚 （五）315

张四维 （十二）420,522,560

张松 （十二）437

张松源 （十二）437

张崧年 （十三）371

张韬　（五）253

张韬来　（十二）437

张天骥　（六）268

张添赏　（十二）405

张铁梅　（九）341

张廷弼　（十二）598

张廷琛　（十二）489

张通典　（三）238；（九）118,137

张通焕　（十二）244

张统垂　（十二）446

张土有　（十二）527,563

张惟圣　（九）685

张维　（十二）507,560

张伟丞　（十三）508

张伟勋　（十二）529,565

张纬培　（十二）469

张苇村　（十三）254,284

张文　（十一）502；（十二）391,406

张文案　（十一）471

张文财　（十二）531,545

张文俊　（十一）684

张文桑　（十二）492

张文生　（六）500；（十二）639

张文资　（十二）463

张汶祥　（八）80

张我华　（十一）459

张我权　（四）351,373

张武　（九）437

张鎏钦　（十二）320

张西溪　（十二）526,563

张希明　（十一）176,177

张锡富　（十三）148

张锡亮　（十二）368

张熙　（十三）107

张禧带　（十二）379

张贤　（十二）480

张献忠　（十）138

张相文　（五）73；（九）296

张香坡　（十二）580

张祥　（十二）493

张晓初　（十二）470

张孝准　（十二）276

张新志　（十二）438

张星辉　（九）507,515

张星云　（十三）138

张旭昌　（十二）399

张煦（午岚）　（六）268,269,272,277,282,290,300,309,351,374,375；（十二）614

张煊　（九）457

张学济（溶川、榕川、镕川）　（五）48,149,185；（六）296,297,304；（九）310,328

张学良　（五）317,318,563

张勋　（一）399,400；（二）170,188,194,292；（三）77,92,94,95,

101,190,223;(四)381,412,446,452,468,472,526,536,543;(五)65,69,560;(六)48,56,60,61,72,246,248—250,255—257,385,476;(七)274,275,278,279,293,300,306,310,313,335,360,426,481,484,489,518,587,588,605;(八)293,337—339,343,346,356,463,618;(九)172,260

张彦同 (十二)379

张宴宾 (十三)159

张仰云 (十二)130,619

张尧昌 (十)60

张尧卿 (四)381;(六)244

张耀 (十二)434

张耀东 (十二)316

张耀名 (十)596

张耀曾 (三)49;(四)549

张耀忠 (十一)377

张叶 (十二)319

张一熙 (十三)493

张以祥 (十)554

张义华 (十二)127,618

张义斋 (十二)511,541

张亦超 (十二)319

张易畴 (十二)212

张益友 (十二)530,564

张翊初 (十二)317

张毅 (十三)483

张毅卿 (十二)461

张翼鹏 (十)298,602;(十三)303,310,450

张翼枢(骥先) (四)117,118,121;(六)23;(九)17

张翼振 (九)315

张荫芳 (十二)399,412

张荫棠 (四)188

张荫庭 (十二)324

张瀛 (九)131,132

张镛修 (十三)54

张永成 (六)50

张永福(祝华) (三)325;(四)40,41,43—46,48—52,54,59—62,64,67,73,74,85,87—89,92—94,97,100,103—106,111,172,183,199;(五)323;(六)8;(七)13;(八)106—110,112—115,134,146;(九)63;(十二)503,542

张永修 (十二)532,561

张永益 (十二)326

张永铮 (十二)327

张泳廉 (十二)412

张友 (十二)424

张佑丞 (五)559

张于浔 (十二)75,590

张俞淑华　（二）360；（十一）551，614；（十五）331

张宇明　（十一）258

张玉麟　（十二）178

张玉明　（十三）137

张玉山　（九）103

张郁霖　（十二）383

张郁梅　（十二）380

张裕　（十一）684,685；（十五）47

张元琮　（十二）492

张元章　（十二）470

张援民　（十二）539,553

张运秀　（十二）326

张簪瑶　（十二）326

张泽荣　（十二）439

张沾桐　（十二）438

张钊　（九）172

张昭汉　（四）258,290

张兆辰　（十二）126,127,618

张兆基　（九）379,468,687；（十）505

张兆义　（九）377

张肇基　（十二）16,502

张贞　（五）345,379,434；（九）446；（十）591,672；（十一）610；（十二）627；（十三）495

张桢伯　（三）265

张振南　（十二）533,568

张振武　（一）88；（六）29,93,122,123；（七）449；（八）207,209,210,213,217—219,222,223,323,415—417；（九）542；（十二）334；（十三）460,483

张振勋　（三）11

张之洞　（一）7,83；（二）357；（四）18；（七）39；（八）34,56,57,117

张植卿　（十二）409

张志澄　（十）710

张志坤　（十二）325

张志升　（四）509；（十二）526

张治中　（十二）110,631

张忠义　（十三）269

张重兴　（十二）624

张周　（九）119

张卓立　（十三）493

张卓身　（三）19

张子丹　（十一）304；（十三）404

张子明　（十三）137

张自强　（十二）462

张宗昌　（六）471

张宗海　（十二）22,506,561

张祖安　（十三）148

张祖杰　（九）443

张醉侯　（九）343

张遵甫　（十一）376,390,391

张左丞　（四）539；（五）85,86,

125,126,133,134,349,350,364,365;(六)262,302,310,312,377;(十二)78,592

张作霖(雨亭) （二)170,178,184,204;(三)88,107,135,138,139;(五)279,280,294,304,308,318,347,348,366,367,371,376,377,393,403,423,424,444,456,499,537,557;(六)80,246,319,337,343,347,350,357,460,461,547,554,559,604,608,628,643,658,659;(七)305,323,324,336,359—361,427,684,690;(八)428,433,443,450,453,467,469,478,483,485,487,493,514,539,545—547,549,565,566,571,606,618,637,665,671,688,701,705,710,711,722,746,747,751,752,759—761,763,768;(九)341;(十一)373,473

章炳麟(太炎) （一)81;(二)264,318,366;(三)18,138,217—220,226,242,248,251—253,257,258,304;(四)126,129,130,258—260,264,265,272,366,397,501;(五)267,284;(六)41,100,235,243—246,249,250,252,258,260,261,264,266,268,271,273,281,284,285,287,288,291,295,299,301,305,306,310,312,319,321,323,327,329,331,334,338,341,345,378;(七)245,248,274,464;(八)72,73,75,103,104,130,133,339,341,347,616;(十二)47,582;(十五)154,160,161

章焕文 （十三)37

章来峰 （三)241

章烈 （十三)208,455

章佩乙 （四)290

章勤士 （十二)150,635

章士钊 （二)274;(三)281;(五)46;(六)392;(八)26,54,85;(九)312;(十五)13

章昙 （四)437;(九)343

章裕昆 （十二)276,281

章梓 （三)19;(四)381

章宗祥 （六)395;(八)162,382,383

招桂章 （九)418,423,425

招醴泉 （十二)412

赵诚 （十二)600

赵安国 （十二)362

赵宝珊 （十二)409

赵宝贤 （十三)115

赵保林 （十二)407

赵北京 （十二)439

赵弼卿 （十二)603

赵璧如 （十二）368

赵彪 （十三）12

赵秉钧 （一）66；（三）49；（六）157；
（七）518；（八）228，291，292，
306，324；（九）114

赵超 （五）405；（十二）159，516，
551，622；（十三）383

赵成梁 （五）525，550，555，556；
（六）571，588，619，634，644；
（十）59，66，172，202，282，422，
454，467，547，549，554；（十一）8，
48，93，489，516；（十三）104

赵成伟 （十二）405

赵崇光 （十二）405

赵锄非 （九）439；（十三）144

赵楚珩 （十二）459，469

赵慈 （十二）397

赵从宾 （九）438

赵从达 （十二）405

赵德艮 （十三）136

赵德恒 （九）268；（十二）100，
233，418，454，614

赵德辉 （十二）401

赵德裕 （五）238；（六）456，458；
（八）357；（十二）215，614

赵鼎荣 （十二）397

赵东垣 （十三）67

赵端 （六）273，352；（十二）138，
609；（十三）491

赵尔丰 （九）2

赵尔巽 （六）75，80，123

赵凤昌 （四）257，260，264

赵福 （十二）327

赵公璧 （二）284；（四）140，141，
143；（九）513，665；（十二）321

赵公堂 （十二）370

赵冠儒 （五）454

赵光 （二）318；（九）149

赵光焯 （十二）405

赵国乔 （十二）467

赵国扬 （十二）369

赵国璋 （九）289，352

赵国铮 （十二）627

赵汉一 （十二）286；（十三）245

赵汉余 （十三）66

赵鹤 （十二）302

赵恒惕(夷午) （一）431；（三）138，
227，238；（五）202，219，228，252，
301，308，330，332，424，468，490；
（六）234，267，464，475，477，478，
481，501，509；（七）375，585，586；
（八）437，469，470；（九）277，306，
383；（十二）199

赵华麟 （十二）432

赵华美 （十二）410

赵华石 （十二）464

赵挥尘　(九)293

赵惠　(十二)407

赵继猷　(十二)436

赵家蕃　(三)242;(九)13,80

赵家艺　(三)242;(十五)172

赵简文　(十二)398

赵江汉　(二)275

赵杰　(五)356,363,513;(十三)644;(十三)251,486

赵介宸　(十二)119,617

赵金堂　(十二)598

赵精武　(十二)117,631

赵鲸　(十二)598

赵景福　(十二)467

赵景山　(十二)406

赵敬　(十)101

赵君声　(三)237,238;(四)214

赵俊才　(十二)396

赵康年　(十二)412

赵康时　(九)172

赵来　(十二)408

赵连城　(十一)15,16

赵烈庭　(十二)439

赵鸾恩　(九)225

赵泮生　(五)458;(十二)464

赵培　(十二)397

赵鹏飞　(十二)578

赵丕臣　(五)135

赵平鸣　(四)423,530

赵平山　(十二)326

赵其相　(五)35

赵启棠　(十二)492

赵启骤　(十二)281

赵翘初　(十二)436

赵庆平　(十三)81

赵全季　(十三)68

赵群胜　(十二)371

赵群旺　(十二)357

赵饶　(十三)15

赵日初　(十二)462

赵荣灿　(十二)465

赵荣勋　(十二)133,597

赵儒忠　(十三)67

赵瑞兰　(十二)439

赵瑞芝　(十二)408

赵珊达　(十二)490

赵珊林　(六)43;(九)515

赵商民　(十一)15,16

赵社龙　(十二)480

赵伸　(五)230;(八)100

赵慎民　(十二)320

赵声(伯先)　(一)83,84,86;(二)312;(四)156,224,358;(七)361;(九)149

赵绳先　(五)237

赵师贡　(十二)436

赵士北 （三）158,159,236；（五）77；（九）527,534,539,549,598,608,626,659,693,695,706；（十）6,8,96,98,101,219,275,289,299,423,443,536,565,574,634；（十一）23；（十二）240,415；（十三）249,323

赵士槐 （九）380

赵士觐 （三）159；（五）410；（九）441,451,550,558,616,648；（十）76,107,191,207,209,213,353,363,367,374,392,398,405,419,452,459,489,490,514,540,555,567,620,629,630,703,704；（十一）7,147,552；（十二）241,482；（十三）110,198,224,258,260,334,338

赵士养 （十一）304；（十三）155,253,404

赵世杰 （十三）268

赵世钰 （十二）56,586

赵式睦 （十二）431

赵守范 （九）409

赵舒 （十二）599

赵树艺 （十二）432

赵司炳 （十二）410

赵泰纪 （九）300

赵桃之 （五）270

赵淘臣 （十二）327

赵梯昆（梯琨） （六）568；（十）50,65,80,85,88,136,139,145,167,168；（十三）37

赵铁汉 （十二）320

赵铁桥 （三）258；（十二）35,519

赵铁樵 （十二）562

赵拓平 （十二）439

赵惟清 （十一）258

赵炜廷 （十二）439

赵文初 （十三）54

赵文蔚 （十二）470

赵务义 （十二）410

赵鋆波 （十二）410

赵西山 （十）78,718

赵锡昌 （十三）165

赵锡华 （十二）405

赵锡之 （十二）399

赵贤 （十二）464

赵祥 （十二）493

赵新民 （十二）368

赵耀楼 （十二）471

赵一峰 （十二）410

赵一暖 （十二）366

赵一山 （十二）469

赵一枝 （十二）464

赵义 （十二）397,629

赵溢光 （十二）388

赵荫父 （十二）411
赵镛大 （十二）467
赵永 （十二）446
赵又新 （三）225；（六）442,470；（九）531
赵予潭 （五）209
赵雨畴 （十二）368
赵育庠 （九）611
赵煜 （十二）369
赵毓坤 （十三）78
赵毓灵 （十二）410
赵元立 （十二）405
赵振岳 （十二）318
赵之璋 （十二）608,613
赵植之 （九）489；（十二）589
赵植芝 （十二）34,508,519,547,575
赵志超 （十二）610
赵志戎 （十二）440,501
赵中玉 （六）228；（十二）579
赵仲 （九）348
赵仲勋 （十二）402
赵庄 （十二）320
赵卓 （十二）478
赵卓湛 （十二）437
赵卓忠 （十二）469
赵兹 （十二）397
赵子蕃 （十二）398

赵子澜 （九）567
赵宗稳 （十二）403
遮化臣（杰斐逊） （一）428,432,437
哲尼干 （八）324
甄璧 （一）81
甄昌 （十二）367
甄常兆 （十二）407
甄登 （十二）370
甄恩活 （十二）406
甄光浻 （十二）366,370
甄国炽 （十二）407
甄国瑞 （十二）365,369
甄国扬 （十二）370
甄海山 （十三）43
甄挥振 （十二）316
甄吉锦 （十二）406
甄吉亭 （一）81；（四）83
甄锦 （十二）401
甄锦寿 （十二）367
甄晋 （十二）439
甄来苟 （十二）405
甄兰满 （十二）366
甄立国 （十二）406
甄良染 （十二）465
甄梁 （十二）407
甄龙齐 （十二）370
甄伦准 （十二）397

甄明霭　（十二）469

甄明芹　（十二）402

甄明翕　（十二）369

甄明羡　（十二）368

甄泮　（十二）407

甄泮芹　（十二）405

甄平番　（十二）438

甄其正　（十二）319

甄深　（十三）26

甄寿南　（十二）507，548

甄树昂　（十二）397

甄天民　（十二）469

甄添　（十二）319，424

甄同京　（十二）406

甄炜吉　（十二）534，568

甄稳　（十三）54

甄锡　（十二）407

甄香泉　（十三）15

甄祥初　（十二）356

甄祥伟　（十二）467

甄新辉　（十二）465

甄秀山　（十二）396

甄煦球　（十二）432

甄耀汉　（十二）406

甄奕爌　（十二）407

甄奕照　（十二）407

甄英常　（十二）399

甄英武　（十二）409

甄英羡　（十二）531，545

甄永藩　（十二）319

甄永铭　（十二）407

甄永楠　（十二）433

甄永治　（十二）431

甄佑　（十二）26，510

甄祐　（十二）573

甄郁林　（十三）54

甄元熙　（十二）123，618

甄增培　（十三）14，48

甄兆瑚　（十二）406

甄兆麟　（十二）607；（十三）54

甄植　（十二）424

甄壮　（十二）407

甄子逑　（十二）463

甄缵　（十二）407

郑安　（十二）175，372

郑百富　（十二）326

郑邦钟　（十三）15

郑北　（十三）148

郑粥　（十三）58

郑炳南　（十二）547

郑炳煊　（十二）614

郑炳垣　（九）192；（十二）576

郑炳中　（十二）376

郑昌信　（十二）493

郑成功　（七）242；（九）212

郑成忠　（十二）523，558

郑初　(十三)58

郑传发　(十二)468

郑传瀛　(十一)82

郑次豪　(九)453；(十二)406

郑达礼　(十二)355

郑达棠　(十二)533,568

郑丹老　(十二)531,545

郑德昌　(十二)465

郑德铭　(十)377,452；(十一)545；(十三)274,472

郑德泉　(十二)462

郑德元　(十二)120,617

郑飑安　(十二)406

郑福　(十二)439

郑福东　(十二)604

郑阜南　(十二)412

郑公禄　(十二)431

郑观　(三)258,259；(十二)310

郑观陆　(十二)331

郑观祺　(十三)128

郑光宗　(十)441

郑广池　(十二)438

郑国华　(十二)141,634

郑国辉　(十二)403

郑汉淇　(十二)37,503,505,540,544

郑汉武　(九)184

郑汉雄　(十二)407

郑号亮　(十二)468

郑何　(十二)493

郑和　(一)39,40

郑和利　(十二)437

郑鹤年　(四)405,417,484

郑衡之　(十二)268

郑洪安　(十二)400

郑洪年　(五)513；(六)643；(十)478,485,487,494,497,498,551,619,688,690；(十一)37,135,141,151,163,182,188,190,207,219,220,223,229,230,261,269,275,280,342,363,373,399,434,458,549；(十三)260,287,288,298,331,335,374,375,394,395,412,443

郑洪荣　(十二)417

郑洪铸　(十三)76

郑鸿鉴　(十三)441

郑鸿年　(十三)11

郑鸿铸　(十三)273,338

郑厚常　(十二)319

郑厚聪　(十二)468

郑怀声　(十二)363

郑惠添　(十二)390

郑计申　(十二)407

郑继周　(十)683；(十三)337

郑寄毫　(十二)326

郑鉴明　（十二）463

郑杰臣　（十二）178

郑金强　（十二）356

郑金兴　（十二）626

郑进行　（十三）54

郑君泽　（十二）410

郑开　（十二）319

郑开煨　（十三）67

郑忾辰　（五）109；（十二）128,618

郑康成　（八）158

郑科　（十二）396

郑匡华　（十二）406

郑里铎　（十三）319

郑连　（十三）67

郑良民　（十二）459

郑烈民　（十二）464

郑螺生　（四）95,191,195,197,334,
　　339,353,355,359,369,384,386,
　　392,403,421,532,540；（九）62,
　　197,234,235；（十）113；（十一）
　　451；（十二）33,34,38,519,555

郑茂生　（十二）531,565

郑美金　（十二）36,520,548

郑梦兰　（十三）67

郑民强　（十二）468

郑明琨　（十三）80

郑鸣九　（六）319,320

郑盘　（十二）406

郑沛华　（十二）407

郑聘三　（十二）468

郑其妙　（十二）323

郑其三　（十二）319

郑其祥　（十二）326

郑启聪　（十二）101

郑启和　（十三）219

郑谦　（十二）413

郑钦　（十二）388

郑清渊　（十二）540,563

郑全寿　（十二）411

郑权　（四）290；（十二）152

郑泉　（十二）437

郑荣武　（十二）317

郑融康　（十二）412

郑汝成　（四）413,414,417

郑润民　（十二）446

郑润琦　（五）338；（六）557,560；
　　（八）676；（九）504,505,613；
　　（十）245,612；（十一）55,57,
　　437,619,714；（十二）444；（十
　　三）369

郑三阳　（十二）528,564

郑森　（十二）389

郑少芝　（十二）504,574

郑绍本　（十二）528,564

郑生　（十二）319

郑胜　（十二）438

郑士良(弼臣) (一)75,76,79,
80;(二)43,264,324;(四)11,
12,16;(六)2,3,128;(八)3,45,
49,50,53,60,63,65,412

郑士铨 (九)197;(十二)513,547

郑寿康 (十二)438

郑寿培 (十二)322

郑受炳 (十一)423;(十二)201,
252,522,552;(十三)64

郑述龄 (十)614;(十三)273,324

郑爽 (十二)439

郑顺恒 (十二)405

郑泗全 (十三)64

郑松盛 (十二)458

郑太奇 (九)197;(十二)511

郑涛 (十二)583,608,609,613,
616,620—622,634,635

郑陶斋 (六)43

郑铁城 (十二)316

郑廷选 (十三)273

郑渭江 (四)555

郑文保 (十二)371

郑文炳 (九)180;(十二)504,541

郑文华 (十三)272,305,325

郑文集 (十二)371

郑文倩 (十二)446

郑文轩 (十三)165,264,266

郑文在 (十二)411

郑侠夫 (十二)468

郑侠民 (十二)399

郑宪武 (二)357;(三)236;(九)
118

郑香题 (十二)497

郑校之 (十二)630;(十三)139,
335,461

郑心儒 (十三)67

郑新皖 (十二)438

郑信 (十二)431

郑兴玉 (十二)417

郑星槎 (九)425;(十)136,250,
251

郑行果 (十二)597

郑杏嘉 (十二)402

郑秀炳 (九)204

郑衍祥 (十二)458

郑业臣 (六)43

郑以均 (十二)406

郑以濂 (十三)273,325

郑应鹏 (十二)368

郑咏琛 (十一)115,120;(十二)
638

郑裕庆 (九)130,131

郑煜 (十二)437

郑元欢 (十二)363

郑源 (十二)397

郑藻昌 (十二)378

郑藻如　（二）3,5

郑泽概　（十二）432

郑泽生　（四）226

郑占南　（四）228；（五）250,340,
　　341；（九）248

郑昭杰　（九）156

郑振春　（九）207；（十二）96,516,
　　562,625

郑仲　（四）367

郑子钦　（十二）319

郑祖发　（十二）378

郑祖怡　（九）395；（十二）79,595

中西重太郎　（八）52

钟百毅　（九）497

钟标　（十一）377

钟炳华　（十二）369

钟炳良　（十二）607

钟伯磷　（十二）431

钟昌鹤　（十三）12

钟超俸　（十二）624

钟大囊　（十二）492

钟的臣　（十二）320

钟鼎　（十二）17,503

钟鼎基　（三）238；（四）351,373；
　　（十二）205

钟发　（十二）178,448

钟辅　（十二）464

钟馥　（十二）244

钟公任　（九）197；（十二）179,336,
　　511,543

钟冠华　（九）379

钟光传　（九）625；（十五）260

钟广周　（十二）363

钟国聪　（十二）407

钟汉　（十二）281

钟汉民　（十二）480；（十三）159

钟汉荣　（十一）72

钟翰生　（十二）431,436

钟和　（十二）407

钟恒升　（十一）568

钟华荣　（十三）137

钟华廷　（十一）538；（十三）469,
　　486

钟华雄　（四）199；（十二）2

钟吉辰　（十二）466

钟嘉澍　（十二）103,630

钟坚持　（十二）606

钟金昌　（十二）532,566

钟锦芬　（十二）493

钟锦延　（十三）137

钟景邦　（十二）537,570

钟景棠　（九）392,506

钟军凯　（十二）480

钟凯强　（十二）378

钟克明　（十三）136

钟肯　（十二）408

钟孔心　（十二）492

钟立　（十二）367

钟连福　（十二）492

钟孟雄　（三）258，259；（十二）310

钟妙容　（十二）493

钟明　（十二）327

钟明阶　（十）338，636；（十三）264

钟鸣　（十二）326

钟铭三　（十三）138

钟南光　（十二）368

钟奇梅　（十一）79

钟琦　（八）250；（十二）612

钟启镇　（十二）491

钟起宇　（十三）95

钟庆　（十二）492

钟庆楠　（十二）391

钟铨如　（十二）470

钟日南　（十三）15

钟荣兴　（十二）326

钟阮　（九）376

钟少文　（十二）511，543

钟声鸿　（十二）327

钟世元　（十三）137

钟桃辉　（十二）493

钟腾瀚　（十三）469

钟体道　（六）289，304，305，322—324

钟夏卿　（十二）410

钟晓鸣　（十三）15

钟燮　（十二）493

钟秀南　（二）318；（八）481；（九）506；（十二）229

钟秀珊　（十二）337，511，543

钟业　（十二）437

钟义帝　（十二）391

钟亦志　（十三）54

钟镒　（十二）493

钟荫墀　（十三）13

钟寅　（十二）408

钟应熙　（十二）607

钟英勤　（十二）466

钟英寿　（十二）410

钟玉堂　（十三）159

钟玉吾　（十二）320

钟裕华　（十二）368

钟毓桂　（二）357

钟毓兰　（十二）463

钟毓群　（十二）466

钟震岳　（十三）292

钟志沆　（九）91

钟忠　（十一）636；（十三）338，424，505

钟属汉　（十三）159

钟资能　（十二）609

钟子垣　（六）43

周霭瑞　（十二）319

周鳌山　（十三）36,95,271,321

周柏祥　（九）484；（十二）313,529, 552

周秉三　（十二）463

周炳炎　（五）188,189

周伯甘　（九）591；（十一）441,442

周勃雄　（十三）496

周长福　（十二）459

周朝栋　（十二）410

周朝桂　（十二）319

周朝宗　（十一）20,21

周陈会洪　（十二）326

周成　（十二）411

周成训　（十二）326

周澄清　（十三）13,14

周初慎　（十二）410

周传祎　（十三）81

周传权　（十三）81

周达为　（十二）471

周淡游　（六）403；（九）215；（十五）389

周道　（十一）307

周道参　（十三）126

周道初　（十二）364

周道富　（十三）50

周道刚　（六）286,301,303,311

周道凯　（十三）54

周道龄　（十二）370

周道万　（十二）17,99,121,503, 617,625；（十三）181

周道伟　（十二）463—464

周道绪　（十二）410

周东朝　（十三）52

周东屏　（十一）476,477；（十三）217

周冬　（十二）391

周栋潮　（十二）405

周恩来　（十三）159

周访　（十）679

周逢寿　（十二）438

周福　（十二）446

周馥兰　（十二）469

周干平　（十二）468

周高伦　（十三）126

周诰　（十三）110

周公谋　（五）415,425；（十二）386, 393

周公松　（十二）326

周拱彬　（十二）465

周贯虹　（十二）352

周光魂　（十二）398；（十二）411

周广柏　（十二）462

周桂笙　（三）239

周桂枝　（十二）489—490

周国清　（十二）462

周国荣　（十二）407

周汉　（二）32

周汉三　（十三）54

周汉声　（九）367

周汉醒　（十二）464

周汉勋　（十一）59,61

周汉裔　（十二）460

周豪伟　（十二）468

周浩　（三）239,392；（四）290

周合安　（十二）397

周鹤年　（九）707；（十二）626

周宏瑞　（十二）463

周洪　（十二）438

周厚家　（十二）356

周华　（四）93

周华林　（十二）472

周华伦　（十二）389

周怀　（十二）319

周焕华　（十二）406

周焕忠　（十二）377

周恢三　（十二）410

周惠　（十二）413

周惠生　（十三）54

周积旺　（十三）81

周楫　（十三）15

周济时　（十二）524,558

周家瀚　（十二）355

周家琳　（十三）33

周家麟　（十二）461

周家榻　（十二）465

周家甜　（十二）463

周家闲　（十二）411

周家香　（十二）463

周家修　（十二）411

周家苑　（十二）461

周家珍　（十二）491

周柬白　（二）300

周杰和　（十二）378

周杰三　（十二）463

周锦辉　（十二）396,406

周锦庸　（十三）67

周锦云　（十二）401

周景溪　（三）258,259

周竞持　（十二）459

周敬　（十二）399

周炯伯　（十三）286

周九　（十二）178,397,446

周觉　（二）320

周爵臣　（十二）463

周爵廷　（十二）370

周骏声　（十二）409

周骏彦　（十三）371

周开基　（十二）407

周开泉　（十二）464

周开穗　（十二）316

周开旋　（十三）50

周孔生　（十二）463

周匡时　（十二）470

周况　（十二）612

周礼现　（十二）399

周礼祥　（十二）405

周连添　（十二）411

周莲　（十二）405

周练梓　（十二）396

周麟　（十二）466

周麟开　（十二）438

周麟杏　（十二）438

周灵　（十二）319

周伦　（十二）319

周梦年　（十二）399

周梦如　（十二）436

周梦生　（十二）464

周南山　（十二）255，462

周佩箴　（三）242，258；（十二）307

周平　（十一）377

周启　（十二）405

周启刚　（十二）431

周潜　（十三）285，483

周强　（十二）406

周庆藻　（十二）407

周球　（十）679

周仁卿　（三）258，259

周日初　（十二）463

周日宣　（三）19，242，486

周荣庆　（十二）439

周荣炜　（十二）407

周如柏　（十二）370

周如日　（十二）465

周瑞典　（十三）13

周瑞钿　（十二）399

周瑞厚　（十二）404

周瑞实　（十二）319

周瑞述　（十二）463，470

周瑞祝　（十三）50

周善培　（四）435，446；（五）266，267

周少棠　（九）595；（十）121；（十一）627，670，671

周申　（十二）493

周神辅　（十二）368

周胜　（十三）26

周盛　（十三）67

周诗　（三）237，238

周实丹　（九）25，26

周世灿　（十二）465

周世钊　（十二）461

周寿眉　（十三）54

周寿民　（十二）467

周述尧　（十二）438

周松均　（十二）463

周颂平　（十二）463

周颂西　（三）258；（八）722；（九）435，471；（十二）304

周苏群　（四）509

周遂鳌　（十二）460

周孙维　（十二）532,566

周天达　（十二）436

周天禄　（十）249

周天顺　（十二）363

周添瑶　（十三）54

周甜　（十二）391

周廷卫　（十二）466

周廷章　（九）162

周维桢　（九）79,80

周伟(次功)　（九）310

周伟烈　（十二）355

周卫东　（十二）466

周文彬　（十二）409—410

周文彩　（十二）378

周文驹　（十二）438

周文培　（十二）432

周文祥　（四）82,83

周文中　（十二）358

周我汉　（十二）464

周无我　（十二）411

周西成　（十三）219

周希尧　（十二）516,551

周禧　（十二）463

周细　（十二）489

周侠志　（十二）464

周宪达　（十二）436

周宪良　（十二）464

周宪禄　（十三）51

周宪实　（十二）410

周献瑞　（五）188,189；（九）64

周祥安　（十二）406

周想　（十二）489

周孝怀　（四）435,446

周新甫　（六）377

周兴盛　（十二）463

周兴周　（五）84

周雄彪　（十二）464

周学宏　（十二）600

周学熙　（三）49,50；（四）296；（六）132,143,155,156,163；（八）226

周亚南　（十三）287,290

周严　（十二）406

周演明　（九）642,656,702；（十）52,53,55,71,310；（十二）494

周尧坤　（十三）36

周耀武　（四）438；（六）661

周一新　（十二）468

周贻逵　（十二）412

周溢之　（十二）463

周翼常　（十二）463

周荫初　（十二）391

周荫南　（十二）468

周应时　（四）360；（六）174,181,188,204；（九）190—192,195,

199;(十二)48,142,502,577,584,620

周应云 (十二)583,606—618,623—633

周英 (十二)411

周英鹄 (十二)464

周雍能 (三)258;(五)245,257;(九)483,484;(十二)204,307,308;(十三)468,489

周宇传 (四)252

周雨泉 (十二)358

周玉成 (十二)535,569

周玉衡 (十二)463

周玉堂 (十三)81

周裕家 (十二)355

周在俭 (十二)468

周在焯 (十二)463

周则范 (五)151,154,176;(六)296,297,314,370

周泽苞 (九)119;(十二)599

周泽波 (十二)465

周昭岳 (十二)592

周兆河 (十二)403,411

周蔗僧 (五)118

周振彪 (十二)215

周振奉 (十二)355

周振国 (十二)355

周振华 (十二)528,557

周震鳞(道腴) (二)325;(三)257,258;(五)154,217,330,452,455,458;(六)448,449,452,464,467;(八)430;(九)368,486,571;(十二)54,217,305,585;(十三)19

周正群 (十二)206

周之翰 (十二)593

周之武 (十二)361

周知礼 (十二)99,507,560,601,612,625

周直民 (十二)471

周志忠 (十三)128

周中坚 (十二)463

周仲良 (九)673;(十二)339,610

周祝三 (十二)432

周卓云 (十三)154

周子骥 (九)237

周子禄 (十二)257

周子球 (十二)478

周子贞(之贞) (三)247;(四)495,550;(五)190,247;(六)421,438,443,549,553,599,621;(九)207,268,324,483,504,505,513,583,584,665,673,692;(十)169,183,227,250,321,569,694;(十一)5,108;(十二)49,296,332,393,518,575,584,639;(十三)4,5,139

周梓骥　（九）707；（十）651；（十二）422

周自得　（六）603；（十）467，505，585，702，714；（十一）14，35，93，95，98，521；（十三）315，370，382

周自怀　（十二）463

周自齐　（二）119，120；（三）67；（四）334；（八）393，394

周宗汉　（十二）378

朱安龄　（十）343

朱拔英　（十三）93

朱宝滋　（九）103

朱本夫　（六）426，427

朱本富　（三）236；（十）281；（十二）595

朱本固　（十二）463

朱弼臣　（十二）397，408

朱彪吾　（十二）322

朱炳长　（十二）466

朱炳麟　（十二）398

朱炳酉　（十三）67

朱伯平　（十二）397

朱伯卿　（十二）516，553

朱伯元　（四）482，502

朱步云　（十二）533，567

朱长盛　（十二）405

朱超　（九）214

朱赤霓　（四）80，94—96，105，386；（八）101；（十五）181

朱创凡　（十三）338

朱达泉　（十二）439

朱大符（执信）　（一）86，93；（二）99，284，285，318，326—328；（三）246—248，276，486；（四）239，240，344，350，351，354，428，446，450，471，479，509，512，518，549；（五）16，17，193，220，223，234，250，259，452；（六）41，177，179，180，183，215，218，252，362，380，434，443，448，512；（七）274，280，327，378；（八）376；（九）211，238，320，350；（十二）42，113，581；（十五）91，232；

朱大同　（九）271

朱道　（十二）524，561

朱道南　（十三）392

朱道孙　（十一）376，382

朱德煊　（十二）319

朱栋　（十二）492

朱尔典　（六）128

朱凤吾　（十三）12

朱艮　（十三）68

朱公彦　（十三）289

朱观玄　（十二）600

朱光成　（十）343

朱光汉　（十三）52

朱光楷　(十)343

朱广凤　(九)162

朱广奕　(十二)464

朱贵全　(一)76；(二)264,310；
　(六)128

朱桂芬　(十二)378

朱桂莘(启钤)　(五)87；(六)145

朱海山　(十二)117,631

朱汉光　(十二)408

朱和中　(四)37,38；(五)291,
　292,461；(六)544；(八)78—80,
　462；(九)119,255,304,337,341,
　342,596,637,707；(十)10,80,
　99,130,185,230,243,651；(十
　一)106,395,541,544,555；(十
　二)354,444,477；(十三)233,
　234,328

朱轰　(十二)478

朱华冲　(十二)437

朱华经　(十三)219

朱辉如　(十三)72

朱箕安　(十三)54

朱继武　(九)172

朱霁青　(三)257,258；(六)228；
　(九)218；(十二)309,422；(十
　三)36,241

朱佳　(十二)515,549

朱家宝　(六)50,60

朱家训　(十二)160,622

朱葭　(九)241

朱剑凡　(十三)416

朱锦乔　(十二)171,186

朱进德　(十二)530,556

朱进锐　(十二)397

朱晋经　(九)477；(十)535；(十
　二)92,607；(十三)97

朱景　(十二)330

朱景丰　(十三)85,313,317,318

朱炯昌　(十二)458

朱觉之　(十二)378

朱开鳌　(十二)472

朱开鼎　(十二)408

朱开强　(十二)468

朱康泽　(十二)378

朱克刚　(三)258,259；(十二)314

朱葵　(十二)400

朱立初　(十二)513,536,547,571

朱连谦　(十二)466

朱联　(十)125

朱露华　(十二)319

朱梅溪　(十二)406

朱民表　(四)277；(八)187,190

朱明　(三)20；(十二)518,554

朱明芳　(九)273

朱乃斌　(五)415

朱念祖　(五)2；(八)763；(十二)

75,246,270,590,597
朱牛妹 （十二）463
朱培德（益之） （三）125,127,128；
（五）312,315,318,356,390—392,
497,501,505,513,532,533,552,
554—557；（六）499,509,515,516,
531,579,588,591,611；（七）431,
436,660；（八）572,707；（九）398,
445,480,521,553,557,558,560,
564,569,572,593,611,677,678,
687,697,700；（十）65,71,84,85,
88,89,92,124,132,134,141,143,
146—148,163,164,167,168,174,
185,194,214,220,268,370,399,
416,438,457,460,471,472,504,
545,553,602,616,621,624,653,
665,703；（十一）25,59,136,137,
157,176,178,180,194,195,251,
256,258,287,297,350,385,399,
458,473,495,508,511,524,526,
560,574,587,612,656,665,678,
680,688,701；（十二）229,338,
340,341,380,410,420,426,448,
449,473,475,495,496,501；（十
三）16,30,90,92,105,116,124,
129,145,155,176,177,180,189,
196,270,450
朱沛霖 （十二）407

朱佩珍 （三）242,248；（四）266；
（六）31；（九）20,43,76
朱平安 （十二）409
朱普元 （十一）426；（十二）200,
252；（十三）65
朱谦良 （十三）338
朱乾 （十二）463
朱芹衍 （十三）51
朱庆澜 （六）248；（八）346,347；
（九）2
朱裘炳 （十二）408
朱全德 （十）424；（十三）92
朱仁甫 （十二）466
朱荣基 （十二）408
朱荣仕 （十二）463
朱儒翰 （十三）15
朱汝材 （十二）367
朱瑞 （四）381,412；（十二）407
朱润德 （十三）100,217
朱绍南 （十二）369
朱深 （九）264
朱始森 （十二）405
朱始杏 （十二）492
朱世贵 （六）634；（九）492,687；
（十一）2,17；（十三）277
朱寿康 （十二）405
朱叔痴 （六）324
朱廷燎 （五）6,10；（十二）125,

126,245

朱维烈 （十三）14

朱伟民 （十一）426；（十二）169, 222,299；（十三）183

朱伟南 （十二）480

朱蔚 （三）258

朱蔚然 （九）484；（十二）313

朱文伯 （十）557

朱五郎 （十二）464

朱侠生 （十二）378

朱羡 （十二）407

朱相丹 （十二）535

朱相州 （十二）524,561,569

朱晓湖 （十三）54

朱熊 （十二）432

朱许 （十二）490

朱旭东 （十二）579

朱炎 （十二）410

朱一民 （十二）384

朱一鸣 （三）257,258；（十二）309

朱义然 （十三）14,48

朱奕堃 （十二）463

朱益 （十二）409

朱益均 （十三）159

朱印山 （十二）479,539,572

朱应銮 （十二）434

朱友渔 （一）91,92

朱有 （十二）405

朱玉清 （十三）54

朱玉亭 （十三）41

朱煜森 （十二）439

朱毓 （十二）397

朱元璋 （二）275,361；（七）489；（八）84,666

朱云阶 （十三）159

朱赞棠 （十二）464

朱泽民 （十）416

朱章惠 （十二）410

朱章仪 （十二）355

朱兆良 （十二）399

朱兆熊 （六）283；（十三）201

朱肇新 （十二）362

朱震 （六）56；（十二）628

朱之安 （十三）248

朱之洪 （三）257,258；（六）299；（十二）273,307；（十五）92,93

朱直民 （十二）471

朱秩章 （十二）408

朱卓文 （一）89；（三）236；（四）212,233,525,546；（五）366,411；（六）471,599,652；（八）418,421,473；（九）194,235,344,346,483,665,673；（十）169,174,205,246,250,306,307,334,386；（十一）513；（十二）257,262,332,476,578；（十五）28,87,340

朱卓修　（十二）466

朱灼均　（十二）471

朱资生　（三）236

朱子机　（十二）322

朱自治　（十二）433

朱祖汉　（十二）470

朱缵　（十二）439

朱作民　（十三）53

朱作贞　（十二）379

诸德建　（十）334

诸葛亮（孔明）　（一）448,449,451；（二）156,361；（六）410,418,424；（九）327,344

祝膏如　（十一）645；（十三）507

祝晋　（九）101

祝润湘　（十二）422

庄保　（十三）26

庄光奕　（十三）95

庄家传　（十二）534

庄来　（十二）382

庄明清　（十二）408

庄启元　（十二）369

庄庶管　（十三）395

庄硕三　（十二）526,562

庄添　（十三）26

庄廷芳　（十二）539,566

庄文学　（十二）579

庄银安　（四）100,103,110

庄应宜　（十二）530,545

庄蕴宽　（三）238；（六）16,22,40,97；（九）25,27,39,40,106

庄子　（七）472

卓承业　（五）507

卓慈生　（十二）526,562

卓光　（十二）466

卓桂廷　（五）218

卓锦　（十二）406

卓恺耕　（十三）295

卓麟　（十三）58

卓全　（十二）439

卓仁机　（六）615；（十）114,144

卓祥　（十二）396

卓祖泽　（十二）296

宗方小太郎　（四）220；（八）270,271

邹邦兴　（十三）159

邹炳　（十二）319

邹炳煌　（十一）39,225

邹春茂　（十二）368

邹德荣　（十二）370

邹殿邦　（十一）705

邹光烈　（十一）630

邹建廷　（五）485；（十一）698；（十二）134,620

邹建庭　（十三）85

邹竞　（十二）281；（十三）162

邹科珍　（十三）15

邹苦辛　（十二）123,618

邹烈卿　（十二）323

邹琳　（十三）210

邹鲁（海滨）　（一）329—330；（三）7,302,304,517；（四）382,475；（五）63,88,206,208,255,338—340,365,407,408,425,426,439,474,475,484,520；（六）4,231,380,535,578；（七）445；（八）347,380,559,652,666,681,782；（九）455—457,641,649,655,667,694,700；（十）23,28,32,34,56,77,93,125,126,142,145,185,196,197,215,228,232,267,336,346,392,450,451,479,496,523,545；（十一）99,102,103,109,110,128,143,144,163,181,190,207,228,229,253,261,275,322,371,436,439,457,458,475,478,497,503,504,529,555,574,575,611,612,629,654,672—674,699,717；（十二）57,78,303,585,593,594,637；（十三）23,99,122,134,192,210,224,240,284,289,363,398；（十五）330

邹培豪　（九）567

邹容　（一）81；（二）264,309,310；（四）30；（八）77；（九）160,227

邹若衡　（十三）340

邹树声　（十二）599

邹畏之　（十三）219

邹耀元　（十三）54

邹义同　（十二）533,568

邹玉山　（四）483

邹云彪　（十二）577

邹中杰　（十一）258

左新辉　（十二）611,627

左酉山　（九）120

左忠文　（十二）628

左宗棠　（一）354,355；（二）27,275；（三）291,320；（七）11,491,516,520；（八）80

佐久间衡治　（九）307

佐藤虎次郎　（四）24

重要地名索引

A

阿富汗斯坦 （二）132,134

阿勒腾塔格岭 （一）177

阿迷州 （一）159,160

阿遮利(阿尔及利亚) （二）127

艾比湖 （一）196

瑷珲 （一）188,191

安东 （一）169—171,179,187,191,192

安化 （一）183

安南 （一）32,47,81,84—86,157,159,160,168,335,343,345,363,366,372,378,388,413,431；（二）22,48,102—104,118,127,179,180,187,193,194,207,354；（三）17,184,273,290,303；（四）28,59,70,108,120,121,123,173,183,462；（五）159；（六）99,168；（七）21,58,99,120,271,358,381,382,415,416,449,450,453,490,495,511,567,581,591,593,594,598,609,610,654,659,660,679,680,697,705；（八）79,94,100,108,143,433,553,644,663；（九）524

安庆 （一）124,130,133,139,175；（三）19,214；（五）13；（六）20,26,46,80,153,314,317—319,546；（七）681；（八）361；（十）323；（十五）61,256

安仁 （一）185

安斯得坦(阿姆斯特丹) （一）170

安西 （一）204

安西州 （一）173,174,177

澳门 （一）75,76,150,516；（二）3,41,197,198,215,216,219,247—249；（三）231—233,265；（四）17,18,41,67,135,229,353,367,383,438,504,509,551；（五）32；（六）164,172,173；（七）21,79,433,437；（八）3,46,193,195,

重要地名索引

299,386,399,404,413,490,583,584,738,739,742—744,748;(九)256,484;(十)130,617,618;(十一)239;(十二)1,202,215;(十五)169,250

B

八莫 (一)159

巴城 (四)111,368,409,465;(九)188,197;(十二)19,574

巴楚 (一)200

巴达斐亚 (四)368;(十二)179

巴达维亚埠 (四)249

巴尔干 (一)91,92;(二)116,129,134,146,167;(六)601;(七)223;(八)258

巴尔干半岛 (一)344;(二)102;(九)161

巴尔淖尔 (一)195

巴克斯菲文 (四)152

巴阔洼 (一)195

巴黎 (一)41,44,82,86,90,223,362,435;(二)55,166,251;(三)266;(四)37,39,45,53,70,104,113,115,117,118,121,125,191,201,204,220,235,238,289,298;(五)268;(六)10,23,123,135,136,140,143,144,362,399,674;

(七)4,32;(八)79,105,139,140,176,465;(九)17

巴罗(壩罗,怡保) (四)94—96,191,192,195,197

巴拿马运河 (一)42

巴戎 (一)202

巴斯团搭格拉克 (一)200

巴塘 (一)202,205

巴彦 (一)189

坝罗 (四)344,361;(十三)12—15

白鹅潭 (一)371;(三)127,128;(五)301,362;(六)520;(七)511,523,585,590,591,695;(八)520,526,633;(九)410,417;(十)250;(十一)202

白河 (一)41,108

白芒花 (一)80;(二)324;(八)611;(十一)21

白云山 (六)549—551;(七)519,535,580,586;(八)590,682;(九)553;(十)382,383

百色 (一)159,160;(四)56,304;(五)190,191;(六)413,414,422

百顺 (十)414

斑烂山 (一)202

邦博图 (一)199

宝安 (六)443,635;(十)42,43,

58—60,334,335,485,557,610,697,698;(十一)105,711,713

宝坻 （一）178

宝鸡 （一）174

宝庆 （一）157,185;（九）300

宝山 （一）121;（八）74

宝应湖 （一）179

保德 （一）174

保定 （三）135,138;（四）440;（五）449,540;（六）101,525;（七）626,627;（八）550,551,556,558;（九）258;（十）322

保宁 （一）177;（三）219,220;（六）326,327,331,341,345,378

北冰洋 （一）195;（七）498

北江 （一）141,146,148—150,154,155,157,158;（二）22,24;（三）118,127,181,188,197;（四）17;（五）219,444,446,452,457,463,468,470,501,503,529,549;（六）449,452,456,461,462,470,471,522,548,551,555,593,607,634,637,669;（七）488,493,519,586,600;（八）496,499,523,598,603,604,681;（九）360,361,370,477,478,481,482,569,581,593,634,671,674—676,692;（十）32,56,57,59,92,238,266,268,270,280,282,287,293,302,303,307,349—352,357,375,377,395,465,525,539,542,557,558,562,563,567,603,665,678,702,703;（十一）7,135,174,228,229,272,300,301,408,409,454,466,478,482,487,533,608,645;（十三）206,456,466,506,507

北茅津 （六）67

北盘江 （一）159

北圻 （二）102,103;（八）94

北塘 （一）178

北通州 （一）515

北运河 （一）135

贝尔池 （一）188

贝加尔湖 （一）195

毕节 （一）158;（三）218—220;（六）284,306,307,321,327,331,333,337,338,341,343,345,347—352,359,364,367,370,378;（十五）155

庇能（庇胜、庇宁） （四）41,63,95,96,103,104,174,179,195,323,387;（十二）17,41,203,231,243,302,322—326,503,516,543

碧口 （一）177

别开穆 （一）197

别留 （一）195,197

宾川 （一）206；（四）494

槟榔屿 （一）86；（四）41，150，158，165—168，171，175—178，180，182，184，186，188，189，193，194，198，201，286；（六）11，196；（七）21，23，27，28；（八）95，130；（十二）16，203

波德兰路 （二）234

波德兰区 （二）39，231，232，234，237，239，246，247；（四）2；（八）9，16

波罗波勒格孙 （一）196

波罗的海 （一）41；（二）132

波士顿 （三）149；（四）5，131—134，136—138，216；（九）414

波斯 （一）364，431；（二）132，134，137，141，142，205，207；（七）26，190，510，545，700—702，705，707；（八）596，631；（九）161

波斯湾 （二）132，133，136

波特兰 （三）295；（八）176

波特兰广场 （二）250

波特塞得 （六）11

砵伦 （四）228

伯达(巴格达) （一）105

伯多滚台 （一）196

伯勒台 （一）196

柏林 （一）82；（四）116，117，220；（五）292；（八）74，256，599

亳州 （一）174，175，179；（六）21；（七）11

博敖 （二）354

博尔霍 （一）197

博尔努鲁 （一）197

博尔台 （一）200

博罗 （五）233，461，471，477—480，482，484；（六）561，572，578，580，584，587—589，611；（七）478，488，525；（八）611，621；（九）657，660；（十）4，59，70，83，100，149，163，214，233，276，556，663，708；（十一）70，105，419

博罗里治 （一）195

博山 （一）179

博兴 （一）179

布鲁台 （一）178

布鲁些路 （四）220

布哇 （四）24，25，27，28

C

曹县 （一）174

曹州 （一）174，178；（十二）579

茶陵 （一）185

茶山 （七）478；（十）127，128，184，196

昌江 （十一）106

昌黎 （三）183

长白 （一）186,189,190,192；（三）18

长白山 （一）185,190

长春 （一）188,189,193；（五）84；（八）544,547；（九）236

长堤 （一）454,496,501；（二）190；（三）273；（四）176,277,330,528,539；（七）71,80,348,349,395,488,503,592；（十）158

长江（扬子江） （一）41,76,79,84,95,100,108—110,112—114,116,117,119,121,122,124,129—139,153,154,157—159,164,169,172,174—176,180—182,184,202,205,206,210,217,219,220,354,399,513；（二）23,174,182,263,264,308,332；（三）53,67,68,88,126,182,273；（四）15,55,56,58,134,137,170,175—177,412,428,453,481,483,499,500,503,528,552；（五）1,8,10,12,90,94,111,115,191,192,210,220,257,260,265,280,284,379,423,550,561,563；（六）278,283,287,295,304,306,313,325,326,336,357,362,363,449,455,460,461,500,501,643,664；（七）20,68,133,193,343,351,374,388,482,484,556,589,590,626,658,682；（八）78,87,94—96,98,136,201,203,241,246,247,304,342,344,352,418,450,467,473,483,487,496,499,551,573,665—667,716,717,719,720,724,736,746；（九）29,103,137,161,165,215,254,334；（十）414；（十一）473,558；（十二）226,275

长岭 （一）187

长龙 （六）376

长宁 （一）182,184；（六）320,453；（十二）521,559

长崎 （一）349,350；（三）60,172；（四）27,44,70,338；（六）151；（七）231,240—242,494,659,684,691；（八）58,272,414,726,759；（九）14,198；（十二）510,575；（十三）176；（十五）100

长沙 （一）183,184,349；（二）325,326；（三）93,214,217—219,245；（四）155,160,162,552,554；（五）19,158；（六）251,256,269,284,285,287,293,296,313,321,328,332,337,341,361,410,415,460,464,465,467,475,477,478,481,509；（七）293；（八）123,129,497,607；（九）86；（十）70；

（十一）374；（十二）198,303, 304；（十五）132,342

长山 （一）179

长泰 （一）183

长涂港 （一）169

长兴 （一）174

长洲 （一）144,146；（三）127；（五）176,298,523,544；（六）439,588；（七）585；（八）516,523,524；（九）397,407,410,529,586,622,631,672；（十）102,104,222,228,235,246,263,288,321,328,406,484,649,650；（十一）116,117,206,255,295,313,393,454；（十二）261,375；（十三）171,201,342,387

常德 （一）181,182,184,185；（三）218—220；（五）285；（六）284,304,314,321,335,341,370,378

常山 （一）184；（二）312

常州 （六）628；（十五）190

潮安县 （三）282

潮阳 （十一）105

潮州 （一）84,184,185；（二）179,276；（三）219；（四）49,100,123,144,170,256,296；（五）438,482,520；（六）4,19,196,324,333,341,412,474,653；（七）73；（八）501；（九）467,474；（十一）241,471；（十三）262

车臣汗 （一）198；（六）141

车城 （一）177,200,206

车尔城 （一）204

车里 （一）201,203

郴州 （一）183；（五）312；（六）406；（九）306；（十）176,223

臣浊 （一）196

辰州 （一）157,160,181,183,184；（五）176

陈台 （一）178

陈州 （一）178

成都 （一）138,156—158,160,201—203,205,206,510；（三）138,214,219,220；（四）110,202；（五）8,12,13,190,264；（六）90,142,143,251,257,264,284,305,308,317,325—329,331—336,338,339,341,343；（七）104,293,448；（八）247；（九）2,3,51,664；（十）188；（十二）42

承化寺 （一）196

城步 （一）157

澄海 （八）652；（十一）105,715；（十二）138,143,144,153,154,212

澄迈　（十）138；（十一）105；（十五）341

池州　（一）184

赤阪　（八）87，322

赤峰　（一）190，192

赤奎河　（一）195

赤水　（一）158

赤溪　（十）407，707；（十一）106，659，660

崇安　（五）319；（六）219；（八）496，499

崇明岛　（一）116，119，121，129，130，180

崇阳　（一）181

崇义　（一）183；（六）515；（十三）469

重庆　（一）97，139，156，157，160，173，177，181—185，226，228；（三）68，182，214，218—220，303；（四）426，552，555；（五）8；（六）105，257，264，267，278，284—289，291，293，294，297，299，303，305，308，310，312，314，319，321，323，326，327，329，331，338，340，341，344，345，347，350，353，358—361，374，375，377，378，441，442，447，448，460；（七）681；（八）32，33，41，42，247，437；（九）2；（十）245；（十二）15

楚雄　（一）159，206；（四）304

处州　（一）182，183

淳化　（一）176

慈利　（一）182；（五）198；（六）467

从化　（一）182；（六）453，456，548；（十）218；（十一）105，218，471

葱岭　（一）344，358

粗里庙　（一）196

D

达克木苏马　（一）199

达兰趣津　（一）197

达阑图鲁　（一）198

达马斯加斯（大马士革）　（一）105

打箭炉　（一）205；（二）179

打金麻（塔科马）　（一）141

大阪　（一）112，526；（三）397；（四）462；（五）79；（七）231，232，238，689，699；（八）281，414；（十二）548；（十五）4

大产关　（十）569

大城　（一）178

大定　（一）158；（八）70

大东沟　（一）192

大沽　（一）178；（二）179；（三）183；（四）170；（七）59；（八）247

大沽口 （一）98；（七）193

大湟 （一）158

大吉岭 （八）235

大赉 （一）188

大缆尾 （十）573

大理 （一）157—159，201，203，206；（四）303，304；（八）247

大连 （一）161，163，166，167，189，343，350，508；（二）51，104；（三）63，278；（六）199，664；（七）7，441；（八）739，743，755；（十二）575；（十三）176；（十五）126

大连湾 （三）184；（七）22

大凉山 （一）159，206

大凌河 （一）187，190

大宁 （一）175，178

大鹏 （一）80；（二）264，324

大埔 （一）183；（六）440，455；（九）456，457；（十一）105

大沙河 （一）175

大沙头 （一）386；（五）484；（七）592；（十一）349；（十五）265

大田 （一）183；（五）351（十一）257

大通 （一）124，139；（九）40

大同 （一）173，176，178；（三）57；（六）50，57，314；（九）129

大西洋 （一）42，52，77，170，225，361，372；（二）101，113，138，286；（四）5，334；（七）264

大溪地 （六）519；（八）625；（十）279；（十二）363，365—368

大兴安岭 （一）185，188，190，192

大鱼湖 （一）190

大庾岭 （一）184；（三）125；（七）585

大庾县 （十三）469

大章 （六）378

大竹 （三）219；（六）305，326，327，331，341，345

大竹河 （一）177

大纵湖 （一）180

岱南 （十二）580

丹噶尔（湟源） （一）202

丹江谷地 （一）174，176

丹阳 （一）182

儋县 （十）138；（十一）105

淡水 （一）80；（二）324；（五）474，482，484；（六）2，571，572，574，576；（八）195；（十）39，40，186；（十一）450

导河 （六）303

道河（额济纳河） （一）198

道江 （一）157

道江谷地 （一）183

道康帕拉 （四）210

道州　（一）157,183

德化　（五）351；（十二）524,558

德克萨斯　（四）34

德平　（一）178

德清　（一）182

德庆　（一）158,202,203；（四）303；（八）559；（九）660；（十）423；（十一）105

德兴　（一）183

德州　（十二）580

登州　（六）37；（十二）579

邓州　（一）174,203

堤岸　（一）86；（三）271；（四）56,224

狄道　（一）174,177

底门赤鲁　（一）196

地中海　（一）41,42,422；（二）39,101,125,126,134,136,285,286

典华城（丹佛市）　（一）88

电白　（一）165,168；（十一）105

定安　（十一）105

定南县　（三）649；（十三）486

定日　（一）204

定陶　（一）174

定远　（一）174,175,180

定远营　（一）175

东昌　（一）178

东川　（六）282,375

东海　（一）68,344；（二）311,330；（三）79,80；（四）475；（十）173,183；（十一）14,26,130；（十二）96,608,609,624,625

东江　（一）141,144,148,150,155,156,183,185,517；（三）141,181,187,205；（四）461,467；（五）183,337,352,452,454,462—464,470,471,478—482,489,492,498—501,505,509,519,527,529,532,550,553,554；（六）421,430,433,439,454,471,536,546,557,558,562,569,573,578,585,594,598,602,606,607,611,612,615,618,634,636,637,644,652,675,677；（七）426,480,488,493,513,519,525,535,565,573,583,586,589,671,695；（八）398,598,600,603,611,612,614,617,619,625,638,659—662,669,701,704,713,785；（九）494,496,517,547,558,564,616,629,657,660,661,692；（十）4,29,44,45,54,71,92,94,115,132,136—138,146,169,172,173,175,180,186,187,189,190,194,215,228—230,236,249,264,268,270,276,277,282,291,309,329,376,387,423,492,500,505,509,512,

521,534,540,542,552,556,558,574,611,628,629,636,640,660,673,681,682,684,700,704,709,712;（十一）4,22,38,39,70,71,87,92,93,96,111,115—117,127,156,160,178,216,225,239,289,374,398,399,600,676,684,704,711—713;（十二）362,394;（十三）24,168,196,247,322;（十五）269

东交民巷 （一）348;（八）218,224,232,324

东京 （一）4,5,14,18,21,78,81—84,112,352;（二）45,48,93,96,116,123,137,263,264,274,276,283,319,344,365;（三）17,19,54,55,58,61,67,172,266,268,274,279,301,302,397,399,406,485;（四）8,15,19,20,26—28,33,40,41,43—45,47,55,65—70,118,123,124,126,129,130,154,156,159—162,174,178,216,220,237,308,315—317,320,325,327,333,334,336,339,341,342,344,349,350,353,354,359,365,368,369,374,376,379,381,387,393,397,408,414—416,418,425,428,429,448,451,453,454,465,467,468,484,485,488,493;（五）6,16,28,44,144,279;（六）2,11,22,45,46,145,147,148,166,169,175,176,209,220,236,274,424,564,573,641;（七）5,11—13,126,130,212,215,217—219,223,224,226,231,238,240,243,244,325,452,455,472,666,685,689;（八）29—31,42,43,45—47,56,58,60—62,69,72,75,76,84—88,102,104,105,116,130,133,134,168,170,237,242,269—272,274,275,279,281,286,322,325,326,328,351,367,414,417,423,427,428,618,639,722,723,734,751,780;（九）178,180—182,198,208,214,307,437;（十一）721;（十二）182;（十五）11,66,73,91,95,357,368

东京湾 （一）165;（二）354;（三）274;（八）94,99

东兰 （一）159,160;（六）509

东流 （一）116,124,126,184

东宁 （一）192

东山 （一）454;（二）336;（五）206,460;（十）382,383

东台 （一）180

东莞 （一）152,155;（五）500;（六）439,443,562,635;（八）398;（九）

482;(十)59,103,127,201,297,334,335,390,485,568,585,589,610,650,697,698;(十一)17,79,105,683,711,713

东兴 (一)84,157,160;(十一)262

东镇 (一)186—189,191—193,199

洞庭湖 (一)138,182;(七)388

洞涡水谷地 (一)174

都城 (六)611;(十)60,521,612;(十一)579,638

都匀 (一)158,160

斗门 (十)569;(十五)169

独山 (一)158;(四)447

敦煌 (一)177

多伦 (一)186—188,190,192—195,198,199

多伦多(都朗度) (四)210;(八)634;(十五)104

多伦诺尔 (一)99,100,105,106,108,174,176,192,198,199

E

额尔古纳河 (一)199

额穆 (一)189,193

鄂叠尔河 (一)197

鄂兰淖尔湖 (一)198

鄂陵湖 (一)202

鄂罗盖 (一)198

鄂托 (一)196

恩京 (一)196

恩开 (十二)581

恩平 (一)159;(十)407,707;(十一)105,288,295,628,629;(十三)4

恩施 (五)47,71,158,231,292,302;(十一)51,146

洱源 (一)203

F

发木谷 (一)192

番禺 (二)314,318,360;(六)446,653;(八)594;(九)555,642(十)79,200,396,568;(十一)9,17,105,143,144,551,683,699,700;(十五)331

樊城 (一)176

范县 (一)178

防城 (一)84;(四)55—57,59,63,102,123;(八)107;(九)4;(十一)106

菲律宾(飞岛、飞立宾、飞猎宾、非列宾、菲岛、菲利宾、菲猎滨、斐岛、斐列宾) (一)60,367;(二)48,52,58,346;(四)210,369,

379,385,395,410,427,449,462,505,536；（七）11,679；（八）46,48,49,69,322,397,460,647,685—687；（九）197；（十二）26,503,508,510,517,522,544,573

菲律宾群岛　（三）275；（七）116；（八）322

费城　（二）74,253；（四）381；（五）302；（十二）398,401,402,404,410

汾河　（一）108

汾水　（一）175

汾州　（一）178

丰沛砀　（十二）580

丰顺　（八）96；（十一）105

封川　（六）560；（八）559；（十）245,273；（十一）106

峰市　（五）41

凤山　（二）265；（六）509

奉天　（一）100,169,191,192,199；（二）51,59,80；（三）67,135,138,189,190,218；（四）297,433,466；（五）308,314,367,423,429,444,458,499；（六）71,72,75,88,99,108,188,319,330,547,559,580,608,628,643,657,659,666,670,676；（七）143,293,323,427,652,653；（八）231,317,428,483,487,539,545,551,558,637,671,688；（九）224,436,438；（十一）530,615

佛冈　（十一）106

佛瑞士诺　（四）145

佛山　（一）146,149,151,159,191；（二）23,24；（四）354,433；（五）529,530；（六）439；（十）89,93,102,103,200,551,658；（十一）294,335,467,509,649

扶溪　（十）413,414

扶余（伯都讷）　（一）189

芙蓉（塞伦班）　（四）75,76,86,90,94—96,103,120,197；（八）101；（九）182,197；（十二）504,510,516,522,537,541,571

浮山　（一）175

涪州　（一）157,182

福安　（一）182,185

福鼎　（一）185

福宁　（一）169,185

福州　（一）161,164,165,169,181—185；（二）31,42；（三）214；（四）291,365；（五）30,41,43,337,339,341—343,345,350,351,356,361,362,366,379,407；（六）86,219,389,401,462,532,536；（七）64—66,573,586,660；（八）

306,307,410,412,417,552,675;
（九）442,472,505;（十一）42;
（十二）578;（十五）35,36

抚河 （一）512;（八）74;（十）644;
（十一）263;（十二）235;（十三）
191

抚顺 （一）192

抚松 （一）190

抚州 （一）182

府谷 （一）174

阜康 （一）197

阜宁 （九）125

阜新 （一）187,190,192

富阳 （一）182

G

噶尔渡 （一）202,204,206

干崖 （四）103;（九）84;（十五）79

甘东 （六）39

甘泉 （一）176

甘州 （一）174

甘珠庙 （一）190

甘孜 （一）202

感恩 （十一）106

澉浦（澉浦岬） （一）110,112;
（五）123

赣江谷地 （一）184

赣榆 （一）180

赣州 （一）183,184,402;（二）340;
（三）126,127,646,647;（五）551;
（六）393,516,524,652,660;（七）
573,585,588,660,661;（八）268,
482,486,521;（九）396;（十）202;
（十一）195,522,538

冈根河（思贤滘） （一）149

高淳 （一）180,184;（四）467

高雷 （五）8;（九）271,529,558,
564,567;（十）37,85,88,120,
137,167,168,208,246,329,496,
502,613,648;（十一）379,483;
（十二）139,332,581,620;（十
三）178,190,288,318

高丽 （一）32,47,76,169,170,
190,191,335,336,340,343,345,
355,366,378,382,388,413,447;
（二）139,140,179,180,205,225;
（四）184,205,390;（五）159（六）
99,283;（七）58,107,120,322,
415—417,449,450,453,490,
511,528,581,598,609,610,654,
679,680,697;（八）377,386,419,
425,431,449,466,587,680,686

高桥河 （一）114

高要县 （十一）79,448

高州 （一）159;（四）155,156,
418,433,437;（五）496;（六）

378;(九)361,392;(十)346,648;(十三)288

哥伦比亚 (一)141;(三)558;(四)210,211;(五)175,487;(八)117

哥罗提诺 (二)132

格合 (一)194,195,199

格雷夫厂 (三)266

葛兰旅店 (二)220,221;(八)7

葛兰旅店街 (二)221;(四)4;(八)9,15

葛岭 (八)332

葛仑 (四)228;(七)30,31;(九)248;(十二)397,401—403,407

个旧 (一)221;(四)82

公安 (三)218;(六)284,313,321

恭城 (六)491;(九)378

巩昌 (一)174

贡江谷地 (一)184

古北口 (一)190

古尔斑 (一)196

古宋 (六)320

瓜洲 (一)122

关丹 (四)197

观音山 (一)329;(二)297,298;(五)224,226,448;(六)453,455;(七)284,377,524—526,585,605,624;(八)358,435,455,493,504;(九)510—514;(十)318

官窑 (一)149;(六)439

灌县 (一)202,205

灌阳 (九)378

光化县 (九)166

光山 (一)178

光州 (一)178,179;(六)671;(八)769

广安 (一)187;(十一)471

广昌 (一)182

广济 (一)176

广宁 (一)158;(八)691;(九)613,634;(十)32,210—212,423,657;(十一)105,619,661,662

广水 (六)72

广州 (一)9,75,76,80,86,87,93,97,140—142,144,146,148—150,153—159,163,165,167,168,172,181—185,206,219,221,226,228,316,326,330,344—346,348,349,367,370,386,401,454,465,475,476,502—504,513,515,516;(二)23—25,39,55,60,83,86,123,166,178,179,190,208,214,216,218,219,221,224,243,244,246—249,252,256—259,264,265,269,276,284,297,298,314,317,325,327,

330,337,338,340,345,350,356；(三)17,19,74,77,87,93,96,98,99,102,116,118—121,124—126,129,139,146,147,149—151,153,168,174—182,188,196,217—221,225,231,233,234,248,250,253,254,259,261,281,327,508,528,558,561,562,567,568,580,581,617；(四)9,15,17,18,103,122,135,140,146,151,152,156,170,177,194,212—214,217,230,270,277,295,303,306,311,317,343,355,382,387,437,452,499,504,525,531—536,542,544,545,547,549,551；(五)18,25,44,57,100,134,135,216,220,223,228,237,243,245,266,276—279,283,287,290,292,297,304,316,317,361,362,376,378,415,420,423,439,445,457,464,486,495,499,506,515,517,521,523,524,537,538,544,547,548,561,562；(六)1,9,35,55,83,91,128,136,154,247,249,251,252,284,287,316,321,326,341,351,372,382,385,394,405—407,413,417,419,421,430,436,437,442,443,449,451,454,455,458,462,464,465,470,471,

473,474,476,478,483,484,488,500,501,504,505,513,518,525,534,536,537,541,546,556,558,561,563,565,567,570,572,578,579,581,582,587,588,593,595,596,599,602,606,609,613,616,619,621,624,625,630—646,648—650,652—656,658,669,670,673,676；(七)3,20,28,29,66,70,71,75—80,82,133,152,217,247,276,282,284,287,294,295,308,323,335—338,340,341,348,349,351—353,355,360—362,373,376,378,395,410,416—418,420,421,426,430—433,437—440,442,444—446,449—451,456,457,463,466,467,471,475,476,478,480,481,485—489,492—497,502—504,513,519,522,524,530—537,543,545,562,564—566,569,572—574,576,579,584—586,588,595,602,605,608,609,615,625,626,630,631,634,638,640—642,644,646,648,651,652,654,656,657,659,660,670—673,677,683,690,692—695,710；(八)19,32,42,63,87—89,94,96,112,117,125,156,157,187,192,196,241,246,247,302,

323,324,340,341,343,345,346,
348,356—358,361,362,364,365,
369,370,376,388,390,391,398,
412,413,424,433—437,439,440,
442,443,446,449,451,460,462,
463,466,470,481,482,486,490,
492,495—497,499—501,503,
505—509,511,512,514,516,517,
519,520,523,524,531—533,536,
538,540,550,554,559—562,564,
565,568—570,576,577,581,583,
584,587,589,590,592,594,595,
597,598,600,601,604—606,610,
611,613—615,617,621,622,624,
626—628,631—634,638—640,
644,645,651,657,659,660,662,
663,672,675—677,681,685,687,
689,690,693—695,698,699,702,
707—713,724,746,747,749,752,
753,766,771,772,776,777；（九）
51,124,173,177,231,233,249,
280,288,307,335,348,387,392,
395,407,441,473,476,482,501,
505,506,511,512,521,528,531,
537,539,640,649,660,661,663,
668,675,697；（十）3,41,63,72,
86,98,109,112,131,133,149,150,
170,175,200,201,204,222,229,

237,239,240,250,278,284,285,
294,295,297,309,316,317,323,
328,341,347,351,352,375,401,
431,462,469,480,493,525,543,
576,584,609,627,657,662,690,
691,709,713；（十一）34,55,79,
123,124,144,200,232,238,241,
294,313,361,432,444,460,472,
479,485,500,509,511,531,533,
536,542,552,553,563,570,575,
579,656,690,704,705,718；（十
五）41—43,45,134,140,144,196,
202,207,213,226,232,257,265,
266,293,308,310,314,317,330,
335,339,393

广州湾　（一）343；（二）54,104,
355；（三）184；（四）155,157,
219,229；（六）168,170,184；
（七）22,654；（八）755；（十一）55
（十二）518,575

归德　（一）174

归绥　（六）65,67

归州　（三）219,220；（六）340,
341,378

贵县　（一）159

贵阳　（一）158,160；（三）214,219,
220；（六）251,256,279,281,284,
285,297,301,312,315—317,328,

329,335,338,341,345,357,378,
412,417,418,422,432,441,477,
481,503

贵州 （一）134,138,153,154,156—
160,165,358;（二）184;（三）98,
138,217,218,266,303;（四）306,
366,433,554;（五）10,76,103,
179,190,221,262;（六）130,137,
213,248,264,418,431,508,509;
（七）172,355,358,383,587,600,
652;（八）94,96,146,201,234,
264,359,453,501,546;（九）362,
368;（十一）474;（十二）26,195,
218,219,507,562,576,578,581;
（十五）155

桂江 （一）153,154,158

桂林 （一）138,153,154,157,158,
160,181,183,184;（二）174,176,
182,190,192,196,199,200,297,
329,340;（三）111,118,124,125,
129,181;（四）57;（五）176,190,
192,219,222,223,287,290,291,
304,312,313,352,356;（六）47,
62,251,412,413,491,493,496,
499,502,504,505,507,508,617,
620,623,624,633;（七）382,389,
390,394,396—400,404—406,409,
410,573,584,585;（八）468,473,

475—477,479,481—483,485—
487,496,498—500,554,603;（九）
347,364,373,376,378—380;（十）
667;（十二）234,236;（十五）207,
209

桂平 （五）392;（十五）207

桂阳 （十）174

桂阳州 （一）183

郭里得果勒 （一）195

H

哈毕尔罕布鲁克 （一）196

哈尔滨 （一）186,188,189,192,
193;（五）278;（六）88,558;（七）
302;（八）136;（十）391;（十三）
176

哈佛 （二）145;（八）306

哈兰区 （二）229,230

哈密 （一）173,174,178,195,196,
198,199

哈那那林 （一）196

哈藤 （一）198

哈同呼图克 （一）197

哈威夷群岛 （二）220

海安 （一）160,168,169

海参崴 （一）192,193

海城 （一）191

海防 （四）56,59,63,83,183,371;

(十二)267,375,519,527,554,
601,603,604,606

海丰 （一）185；（四）15,65,155,
170；（五）479；（八）704,708；
（九）456,543；（十）423；（十一）
105

海康 （十）423；（十一）105

海口 （一）113,121,129,165,168,
169,346,506,507,517；（二）13,
71,114,186,354；（十二）343

海拉尔 （一）100；（八）618

海楼府（开罗） （一）105

海伦 （一）189,192—193

海门（海门坦） （一）117,180

海南岛 （一）168—170,366；（二）
354；（四）98；（八）2,457

海盐 （五）123

海阳 （一）180；（十二）316—319

海洋岛 （一）169

海州 （一）161,164,173,179,180；
（八）35,38,39；（九）125,191；
（十二）577

海珠 （三）126；（六）329；（九）
276；（十一）12；（十二）304

韩江 （一）168,183；（三）461,
462；（十一）437

罕福 （四）145

汉川 （一）176；（六）175

汉口 （一）87,88,95,116,126,
129,130,134,135,138,139,173,
175,176,178—181,222,347,349,
350,354,424,425,486；（二）44,
123,148,177；（三）10,162,303；
（四）134,346,450,456,457；
（五）509；（六）10,70,106,139,
140,192,201,205,206,211,215,
401,467；（七）79,268,313,361,
464,588,625,647,654,658,681；
（八）89,116,136,154,177,184,
185,230,270,345,453,454,514,
565,607,615,667,742—744,
748；（九）17,22,23,651；（十二）
508,573

汉水 （一）126,134,135,137,176；
（六）500

汉水谷地 （一）177

汉阳 （一）88,134,135；（二）252,
268；（三）20；（五）160；（六）39；
（七）39,55,88,196,299,360,
361,464,588,658；（八）177,185,
615；（九）98

汉中 （一）137；（五）100；（六）
105,289,392

翰县 （五）13

杭州 （一）41,95,108,182,185,
515；（三）57,135,138,218；（四）

240,355,357,358,469;(六)114,229,233,234,389,428,457,625,626;(七)197—199,260,261,263,267—268;(八)331,332,334;(十)5;(十五)53,55,106,117,151,197

杭州湾 (一)110,117

好望角 (一)105;(二)122—124,134,143

合川 (六)300—302,308,440

合江 (四)555;(六)278,311

合浦 (五)170,444;(十一)105

合州 (一)177

和歌山 (四)19—25

和阗 (一)194,200,221

和阗河 (一)200

和州 (一)175

河池 (六)509

河间 (一)178;(六)322

河口 (一)54,81,85,159;(二)277,317,319;(三)304;(四)79—85,91,102,120,123,318,499;(六)7;(七)152,289,441,463,524;(八)111,615,639;(九)4,387,492,593;(十)658,665

河内 (一)81,84,85;(三)273;(四)43,48,49,51—54,56,59,60,63,66,70,73,78,79,81,83,84,86,93,95,121,123,124,168,183;(六)4,5,8,23,170,184;(七)23,591,659;(八)107,108;(十二)182,251,601,603,604,606

河源 (五)206,213,217,218,479,482;(六)396,445,548,562,571,580,586,602,613;(七)476;(八)614,621;(十)186,505,640;(十一)39,105,210,374

贺县 (一)158;(五)506

鹤峰 (一)182;(五)231

鹤山 (六)434,446,454;(九)555;(十)79,200;(十一)105

黑海 (一)41,333

黑龙江 (一)100,163,189,191,192,195,221,343,344;(二)58,92,104;(三)218;(六)88,326,670;(七)21,293;(八)344,476;(九)466

黑水河 (一)177

横滨 (一)76,78,79,86,112,349,350;(二)215,220,250,298;(三)172,271;(四)6,7,9,16,19,21,22,25,27,28,31,33,39,40,42,161,162,175,209,211,216,229,308,315,333,414,418,462,521;(五)429;(六)8,12,

151,171,183,209；（七）227,238, 240,685；（八）24,28,31,37,44— 47,49,50,55—57,61,62,65, 68—70,72,86,104,168,414； （九）14,182,251；（十二）458, 460—463,469,517,518,524, 554；（十五）6,70,71

横林 （七）185,187

横琴岛 （一）169

横枝冈 （一）86

横州 （四）57

衡山 （二）326；（八）481,482, 485,486

衡阳 （二）291,326,330；（三） 253；（五）318；（九）372；（十）309

衡州 （一）185；（二）326；（三）57, 217；（六）264,265,267,465,578； （七）691；（八）497；（十）70,71； （十一）650

红海 （一）41,42；（二）122,126； （四）201；（六）11

红河 （一）512；（七）594

红水江 （一）153,158—159

洪泽湖 （一）136,180

呼都克卒尔 （一）195

呼兰 （一）189

呼兰河 （一）189

呼伦 （一）187,190,193,199

呼伦池 （一）199

呼玛 （一）187,191

呼志尔图 （一）197

湖口 （一）133,137,182,184；（十 二）524,558；（十五）387

湖州 （一）174,182；（三）214, 247；（十五）103,133

葫芦岛 （一）98,165,166,186, 187,190—193,199

虎林 （一）192；（二）320

虎门 （一）142,144,149；（二）327； （三）127；（四）170,219；（五） 211—213,223,247,250,460,467, 500；（六）376,425,439,443,448, 451,454,586,588,592,604,635； （八）344；（九）420,482,499,627, 629,631；（十）32,42,87,88,140, 178,186,187,222,223,226—228, 246,321,466,467,485,553,569, 611,695,697,698；（十一）63,64, 116,117,251,305,371,573；（十 二）263,442,455；（十三）201,397

虎头岛 （一）167

花县 （六）548；（七）71,586,600； （十一）79,105,229；（十五）186

华赛尔 （一）335

华盛顿 （一）234,236,340,367； （二）65,123,250,362；（三）106,

109,203;(四)6,35,36,124,127,132,188,191,225,278,336,460;(五)268;(六)598;(七)373;(八)14,17,136,350,455,462,465,541;(九)179

华铁路(滑铁庐) (一)371;(二)126

华阳 (九)103

化县 (十一)105

化州 (一)160;(十)210

桦甸 (一)190

怀德 (一)163

怀集 (一)158;(九)613

怀庆 (一)175

怀仁 (九)129

怀远 (一)174,175,179;(九)130

淮安 (一)179,180

淮河 (一)135,136,174,180;(三)461;(八)163

淮扬 (三)7;(八)35,39

淮阳 (六)20

欢布库里 (一)199

欢墩埠 (一)179

环河 (一)176

环河谷地 (一)176

环县 (一)176

黄安 (一)178

黄草坝 (四)304

黄村 (三)183

黄冈 (一)84,85;(四)49,123,499;(七)463,656;(八)615;(九)4

黄河 (一)96,108,136,166,174—176,178,196,199,399,513;(二)10,21,22;(三)21,146,182,461;(四)58;(六)287,295,310;(七)68,351,653,672;(八)163,483,487;(十一)722

黄河港 (一)165,166,173,179,180

黄河谷地 (一)202

黄河口 (一)100,169

黄花岗 (一)87;(二)195,296,313,317,323,327,328,330—332,335;(三)13,236;(五)104,135,143,241;(七)64,359,360,444,462,471,494,524,532,574,575,579,615,617,656,659;(八)192,341;(九)86,258;(十)112,479,480,513;(十一)108;(十三)68;(十五)210,310,335,339

黄梅 (一)127,175,176

黄埔 (一)144,146,150,155;(三)126,128,462;(五)296,297,523,525,532,539,542—546;(六)425,518,623,637,645,649,651,652;

（七）276,349,433,437,585,661,667；（八）348,358,504,508,510,512,515—517,520,522,523,583,714；（十）250,252,263,272,288,540；（十一）129,289,479,529；（十二）287；（十五）134

黄埔港　（二）350

黄浦江　（一）110,113,114,116,119,121,132,136,137

黄浦滩　（一）114,496,501；（二）190；（七）17,38,172,697

黄沙　（一）414,475,516；（五）544；（七）488,572,592,595；（九）507,515；（十）76,211,418,447,452；（十一）646

黄沙河　（十）525

黄石港　（一）139

黄岩　（一）185

黄州　（六）21,500

珲春　（一）192

徽州　（一）133,182,184

会昌　（一）184；（十二）521,559；（十三）492,493

会理　（一）206

会宁　（一）189,192,193

惠城　（五）206,213,217,218,484；（六）445,578,612,613；（八）598；（九）610,660；（十）100,115,132

惠来　（十一）105

惠阳　（五）205,211,229；（六）448,584；（七）476；（八）621；（九）543；（十）115；（十一）105；（十三）141

惠州　（一）79,80,82,84,155,156,185；（二）40,43,56,60,66,178,264,276,310,324,325；（三）17,125,127,236,266；（四）15,52,63,68,122,123,155,156,170,219,354,418,433,499；（五）196,197,200,204—206,213,214,219,220,223,225,226,233,409,419,463,464,469,472,479；（六）2,4,128,372,373,442,443,447,448,454,456—458,461—463,465,471,512,535,555,562,569,588,592,602,606,611,613,614,616,669；（七）152,418,420,427,463,476,525,565,586,656；（八）482,486,501,523,526,611,612,614,615,666,704；（九）201,348,392,456,660；（十）38,44,115,129,131,218,505,552,659,673,709；（十一）57,180,216,244,399,579,705；（十三）75,149；（十五）67,68,163

惠州七女湖 （四）49

荤粥 （三）183

火烧岛 （八）35,39

霍尔楚台 （一）197

霍罕 （一）343

霍勒特 （一）195

霍山 （一）173,180；（五）561

霍申屯 （一）194—195,199

霍州 （六）67

J

基尔 （二）355

基隆 （四）14；（五）28；（六）2；（八）59,60

吉安 （一）184,185；（三）126,127,655,657；（五）551；（六）651；（七）585,662；（八）268

吉林 （一）163,187,189,192,193；（三）67,218；（五）84；（六）326,670；（七）21；（八）231；（九）216,330,466；（十）391；（十一）722；（十二）536,562,594

吉隆坡 （四）63,72,94,95,411；（六）520；（八）101,102；（九）253,256；（十五）278

吉樵 （九）206；（十二）507

吉水 （一）185；（三）655

即墨 （一）179；（六）58

辑安 （一）192

济南 （一）173,179；（二）78,84；（四）437,441,447；（六）50,198,212,216,222,512；（七）146,147,187；（八）253；（九）13；（十）469；（十二）581

济宁 （一）179

加尔贾瑞 （四）210

加尔罅尼 （七）248

加利福（科）尼亚 （四）34,132,136,206,221；（十二）2

加拿大（坎拿大） （一）107,141,332,361,429,507；（三）270,275,558,560,562,563,566—568；（四）6,130,206,207,210—212,214,216,222,441,462；（五）38,172,198,248,260,357,451,458；（六）187,230,440,561,563；（七）39,86,110,270,272,273,697,709；（八）24,62,131,217,417,425,426,634；（九）182,230,239,244,251,252,323；（十二）173,509,575；（十五）104,182,327

加拿利岛 （一）225

加罅宽呢省 （三）295

葭州 （一）176

嘉定 （一）138,158

嘉陵　（六）358

嘉陵江　（一）177

嘉兴　（一）137,173,180,181；（十一）696

嘉应　（一）181,183,184；（十一）437

嘉应州　（四）170

嘉峪关　（六）130

戛什温　（一）194,196,197

尖顶车　（一）198

尖牛　（一）196

简州　（一）158；（六）441

建昌　（一）181—185；（六）282,300,309；（十二）535,569,614

建宁　（一）183,184；（五）343

建平　（一）190

江安　（六）320；（九）53,54

江北　（二）357；（八）162,241；（十）245

江达　（一）202,203

江户　（二）297；（四）220；（七）223；（八）74；（十五）91

江门　（一）150,152；（三）127；（四）495；（五）432；（六）374,434,439,454,457,548—550,551,560,599；（八）681；（九）428,439,504,519,525,544,561,563,570,577,578,613,681,688,701,706；（十）9,10,32,54,55,106,136,328,399,447,531,581,619,630,649；（十一）88,287,288；（十二）440

江浦　（九）89；（十一）17

江山　（一）184

江阴　（一）114,116,119,121,122,126,129；（六）662；（七）184—187,193；（八）104；（九）40,99,103

交城　（一）178

胶东　（十二）579,580

胶州　（二）72,104；（三）65；（六）411；（八）339,418,419；（十二）579

胶州湾　（一）179,180；（二）355；（三）184；（七）18,22；（八）260

蕉岭　（十一）106

阶州　（一）177

揭阳　（一）185；（十一）105

节克多博　（一）187,192,194,199

金家口　（一）179,180

金沙江　（一）202,205,206；（四）494

金山　（四）31,32,124,128,137,143,146,150,162,163,180,204,206,212,213,222,223,231,266,276,313,394,407

金山大埠　（三）291,299,303,328,

329;(四)132,138,140,142,158,207,215,224,234,400,412;(五)229;(八)120

金塔 (一)198

金坛 (一)182

金溪 (一)182

金星港(金星门、金星口) (五)538;(八)398,407

津沽 (七)103

津市 (三)219;(六)341,342

锦州 (一)190

泾阳 (一)176;(六)396;(九)121

经棚 (一)188

荆河口 (一)138

荆州 (四)555;(五)8;(六)279,283,287,290,294,296,309,310,313;(九)103

荆紫关 (一)174

景德镇 (一)134

景东 (一)206

靖边 (一)175,194,196—198

靖州 (一)157

静海 (一)178

九江 (一)139,175,182;(三)126;(四)326;(六)500,513;(七)191,681;(八)268;(九)131;(十)125,126,630;(十一)125,149,191,245—248,319,360,669

九龙 (一)343;(二)104;(三)184;(四)123,200;(六)172;(七)7,22,654;(八)53,755,756;(十一)349,350,436

九龙江 (一)183

九龙山 (八)293

九台站 (一)189

九州 (二)266,328;(八)74;(十五)88

旧金山(三藩市) (一)77,86;(二)220,250;(三)13,15,33,270,327;(四)6,32—34,132,141,143,145,165,179,193,205,206,216,218,220,221,226,313,317,357,372,374,520;(五)104,189,190,229,245,452;(六)124,170,172,173,178,181,190,193,203,209,472,523,545,563;(七)3,25,31,85,86,166,181,470,487;(八)15,77,86,118,120,122,126,176,632;(九)227,235,239,350;(十一)483,721;(十二)399,401,403,404,412;(十三)49;(十五)21,189

莒州 (一)179

句容 (九)138

君士坦丁 (二)138

K

喀什噶尔 （一）100,105,177,194,200；（二）81,86

喀特尔呼 （一）194

喀图 （一）195

开车 （一）197

开封 （六）20,401；（七）104；（八）212,218,227,232,258,261；（九）13

开化 （一）184；（四）82,84,85；（六）7

开建 （十一）106

开鲁 （一）190

开平 （一）159；（二）14；（七）123,128；（八）250；（十）79,106,407,707；（十一）105,295,483；（十三）4；（十五）21

堪萨斯城 （八）176

康平 （一）187

科布多 （一）194—199；（七）21

科布多河 （一）197

科尔芬 （一）186,189,191

可渡河 （一）159

可仑波(科伦坡) （四）200；（六）11

岢岚 （一）174,176

克奎河 （一）195

克里雅河 （一）105

克列迷阿半岛（克里米亚半岛） （二）125

克鲁伦 （一）100,186,188,190,193,194,198,199

克鲁伦河 （一）188,195,199

克山 （一）192

崆吉斯河 （一）200

库尔勒 （一）173,177,200,204

库伦 （一）99,105,173—176,179,194—199；（三）104；（五）377,511；（六）133,144；（七）85,222；（八）201,229,567；（九）326

库玛尔河 （一）191

库苏古尔泊 （一）195

库页岛 （七）21

奎勒河 （一）188

夔府 （五）157；（七）681

夔门 （十五）96

夔峡 （一）513

夔州 （五）157,231；（六）394

昆仑 （一）105；（二）134；（三）21；（八）74

昆明池 （一）206

阔多 （一）194

L

拉法河 （一）190

拉萨　（一）201—206；（六）141，142

拉子　（一）204

来吉雅令　（一）201,203,204,206

莱阳　（一）179

莱州　（一）180

兰州　（一）108,173,174,177,201,202,204,205,226,229；（二）86；（六）130；（八）230,247,261

蓝关　（一）174

蓝藤斯敦　（二）233

蓝田　（一）174；（五）517；（六）393

澜沧江　（一）159,203,206

廊坊　（八）618

浪噶子　（一）203

老河口　（一）176；（九）166

老街　（一）156,159,160；（四）81,83

老龙市　（一）155

老隆　（五）217；（六）445,456,461,586,587；（十）186

乐安　（一）185

乐昌　（一）476；（六）456,462,524,588；（十）226,268,322；（十一）105,135,137,212,560,665,678；（十五）202

乐桂　（十）191

乐会　（十一）105；（十五）264

乐陵　（一）178

乐平　（一）183

乐清　（一）185

乐亭　（一）187

雷波　（一）206

雷州半岛　（一）168,169,343；（二）354

耒阳　（六）575；（十五）311

黎峒　（八）241

黎洞　（十）579

里昂　（五）162；（十一）673—675；（十三）159

里海　（一）333,379；（二）132,134；（七）510；（八）476

里塘　（一）205

醴陵　（二）264,325；（六）23；（九）17,86,368

丽江　（六）312

利川　（一）182；（五）89,157,158；（十五）162

利介　（六）519

利物浦（梨花埠）　（一）112；（二）220,221；（四）5,230；（五）427；（八）15；（九）194,197,202（十二）508,549

溧水　（一）184

溧阳　（一）180

连城　（一）183；（十一）259

连江　（一）157；（九）507，515
连平　（十）423，636；（十一）106
连山湾　（一）166
连山县　（十）73，75，94
连县　（五）557；（九）361；（十）73，75，624，675，677，678；（十一）105，256，258，560；（十五）202
连州　（一）157；（十一）478
莲花　（一）184，185；（三）655；（八）763
莲花山　（一）142；（九）417；（十）178，229，489，568
廉江　（九）360；（十一）105
廉州　（一）160；（十三）288
凉州　（一）174；（六）130
梁化　（一）80；（二）324
梁山　（一）124；（六）305，358
谅山　（一）84，343
辽东半岛　（一）169，187，190
辽东湾　（一）161，163，165，169
辽河　（一）95，163，166，185—187，190，191，193；（七）85；（八）104
辽河谷地　（一）188，190，192，193，200
辽源　（一）187，193
辽州　（一）174
列必珠　（九）251；（十二）363，365—367，369

列盖　（一）195
邻水　（一）177
林明　（四）197
林西　（一）188，190
临安　（一）159，182；（四）82，83；（六）7；（七）58
临城　（三）140，142，145；（五）493；（六）559，581；（八）593，597，598，600，601
临高　（十）138；（十一）105
临洪河　（一）179
临江　（一）184，187，192，199
临洮　（一）40；（三）18
临沂　（一）179
临邑　（一）178
临颍　（一）175
灵川　（九）378
灵山　（一）84；（四）57，123；（五）444；（六）512；（九）360；（十一）105，335
灵山卫　（一）180
灵州　（一）176
泠汀关　（五）538
零丁岛　（一）142
零陵　（二）325，326；（六）262，264，292，296，332，413；（九）370
浏阳　（一）183；（九）151；（十一）696

柳江 （一）153,158；（九）364

柳州 （一）158,160；（四）303,304；（五）190,191；（六）378,413,491—494,508,509；（七）584,585；（八）84；（九）488；（十）667；（十一）406

六安 （一）133,180；（三）57；（六）26

六合 （一）180；（九）32

龙川 （一）183；（五）217；（六）445；（十一）105

龙冈 （一）80；（二）324；（十）532,533；（十一）315,324

龙驹寨 （一）174

龙口 （一）169；（二）140,146；（三）63,66

龙门 （一）183,513；（四）303；（六）456,585；（八）614；（十）218；（十一）105

龙门江 （一）165

龙南 （一）182；（十一）443,602；（十二）281,521,559；（十三）492

龙泉 （一）184

龙岩 （一）184

龙州 （一）84,159；（四）54,71—73,123；（五）282；（六）497

隆昌 （一）158

溇水谷地 （一）182

庐山 （一）5,134

芦台 （三）183

泸州 （一）158,160；（六）251,270,295,308,442

鲁港 （一）132

鲁库车鲁 （一）195

陆丰 （一）185；（四）15,51,156,170；（五）217,360,479；（九）529；（十）423；（十一）105,450

陆凉 （一）159

鹿邑 （一）175

潞江 （一）202,203,206

吕四港 （一）169,173,180

旅顺 （一）76,343；（二）51,72,104,133,186,188,355；（三）63,184（六）664；（七）7,441；（八）739,743,755

旅顺口 （七）22

绿筠花圃 （九）42

滦河 （一）91,92,98,99

滦河谷地 （一）100,187

滦平 （一）190

滦州 （二）311；（三）183；（六）20,337；（八）618

伦敦（伦顿） （一）58,75,78,97,134,226；（二）23,34,39,121,124,148,215,216,220,221,229—233,236,240—247,250,251,253,259,

365—367,397,410;(三)16,45,
119,270;(四)1—7,38,113—116,
121,128,142,177,194,220,231,
235,237,246,320;(五)266,276,
280;(六)9,10,143,158,161,187,
597;(七)6,10,17,32,71,72,169,
260,348,487,646,647;(八)4,7,
9,11,12,14—16,22—24,54,62,
115,136,138,204,631,671,741,
742,747,753;(十五)4

罗布泊　(一)177

罗定　(一)159;(六)445;(八)
104;(九)478,482,526;(十)
423,612;(十一)55,105;(十三)
142

罗平　(一)159;(四)304

罗田　(一)180

罗源　(一)182

萝北　(一)191

洛川　(一)178

洛得坦(鹿特丹)　(一)170

洛龙宗　(一)202

洛杉矶　(四)34,157,176,189,
201,218,331;(十二)2

洛阳　(一)173,175;(三)135,
138;(五)449,524;(六)35,525,
578;(七)58,691;(八)541,547,
550,551,558,565,724

落利大　(二)357

M

麻城　(一)179;(十二)504

麻六甲(马六甲)　(二)124;(四)
86,386;(十二)36,507,517,520,
525,547

麻坡　(四)86,90,341,386;(九)
180,184;(十二)504,541

马鞍　(五)206;(七)476

马达加斯加　(二)127;(十二)175

马剌居　(二)71

马来半岛(马拉、马拉半岛)　(二)
103,118,122—124;(四)142;
(八)586

马来群岛　(一)168

马龙山　(七)193

马尼拉(马里喇)　(四)164,177,
181,356,385,395;(五)38;(六)
170,177,179,182,183,189,191—
194,198,204;(八)322

马赛港(马些港)　(四)39,113

马斯波他米亚(美索不达米亚)　
(一)392,393

马孙角　(一)119,121

马尾　(三)462;(八)306,410,412

蛮浩　(四)81—83

满地可(蒙特利尔)　(四)6,212;

（五）141,260；（十二）196

满洲里　（一）188；（八）618

曼谷　（四）97,104,129；（六）230；（八）114

芒街　（一）84,160

茂名　（十）98；（十一）105

茂名安旗　（一）199

茂州　（一）205

梅县　（五）482；（六）455,571；（十一）105

郿县　（一）174

湄州岛　（一）169

湄州港　（一）169

门公　（一）201,203,205

门司　（三）172；（五）28；（六）2,212,668；（八）57,60,61,271,366,417,754,757,759

蒙城　（一）174,179

蒙得娄　（四）210

蒙阴　（一）179

蒙自　（一）85；（四）79,82,84,85

孟定　（一）201,206

孟遮斯打（曼彻斯特）　（一）112

咪厘埠　（十）95

米脂　（一）176

泌阳　（一）174

密山县　（一）192

密西悉比河　（一）108

密云　（一）190

棉兰　（五）517；（十二）485—487

沔县　（六）388,392

渑池　（二）92；（七）486

岷江　（一）138,158；（二）309

岷山　（一）177

岷山谷地　（一）205

闽江　（一）164,182,183；（八）410

名古屋　（四）68；（七）229

明安　（一）195

明光　（一）180

摩尔泰（马尔他、马耳他）　（二）122

莫斯科　（二）92,132,133,143；（三）194,195；（五）278—280,296,303,348,361,371,486,487,533；（六）437,556,559；（七）557,559；（八）225,424,431,454,536,547,564,597,599,606,613,671；（十五）293

漠河　（一）100,186—188,191,199,221

墨竹工卡　（一）202

牡丹江　（一）189,193

木兰　（一）189；（七）705

木鲁　（六）141

幕府山　（一）124

穆布伦　（一）195

穆克图　（一）195
穆陵河　（一）192

N

那赖哈　（一）195

纳木果台　（一）196

纳溪　（一）158

南安　（一）184；（六）372,515

南澳　（十一）106

南昌　（一）182—184；（三）126,127,214,217—219；（五）551；（六）49,64,89,98,108,273,300,321,341；（七）191—193,585,661；（八）267,268,303；（九）97；（十五）50,387

南川　（一）157

南丹　（一）160

南番　（十）248

南番顺　（十一）524,525

南丰　（一）182

南关　（三）234；（四）64,69,102

南海　（二）290,322；（三）90,238；（六）653；（八）201,398,476；（九）629,642；（十）79,93,125,126,200,297,396,551；（十一）17,105,179,319,360,496,649,669,683；（十五）71,300,383

南京(江宁、金陵)　（一）4,10,12,55,65,67,83,84,88,90,122,124,130—132,139,146,173—175,179—181,184,185,360,400—402,508,514；（二）31,44,51,123,148,210,252,265,275,307,309,314,320,339；（三）33,56,75,82,87,135,138,214—219,236,238,239,331—333,336,337,340—342；（四）12,38,128,134,169,199,224,228,236,242,244,246,248,249,254,255,258—261,263,266,269,270,272,273,275,284,295—298,321,324,336,346,365,372,373,381,438—441,445—447,474,478,487,489,496,503；（五）153,265,279,563；（六）13,21,22,37,44,57,71,72,74—76,99—103,118,120,129,132,155,227,233,273,280,283,293,300,315,321,341,363,391,461,513,529,662；（七）35,36,38,42,44,47,49,57—59,70,104,105,119,187,188,193,197—199,214,227,275,278,279,306,307,310,313,347,358,428,460,464,473,491,516,585,587,588,656,681；（八）32,42,57,70,74,80,87,94,96,98,116,118,146,153—156,160—162,164—167,171,

172，174—178，181，187，203，218，
227，246，258，271，277，288，296，
304，307，345，360，379，392，418，
521，550，581，615，650，667，706，
785；（九）4，6，7，14，15，17，18，31，
32，34，37，38，48—51，55，82，86，
88，90，91，93，98，100，103，106，
108，132，135，136，142，154，155，
163，164，166，170—172，254，255，
303；（十一）696，721；（十二）4，7，
9，10，13，441，577；（十五）26，27，
39，49

南靖　（一）183

南康　（一）184；（十二）521，559

南满　（一）163，336；（二）104，133，
139，279；（四）342，390；（五）
305；（七）104，106

南宁　（一）153，154，159，160，165，
512；（三）138，220；（四）55—58，
71，72，303，304，451；（五）235，
287；（六）119，246，251，252，256，
260，262—264，266，328，378，414，
417，418，443，456，491，495，497，
498，502，508，657；（七）20，380，
381，409；（八）363，468；（九）
345，346，350，364，371；（十一）54

南台岛　（一）164

南通　（一）164；（三）138；（四）

243，252，483，484；（六）227；
（九）84，238，538

南通州　（一）485；（九）25，26

南雄　（一）184，476；（三）127，
128；（五）379，557；（六）372，
515，516，524，571，670；（七）573，
586；（九）640；（十）238，268，
280，282，287，288，308，309，342，
343，346，351，352，414，421，422，
455，628；（十一）101，105，374，
489，490；（十五）202

南阳　（一）137；（六）35，287

南洋　（一）39，40，82，85，87，168，
169，366，391，396，407，419，521；
（二）13，14，70，75—77，104，110，
116，118，124，129，130，197，198，
200，202，264，338，355，366；（三）
7，9，11—13，17，19，54，57，126，
247，303；（四）27，39—41，43，44，
46，48—50，52，54，60—62，64，68，
72，73，85，87，92—94，100，103—
106，109—113，118，120，121，123，
124，126，128，130，131，137，146，
163，168，169，172—174，179，180，
183，184，191，194，195，198—200，
205，222，224，234，249，271，286，
287，291，299，300，318，321，323—
325，328，331，332，334，337—339，

341—344,349—351,353,354,357,359,361,363,367,370,372,373,375,376,385—387,392,395—397,399,403,405,407,410,417,422,429,430,436,443,444,462,495,502,509,518,527,543,557;(五)25,263,281,300;(六)15,46,55,62,141,179;(七)25,197,235,240,247,250,258,271,314,335,401,495,500,501,579—583,592;(八)49,101,132,134,241,270,316,378,386,531,621,663;(九)4,22,27,30,36,62,63,182,186,192,193,203,211,235,241,253,417,455;(十)95,96;(十一)429,451;(十二)9,16,26,28,34,35,38,39,507,509,513,523,574,575,578,638,639;(十五)8,167,218,235

南洋群岛 (一)36,364,366,391,500;(二)204,350;(七)28,500,709;(十)95;(十三)164,170

南苑 (六)50;(八)232,422;(九)251

南运河 (一)136,137

内江 (一)158;(五)174

嫩江 (一)185,186,188,189,192

尼勒河 (九)161

尼罗河 (一)392,393

娘子关 (六)80

聂拉木 (一)204

宁波 (一)165,167,185;(二)7;(六)208,389,473,518;(七)267—269;(八)334,335,414,675;(九)192;(十)448;(十二)577

宁德 (一)182;(六)58

宁都 (一)182;(十二)521,559

宁古塔 (一)193

宁国 (一)184

宁海 (一)180,185

宁羌 (六)388,392

宁陕 (一)177

宁武 (五)316,320,454,488;(九)129

宁夏 (一)173,175,176;(六)130;(八)567

宁乡 (一)183,184

宁阳 (一)179;(十)157

宁洋 (一)183,184

宁远 (一)159,183,201,205,206;(三)220;(五)113;(六)80,268,269,282,290,309,312,351,378;(十二)614

宁州 (一)176

纽柯连(新奥尔良) (三)295

纽约(鸟约、牛约) （一）4,17,58,77,89,92,99,112,113,134,220,265,482;（二）166,168,220;（三）270,273,276,295;（四）5,34,35,104,119,124—129,131,132,134,136—140,142,148,150,155,158,160,162,164,175—177,180,186,189,191,203,204,207,208,210,212,213,215,218,220,226,228,231,234—237,278,317,415;（五）521;（六）9,10,124,169,437;（七）71,135,142,159,173,326,348,646;（八）15,89,117,135,176,349,631,699;（九）179;（十二）397,401,402,404,407,408;（十五）7

纽约港 （一）96

农安 （一）189

暖江 （一）190

诺和 （一）201,204,206

诺和湖 （一）206

O

瓯江 （一）167,183,185;（三）461

P

芭江 （六）552,554,637;（九）593;（十）218

湛江 （十）345

帕米尔高原 （一）105;（七）222

簰洲 （一）138;（九）103

佩星和尔街 （二）232

彭水 （九）368

彭泽 （一）184;（十二）524,558

澎湖 （一）343

霹雳(吡叻) （四）94,104,191,195,325,359,363,385—387,392,403;（九）62,63,235;（十一）429,451;（十二）34,35,38,39,446—448,529,564

皮特罗格雷德 （四）415

郫县 （一）202

匹兹堡 （四）36

品夫 （九）239;（十二）458,460,461,463,470

平海 （一）80;（二）264,324

平湖 （五）461;（六）585,586;（七）476;（十）40,186;（十三）176

平乐 （一）158;（六）491,524;（九）373

平南 （五）389;（六）491;（十）376

平泉 （一）190

平山 （五）213,217,484;（六）445,574,576,585,586,640;（八）611,614,621;（十一）39

平阳 （一）175,185；（八）250,
   482；（十）287
平远 （一）176；（十一）106
平越 （一）158,160
坪石 （六）456,462；（十）268,
   703；（十一）59,61,135,137,212
屏南 （六）219
屏山 （一）206
萍醴 （一）83；（四）382
萍乡 （一）83；（二）264,310；（三）
   6,17,655；（四）123；（六）129；
   （八）104；（九）166；（十二）529,
   564
鄱阳港 （一）130,133,184
鄱阳湖 （一）133,134,137,138,
   183,184
蒲犁 （一）200
蒲田 （六）388
蒲县 （一）175
濮家店 （一）132
浦城 （一）184
浦东 （一）114；（九）117
浦口 （一）122,124,130—132；
   （六）295,363（八）346；
普洱 （一）159
普宁 （十一）105
普陀山 （二）358；（十五）113—
   116

铺前 （二）354

Q

祁门 （一）182
祁山 （一）451；（六）418
祁阳 （六）284
齐尔山 （一）174
齐齐哈尔 （一）188；（八）118
岐河口(岐口) （一）98,178,180
綦江 （一）157；（四）426；（六）
   270,271,282
蕲水 （一）176
恰克图 （一）105,194,195,197—
   199；（七）110
迁江 （一）159,160
虔南县 （十二）281；（十三）469
钱塘江 （一）182；（八）333
乾州(乾县) （六）39,396,397
黔江(县) （九）368
黔西 （一）158
钦州(县) （一）84,157,159—
   161,165,170；（四）55,57,58,64,
   71,84；（六）457,471；（十三）288
秦皇岛 （一）98,99,169；（三）74,
   183,461,462；（六）20,261,319；
   （七）277；（八）201；（九）13
秦岭 （一）176,177
秦州 （一）174

沁水　（一）175

青岛　（一）167,343,367；（二）117,188；（四）285,437,440,471；（六）180,199,222,411；（七）148,149,156,301,416,417；（八）167,254,256,257,260,262,385—387,418,419,755；（九）225,303

青冈　（一）189

青海　（一）96,201,202,204,209,219,430,515；（三）354,355,378,586；（七）85,107,672

青河　（一）91,92,98,99

青田　（一）183

青弋河　（一）132

青州　（十二）580

清澜　（二）354

清流　（一）183

清平　（一）176

清远　（一）149；（六）453,548,549,552；（七）71；（八）4；（九）156,593,634；（十一）79,105；（十三）97；（十五）202

清远峡　（一）154,155

清漳河谷地　（一）174

顷士顿　（五）357；（十二）459,460,462,467,472

庆阳府　（一）176

庆远　（一）158；（四）304；（六）491,524

琼东　（十一）105

琼侨　（十二）257,258,517,575

琼山　（十一）105,128

琼山县　（十五）260,295,296,304

琼州　（二）354—357；（四）98,169；（六）414,456,458；（八）241,242；（九）207,253；（十二）40,509,516,517,534,537,538,549,562,567,571；（十三）125

琼州岛　（一）160

琼州海峡　（一）160,168,169

曲江　（八）604,708；（十一）105,489,495,514,652,653

曲江县　（十）398

曲靖　（四）304

曲水　（一）203

渠县　（一）177

衢州　（一）182；（六）389

全椒　（一）174

全州（县）　（一）157,160；（六）496；（八）496,499；（九）380

泉州　（一）185；（五）41,374,476；（九）351；（十）629；（十二）527,563,577

确山　（一）174

R

饶河 （一）186,189,192

饶平 （一）185;（六）440,547;（十一）105

饶州 （八）268

热河(承德) （一）99,166,186—188,190,191,430;（八）319

热河山 （一）188

仁化 （六）515,524;（九）603;（十）226,414;（十一）105,489;（十五）202

仁化县 （十）413

仁怀 （一）158

仁寿 （九）230

日厘 （四）197

日内瓦 （六）632

日照 （一）180

荣县 （九）361

容奇 （一）150;（六）439;（十）596,601;（十一）402

容县 （一）159

如皋 （一）180

汝城(桂东县) （一）183;（十）70

乳源 （十）104;（十一）106;（十五）202

瑞金 （一）183;（十三）493

瑞州 （一）183

婼羌 （一）173,177,201,204,205

S

撒伦尼加 （二）146

萨丁诺(撒丁) （一）236

萨拉齐 （一）174

萨里 （一）204

萨特来得河 （一）204

赛里木湖 （一）196

三宝垄 （十二）385,528,564

三岔 （一）174

三道河 （一）196

三多祝 （一）80,185;（二）324;（五）217;（六）445;（八）66,611

三佛齐(南海) （一）39

三罗 （六）611;（十）213,500,521,612;（十一）569;（十三）483

三马路 （八）154

三门湾 （一）169

三盘岛 （一）167

三水(枸邑) （一）148—150,153,154,158,176;（三）569;（四）252,306;（五）176,409;（六）425,439,549—551,557;（七）441;（八）4,497,501;（九）492,526,569,602;（十）3,38,280,297,423,579,665;（十一）105,287;（十三）142;（十五）336

三台　（一）196

三亚　（二）354,355；（九）567,568

三音达赖　（一）198

三原　（一）176；（三）218—220；（五）13,67；（六）321,341,378,396,397,481；（九）368

三洲田　（一）80；（四）219；（六）2,3

桑港　（四）232；（十二）507

色楞格河　（一）196—198

沙布克台　（一）196,198

沙河　（一）86；（五）504；（七）586

沙河谷地　（一）190

沙基　（一）454；（十）562

沙口　（十）345

沙面　（一）146；（三）128,178,254；（四）527,528,542；（五）524；（六）453,596,597；（七）289,638,692,693；（八）194,520,521,525,530,687,689,690,695；（九）486,518,537,566,634；（十）617—619,652；（十一）241,695

沙漠联站　（一）194,198

沙市　（一）138,160,183—185；（七）681

沙尾山　（一）117,119

沙县　（一）184

莎车　（一）200

山东半岛　（一）167,169,179

山海关　（二）31,78,84；（三）183；（七）103,193,682；（八）724

山阳　（六）35；（九）25,26

汕头　（一）165,168—170,181,184,185；（二）219,221,249；（三）218—220,225；（四）495,504；（五）8,28,45,106,188,196,204,217,379,455,460（六）199—201,284,307,317,319—321,323,328,330,337,341,344,346,347,349,352,354—356,360,361,365—368,370—373,376,378,381,420,426,427,431,437,441,442,444,453,456,462,468,540,542,548,549,555,557,558；（七）274；（八）116,340,341,344,361,365,366；（九）284,290,473,533,534,587,592,628,629；（十一）241；（十二）379；（十五）139

汕尾　（一）169；（四）65；（六）346,552；（八）704；（九）543

鄯善　（一）200

商州　（一）174

上高　（一）183；（三）655；（十二）531,566

上杭　（五）13,41；（六）430

上辽河谷地　（一）188

上饶　（一）182

上犹　（一）183；（十三）469,470

上元　（三）340；（九）14,49

韶城　（六）420,549,555；（八）598；（十）561；（十一）430,499

韶关　（一）475,476,516；（二）22—24,350；（三）111,126,189；（五）294,301,530,531,534,536,539,544—546,548,551,556；（六）512,513,521—523,549,551,552,554,555,566,588,627,628—630,633,634,637,656,658；（七）410,442,443,476,569,573,585,600,654,656,660—662,690；（八）365,482,485,486,501,503,522,523,526,576,603,604,701,702,704—707,710,711；（九）371,387,390,426,589,593,691；（十）86,109,175,268,269,398,561,648,649,667；（十一）399,401,408,416,430,443,457,468,500,513,521,560；（十三）429

韶州　（一）154,155,181,184,185；（二）340；（三）125—127,182,220；（四）472；（五）138；（六）223,417,548,555,570,571,619,642,645,646,648,650,651,660,664,669；（九）371,602,691；（十）11,85,86,109,269,282,352,454；（十一）59,61,484,689,702

邵武　（一）182；（五）343

绍兴　（六）114；（七）265—267；（八）333,334；（九）192；（十二）24,576；（十五）53,107,110

赊旗店　（一）137

舍路　（四）232；（十二）397,401,402,404,408

深泽　（一）178

深圳　（二）324；（五）461；（六）2；（十）617,618；（十一）349,705

神户　（一）79,112；（二）220,250；（三）172,173；（四）11,13,25—27,66,68,315,430,462,471；（五）29,562；（六）2,22,166,666,668,673；（七）233,235,238,240,685,689—691,699,708,711；（八）2,3,50,55,57,58,271,286,308,368,414,722—724,728,729,734,735,738—741,747,759,780；（九）14；（十二）24,290,507,548；（十五）333,351

神奈川县　（六）199；（八）50,57,86,87

沈阳　（二）86；（四）188；（五）363；（六）666

圣彼得堡 （二）92；（七）486

圣路易（新蕰、圣蕰、圣路易斯）
（一）89；（三）235,295；（八）176

圣罗伦士河 （一）429

圣沙路华打（圣萨尔瓦多岛、华特林岛） （一）225

圣希列拿岛 （七）264

诗鹅 （十二）518,575

施南 （一）182；（五）157；（六）390,394,410

狮子岭 （十一）195

狮子山 （一）122

十万大山 （一）84；（四）71

石城(廉江县) （一）160

石岛 （一）117,180

石岛湾 （一）169

石井 （六）439,550,551；（九）514；（十）435；（十一）513

石龙 （一）155,184；（二）337；（三）117,126,260；（四）495；（五）233,461,463,470,478,480,482,492,499,500；（六）439,447,456,461,462,465,555,561,562,585,587—592,603,611,612,616；（七）340,443,488,495,497,586；（八）526,597,621；（九）156,482,593,610,703；（十）4,59,61,83,94,179,184,190,194,205,214,215,229,230,276,278,309—311,416,483,598,610,681,709；（十一）46,47,79,108,180,237,238,241,248,254,349,418,419,704,705,711,713；（十二）516,552

石门 （六）439

石牌 （五）532；（七）488,586；（十）446,465,691；（十一）140；（十五）314,330

石屏 （一）159

石浦 （一）169

石泉 （一）177,200

石首 （一）138,139

石滩 （五）492；（六）586,589,591,592；（七）492,495；（八）622；（九）630；（十）187,223,225,230,268,276,329,340—342,708

石钟山 （一）133

石硅 （一）182

始兴 （一）184；（三）127,128；（五）171；（六）413,421,438,515,571,670；（七）488,586；（九）603；（十）59,269,280,282,628；（十一）105,374,489；（十五）202

士得顿 （七）31

室韦 （一）187,191

寿州 （一）174,179

瘦狗岭 （七）495,579；（十）237

舒城 （一）180

沭河谷地 （一）179

沭阳 （一）179

双流 （一）205

双山 （一）187,193

双山寺 （十一）200

水口关 （四）64

顺德 （一）150；（三）79；（四）15,354；（六）439,445,584,585,653,677；（九）673,692；（十）79,173,297,568,569；（十一）5,17,105,179,683；（十三）4；（十五）3,279

顺庆 （一）177；（三）218—220；（六）284,308,321,325—327,329,331,332,334,338,341,342,345,354,358—360,371,378,414,440

顺天 （八）32,42

朔方 （二）318

朔州 （一）176

思茅 （一）157,159,206

思明岛 （一）168

思州 （四）64

斯巴斯图堡 （二）133

斯丹 （一）371

斯和硕特 （一）197

斯托罗盖台 （一）196

斯亚德尔 （六）372

四会 （一）158；（六）548—550,552,553；（九）613,634；（十）32,210—212,657,658；（十一）105,619

四平街 （一）193

四邑 （一）150；（四）550；（五）414,470；（六）328,462；（七）83；（九）513,583,584,688,692,701；（十）106,306,307,500；（十二）140,393,535,569,620；（十三）4

汜水 （一）175

泗城府 （四）304

泗水 （三）276；（四）423,443；（五）79,106,107；（六）236,237,522；（九）147；（十二）167,514,515,551

泗州 （一）179

松花江 （一）95,163,185,186,188—191,193

松江 （一）137；（二）6；（七）202；（九）20；（十一）696,697

松潘 （一）205

松溪 （六）219

松香河谷地 （一）190

嵩口 （六）388

嵩山 （一）175

苏叠图 （一）194

苏台 （一）196

苏伊士运河 （一）42；（四）201

苏州 （一）114,137,180,401,515；
（三）218；（四）265；（六）97,314；
（七）491；（八）32,42；（九）14；
（十二）577

苏州河 （一）114；（九）117

肃州 （一）174,194,196,198

宿迁 （一）179；（六）35

宿松 （一）175

宿务（宿雾） （四）318,364,370,
379,380,399,414,418,427,438,
505,539；（六）174；（九）185,
197；（十二）20,40,41,137,138,
173,174,193,301,505,512,516,
530,545,620,633,634

宿州 （一）179；（七）70

睢州 （一）178

绥德 （一）176

绥定（伊犁城） （一）177,200；
（六）326,327,338,345,441,455

绥东 （一）190,193

绥江 （九）593

绥江口 （一）158

绥来 （一）174

绥远 （一）174,187,191,194,195,
197—199,430；（三）218,586；
（六）65,144；（七）350

遂南 （二）24

遂宁 （六）302

遂溪 （一）160；（六）462；（十一）
105；（十五）270,274

T

塔巴腾 （一）196

塔布图 （一）197

塔城 （一）173,174,178,196

塔里木河 （一）177,200,204

塔里木沙漠 （一）200

塔普图 （一）196

塔顺呼图克 （一）198

台北 （四）19；（八）60,366；（十二）
2,5,13,26,84,90,101—107,109—
111,114,115,117—119,122,124,
125,128—134,137—141,143,145,
149—151,153,155,159—164,167,
183,194,204,209—211,231,232,
285,290,292,293,306,449；（十
五）84

台山 （四）317；（八）118,627,
640,679；（十）79,267,291,292,
407,534,707；（十一）48,49,57,
88,105,205,295,357,358,397,
601,602,609,660；（十三）4,245；
（十五）262

台州 （一）185

太仓　（九）20

太和　（一）175；（四）236

太湖　（一）114,136,137,174,180；
（十一）696；（十二）577

太康　（一）175,178

太平　（一）184；（四）104,197；
（十）485；（十二）33,520,556

太平河谷地　（一）177

太平洋　（一）42,77,89,105,106,
140,194,361,372；（二）144,285,
286；（三）106,107；（四）268,
334；（五）272,281；（六）598；
（七）6,8；（八）129,204,425,
426,479,566,684；（九）365,366；
（十三）388

太原　（一）174,178；（二）78—80,
84,86,274；（三）214；（六）65,
67,90,123；（七）104,138,139,
142；（八）250,252

泰安　（一）179

泰顺　（一）182

泰州　（一）180

覃文省街(地温些街)　（二）220—
223,235,247；（四）2,5；（八）9,
12,14

檀香山(火奴鲁鲁、火纳鲁鲁、汉那
鲁鲁)　（二）47,57,208,220,243,
244,250,357；（三）3,266,268—
271,289,303；（四）16,29—32,
122,124,145,146,149,150,156—
158,160,165,168,174,184,193,
202,206,216,220,230,234,421；
（五）391；（六）172,179,230,523；
（七）1,2,8,75,212；（八）64,66,
68,113,124,126,128,129,242,
397,403—406,409,411,413；（九）
204,212,353；（十二）195,247,
504,515,531,542,575,596

唐山　（三）183；（四）225,228,
229；（七）673；（八）709

唐县　（一）174

塘沽　（三）183,461；（七）88

洮河谷地　（一）177

洮南　（一）188,193,194,199；
（七）136；（八）252

腾格里池　（一）202,204

腾越　（一）157—159

藤县　（六）490,492；（八）559；
（十）81

提郎宗　（一）201,203

天长　（一）180

天池湖　（一）190

天津　（一）83,95,99,108,135,178,
347,350,440,476,515；（二）8,28,
31,32,107,179,244,359；（三）67,
113,135,138,183,199,214,217,

227,283,324;(五)314,524;(六)50,66,72,100,101,124,189,248—251,255,261,264,316,401,487,580,628,629,656,657,663,668,673;(七)59,79,88,90,91,278,279,646,647,661,662,670,673,682,684,690;(八)89,203,209,247,262,270,420,450,467,542,568,604,656,718,720,722—726,728,729,732,742—744,748,758,766,770,771;(九)438;(十一)15,276,615,713;(十二)230,303,310;(十五)136

天全　(一)205

天山　(一)100,200,358;(三)18;(七)222;(八)201

田南　(九)364

帖克斯河　(一)200

帖里吉尔穆连河　(一)196

帖里淖尔湖　(一)196

帖列克特山　(一)197

帖斯河　(一)197

汀州　(一)183;(五)19

通河　(一)189

通化　(一)192

通肯河　(一)189

通山　(一)182

通许　(一)175

通州　(一)41,180;(三)57;(九)191;(十二)576,577

同官　(一)176

同江　(一)191

同仁　(六)345

桐庐　(一)182

铜鼓　(十一)373,396,397,528,659,660;(十二)535,569;(十三)415,418

铜鼓洲　(一)150

铜梁　(五)123;(六)311

铜陵　(一)124,184

铜仁　(六)328,332,343,353,354

突尼斯　(二)127

突泉　(一)190,199

图里克　(一)198

图们江　(一)192

图塔古　(一)198

土尔扈特　(一)197

土斯赛　(一)196

土谢图汗　(一)198

吐根河　(一)192

吐鲁番(土鲁番)　(一)174,200

托拉山　(一)202

托里布拉克　(一)178,195,199

W

万安　(三)655;(五)550,551;

(六)651;(七)662;(十二)538,572

万宁县 (十五)302

万县 (一)182,513;(三)178,180;(九)298

万载 (一)183;(三)655

威海卫 (一)76,343;(二)104,188;(三)184;(七)22;(八)755

威宁 (一)159,160

威斯巴登 (四)225

潍县 (四)447,461,467,495;(六)215,219,221

尾妖岛 (一)167

渭北 (五)13

渭河 (一)108,174

蔚汾河 (一)176

温哥华(云哥华、云高华) (一)141;(三)558;(四)5,124,206,207,210,211,227,387;(五)451;(七)29;(八)131;(九)182,244

温尼伯(云尼辟、温尼辟、温汝辟) (四)210,212;(五)198;(十五)327

温县 (一)175

温州 (一)165,167,169,181,183—185;(三)57

温州岛 (一)167

文昌 (十一)106,370

文昌县 (十五)321

文岛 (四)87,88,111,202

文登 (一)180

文水 (一)178

文渊 (四)123

稳梳 (十二)316—319

汶川 (一)205

汶河谷地 (一)179

翁江 (一)512

翁源 (三)127;(五)531;(六)521,524,548,549,618,619;(八)526;(十一)93,105;(十五)202

瓮安 (一)158,160

倭肯河谷地 (一)189

倭伦呼都克 (一)196

涡阳 (一)174

乌得与格合 (一)195

乌尔格科特 (一)198

乌尔霍盖图山 (一)196—197

乌江 (一)157,158,182

乌拉岭 (一)196,199;(八)74

乌拉山 (一)199

乌兰固穆 (一)194,197

乌兰和硕 (一)198

乌兰呼图克 (一)198

乌里雅苏台 (一)105,173,175,176,179,194,195,197,198

乌梁海 (一)194—199;(七)21;(八)201

乌列盖 （一）197

乌龙山 （一）124；（六）662

乌鲁河 （一）197

乌鲁克穆河 （一）195—197

乌鲁木齐（迪化） （一）100，105，174，178，194—200

乌尼格图 （一）196

乌松阔勒 （一）197

乌苏里江 （一）189，191，192

无极 （一）178

无为(无为州) （一）175，180

无锡 （六）605；（九）114；（十二）609；（十五）228

吴城 （一）184

吴淞 （一）67，82，114；（三）254；（七）58，679；（八）265；（九）98，140，172

吴淞口 （七）682；（八）93

芜湖 （一）112，114，116，122，124，130，132，133，136，180，184；（六）129，314；（七）194，681；（九）103

梧州（苍梧） （一）153，154，157，158，512；（三）118，125，217，225；（四）15，57，229，303，304；（五）176，287，389，400，407，411；（六）119，272，425，490—492，498，524，568，610，620；（七）379，382，384，386，388，406，410，444，586；（八）363，463，468—470，476，479，482，486，501，554，559，564，594，608，609，676；（九）360，364，371，373，478，479，481，488，513，701；（十）3，5，36，40，91，135，136，376，444，516，517，586，612，638，639，703；（十一）47，55，146，249，263，368，415，638；（十二）219；（十三）112，197，350，430；（十五）207

五常 （一）189

五华 （一）183；（六）276；（十）423；（十一）105

五原 （一）194，199

五寨 （一）176

五指山 （八）241

武昌 （一）58，83，84，86—89，134，135，181—184；（二）51，148，174，177，178，184，187，189，265，296，335；（三）65，68，74，214，215，217，218，235，276；（四）134，352，358；（五）97，466；（六）14，54，70，72，73，99，101—104，128，236，259，529；（七）52，54，57—59，104，106，152，193，226，275，303，307，325，360，361，374，405，427，430，438，452，461，464，483，484，498，502，513，514，516，520，524，531，533，536，587，588，623，625，626，658；

（八）57,72,74,75,138,149,150,
156,176,177,185,187,209,217,
218,227,230,258,323,344,376,
615,719,769;（九）4,51,90,91,
171

武定 （十二）580

武汉 （一）76,83,87,88,130,134,
348,402;（二）177,277,307,308,
311—313,326,332;（三）20,22,
24,29,30,53,88,112,146;（四）
249,267,274,290,432,456,457;
（五）8,13,19,190,210,221,257,
260,265,270,285,286,291,302,
318,532,550,551,555;（六）14,
48,88,104,112,114,267,270,272,
278,279,283,286—288,294—296,
302,304,308,313,332,334,335,
337,350,363,365,424,469,500,
513,641,655,664;（七）32,54—
56,76,314,374,389,455,463,472,
585,653,658,659,662,672,691;
（八）32,42,78,87,136,147,296,
464,469,473,478,480,497,615,
639;（九）3,4,23,53,103,156,
162,166,169,170,344;（十）475,
487;（十二）577;（十五）37,38,121

武叻 （四）197

武鸣 （六）253,284;（七）384

武平 （六）430

武宣 （一）158

武穴 （一）116,126;（三）219;
（五）13;（六）320,326,341;（八）
296,618

武义 （一）182

X

西安 （一）173,174,176—178,354;
（三）214;（五）13;（六）73,85,90,
317,318,326,350,354,670;（七）
105,510;（八）75,258,261

西伯利亚 （一）99,186;（二）104,
134;（五）346,347;（七）498;
（八）102,423,606

西贡 （三）271,272;（四）10,39—
41,43,45,48,52,54,56,59,60,
63,66,104,183,318;（五）242;
（六）6,7,230;（八）49—55,75,
100,102,109,110;（十二）178,
200

西关 （一）149,504,515;（三）
178,179,234;（五）528;（六）
464,624,625,638,639,654;（七）
582,646,694,695;（八）196,694,
695,746,747,752,753;（十）441,
690;（十一）467

西湖 （六）233;（七）197,264,

265；（八）331，332
西江　（一）95，96，138，141，146，148—150，153，154，158，159，164，168，512；（二）219；（三）127，181，188，568—570；（四）15；（五）176，219，233，247，338，339，350，366，368，389，396，399，403，404，410，414，435，463，468，472，522；（六）413，425，471，512，549，560，599，613，620；（七）420，441，444，519，586；（八）96，515，516，603，681；（九）268，410，416，443，481，526，563，586，593，616，650，660，669，672，699，701，706；（十）3，5，32，36，37，40，48，91，106，141，157，171，192，212，267，280，321，407，408，468，500，516，517，535，562，581，586，657；（十一）47，54，87，102，225，447，448，478，480，520，585，638；（十二）296，639；（十三）17，46，78，111，133，134，368，453；（十五）277

西江口　（一）169

西库伦　（一）196

西辽河　（一）187，190

西隆州　（四）304

西宁　（一）202

西雅图（舍路埠、些路）　（一）141，491；（四）232；（八）136，176；（九）179

希炉　（四）156，165，234，408，412，421；（七）1；（九）204，212；（十二）396，400，402，403，406

昔哈特　（一）196

淅川　（一）174，176

锡兰　（一）332，344；（二）7，122，143；（六）11

隰州　（一）178

喜马拉雅山　（一）344

下关　（一）122，132，203，508；（八）271，286；（九）32；（十一）667

下首塘　（五）123

夏威夷　（三）266，269，271；（四）29，145，175；（七）207；（八）62，63，68，405；（十五）203

夏威夷群岛（山域治群岛、桑威奇群岛）　（八）15

厦门　（一）165，168，169，181，183—185；（二）231；（四）16，504；（五）28，30，43，351；（六）3，352，430，447，462；（七）445；（八）53，61，675；（十三）243

冼基　（三）234

香港　（一）39，75，76，79，80，86—88，140，141，151，169，331，332，

346,350,359,367,372;(二)3,8,40,43,103,104,122,198,214—216,219—221,224,240,243,244,247,249,250,258,259,264,324,325,338,339,353,366;(三)4,9,130,149,158,178,179,225,231,238,270,296,303;(四)1—3,7,10—12,14,21,22,41,48,49,59,61,79,91,104,105,108,121—123,139,140,144,152,153,155—157,159,161,164,166,167,170,174,181,184,196,198—200,207,218,229,231,240,252,254,266,309,350,354,426,428,429,441,450,456,527;(五)23,276,366,469,470,524,554;(六)1,5,9,11,12,41,91,127,139,164,171—173,179,180,215,218,362,401,420,426,427,451,457,458,508,517,532,537,545,553,588,625;(七)17,21,33,67,68,71,75,79,83,84,152,250,258,350,397,418—425,427,428,430,433,434,439,440,450,471,494,497,500,527,576,581,582,584,587,646,654,656,659,682,683,693—697,709;(八)2,3,5,6,15,24,36,40,44,45,49—55,61,63,65,66,72,84,93—95,133,146,150,168,176,188,193,202,203,242,247,257,278,290,299—303,307,349,406,409—411,413,433,434,451,460,475,481,489,514,521,531,532,554,568,581,583,584,591,597,613,631,640,644,663,664,671,707,708,713,714,738,739,741—745,748,749,755,756;(九)180,194,197,201,203,211,214,227,237,335,346,409,416,420,445,455,470,473,476,499,506,578,589,644;(十)40—43,79,315,316,652;(十一)173,276,349,450,537,641,704;(十二)1,2,34,42,286,519,575,603,637;(十五)6,22,41,169

香河 (一)178

香山(县) (二)3,5,7,16,17,19,33,41,214,320,322;(三)79,80,217,218,301,399;(四)15,276,523;(六)15,264,321,329,360,439,462,585,653;(七)99,421,423,650;(八)398,403,407,531,692,788;(九)124,290,314,673,690;(十)32,79,173,297,306,307,334,386,395—397,494,495;(十一)9,10,14,105,130,131,179,289,325,397,474,683;(十

三）4,269；（十五）2,4,42,87,169,
211,299,395

湘江　（一）138,154；（七）388

箱根　（五）28；（八）366,367；（十
五）151

襄城　（一）175

襄阳　（一）137,138,176；（四）
555；（六）105,279,287,294,296,
306

项城　（一）178；（四）261

象山　（二）358

象山群岛　（八）335

象州　（一）158

小北江　（九）593；（十）525,646,
647,675,677,678；（十一）2

小池口　（一）175

小孤山　（一）126

小关　（一）175

小昌宋　（一）36；（二）354；（三）
247；（四）186,323,406,410,418；
（五）256,366；（六）149,150,
521；（七）425；（九）217,534；（十
二）88,90,605

小兴安岭　（一）185,189

小鱼湖　（一）190

孝感　（六）54

新安　（一）80,152；（二）54,264,
297,298,324；（七）476

新蔡　（一）174,178,179

新城　（一）179；（三）234；（九）89

新丰　（一）182；（六）456；（十）
280,423,636,659；（十一）106,
210,374,583

新会　（二）36,338；（六）17；（九）
439；（十）79,407,637,638,707；
（十一）88,105,342,370,435；
（十三）4；（十五）64,303,320

新加坡（星洲、星架坡、新嘉坡、星
加坡、星坡、星岛、新加波、星）
（一）54,85,332；（二）70,122,123,
208,338；（三）12,178,180,303,
304；（四）39—41,43,45,48—52,
54,59,60,63,65—67,71—74,81,
84,86—88,91,95,96,98—101,
103,104,108,109,111,123,129,
130,131,156,164—168,183,184,
192,195,197,198,271,299,322,
323,331,428,444,484,485,508,
510；（五）188,189；（六）1,6—8,
11,130,188,230,522；（七）13,
425,581；（八）49—52,55,86,93—
95,100,102,110—112,115,116,
134,146,176,257,553,663；（九）
184；（十二）27,32,180,192,257,
258,503,504,508,514,518,574；
（十五）8,278

重要地名索引

新津　（一）205；（六）345,348,369
新民　（一）187,192；（六）50
新宁　（三）246,247；（四）418；
　（五）274,469,470,563；（九）
　254,693；（十）141,192,348,349；
　（十一）660
新泰　（一）179
新塘　（一）155；（十）201,573,
　599,635；（十一）108
新田　（一）183
新兴　（一）159,205；（六）462；
　（九）542；（十一）105
新洋港　（一）169,173,180
信丰　（一）182；（六）393,515；（十
　二）521,559；（十三）469
信阳州　（六）50
兴安岭　（一）100,199
兴安运河　（一）153,154
兴国　（十三）493
兴国州　（一）182
兴化　（一）185；（五）57；（十二）
　510,575,578
兴凯湖　（一）192
兴宁　（一）183；（十）423；（十一）
　105
兴文　（六）320
兴县　（一）176
兴义　（一）159,160,183—185

星宿海　（一）202
休宁　（一）182
秀山　（五）6；（九）368
盱眙　（一）180
徐闻　（十）423；（十一）105,335
徐州　（一）179；（四）488；（六）21,
　72,254；（七）70（八）346；（九）
　191；（十二）6,576
叙城　（六）314
叙府　（一）157,158,160,201,206；
　（六）257,264,319,346,348,368,
　369
叙州　（三）218；（四）426；（六）
　320,321,368
宣城　（一）184
宣平　（一）183
玄武湖　（九）86
雪梨(悉尼)　（二）292,293；（四）
　498；（五）42；（六）563；（九）291；
　（十二）329—331
浔州　（一）153,154；（四）303,
　304；（六）491；（十）444

Y

鸭绿江　（一）169,192；（三）461
鸭绿湾　（一）169
崖门　（一）371
崖县　（十一）105；（十二）211

雅江(雅砻江、鸦龙江) (一)202,
　205,206
雅州 (一)205
亚庇 (十)95;(十二)516,575
亚剌芝斯剌 (二)71,72
亚丁(阿颠) (一)332;(二)122;
　(六)11
亚特力海 (二)138
烟台 (一)66,67;(三)214,462;
　(四)526;(六)20,37,42,43,58,
　61,75,81;(七)88,89;(八)165;
　(九)13;(十一)42;(十五)47
焉耆 (一)194,200
延安 (一)175,176
延安堡 (一)200
延长 (一)175
延吉 (一)186,189,192;(四)221
延平 (一)182,184;(三)17;(五)
　41;(六)389
严州 (一)182;(九)192;(十二)
　576
盐城 (一)180;(九)91
盐河 (一)136
盐山 (一)178
盐源 (一)206;(六)312
燕塘 (七)625;(十)11,691
扬州 (一)131,136,180,371,515;
　(二)5,55,187;(六)26,69;(七)

21;(八)118;(九)120,191
羊房 (一)176
阳城 (一)175
阳春 (一)159;(四)15;(十)184,
　423,648;(十一)105;(十三)4,
　142
阳江 (三)246,247;(四)15,418;
　(六)356,434,454;(十)648;(十
　一)105;(十三)4,142
阳逻 (六)21
阳山 (九)361;(十)423,624,
　677;(十一)106,560;(十五)202
阳朔 (六)493;(七)387,388;
　(九)373
杨村 (一)440;(三)183
杨图 (一)195
洋浦 (二)354
仰光 (一)159;(四)95,96,101,
　106,107,511,529,545,554;(六)
　230,522;(九)197;(十二)25,27—
　31,168—172,184—188,220—224,
　297—300,506,509,512,536,547,
　571,574,637;(十五)220
耀州 (一)176
叶尔羌河 (一)200
伊哈托里 (一)196
伊犁 (一)100,105,194,196,200;
　(二)80,81,86;(三)321;(七)

124,128,133;(八)74,75,201,246,247,263,264;(九)161

伊犁河 (一)200

伊宁 (一)200

伊通河 (一)189

衣斯麦三角带 (二)413

依兰 (一)187,189,192,193,199

仪城 (一)174

沂州 (一)179

宜昌 (一)138,139,182,513;(四)431;(五)8,190,191;(六)287,289,294,363,496;(七)681;(八)493;(十二)576

宜川 (一)178

宜黄 (一)185;(十二)535,569

宜君 (一)176

宜兴 (一)136,180,182;(六)628

宜章 (九)166

怡保(壩罗) (四)94,325,387;(九)187;(十二)33,39,519,530,555

怡朗 (六)189,194,196;(十二)322—326,508,512,548

颐和园 (二)56;(三)324;(五)559;(六)31,35

义乌 (一)182

义州 (一)190

益阳 (一)184

银河谷地 (一)192

银盏坳 (一)414;(五)457;(十一)15

印度支那 (四)70,91;(八)94,95,99,100,110,225,353;(九)280

英潮 (二)354

英德 (二)22,23;(六)456,521,549,669;(七)442;(八)526,590,603;(十)86,175,280,579;(十一)105,229;(十五)202

荥经 (一)206

荥阳 (一)175

营口 (一)161,163—166;(七)85,113

颍上 (六)61

颍州 (六)20,21,50,72;(十二)516,562

永安 (一)184;(五)217;(六)171,445;(九)321

永昌 (一)159

永川 (六)311

永春 (五)351

永淳 (四)57

永定 (一)160,184;(二)163

永丰 (一)185;(三)655;(十二)532,566

永福 (一)183;(六)502;(九)

378；(十一)17,44

永湖　(一)80；(二)324；(五)474；
　　(六)574；(十)4,28；(十一)39

永利石场　(十)344,345

永宁　(一)158,184；(三)218；
　　(六)284,309,311,320,321,324,
　　326,327,331,338,345,359

永平　(一)187；(八)319

永泰　(一)183；(六)388,390；
　　(十)480

永新　(一)185；(三)655

永州　(一)157,160；(六)267,
　　378,412,413,422

甬江　(一)167；(七)268

涌口　(十)562

酉水　(一)157

酉阳　(一)157；(五)264；(六)
　　338,353,354,524；(九)368

右江　(一)154,159

于阗　(一)105,173,177,200—
　　202,204,206

雩都　(一)183；(十二)521,559

榆次　(一)174

榆林港　(一)170；(八)241

榆树　(一)189

禹城　(一)178

禹州　(一)175

玉门　(一)174

玉山　(一)183；(三)57

郁林　(三)118,125

郁南　(十)423,444；(十一)105

域多利(域多域、维多利亚)　(四)
　　210,387,424；(五)172,178；
　　(八)410；(十二)362,363,365—
　　368

域多利港(维多利亚港)　(一)141

元江　(一)159,205,206

元谋　(一)206；(六)371

元洲　(十)340—342

沅江　(一)138,157,158,201；
　　(七)388；(九)103

沅州　(一)181,183—185

源潭　(六)549,552,565；(七)
　　476；(十)86,109,269,352

岳阳　(二)326；(六)287,341

岳州　(一)138,182；(二)326；
　　(三)219；(五)8,19；(六)269,
　　285,304,313,328,340,341,347,
　　349,357,363,410；(七)293；
　　(八)469,470,493,496,499

越巂　(一)206

云浮　(十一)105

云和　(一)182

云南府(昆明)　(一)85,156,160,
　　206

云南江川县　(十)382,383

云台山 （八）35,38；（十一）660

云霄 （一）185

云州 （一）206

Z

匝哈布鲁 （一）195

匝门苏治 （一）195

曾州 （八）104

增城 （一）183；（五）461；（六）456,548,555,584,585,589,592；（七）586；（八）621；（九）156,593,630；（十）59,91,185,188,215,225,230,249,251,264,268,276,318,327,341,465,485；（十一）105,216—218,233,243

札陵湖 （一）202

札木台 （一）200

乍浦（乍浦岬） （一）110,112,132,137,174；（五）123

张家口 （一）176,178,194—199；（二）78,84；（六）72,123,670；（七）85,110,121；（八）201

张绥 （六）130

彰德 （一）174；（二）148；（六）254

漳平 （一）183

漳浦 （一）185

漳州 （一）183,185；（二）340；（五）41,106；（六）376,390,400,403,415,430,434,437,439,609；（七）337,360

樟木头 （六）574,585,589,594；（八）621；（九）703；（十）127,128,196,268；（十一）46,349

招远 （一）180

昭化 （一）177；（六）440

昭平 （六）491；（七）385,386；（八）476

昭通 （一）159,220

爪哇 （一）343,363,407；（三）276；（四）42,369；（八）353,378,686；（七）18,425,592；（十）95

诏安 （一）185；（五）13

肇东 （一）189

肇庆 （一）158；（三）225；（四）15,303,437,446,451,452；（五）254,400,403,406,407,409,411；（六）213,447,471,512,534,549,552,553,560,599,610,653；（八）479,496,499,559,590；（九）393,471,478,481,485,526,600,634,656；（十）136,376,517,535,586,612；（十一）638；（十二）535,569；（十五）135

肇州 （一）189；（十一）705

哲斯 （一）178

镇江 （一）122,130—132,135,136,

139，181，182，185，515；（六）662；（七）187，193，681；（八）158，159，266；（九）172；（十二）577

镇江关 （六）97

镇南 （一）155；（二）310，317，328；（三）17；（四）123；（九）364

镇南关 （一）84，159，343；（二）276；（三）272；（四）62，64，71，72，117，123，318；（七）20，23，463，524，525，656，657；（八）108—110，615，639；（九）4

镇平 （六）378

镇西 （一）194，198，200

镇雄 （一）158

镇远 （一）157，160

正定 （一）178；（八）469

正果 （六）607，608；（十）188，249，268，465

正宁 （一）176

正阳关 （一）179

郑家屯 （一）188，193

郑州 （一）175；（六）20；（九）13

支那 （二）45，48—52，57—62，72，93—95，205—207，243，273，274，276；（三）485；（四）15，62，205，209，215，216，220，221，232，374，390；（五）223；（七）231；（八）26，27，44，45，58，59

芝罘 （一）165，167，173，179，180；（三）63

芝加哥（芝城、芝加高、芝加古、士卡古、市卡古） （一）89，130；（三）235，295；（四）138，142，154，162，180，212，213，215，220，230，236，237；（五）164，165，181；（六）9，507，519，521；（八）132，176，460；（九）200；（十二）398，401，402，404，409，410

直布罗陀 （二）122

直隶湾（渤海湾） （一）98，99，108，166，169

中牟 （一）175

钟山县 （九）378

舟山列岛 （一）117，129，169

周村 （四）447；（六）216，217，219

周家口 （一）175，178

鳌屋 （一）174

株洲 （一）160，184；（三）93

珠江 （一）142，144，148—150，155，511；（二）215，247，310，335；（三）91；（六）252，430，676；（七）519；（八）398，512，519，594；（九）563；（十）54，250，310

珠市桥 （六）312

诸城 （一）179

诸暨 （一）182

渚溪　（一）137

庄河　（一）192；（六）75

资江　（七）388

资阳　（一）158

资州　（一）158；（六）41，322，324，338

紫金山　（七）193；（八）180，785

紫萝山　（三）246

紫阳　（一）177

宗札萨克　（一）201，204，205

遵义　（一）157，160；（五）243

左江　（一）154，159；（六）498

佐世保　（二）355

专有名词索引

A

埔吧哇觉群书报社 （九）67

阿利安民族 （七）10

阿士福车 （二）408,410

安北舰 （六）576；（九）579,590,591

安布伦士学院 （四）427

安福国会 （三）223；（八）394

安福系（安福派） （六）400,401；（八）389,393,424,427,428,566,665,746,751

安徽中华银行 （九）11

安宁垦牧公司 （九）139

安田银行 （六）151

暗杀主义 （八）163

盎格鲁撒克逊民族（盎格鲁撒逊人） （一）332,334,361

澳门政厅 （八）583,584

澳门中国医局 （二）216

澳洲雪梨民国报 （九）291

B

八国联军 （一）79,81,439,440；（三）183；（七）321；（八）85,674

八旗 （三）11,320,321,323；（六）39,51；（七）121,228；（八）249

巴城筹饷局 （十二）25

巴达维亚华侨书报社 （十五）18,337

巴尔干之议 （二）116

巴尔梯克舰队 （二）355

巴黎豆腐公司 （一）44

巴黎和平会议（巴黎和会） （七）323,350；（八）377,392,458

巴黎联合银行 （六）135,143,144

巴黎旅馆 （四）39

巴黎政府 （四）70

拔粹书室 （二）214

白鹅潭之役 （十一）202

白莲教 （八）13,487

白云山之战 （十）382,383

— 318 —

百姓民族 （一）358

柏林伯达铁路政策 （二）142

柏林条约 （二）133

宝安清佃局 （十）697

宝璧舰（宝璧兵轮） （五）286；
（七）379；641；（八）299，300，
301，302；（十）229，231；（十二）
275

宝和(号) （十一）573

宝恒公司 （十）554

宝记银号 （九）131

保安公所 （十）548

保澳团暂行章程 （十）378

保定军校 （九）258

保皇报 （二）46，53

保皇党 （一）79，352，353，429；
（二）264；（四）31，32，144，411；
（五）166；（六）46；（七）227，228，
318，455，493；（八）376；（九）200

保皇会 （二）46，53，56，57，250；
（三）8—11；（四）31，87

保守党 （七）116，200

北伐讨贼军 （十）429，545，602，
616，653，665；（十一）25，84，122，
136，157，178，206，226，350，697；
（十三）270，296，305，358，419

北江坪石盐业公所 （十一）135

北江商运局 （十）303，349，350，
357，377，525，539，542，557，558，
563，675，678；（十一）272，300，
301；（十三）206

北江盐务督运处 （十一）482，
487，533，645；（十三）456，466，
506，507

北江银行 （十一）7

北京暗杀之役 （二）308

北京参议院 （三）216；（六）152，
242；（七）103

北京大学 （五）162，166，459；
（七）406；（八）333，458，570，
574，647；（十一）721

北京法源寺 （二）358

北京公使团 （三）151，197；（七）
353；（八）626

北京湖广会馆 （七）101

北京蒙藏统一政治改良会 （七）
107

北京蒙古联合会 （六）66

北京天坛之战 （二）194

北京条约 （七）21

北京同文馆 （一）450；（二）241

北京学生联合会 （五）453；（六）
670

北京邮局 （九）155

北京邮政协会 （七）100

北京政府 （一）29，318，323；（二）

166—168,170,255,322;(三)45—47,85,88,95,96,99,104—108,120,135,140,142,143,147—153,163,164,167,168,183,219;(四)70,79,134,159,311,501,554;(五)92,249,268,279,280,283,303,304,311,371,376,400,401,439,486,492—494,503,518;(六)52,125,129,130,134,138,141,144,147,149,151,155,158,159,161,162,264,301,321,370,391,396,397,410,411,462,463,466,469,478,483,484,507,520,525,526,529,531,552,559,595,610;(七)67,98,104,288,289,305,307,322,323,336,354,425,432,441,473,541,548,585—587,671,691;(八)52,55,94,115,136,156,173,177,230,237,239,300,301,344,382,383,394,414,420,432—434,443,449—451,462,466,467,485,537,538,543,544,558,565,567,574,575,584,585,587—591,593,594,596—598,600—603,622,626,628—630,649,661,670,672,673,682,683,686,756,758;(九)155,176,299,305,461,468,505;(十)401;(十一)243—245

北京中华民国铁道协会 (七)112
北山移文 (一)37
北洋大学 (二)339;(九)316
北洋军阀 (一)317;(三)97,154,163,170,171,176,187;(五)290,295;(七)655;(八)392,627;(十)78;(十一)244
北洋武备学堂 (二)339
本初子午线 (三)462
本溪湖铁厂 (一)219
本溪湖之役 (三)57;(四)433
槟城书报社 (九)71
槟榔屿平章会馆 (七)21
槟榔屿小兰亭俱乐部 (七)23
兵工计划 (五)441,452
丙辰之役 (二)268;(七)431
波令有限公司 (一)226
博济医院 (二)214;(七)75,77;(八)63,412
博罗之役 (十)556;(十一)70
博学鸿词科 (一)353
布尔什维克主义 (三)130

C

财政委员会章程 (十)344
裁兵制宪理财委员会 (七)419
参议院 (一)10,65;(二)89,265,343;(三)39,48—51,68,75—77,

80,92,99,215,216,223,331,340,
353—358,362,376—385,393;
(四)247—250,256,261,283,365,
372,373,489,516,541,547;(五)
16,31;(六)18,31,32,34,35,38,
40,45,63,64,66,69—72,74—76,
78,82,99,101—103,105,106,108,
117,118,120,125,133,138,139,
141,143,148,232,233,264,387,
405;(七)36,48,68,97,123,124,
128,131,135,136,150,151,205;
(八)171,178,180,205,208,209,
219,224,228,234,236,240,242,
243,248,251,323,349;(九)5,
12—16,19—21,31,32,35,37,
41—50,56,58—60,73,78,79,82,
83,90—92,94—96,100,112—
114,117—119,123,124,129,132,
133,137,138,142—151,153—155,
158,161—167,170,171,299

参议院法 （三）49,50,356,376—
378

操江（舰） （十一）51

查验枪炮章程 （十）373

长城 （一）40,41,52,108,174—
176,187,190,195,196;（三）18,
321;（八）74,258;（十五）102

长堤旧官纸局 （十）158

长堤旅社 （四）176

长堤实业团 （四）528,539

长冈电报局 （十）60

长崎高等商业学校 （十三）176

长崎中国领事馆 （七）241

长沙溥利磺矿公司 （九）240

长沙日报 （三）214

长沙之役 （五）158;（六）410

钞引 （一）31

超武（舰） （六）389,532

朝鲜轮 （四）145,146

潮州黄冈之役 （二）264

潮州善后委员会 （十一）471;（十
三）262

潮州之役 （四）100

晨报 （二）149,425,426;（三）
150,153,189,259,262;（五）220,
300,504;（六）493,494,517,543,
563,564,566,567,603,608,618,
625,659,661,664—666,668—671;
（七）440,443,503;（八）391,
502,503,513,518,519,585,608,
609,620,688,693,694,711,712,
725,758,760,762,767,781;（十）
280,491,492;（十一）472

成德堂 （九）538

成都铁路 （三）558,561

诚兴公司 （十一）674

澄海地方检察厅 （十二）143,144,154,635

澄海地方审判厅 （十二）138,143,144,153,212,634

赤十字会 （二）365—368,421；（三）412,413；（四）249；（八）103,104；（九）21,169

赤十字会救伤第一法 （二）365,421；（八）103,104

赤塔政府 （八）454,455

崇德公报社 （九）248

筹安会 （三）69；（四）401,405,412,436；（五）50；（七）248；（八）85,328

楚豫（舰） （五）379,460；（七）444,585；（八）620；（九）395,418,423,425,669,672,682；（十）321；（十二）79,261,360；（十三）37

川汉铁路 （一）89；（八）149；（九）318

川军讨贼军 （十）31；（十三）44,45

川崎船厂 （一）39

川粤铁路 （八）584

船民输纳自治联防经费章程 （十）373

春阳丸 （九）503

次殖民地 （一）345,378,413；（三）167,176,187,191,196；（七）696,710；（八）743,772

D

达尔文学说 （七）327

鞑靼 （一）354；（二）34,35,39,41,50,65,67,68,283；（四）7,203；（七）364

大阪商船会社 （一）349

大本营财政部 （三）578,580；（九）498,520,526,529,604,609,639,645,666,670,694,708；（十）6,13,14,23,55,61,62,73,80,96,98,121,126,145,185,195,202,203,216,219,228,241,242,274,277,344,347,361,363,368,393,409,417,425,430,431,448,470,476,486,488,495,498,524,537,553,558,577—579,592,609,624,626,645,646,701,715；（十一）4,7,8,23,27,41,56,83,89,90,110,118,119,126,159,163,165,166,181,197,202,203,207,213,215,219,229,247,255,256,260,265,275,276,280,282,308,312,314,321,333,335—339,342,348,350,351,362,363,367,387,398,399,402,

404,406,407,412,413,415,431,
433,434,436,438,447,458,464—
466,469,480,487,494,508,510,
517,519,532,533,540,546,548,
549,558,567,574,583,601,602,
612,614,618,626,627,635,645,
650,686,691,692,703,710;(十
二)384,428,484;(十三)17,22,
77,83—85,110,121,122,132,133,
160,161,165,166,231,232,237,
238,264,266,287,293,309,311—
313,315,317,318,337,340,341,
353,378,383—385,392,394,
408,409,412,413,423,432,434,
435,442—446,456,466,468,
506,507,511;(十五)291

大本营参军处 (三)546;(九)
392,491,499;(十)121;(十一)
414,428,446,472,474,499,550;
(十二)385,426,448,449,473,
495,496,501;(十三)16,30,90,
92,116,129,145,155,176,177,
180,189,205,207,208,212,248,
253,278,356,427,431,432,436,
437,449,451,457,477

大本营参谋处 (九)671;(十)
376,514,574,630,636,666,708;
(十一)42,55,304,443,476;(十

二)494;(十三)36,132,205,
212,215—218,263,279,292,
293,346,381,382,430,431,436,
478,495

大本营筹饷总局 (三)583,584;
(十)115,185,232,430,478;(十
三)192,240,246,287,288,298

大本营法制局 (十二)343

大本营供给局 (三)550

大本营桂林安抚处 (九)376,
379;(十二)234

大本营航空局 (十一)207,219,
261,275,342,399,434,508,574

大本营会计司 (九)495,524,545,
557,559,560,563,574,592,594,
603,604,607,609,611,615,623,
627,628,633,634—636,645,653,
656,661,663,666,670,675,679,
690,691,700;(十)28,79,84,145,
195,219,220,244,277,290,379,
527,639,669—671,673,676,704;
(十一)58,62,83,145,207,219,
260,261,274,275,281,289,303,
318,342,354,365,378,399,434,
517,518,520,521,523,534,537,
551,558,571,572,592,596,601,
607,611,617,618,663,664,689,
710;(十二)360;(十三)140,168,

169,253,310,355,358,404,462,
463,468,487
大本营建设部 （九）603,607,627,
666,693,704；（十）74,112,116,
118,145,159,192,236,237,253,
305,348,456,462,463,479,500,
503,538,600,616,618,626,655；
（十一）3,4,64,107,170,205,207,
218,226,238,242,260,275,277,
294,296,320,336,340—342,372,
387,397,399,407,434,440,458,
486,507,508,510,535,540,574,
576,586,594,612,681,682,710；
（十二）430；（十三）8,41,70,
119,120,122,125,190,200,203,
365,459,490,491
大本营金库 （九）498；（十二）
236,343,354,386
大本营禁烟督办署 （十一）638
大本营经界局 （十一）182,642
大本营军法处 （九）391,516,
521；（十二）269,414,425
大本营军需处 （九）485；（十一）
186,220,223,230,237,261,269,
273,275,280,342,357,399,434；
（十三）374,394,395
大本营军需总局 （十一）560,
561,572,576,591,600,612,639,

665,672,678,686,689,710；（十
三）480,500
大本营军政部 （三）608；（九）504,
505,511,516,521,526,527,529,
532,536,542—544,552,558,563,
568,579,593,653,674,685,694,
697,703,705；（十）4,26,28,38,
39,42,49,51,58—60,87,96—99,
104,132,145,164,185,209,210,
228,234,248,249,272,273,276,
301—303,309,331,336,337,342,
345,349,381,383,385,386,394,
407,410,412,434,435,443,448,
451,455,464,476,479,480,501,
502,511,513,514,526,529,530,
535,537,541,550,553,556,559,
561,567,591,592,601,605,610,
611,618,627,633,638,639,645,
648,649,651,652,666,670,678,
691—693, 703, 707, 714, 715,
717；（十一）1—3,5,6,12,15,16,
20,28,32,34,36,47,51,52,69,
70,72,76,78,82,86,93,95,100,
101, 106, 107, 115—117, 120,
121,127,132,138,143,146,148,
151,152,159,166,167,170,171,
186,195,196,203,204,207,210,
211, 218, 227, 232, 257, 260,

263—266,268—271,273,275,277,278,286,287,290,297,305,307,309,311,314—316,326,339,342,349,352,355,358,362,365,366,374,378,382,387,395,397,399,401,405,406,410,411,434,455,456,458,476,484,508,511,526,554,574,582,583,587,590,591,593,600,603—606,610,612,623,626,630,631,638,649,650,657,661,665,681,691,695,696,698,701,708,716;（十二）342,352;（十三）11,85,189,221,236,238,248,256,329,339,403,442,444,445

大本营粮食管理处 （十）76,107,191,207,209,213,259,620;（十一）147;（十二）279;（十三）110,198,224

大本营秘书处 （三）597;（五）526,539;（九）663,703;（十）68,555,599;（十一）11,71,155,447,516,517,521,534,540,543,592,636,637;（十二）420;（十三）70,88,178,298

大本营内政部 （九）625,644,659,663;（十）6,9,68,75,114,145,177,203,274,283,311,312,317,377,379,392,469,510,512,575,667,687,716;（十一）9,27,39,109,110,128,196,204,207,214,218,226,259,260,275,325,332,335,336,342,359,366,370,387,390,399,419,434,458,461,464,508,513,531,536,539,540,544,545,549,551,564,565,574,578,587,599,612,614,663,673,710;（十二）359;（十三）8,9,27,50,61,76,77,82,109,225,244,245,254,274,346,464,471,472,474,475,483,513;（十五）294

大本营审计处 （十一）26,33,62,66,73,74,77,78,99,100,123,139,171,180,207,219,261,264,273,275,279,293,299,300,309,310,341,342,354,394,395,399,434,435,445—447,488,508,534,547,571,592,595,596,617,624,636,637,640,686,687,710;（十三）346

大本营审计局 （九）612,615—617,623,645,646,648,674,681;（十）1,26,46,47,66—68,73,74,105,108,119,133,145,331,332,620,625,650,651,669—671,673,676,704,705;（十一）1,67;

(十二)343,353;(十三)2,172

大本营庶务司 (九)506,545,563;(十二)360

大本营外交部 (三)178;(九)669;(十)3,79,95,145,221,222,304,382,637,675;(十一)34,88,169,207,219,249,260,275,321,342,399,434,458,508,553,574,622,627,635,694,710;(十三)62,71,83,175

大本营卫士队 (十一)473,566;(十二)380,420;(十三)89,410,476;(十五)336

大本营无线电报局 (十二)259

大本营宣传委员会 (十)269,295,296,331,332

大本营侦缉队 (十)333

大本营政治训练部 (三)642;(十三)436

大本营驻江办事处 (九)505,519,529,542,547,558,564,577,578,584,593,595,660,669,701,706;(十)9,10,48,232;(十一)88;(十二)309,425,440,484

大仓银行 (六)151

大刀会 (十一)244

大东酒店 (十)43

大共和报 (三)214

大共和日报 (四)272;(六)100;(八)261;(九)76

大光报 (二)287;(十五)41

大汉报 (四)206

大和民族 (一)335,336,377;(七)528

大利轮船 (十)649,650

大连企业公司 (十三)176

大陆报 (二)78,83,256,314;(四)390;(五)558;(六)184;(七)679;(八)71,151,152,155,156,160,161,165,184,202,219—221,261,393,394,427,468,564,568

大强织造厂 (九)534

大清一统志 (二)273

大清银行 (九)84,117

大清银行清理处 (十)477,481

大同府 (六)50,57

大同日报馆 (四)34

大同之役 (三)57

大图丸 (十一)40

大新公司 (六)648

大学学生联合会 (三)208

大亚细亚民治主义 (九)332

大亚细亚主义 (七)707;(八)275,611

大亚洲主义 (六)641;(七)232,

699,704—706;(八)351,353

大洋丸 (六)537

大义觉迷录 (一)354

大英博物院 (八)16

大元帅府参军处 (三)493;(四)535;(六)325;(九)261;(十二)118,155,163,626—635

大元帅府秘书处 (三)490,495;(四)532;(九)260

大元帅府特别军事会议 (三)492

大元帅行营 (三)576;(五)473;(六)590;(十一)114,207,261,275;(十二)108;(十三)63,99,111,131,138—140,149,155,162,175,179,363

代议政体 (一)438,439,443,469;(二)220;(七)249

丹佛轮 (六)11

党员自由储蓄救国金简章 (三)404;(四)473

德和公司 (十)707;(十一)234

德新荣字号 (九)538

抵抗养生论 (一)21;(九)307

地方政府 (二)209;(三)393;(四)312;(五)272,273;(七)255,356,357,543;(八)125,132,450,467,637;(九)37,38

地方自治 (一)54,57,60,217,281,312,328;(二)162—166,171,209,262;(三)36,39—41,43,101,120,123,193,200,203,206,214,305,306,333,337,370,386,399,402,420,447,517,518,529,542;(五)103;(六)121,476;(七)73,254—257,264,268,304,350,385,474,475;(八)71,91,94,371,434,450,467,477,711;(九)314;(十一)602;(十五)106,167

地方自治会 (一)63

地方自治局 (二)171

地方自治励行会 (一)243,254,259,261,265,273,275,277,288,289,306,311,313

地方自治政府 (一)327

地方自治之期报 (一)281

地球报 (二)235,237;(四)5

帝国主义 (一)316,317,320—322,336,337,344,346,351,356,357,359,362—366,368,378,382,388,412;(二)121,122,125,126,188,205—207,350,426,427;(三)107,138,146,153,156,159,161,167,168,170—172,176—180,184—187,190,191,195—198,200—205,210,290,598;(五)279,348,371,

508,534,558;(六)88,576,577,
601,625,632;(七)3,116,181,
191,232,240,503,529,542,550,
557,673,681,683,686,688,689,
691,692;(八)326,352,377,381,
385,423,479,484,546,566,567,
593,611,613,627,632,643,644,
646,651,674—676,684,689,691,
698—700,702,703,716,717,719,
725,735,736,762;(十)426;(十
一)244,343,346,473;(十五)179

帝王春秋　(五)262

第五银行　(六)151

第一银行　(四)291;(六)151

滇桂铁路　(六)116

滇桂粤铁路　(四)303

滇粤桂联军　(十)230,341,483;
（十一)708;(十三)209,210,217

定海(舰)　(十)136,212,250,
629—631

东华公司　(十一)90

东华医院　(六)451

东江商运局　(九)494;(十)94,
169,180,190,387,540,558;(十
一)4;(十三)168

东京富士见楼　(七)11

东京酒店　(六)424

东京同盟会　(一)1,3;(四)126,

129;(八)105,239

东路讨贼军　(五)351,359,360;
(六)574,580,619;(七)426,
573,574,580;(八)552,619;
(九)462,463,472,482,529,530,
533,544,547,553,555,556,558,
564,589,593,595,602,636,647,
650,661;(十)22,28,29,65,71,
84,85,88,89,92,108,111,120,
125,127,128,131,132,141,145,
146,149,167,168,176,178,185,
228,246,270,291,318,326,331,
396,397,410,419,446,465,494,
495,508,518,519,531—533,
545,553,566,573,576,581,616,
629,635,649,653,665,678,680,
707,717;(十一)12,13,18—22,
59,60,69,74,115—117,120,
121,127,132,720;(十二)636—
638;(十三)359

东清铁道　(七)133;(八)245

东三省民治俱进会　(九)439

东莞沙捐清佃局　(十)589

东西药局　(三)233,234

东洋汽船会社　(一)349

东意轮　(十一)19

督军团　(二)326;(三)77,87,88,
101,223;(六)316,373,476,487,

488,493；(七)279,309,426,678；
(八)340,346,494；(九)287,661

独立宣言　(一)414,419,427；
(八)414

E

俄罗斯虚无党　(七)15

俄蒙之约　(六)133

俄乌铁路　(一)192

二次革命　(二)98,345；(三)30,
54,247,393；(四)310,315,336,
370,499；(六)93,162,175；(七)
275,313,483；(八)304,307,308,
315,327,329,333,336,376；(十
五)83,92,387

二十一条　(三)63,100,106,107,
199,223,224；(四)386,389；(五)
268,269；(六)506,664；(七)308,
321—324,440,441,447,450,452,
453,455

F

发给旗灯暂行章程　(十)373,413,
436

法国东方汇理银行　(八)141

法兰西人权宣言　(九)74

法文报　(十)52

法西斯蒂党　(六)624

法意(万法精义)　(一)6；(二)155

法政学报　(五)145

凡尔赛会议　(六)506

防城之役　(八)107

飞鹏(舰)　(十一)51,149

飞券　(一)31

飞鹰(舰)　(九)448,631；(十一)
40,91,95,141,163,634；(十二)
261,265；(十三)37,197,320,
348,502

非常国会　(二)340；(四)531,536,
544；(五)44,69,79,262；(六)
268,405,581；(七)287,289；
(八)344,360,363,364,422,449；
(九)262,288,299,314,365,372

菲律宾碧瑶爱国学校　(二)346

菲沙面粉公司　(六)372

分县自治　(二)203,204；(七)
474；(八)532；(九)465

坟山特别登记章程　(十)565

封建制度　(一)406,417,496；
(七)191；(十)426

奉天行宫　(六)71

奉天谘议局　(六)108

佛教会　(四)273；(九)146

佛山官产清理分处　(十)103

佛山商会　(十)102,103

佛山商会团保局　(十)103

夫里床车 （二）410,411

夫里较床 （二）408

夫里游医车 （二）410

福安（舰） （九）404,411,429,434,448;（十）207,664;（十一）40;（十二）261;（十三）37,197,320,348

福海（舰） （十）136,250,629—631;（十一）149—150

福建建国军 （十一）474,475

福建讨贼军 （九）454;（十一）257,264;（十二）287,636

福建银行 （四）299

福特汽车厂 （一）489

福州商会 （四）291

福州造币厂 （五）366

抚河船务管理局 （十二）235

复辟 （一）395,397,399,418,433,443;（二）170,188,265,268,292,332;（三）10,74,77,86,92,94,95,101,109,154,190,206,220,223;（四）526,527,536,543;（五）9,18,44,65,279,468,560;（六）247—250,254—257,275,322,337,385,416—418,460,461,476,487—489,493,506,547,663;（七）274,275,277—280,282,293,298,300,306,310,313,338,339,344,360,383,390,413,422,426,446,451,454,481,484,489,518,521,588,603,605;（八）337—339,341,343,344,346,353,356,423,449,450,463,466,467,714,746;（九）260,287

复心女学校 （九）113

富国（原富、国富论） （一）32

G

甘肃留日同乡会 （五）204

赣边先遣队 （十三）452

赣东善后委员会 （十三）505

赣南善后会议 （三）644,645

赣南善后条例 （三）644;（十一）494

赣南善后委员会 （三）644,646,648—650,652;（十一）470,494,500,501,538,539,602,603;（十三）440,456,457,469,492

赣西讨贼军 （十二）276

赣中善后会议 （三）655,656

赣中善后条例 （三）655

赣中善后委员会 （三）655,656,658—660,662,663;（十三）479

赣州之役 （十一）195

港澳招商局 （六）63

高雷绥靖处 （九）567;（十）37,137,167,168,208,246;（十一）

379,483;(十二)332

高雷讨贼军 (九)529,558,564;(十)85,88,120,208,329;(十一)483;(十二)332;(十三)178

哥老会 (一)83,354,355;(二)248,250;(四)83;(七)11;(八)2,75,94,412,487

哥伦比亚大学 (一)2,7,58;(四)371;(五)175;(八)117

革命潮 (十五)7

革命方略 (一)14,54—56,58—60;(二)152,203,262,263,266—268;(三)304,311,406;(四)324,325;(五)272;(六)345;(七)350;(八)87,111,313;(十五)91

革命军 (一)54,80,81,83—85,89,90,322,348,402;(二)71,72,93,94,148,149,178,196,200,262,264,265,267,268,324,325,349,365;(三)6,7,27,58,67,128,182,268,275,282,326—330,399,400,406—408,410—412,456,463,464,480,481;(四)30,37,43,50,55—60,63,69,71,72,74—79,81,84,88,91,102,108,123,134,158,169,173,180,182,183,194,203,213,215,227,295,305,335,366,436,457,462,471,495;(五)202,540,545;(六)12,26,179,211,216,217,219,228;(七)4,20,23,32,68,152,154,217,270,271,317,325,355,358,383,440—442,461,464,482,496,499,525,537,566,567,569—575,578—580,583,587,588,590,623,624,626—629,634,654,657,658,660;(八)26,46,77,87,92,101,109,116,131,135,147,152,154,169,170,188,250,315,327,546,589,615,619,639,644,657;(九)1,185,189,191—194,206,241;(十)426,693;(十一)244,257,263,483,697;(十二)1,21,23,24,26,32,35,38,576—578,581;(十五)67,68,163

革命同盟会 (一)82,84;(三)145,159;(六)122;(七)4,45;(八)104;(十二)1

革命主义 (一)79,82,400,413;(二)75,149,175,228,261,263,264,267;(三)23,60,168,185,188;(四)448;(五)481,509;(七)142,217,358,382—385,390,391,399,452,485,493,495,

496,499,514,533—536,556,
568,621,624,633,662,671;(八)
77,109,456,714

革命主义者 （一）77,79

格来轮船公司（格来公司） （二）
224,234;（八）8,10,19,21

个人主义 （四）230;（七）160,
164,176,180,477

各团各界请领枪弹暂行简章 （十
一）380,392

庚款委员会 （五）520

庚子条约 （一）87,89;（二）105,
107,108;（三）210;（八）224

工兵计划 （三）114,119,120,128

工兵局 （九）483,573;（十二）
332,350,393,421,440,445,451,
455

工业革命 （一）31,32,94,95,207;
（二）153,158,159

工业局 （二）173

工业星期报 （十五）143

公理报 （四）395;（六）170,187;
（九）217

共产党 （一）477,487,（中国）
498—500;（三）（中国）131,157—
159,（俄国）156;（五）（中国）361,
（俄国）512,（法国）533;（七）（俄
国）486,（中国）539,550;（八）（中

国）536,540,552,606,607,625,
643,659,667,668,688,697,698,
722,775—777;（十）（中国）261;
（十一）（中国）343—346

共产主义 （一）369,474,476,495,
498—502,506;（三）130,158,
159;（五）558;（七）160,177,
545,550—552;（八）384,451,
472,488,529,552,659,662,664,
697,699,700,760;（十）262;（十
一）344,347

共和促进会 （四）267

共和党 （四）286,287;（六）120,
121;（七）19,32,115,116,146,
195,200,223—228,237,482;（八）
138;（九）4

共和立宪政体 （七）138

共和联邦政体 （八）139

共和日报 （九）21,76

共和实进会 （三）35,36

共和政体 （一）448,449;（二）60,
78,97;（三）15,32,56,200,202;
（六）12,25,54,176;（七）2,3,
32,43,49,57,91,115,122,144,
145,189,190,206,221,224,233,
234,236,249,272,275,276;（八）
27,67,125,126,128,140,158,
161,165,169,206,341,367,392,

648;(九)83

共和制度 (一)418,498;(三)51;
(七)3,224,272;(八)207

共和主义 (二)187;(三)104;
(五)234;(六)38,40,51;(八)
25,26,107,351

古巴同志恳亲会 (六)512

关税纪要 (五)145

观象丛报 (五)84

观音山之役 (七)524;(十)318

官运余盐局 (十)191

管理医生暂行规则施行细则 (十)
379

光复会 (六)45,46,114;(十五)
110

光复军 (六)28,29,96;(九)86,
98;(十一)697

光华报 (四)323;(十五)377

光华日报 (五)254;(七)31;(十
五)220,377

广澳铁路 (一)516

广慈医院 (六)28,29

广东舰 (十二)275

广东银行(广东省立银行、省立广
东银行) (四)527;(五)135;
(六)422,426,544,608;(七)
648;(九)389,391;(十)12,13,
15,17,64;(十一)3,4;(十二)
348;(十三)309

广东北江盐务督运处 (十一)608

广东兵工厂 (七)644;(九)596,
637,707;(十)10,80,99,185,
230,243,613,615,650,651;(十
一)77,78,99,100,106,154,157,
192,207,261,275,292,295,306,
314,319,325,395,405,547,594;
(十二)476,477;(十三)221,
230,233,234,248,256,329,403,
455,456,465

广东财政厅 (七)436;(九)281,
389,485,500,501,519,556,624,
625,649,655,658,667,677;(十)
23,28,32—34,42,56,76,77,89,
93,111,125,126,142,145,185,
196,197,200,215,228,232,267,
285,334,335,362,363,407,425,
430,447,468,478,485,487,488,
494,497,498,551,556,690,692,
694,712;(十一)14,50,135,151,
163,173,182,186,188—190,195,
196,204,217,218,220,236,241,
254,297,338,367,400,401,403,
431,432,438,462,470,479,514,
515,527,555—558,560,568,
646,647,665,674,691,707,708;
(十二)341;(十三)7,10,16,22,

23,122,210,227,240,287,335,
375,377,426,432,434

广东筹饷总局 （十）481,486,511,
515,519,524,530,554,605,670,
690,707;（十一）5,17,24,25,44,
84,112,208,558,560,597,598,
670;（十三）296,301,311

广东筹饷总局组织大纲 （十）515

广东储蓄银行 （十一）215

广东大学 （十五）329

广东地方善后委员会 （十）239—
241,265,284,286,296,297,352,
356,357,359,416,417,559,582,
593—595,604,605,608,609,
641,646,657,675,677;（十一）
219,235,312

广东电车有限公司 （九）539,648

广东电话总局 （十一）605;（十
三）389,390

广东法科大学 （十）433,450,451

广东高等检察厅 （九）281,376,
694;（十）299,564,583,634,662;
（十一）11—14,186,189,190,
376,382,580,639,670,671,679;
（十二）124,133,146,351,618,
621;（十三）96,150,151,249

广东高等审判厅 （九）279,490,
491,624;（十）8,218,232,438,
460,661,662;（十一）22,186,
335,379,580,639;（十二）124,
133,346,362,618;（十三）91,
221,222

广东高等师范学校 （一）329;
（七）457;（八）580;（十）259

广东各社团公民代表联合团 （九）
307

广东工团海面货船协会 （十）52

广东公报 （九）649;（十一）200,
559

广东公立监狱学校 （十）564

广东公立警监专门学校 （十）
564,565;（十一）11,13

广东公医校 （九）684;（十）122

广东航运保卫处 （十）701

广东黄埔公园 （八）347

广东教育厅 （十一）316

广东军官同志联盟社 （十一）38

广东军医学堂 （三）238

广东陆军测量局 （十一）303,
304,660;（十三）156

广东陆军医院 （十）49

广东农业专门学校 （十）433,
450,451

广东女子师范第二校 （七）74

广东全省爆竹类印花税分处 （三）
580;（十）96

广东全省船民自治联防 (十)236,
237,304,330,338,362,373,378,
413,436,446,559,593—595,
623,641,642,661,692;(十一)
309;(十三)212,327

广东全省官产清理处 (九)663,
676,677,707;(十)34,58,59,
103,145,181,185,228,271,285;
(十一)9;(十二)452

广东全省经界总局 (十)23,24

广东全省警务处 (十)489,582,
583

广东全省民产保证处 (十一)49,
558

广东全省民产保证章程 (十)425

广东全省内河商船总公会 (十)
596

广东全省沙田清理处 (十)390,
589,697;(十一)558

广东全省烟酒公卖局 (十)488,
497,499;(十一)558

广东善团总所 (十)431

广东省长公署 (九)532,615;(十)
41,148,274,405,461,612;(十
一)430,432,533,609,686;(十
三)304

广东省警卫军 (十)576,590,628,
691;(十三)319,325

广东省立银行 (一)347

广东省罗定府 (八)104

广东省学生联合会 (九)317

广东省议会 (三)87,89;(六)378,
385;(七)67,277,285,286,466;
(八)186,447;(九)270;(十一)
67

广东省垣盐警指挥办事处 (十)
247

广东水师统带 (一)76;(二)264

广东讨贼军 (五)187,194;(九)
460,542,661;(十)36,48,54,65,
71,85,88,89,92,106,130,141,
146,149,167,168,245,246,250,
484,517,545,616,653,665;(十
一)86,121,437;(十二)303,
443,444,484;(十三)5,294,295

广东讨贼军别动队 (十一)151

广东田土业佃保证局 (十)196

广东同盟分会 (四)272

广东无线电报总局(广东无线电总
局) (九)518,538,560,565,
566,592,594,617,633,653,656,
690,691;(十)149,163,708;(十
一)381;(十二)429;(十三)418

广东无烟药厂 (五)243

广东宪兵司令部 (九)645

广东新军之役 (四)499;(十一)

562

广东宣传局 （九）647,679；（十）202,217,269；（十三）86,230,232

广东盐务稽核分所 （九）580,590,632；（十）19,177,191；（十三）193

广东印花税分处 （九）526；（十一）558,588

广东造币厂 （九）637,639,640,662；（十）62；（十一）65,90,404；（十二）495；（十三）1,348

广东造币分厂 （十）61；（十三）150,353

广东政务厅 （九）511；（十二）259,345,360,361；（十三）27,28,225,304,427,428

广东治河督办 （十）384；（十一）149,207,261,275,283,302,320,342；（十三）267,365

广东总工会 （十一）563

广海（舰） （九）429；（十）231；（十一）91,163

广金舰 （十二）275

广九铁路 （一）184；（五）461,470；（六）439；（七）437；（九）593,705；（十）7,9,127,128,223,234,570,702,714；（十一）14,35,46,93,95,98,169,349,350,362,661,704

广九铁路局 （十一）189；（十三）290,291,382

广九铁路洋总工程司 （十）337

广三铁路 （九）282；（十）89,90,93,321,435,456,522；（十一）440,442,576；（十二）283；（十三）278

广三铁路附近财政处 （十）89,90,93

广三铁路局 （九）501；（十一）441,442,558

广韶铁路 （六）413

广生船 （六）453

广生公司 （五）24

广西号 （六）613,616

广西善后处 （十）516

广西讨贼军 （九）696；（十）444,639；（十三）201

广雅书局 （一）7

广肇公所 （五）381；（六）19,43,653

广州潮州会馆 （六）474

广州大本营 （一）326,330；（二）350；（六）561,578,579,581；（七）476,480,497；（八）627；（十一）705

广州登记局 （九）598

广州地方审判厅 （十）219,658；
（十一）379,380；（十二）117,
129,212,346,617

广州电报局（广州电话局） （九）
550,639,640；（十）32,33,60,85,
109,188,210,212,248,269,278,
309,618,652；（十一）228,239—
242,254,281,507,653,704；（十
二）333,352,353；（十三）98,
227—229,388,389

广州国民政府 （五）279；（九）
477,536

广州华商银行 （十一）166

广州汇丰银行 （三）177,179

广州岭南学堂 （七）75

广州律师公会 （十）101

广州民国日报 （一）328,414,439,
455；（二）335,338；（三）159,161—
163,172,260,576,577,584,611,
612,615,616,638；（五）488,519,
529,536；（六）525,569,570,580,
583,585,587,589,590,593,594,
600,602,603,607—617,619—621,
624,626—630,633,635,636,654,
663,664；（七）445,465,466,478,
525,530,572,595,608,609,630,
631,639,641,644,653,654,656,
661,672—674；（八）513,543,610,
611,616,619,622,625,630,634,
638,639,669,671,677—680,682,
683,689,690,692,693,705—707,
714,718,767,786,787；（九）664；
（十）11,39,42,77,83,90,102,
148,173,190,196,208,218,233,
264,267,272,279,281,284,304,
333,369,370,399,423,461,466,
475,483,487,497,499,500,512,
514,520,521,531,534,535,550,
555—557,562,565,568,569,574,
576,577,579—581,584,591,595,
596,598,599,610—612,619,624,
628,629,636,639,640,648,656,
659,660,666—668,671,680,681,
683,684,689—691,694,700,706—
709,710,712—714；（十一）5,33,
34,37—39,41,42,45,47,50,54—
57,78,79,87,88,90,92—94,96,
97,101,102,111,124,125,130,
131,135—138,142,147,150,153,
160,167,168,171,173,178—180,
187,191,199,206,214—216,219,
225,230,234—236,260,262,272,
285,312,313,319,328,329,334,
335,347,357,358,360—362,364,
365,375,378,383,401,408,413,
416,417,430,433,434,447,454,

456,457,517,520,523,533,536,
546,569,570,572；(十三)125,
253,257,318,322,325,327,337,
355,359,370,375,380,396,398,
405,406,411,416,422,427,436,
438,483,484；(十五)306,308,
314—317,323,329,332

广州起义 (四)230；(八)2—5,
44,64,96

广州日报 (八)702

广州商团 (五)523,524；(六)
654；(七)530,640,660,671,692；
(八)694,746,747；(十一)313,
511,533

广州商团事件 (三)177,179；
(五)534；(八)724

广州省医院 (二)340

广州市财政局 (四)317；(十)
477；(十一)14

广州市东亚酒店 (十一)575

广州市防务馆 (十)122

广州市公安局 (九)555,600,705；
(十)19,34,94,185,189,294,
333,469,473,474,520,531,553,
557,572,605,644,653,713；(十
一)130,214,235,485,509,512,
616,622,623,655,657

广州市联军军警督察处 (十一)

643,644,656,666,667,693,712,
718；(十三)505,510

广州市权度检查执行规则 (十)
655

广州市善后委员会 (十一)525

广州市商团 (十)439；(十一)509

广州市市长选举暂行条例 (十一)
563

广州市政厅 (三)188；(九)606,
649,702,703；(十)34,167,200,
239,265,285,412,580,595,640,
713；(十一)42,135,143,144,
186,201,553,558,570,686,700

广州通讯社 (三)169

广州政府 (二)166；(三)149,150,
153,259,567；(五)464,547,548；
(六)483,596,625；(七)534,
692,693,695；(八)458,462,506,
538,554,766；(十)401；(十一)
313

广州之役 (二)249；(三)17,146；
(十)479

广州之战 (二)327；(七)476

广州总商会 (七)79；(十)17,41,
63,64,431；(十一)705

广州总统府 (二)298；(六)501；
(八)460；(九)370

贵池小学 (九)26,27

贵州民生社 （五）221

贵州省议会 （六）508,509

桂林广西银行 （十二）236

桂灵阳义龙五属联合会 （九）378

国防计划 （一）14,329；（五）272—274

国风日报 （九）440

国会非常会议 （一）1；（二）345；（三）73,75,77,80,85,87—90,92,102,218—221,487,496,497,500,509；（四）531,535,538；（五）33,40,279；（六）260,261,263,284,321,322,341,379,380,382,405,484,486,500；（七）355；（八）360,362,363,369,448；（九）260—263,270,272,274,275,277—279,283,286—288,363,365,366,373,374,383

国际公法 （三）94；（八）117,490；（十一）244

国际共产大会 （一）487

国际共产党 （一）487

国际共同发展中国实业计划（国际共同发展中国实业计划书——补助世界战后整顿实业之方法、中山先生国际共同发展中国实业计划书、国际共同发展中国计划） （一）74,94,231,233,235；（五）128

国际联盟 （一）236；（六）632；（八）432,764

国家建设 （一）14,329；（五）271

国家社会主义 （一）32,436,437；（三）36；（七）40,50,60,116,117,161,172,366；（八）555

国家主义 （三）60；（五）373；（七）364,366,527

国立高等师范学校 （十）259,260,336；（十一）111；（十三）224

国立广东大学 （十）433,450,451,482,496,545,546,577；（十一）99,102—104,109,110,128,143,144,163,181,207,228,229,253,261,275,322,371,436,439,457—459,478,497,503,504,574,575,611,612,629,654,672—675,699,717；（十三）289,363

国民报 （一）81；（二）264

国民党 （一）68,316,319—323,329,330,344,357,385,439,482,492,495,496,498—502,510,520；（二）95,280,282,284,289,292,345,346,427,428；（三）34—37,45,46,48,54,55,100,131,132,154,158,159,172,178,180,199—204,386,588,593—595,641；（四）

220,285—288,290,312,318,325,328—330,332,362,444,480,484,486,488,506,513;（五）23,28,92,140,156,300,305,361,451,454,496,507,508,510—512,514,518,526,529,548,555,562;（六）121,137,139,140,151,153,158,159,161,162,283,298,395,440,472,529,533,544,558,566,572,583,599—601,622,666,668;（七）89,94,116—118,135—137,140,144,146,149—152,184,187,193,195,197,199,200,202—205,223—227,235,237,238,240,242,339,343,345,382,442,451,454,457,463,465—467,471—473,475,480,482,485,497,513,515,519,523,526,536—539,541,543—545,548,550,552,557,559,560,562,563,631,634,648,649,663,673,684,685,689,692;（八）211,214,239,251,262,268,270,276,277,285,287,289,290,303,324—326,371,385,396,431,472,473,487,489,514,536,540,544,549,552,570—574,593,597,604,606,607,609,616—618,625,643—645,647,652,654,655,658,659,663,667,668,671,688,690,691,696—698,709,710,714,717,720,721,736,756,769,770,775—777,782,786;（九）227,235,417;（十）27,55,261,262,323,325,370,397,400,426,528,596;（十一）347,526,630,682,685;（十二）15,16,167,305;（十三）188,286;（十五）71,80,104,271,272,327,365,366

国民党规约 （三）386

国民公党 （三）35,36;（四）290;（六）121

国民共进会 （三）35,36

国民会议 （二）425;（三）198,199,201,202,204,207—210,227;（四）264;（五）271,561;（六）19,45,49,662,669,670,673,675;（七）675,676,678,681,683—685,687,688,691,698,699;（八）605,710,711,723,725,727,736,737,746,752,754,760,763,766,770,771,785;（十三）485,506

国民会议组织法 （三）209

国民宪政会 （三）8

国民协会 （四）247

国民银行 （八）438；（十二）238,239

国民月刊 （二）280,282；（三）48；（十五）82

国史院 （九）118,119,152

国务院 （二）89；（三）216；（四）470,492；（六）116,117,119,152,155,232—234,236,244；（七）188,341；（八）181；（九）158,225

H

哈尔滨铁路局 （十三）176

哈佛船 （六）624

海琛舰（海琛号） （三）127；（五）460；（六）24,253,431；（七）274；（八）165；（九）397；（十）186；（十二）261；（十三）37

海兰铁道 （三）47

海陆军大元帅 （二）322,335；（三）73,74,89,281,284,488；（八）498,500；（九）259,261,262,270,272,274,279,287；（十二）71,79,81,84,88,90—94,96—98,102,126

海陆军大元帅府组织条例 （三）488；（九）259

海圻舰（海圻号） （六）454,537,662；（八）348,515；（十二）261；（十三）37；（十五）134

海外汇业银行 （三）358—361；（九）124

海牙国际联会 （七）433

海牙会议 （一）382；（八）67

海幢寺 （六）572

汉军旗 （一）358

汉口之役 （三）10

汉荣公司 （九）519

汉阳兵工厂 （二）252；（五）273—274

汉阳铁厂 （一）219；（五）160；（七）39,88,196,299

汉冶萍公司 （一）491；（三）332,333；（四）265；（六）57；（七）668；（八）181,182

汉冶萍煤铁公司 （九）45

翰林院 （二）28；（三）281；（八）763

杭甬铁路 （一）185

航政局 （十一）557

合德公司 （十）690

合济公司 （十）488,497—499

合兴公司 （十一）568

合益公司 （九）538,539

和济公司 （十一）312,383

河东民军 （六）65

河口之役 （二）264

赫胥旅馆 （二）220；（八）15

黑奴吁天录　（一）419
恒源公司　（九）519；（十）9
横滨海岸九番地佛国邮船会社
　（四）16
横滨正金银行　（六）151
横海(舰)　（十一）51
红帮　（一）354
红番民族　（一）342
红十字会　（一）136；（二）365；
　（三）249，250，252，503，510；
　（五）25；（六）88，384；（九）53
洪门筹饷救济局　（五）42
洪门萃胜堂　（七）31
洪宪纪事诗　（二）297,298；（八）
　455
鸿丰煤矿　（四）448
鸿源公司　（十）542,543,547—549
湖北讨贼军　（十）475；（十三）
　234,235
湖北招讨使　（十一）560；（十三）
　454
湖广铁路　（三）163
湖广新报　（五）81
湖南兵目学校　（十一）374
湖南高等检察厅　（十二）232,244
湖南高等审判厅　（十二）232,244
湖南省议会　（五）228；（六）460，
　464,465

湖南讨贼军　（三）182；（十一）
　569；（十三）103,130
湖南援鄂之役　（二）195
虎门护沙局　（十）695,697
护法　（二）170,268,269,292,322，
　326,327,330,334,337,340,350；
　（三）80—84,87—102,104,114—
　119,121,124,126,128,129,133，
　135,136,138,139,144,146,193，
　206,217,220—226,252,254—
　256,281,508,509；（四）480,482，
　503,525,530,532,542,547,555；
　（五）2—5,7,11,14,26—28,31，
　35,36,38—40,43,44,48—53，
　55—58,60—62,82,85,90,91，
　94,112,113,118,124,129—131，
　133,134,141,147,149,153,158，
　171,174,179,184,185,192,196，
　202,204,205,244,252,286,302，
　306,307,309,311,313,325,341，
　345,352,353,383,395,400,401，
　425,445,450,464,502；（六）256，
　257,259,260,268,269,274,275，
　279,280,283,290,291,293,294，
　303,304,308,310,311,313,315，
　316,318,321—324,327,329，
　332,334,337,339—342,348，
　349,351,357,360,363—365，

379,380,383—385,389—391,
405—408,416,417,432,433,
441,442,464,466,468—471,
478,480,482,483,488,494,497,
511,517,525,528,542;(七)274,
277,284,286—288,290—293,
298,300,301,308,309,311,312,
333,335—337,340,342,352,
353,355,362,377,410—413,
419,429—431,438,439,445,
481,484,543,557,585,588,677;
(八)329,356—358,362—364,
369,372,373,388,389—391,
393,395,434,435,437,438,440,
444,480,490,491,494,495,510,
521,528,533,535,540,547,548,
550,559,560,563,570,579,604,
610,612,620,622,637,638;(九)
266,272—275,277,278,292,
298,300,304,314,318,320,322,
357,372,395,449,461,479—
481,531,631,661;(十)84,123,
309,465,509;(十一)21,529

护法军 （二）170;（三）96,223;
（五）58,75,111,148,172;（六）
297,351,387,460;（七）298;
（九）478

护法宣言 （三）97

护法运动 （十五）257

护法战争（护法之役） （二）268,
269,325;（三）88,91,102,253;
（七）308,311,556;（八）528,
579,627,628;（五）16,35,36,
129,214,295;（九）304,374,479,
482

护法政府 （一）367;（二）325,
326;（三）90,97,101,119,130,
135,150;（四）551;（五）85,296,
439;（六）364,394,402,405,476,
518;（七）341,353,378,430,438,
439,442,543;（八）392,437,
463—465,491,501,540;（九）
296;（十）191,192,401

护国军 （四）458,466,495;（五）
198;（六）223,288;（七）275;（十
五）143

护宪军政府 （八）719

沪江大学 （七）318;（九）346

沪南商会 （六）31;（七）61

华俄道胜银行 （九）58,59

华侨联合会 （九）14

华侨实业协进会 （九）298

华塞条约 （五）477

华盛顿会议 （一）371—373,382;
（三）106,108,110,207;（五）
282,302;（六）506,507;（七）

377,680,681;(八)461,462,472, 485,731,749;(十)662

华暹轮 (四)546

华洋义赈会 (四)271;(九)79,87

滑县之役 (三)57

淮军 (一)354;(三)320

淮南蚌山之役 (九)162

黄冈之役 (七)656

黄花岗七十二烈士 (一)87;(二) 313,323,328,330—332,335; (五)135;(七)444,471,494, 532,575,656;(十)112

黄花岗七十二烈士墓 (十)112, 479;(十五)210,339

黄花岗之役 (二)317;(三)13; (十三)68

黄埔船坞局 (十)263,288

黄埔陆军军官学校(黄埔军官学校、黄埔军校、陆军军官学校) (三)282,284,343;(七)621, 631,661;(八)666,712,713,776; (九)7,8,10;(十)166,402,449, 693,710;(十一)38,43,127,129, 168,178,179,207,224,261,275, 286,289,342,351,352,463,479, 704;(十三)316,344,365—367, 371,372,381,383,393,400;(十五)305,309,316

黄浦江浚渫局 (一)113

回纥 (二)101

汇丰银行 (四)342,368,542; (六)180,624;(七)692;(八) 294,752

会议通则(见民权初步)

会子 (一)31

晦鸣旬刊 (十五)356

惠济义仓 (十一)9,10

惠州安抚使 (十)38,44;(十三) 75,149

惠州起义 (八)48,58,60,62,65, 75,414

惠州之役 (二)264,324;(三)17, 236;(四)63;(七)656

J

积弊调查所 (二)173

基尔运河 (二)127

吉昌庄 (十)398

急进会 (六)80

集产主义 (七)177,366,551; (八)81

几何级数 (一)340;(七)181

加拿大北方建筑有限公司 (三) 568

加州大学 (四)278;(八)185

嘉定三屠 (七)21

甲午之役 （二）202,354；（三）66,323；（七）24

建国川军 （十一）474,676,677；（十三）509

建国大纲 （一）326,328；（二）425；（三）189,192,193；（五）541；（六）600,637,656；（七）544；（八）707,711,784；（十一）447

建国滇军 （五）561；（十一）473,524,555,557,568,582,587,612,646,656,665,676,683,687,690,694,698,701,704,717；（十三）512

建国方略 （一）13—15,74,91,93,94,237,315,329,505；（二）151,425；（三）139,144,549；（五）309,541；（七）371,372；（八）673,708,784；（十）426；（十五）91,338

建国奉军 （十三）490

建国桂军 （十一）473,524,557,560,565,587,589,590,598,611—613,656,665,676,688,691,692,701,704,717；（十三）498,499

建国军第一军 （十一）495,574

建国豫军 （十一）473,524,557,561,584,587,607,612,613,688,701；（十三）481,495,497

建国粤军 （十一）473,524,555,557,573,587,612,621,628,629,656,665,671,676,679,682,683,688,701,704,714,717

建设月刊 （五）164

建设杂志 （一）13,94,236,473；（二）151,166,285；（五）166；（九）336

江安渔业公会 （九）53,54

江防会议 （五）445；（七）586；（八）570,574；（十一）15

江固（舰） （五）523；（九）571,575,621,622；（十）193,539,557；（十一）132,236,267,268,313,356,357,403,404；（十三）31,369

江汉(舰) （八）348；（十）557

江门东口会河厘金厂 （十）9

江南合群实业公司 （九）244

江南造币厂 （九）11,39,40,51,80,109,110

江宁条约 （七）21

江宁自治公所 （九）38,88,106

江平（舰） （十）136,250,629—631

江顺(舰) （九）427

江苏省议会 （九）110

江苏招讨使 （十）648；（十二）284

江西地方暂行官吏任用条例

（三）644,645,655；（十一）470

江西起义 （七）277

交通银行 （三）43,47；（六）142；（九）84

交子 （一）31

教育会 （三）164,172,198,208,209,420,448,450,649,650,660；（四）31,273；（六）388,397,451,508,546,674,675；（七）146,676,684

教育局 （二）172；（八）122；（十一）176

金佛郎案 （三）164,169,170,190,209,210

金陵机器局 （十二）13

金那瓦会议（日内瓦会议） （一）382

金山文兴日报 （四）31

金星保险公司 （七）259

金竹坝战役 （十一）231,232,270

津沽铁路 （二）339

津浦铁路 （一）436；（九）191

锦全银号 （九）655

近江丸 （六）211,212

进步党 （三）57；（四）8；（八）376

进步与贫乏（进步与贫困） （一）31

进德会 （四）365

禁烟督办署督察处 （十三）273,326

禁烟督办署章程 （十）340

京报 （二）118；（六）599

京奉铁路 （一）187,508；（七）39,109,111,113,350

京汉铁路 （一）135,436,462

京张铁路 （七）109,111,113,121,124,128

泾县煤矿 （九）122

精武本纪 （二）286,287；（十五）166

井田制度 （七）491

景教碑 （二）59；（三）25

竞雄女学 （十五）117

镜湖医院 （三）231,232,265

九善堂院 （十）64,431

旧金山丽蝉戏院 （七）25

旧金山致公总堂 （四）207,218

旧金山中华民国总公会 （四）372

救国主义 （一）330；（三）99,176；（七）526

救伤第一法 （二）366,367

觉民日报 （四）466,512,529；（五）327；（十五）220,221

军阀主义 （三）104,122；（五）268；（八）434,507

军国主义 （一）223；（二）135,

138；（四）458；（五）347；（六）247,248；（八）632,699,750

军事会议　（一）239；（三）422,425,492,493,546,547；（四）517；（五）423；（六）518,603,606；（七）278,376,377,410,430,438,563；（八）568,701；（十）214,552

军事会议条例　（九）260,374

军事内国公债条例　（三）496；（四）540；（六）263；（九）263

军事用票发行局　（三）316

军政府　（二）166,170,171,269,322,325,326,340；（三）20,75,77,79—81,83,84,87—89,92—94,96—99,102,105,217,220,221,223,248,252,281,304—309,311,312,314,315,317—319,321,322,324,328,414,487,491,492,495,496,498—500,512,513,528；（四）58,59,75,76,532,533,535,536,538—540,542,545,552,556；（五）8,11,13,17—19,25,26,28,31,32,37,38,40,42—45,53,57,62,66,67,69,83,106,108,130,162,163,227,261,262；（六）10,14,17,41,51,64,105,112,263,264,266,270,274,280,301,303,311,316,320,321,323,326,330,333—335,362,365,370,373,379,382,384,387,389,390,402,405—407,412,417,446,447,464,467,476,486；（七）67,282—285,288—293,298,300,335—337,340—342,351,352,354,356—358,430；（八）71,90,91,137,146,149,177,197,353,354,359—366,369,370,390,422,424,432,434,436,442—445,447,461,490；（九）1,15,76,115,128,261—263,266,273—275,279,280,283,286—288,302,312,314,315,320,322,351,355,377；（十）392,639；（十一）222；（十二）43—47,58,78—80,86,89,95,135,141,145,148—151,158,162,181,182,184,189,194,195,198,240,582—584,593—595,601—603,621

军政府公报　（三）73,74,78,79,81—84,86,89,99,101,102,218—221,488,490—493,495,497—499,505,507,509,511,513；（四）531—533,535,542,549；（五）9；（六）260,262—265,269,275—277,278,280,281,287,290,293—295,297,300—302,304,306—310,313,314,322,323,327,328,341—343,346—349,353,354,356—359,366,368,

369,372,374—376,464,476,477,481,482;(九)259—261,263—267,270,271,273—287,355;(十二)43—80,82,83,85—89,91,92,94—101,106—121,123,124,127,133,135—138,140—144,146—154,156—159,161,182,190,191,240

军政府组织大纲 （三）88,92,93,217,220,488;（四）544,545;（六）379;（八）362—364;（九）274,286

君主立宪 （一）487;（二）56,215,261;（六）38;（七）2,3,8,10,24,32,36,41,43,46,50,60,149,204,224,392,464;（八）615

君主专制政体 （三）190,192;（七）15

均权主义 （一）324,328

郡国利病书 （二）273

K

开放门户主义 （三）105;（七）188,215;（八）461

开国稽勋局 （九）44

开滦公司 （七）668

开滦矿务公司 （一）99

开平煤矿 （七）123,128

凯马约契 （七）681

柯伦斯基政府 （七）486

克利斯浦借款 （三）47

克虏伯工厂 （五）441

矿务局 （二）172;（三）531,544,545;（五）15;（十二）240

廓尔额(廓尔喀) （一）367

L

拉丁民族 （一）339,361;（七）530

拉福立兹报 （四）148

劳工局 （二）171

老挝号 （八）52

里昂大学(里昂中法大学) （五）162;（十一）673—675

里昂春秋博览会 （五）162

立宪政体 （二）69,203,216,243,247;（四）2;（七）15,138,235;（八）91,124

立宪主义 （六）237,239;（八）137

利古公司 （六）453

利他主义 （四）46,47

利益公司 （十）494

连阳绥靖处 （十）246,350,384;（十一）569;（十三）167,483

联丰号杂货店 （十）59

联合义赈会 （四）275

联和公司 （十）404,405

联商公司 （十）579

联省主义 （三）120

联省自治 （一）430；（二）201—204,209；（三）124；（五）308,323；（七）426；（八）532,540,679；（九）465

粮食局 （二）173

两广盐务稽核所 （十）177,354,358—361,374；（十一）120,261,710；（十三）191

两广盐运使 （九）280,281,489,491,499,502,507,515,529,567,681,694；（十）33,34,49,52,56,111,112,136,145,212,228,230,243,244,247,250,282,350,353,363,367,374,392,398,405,419,452,459,489,490,514,540,555,567,629,630,689,701,704；（十一）7,36,50—53,134,135,164,186,212,261,291,337,350,408—410,436,437,439,457,466,477,478,482,486,507,540,558,560,566,567,608,665,710；（十二）134,620；（十三）7,9,193,194,257,258,334,456

两广盐运使署 （十）111

林肯法律学院 （二）339

林肯总统船 （十三）161

临时参议院 （一）64；（二）210；（三）87,95；（四）250,556；（六）74,99；（七）134；（八）174

临时大总统 （二）247,265,267,308,309,320；（三）16,22—24,27,50,76,213,215,216,330—332,343,354—358,362,381；（四）242,245,249,261,274；（六）13,38,40,50,70—72,75,76,106,108,110；（七）41,43,45,47,482,588；（八）154,158,172—177,179,180,203,415；（九）5,6,10—12,14,16,18,22,26,30,31,33,35,37,45,52,54,59—73,79,80,90,92,95,96,102,103,106,107,114,124,125,129,135,137,139—141,143,151,154,155,157,159,170,171；（十一）244；（十二）3—9,11—13；（十五）27

临时和平维持会 （九）316

临时约法（中华民国临时约法） （一）58,65；（二）210,266,268,269；（三）38,39,49,51,75,87,192,193,353,354,379—381,383,487；（五）279；（七）35,473；（八）324,371；（九）133,154,155,157,164

临时政府 （二）265,307；（三）20,

专有名词索引

349

22,23,28,48,52,75,215,273,276,332,336,340,355,356,358,378;(四)129,139,246—248,250,264,265,451,459,499,557;(六)14,22—25,28,31,33—35,38,40,42,52,53,70—72,74—76,78,82,86,99—102,118,126,165,251;(七)36,68,85,119,120,125,132,199,214,251,278,279,378;(八)141,142,154,161,165,166,172,176,177,206,207,304,315,345,463—465,785;(九)5,12,13,15,18,23,24,31,44,45,53,90,91,106,133,158,164,280

临时政府公报 （二）309,311—313;（三）28,29,215,340,342,358,376,385;（四）253,258;（六）40—43,46—48,53,57,58,61—64,66,68—88,90—92,96—99,103—108,110—113;（九）3—5,7,10,12,13,15,17—27,31—36,38—44,46—50,52—54,56—60,73—79,81—102,104—123,125—128,130—139,141—143,145—173;（十二）9,10

临时政府组织大纲 （三）358;（七）35;（八）154;（九）13,15

临时中央裁判所 （九）94

临时总统府 （四）298

岭南大学 （一）525;（七）504,505,509,512,615;（八）428,631;（十一）620

领事裁判权 （一）323;（二）94,101,105,339;（三）167,184,201;（六）577;（七）22,156,188,370,680,685—688,695,697;（八）157,160,254;（十）662

留法俭学会 （五）162

六国饭店 （六）96,97,99,103—105,138,139;（七）108;（八）230,323

六国银行团 （四）298;（七）125,129,132,158,196,197;（八）223,264

龙冈之役 （十一）315

龙华铁路 （一）114

龙华制革厂 （九）76

龙济光之役 （三）126

龙口之役 （三）57

芦汉铁道 （七）39

鲁士丹尼亚号 （二）101

陆海军大元帅 （二）337,338;（三）73,181,548,551,552,595,616—618,622,638,644,652;（六）405;（七）430,526;（九）277,375,

376,378,381,394；(十)222,329；(十二)233—236,238—241,243,271,273—277,279—282,286；(十三)438

陆海军大元帅大本营公报　(三)
140,144,145,181,570,580,582,597,608,609,615,617,618,622,637,641,654,664；(六)499,502—504,542,547,548,554,555,557,560,561,568,570,571,575,592；(九)375,376,379,381,478—482,485,487—492,494—496,498—502,505,506,508—517,519—521,525—536,539,540,542,543,545—547,549,552,555—560,562—564,566,568—570,574,577,578,580,582,584,588—590,592,594—596,598,600,603—605,607—613,615—617,621—628,632,634,637—641,643—651,653,655,656,658—664,667—672,674,675,677,678—681,684,685,688,689,691,693—696,698,701,703—708；(十)1—12,22,24—31,33—39,41,44—46,48,50—52,55—58,60,61,65—69,72—77,79—82,85—112,114—116,118—128,132—134,139—143,145—147,149,157,162,164,166—169,174,175,177—180,182,185,186,189,190,192,194,195,201,203,204,206—213,216,217,220,222,229,231—235,237—239,241—249,251,258—261,264,266—271,273—278,280,282,283,286—293,295,296,298—303,305,307—311,314—318,330—332,335—340,342—363,365—368,371—375,377—382,384—398,404,405,407—413,415—420,422—425,427,430—439,442—448,450—460,462—464,466—497,499,501—504,506—519,522—530,532—547,549,551,553—556,558—568,571—575,577—582,584—587,589—593,595,597,598,600—605,607—610,613—616,618—621,623—629,631,633—635,637—639,641,642,644—650,652—657,659,661—663,666,668—676,678—680,682,683,687—689,691,692,694,695,697—702,704—706,708,714—717；

（十一）1—4,6—10,12—14,16—28,31—33,35—37,39—41,43—46,48—54,59—70,72—78,82—92,95—102,106—112,114—122,124,126—129,131—134,137—139,141—152,156—159,161—171,175,177,179,181,182,184—196,198,201—207,210—220,223,224,226—233,237,238,242,243,246—257,259—274,276—288,290—304,306—312,314—328,330—334,336—342,347,348,350—359,361,363—373,375—392,394—419,428,431—433,435—442,444—446,449,453,455—457,459—467,469—477,479—482,484—489,493—496,499,501—503,505—507,509—513,515,520,522,524—528,530—540,542,544—554,556—628,630—640,642—645,647—661,663—673,675—682,685—687,689—695,698—705,707—709,711—717,719；（十二）233—241,243,328,332—335,338—355,359—362,375,376,379,380,383—388,392—394,414,415,418—421,425—430,440,443—445,448—455,458,474—477,481,482,484,485,488,489,494—501；（十三）1—11,16—23,27—38,41,44—46,49,50,55,58—63,68—71,74—78,81—85,87—92,95,96,98—116,119—125,128—134,138—145,149—152,155,156,160—162,164—181,186—252,254—260,263—284,286—343,345—446,449—469,471,472,474—513；（十五）260,262,264,267,268,270,273,277—279,291,294—296,299,300,302—304,311,312,318,320,321,325,328,331,341

陆军部练兵处　（三）506,507；（十二）152,164,621,635

陆军战时恤赏章程　（十）501；（十一）16,151,195,196,372,456,623

路透社　（六）158；（八）240,253；（九）683

旅沪甘肃同乡会　（九）50

旅沪四川酉秀黔彭四县急赈会　（九）368

旅粤云贵同乡会　（九）363

绿威天文台　（三）462

绿营 （三）320,321；（五）313；
（七）625

伦敦被难记 （一）75；（二）215,
247；（八）22,23,28

伦敦波令公司 （一）97

伦敦波特兰广场 （二）250

伦敦布道会 （二）247

伦敦城赤十字会 （二）366

伦敦雪特尼街事件 （八）747

伦敦中国公使馆 （二）215,243,
245

轮船招商局 （二）33

罗拔工务洋行（罗拔洋行） （九）
573；（十一）157,192

罗封轮船 （十）638,639

罗马民族 （一）333

逻辑之统系（逻辑学体系） （一）
36,409

洛桑会议 （一）382

M

马关条约 （一）382；（七）22；（八）
419,431,464

马江船政局 （七）65

马凯条约 （二）105,106；（八）
731,745,749

马克思派 （一）481,492

马克思主义 （一）436,481,482,
494,498,504；（七）551；（八）
421,473

马氏文通 （一）35

麦迪逊广场 （八）176

麦竭斯的号 （二）220,222

满清纪事 （八）76

满洲铁路 （一）187

满洲一役 （二）283

满洲政府 （一）316,353；（二）54,
58—61,63,65,293,324；（三）8,
11,188,196,205,267,318—321,
324；（六）38,40；（七）1,4,14,
15,18,26,30,31,49,59,154,
189,217,218,222,226,314,319,
367,499,541；（八）124,125,127,
146,772；（十一）244,473

满族 （一）333；（二）187；（四）42,
432；（六）57；（七）2,43,114,
224,228,307,327,339,444；（八）
82

毛里塔尼亚号（茅利坦尼亚号）
（六）10；（八）176

梅尔蓬巷警署 （二）229

每日邮报 （二）235；（六）158

美国国务院 （五）268,281,493；
（八）114,176

美国联邦宪法 （一）429

美京会议 （八）460

美利滨分部党所 （二）348,349
美联社 （五）302
美洲少年（报） （四）124,132；（八）119,120
门罗主义 （一）344；（二）144；（五）269；（七）116,240,241；（八）132
蒙古轮 （四）156,157
蒙古族 （一）333；（五）79
孟禄主义 （七）327
米突兰旅馆 （二）235
民报 （一）1,5,83,352；（二）69,70,264；（三）12,299；（四）40,45,47,56,60,63,130；（六）41；（七）11,13,20；（八）91,92,101,103,123,133；（十五）11
民铎社 （四）192
民国报社 （四）444
民国临时政府（南京临时政府）（四）261,297,494；（八）161,165—167,463,464；（九）7,17,136,155,255
民国日报 （三）67,68,70,72,75,83,84,90,93,97,100,102,103,105—107,109—113,115,129,133,137,141,142,147,150,182,195,226,227,242—246,248,251—254,256,257,260,261,528,531,536,537,539—541,544—547,549,550,552—554；（四）431,449,463,489；（五）1,164,168,285,505；（六）184,213,214,218—223,227—229,231—235,237,238,242—250,252,255—257,261,262,272,274,280,285,286,304—306,309,318,328,329,379,382—387,389,390,394,397,399,401,406,407,429,432,433,442,450,451,458,469,477,479,485,487,488,490,492,493,495,497,498,500,505—508,510,511,513,515—517,524,527,540,544,548,552,556,560,561,568—569,575,576,580,582,596,598,604,609,612,619,625—627,629,636,640,646,652,657—659,663,666,670,672,675,677,678；（七）246,249,250,258,260,261,264—266,269,274,279,282—284,286,287,290,292—295,298,300,305,314,316,324,331—333,335,338,339,343,352,358—360,362,373,380,396,397,400,409,412,417,419,425,429,432,434,442,443,456,478,526,565,630；（八）328—337,341,342,344,353—355,360,363—369,371,373,381,385,387,

388,390,391,393,395,419,425,427,428,432,434,435,438,439,442—444,447,448,450,459—461,467,471,474,481,491—493,507,508,511,517,522,524,525,533—535,538,539,548,550—552,554,556,559,562,568,569,576—578,580,581,584,586,589,592,593,596,598,602,604,607—609,613,614,617,620,623,629,641,645,646,649,658—662,671,677,682,687,689,701—706,713,715,716,719,720,728,747,753,754,759,762—764,769,772,775,780,781,785;(九)266,272,287,288,303,351,356,359—364,366,367,369—371,373—375,377,378,380,382—392,394—396,407,417,476,478,553,589,664,683,696;(十一)63,160,248,440,498,513,541,555;(十二)153,154,181,182,188,189,194,195,198,199,203—209,212,213,215—220,227,229,230,232,236,237,241,242,244—246,248,257—269,271—275,279—285,287,328,380;(十五)23,105,107,108,110,113—114,125,133,142,152,162,198,

215—218,226,227,256—258,275,292,297

民国日报馆 (三)220;(六)257,379;(八)649;(九)476

民国维持会 (九)182

民国协济总会 (九)37

民立报 (二)93,278,307;(三)14,15,18,25,29,44,51,213—215,217,236,240,276,277,336,340,393,394;(四)247,271,275,280,282,290,294,312;(六)10,11,13—17,20,21,25—29,32,42,43,50,52,55,68,78,84,92,93,100,102,111,114,116,118,121—124,126,128—130,133,137,146—149,151,152,156,160,162,165;(七)30,34,36,48,51—53,61,62,64,65,67,68,70,73—77,79,84,93,98,100,104,106—108,111,113,115,117,119,121,130,134,139,140,142,147,150,153,159,183,187,191,194,197—199,201,203,206,214,243;(八)133,140,150,151,157,159,163,165—167,179,180,182,186—190,193,194,198,199,202,209,211—214,220—222,224,227,232,233,237,240,

242,244,247,254,266,268,270,287,299,306;(九)12,81;(十二)7,8;(十五)12,24—26,80

民气报 （四）317；（五）151

民气周报 （九）247

民强报 （四）497,498

民权初步（社会建设、会议通则）（一）13,237—239,246,310,313,329；（四）518；（七）316；（九）224,238,258,259,310

民权主义 （一）14,317,321,329,389,400—402,413,436,439,473,479,498,499；（二）69,152—154,156,175,188,189,260,261,294；（三）131,144,554；（五）73,134；（七）13,15,34,36,45,49,50,59,60,62,96,144,224,236,237,296,327,330,334,339,345—347,365,391—393,399,474,486,490,491,519—521,559,568—570,575,576,578,583,598,599,607,618,619,621,635,636,664；（八）88,371,681,697；（十）262；（十一）285；（十五）319,338

民生国计会 （四）280

民生社 （九）299

民生主义 （一）8,14,78,321,322,329,413,435,474,476—478,482,492,495,498—502,504,506,509,510,519—521,531—533；（二）69,70,78,83,87,88,152,153,157,160,175,189,190,261,295；（三）20,21,131,157,158,214,327,328,333,337,554；（四）190,283,352,374,505,519；（五）221,512；（六）46,124,322；（七）13,15—17,34,36,45,49—51,58—60,62,63,71,72,81,92,96—98,116,117,126,130,132,141,142,144,197,198,224,237,265,327,331,333,334,339,345—350,366,367,391—394,399,486,490,491,519—521,545,549—553,559,568—570,575,576,578,583,599—602,607,618,619,621,635,636,639,650,674,679；（八）88,92,156,178,237,489,659,661,662,664,681,697—699,720,771；（十）262,296,298；（十一）528；（十五）334,338

民声报 （三）214；（五）245,257

民团备价请领新枪暂行章程 （十一）357

民团请领枪弹暂行章程 （十一）295,325

民业审查规则 （十）359,416,417

民意报 （二）278；（三）214；（四）

44,481;(六)66;(八)330,331;
(九)248

民友会 (四)513;(六)244

民约论 (一)397—399

民治主义 (二)348;(三)96;(五)
67,77,132;(六)385,386,602;
(七)333,350,351,444,476;
(八)434

民主党 (七)19,195,486

民主主义 (二)169,170,297,298;
(三)218;(六)386,391;(七)
334;(八)470,664;(十)400

民族解放主义 (一)317

民族主义 (一)14,77,320,329—
331,334,335,338,352—361,363,
365,366,369—371,375,379,388,
412,413,498,527;(二)69,152—
154,156,175,187—189,260,261,
293,294,297,299,302,346;(三)
20,21,131,132,156,289,319,322,
553;(七)2,7,9,13,14,22,34,36,
45,49,50,59,60,62,96,224,326—
328,330,334,339,344—347,350,
364,391—393,399,417,486,489,
491,492,495,516,519—521,526—
528,545,559,568—570,575—578,
583,597,598,606,607,618,619,
621,635,636;(八)88,92,98,463,
545,546,664,697,698;(十)262;
(十五)301,338

闽都督府组织大纲 (九)24

闽省讨贼军 (十一)697

明新书报社 (五)107

明治维新 (一)78,394;(四)245;
(七)190,453,688,711,712;
(八)168,176,265,551,674,761,
762

莫荣新之役 (三)126

N

内阁制度 (七)236

内河轮船公司 (八)6

内务部矿务局 (三)544;(九)362

南北战争 (一)29,56,420,421;
(二)201;(七)234,398,452,
520,698;(八)471

南昌临时议会 (六)89,108

南甘星敦博物院 (八)16

南汉旅店 (九)703

南华报 (五)51

南京参议院 (三)331;(七)47;
(八)172

南京会议事件 (四)446

南京中西医院 (三)238

南京总统府 (四)478;(六)117;
(七)36

南路讨贼军　（九）529,558,564；
　（十）346；（十三）178
南满铁路　（一）163,186,187,192,
　193,350；（七）111,136；（八）252
南清早报　（三）14,15
南韶地方兵差规条　（十一）490
南浔铁路公司　（四）293
南洋甲种商业学校　（十五）218
南洋兄弟烟草公司　（四）444；
　（五）300；（七）259；（九）417
南洋印刷厂　（九）22,27
南洋游记　（一）26
南洋中兴报　（三）19
南越公司　（十一）199—201
念一条件　（八）461
宁垣中西医院　（三）239
牛津广场　（八）16
纽约世界报　（四）148
农民协会　（三）170—172,597—
　608；（八）691；（十一）155,156,
　506,685
农民自卫军　（三）170,171；（六）
　639；（十一）479
农桑辑要　（二）5
农务局　（二）172；（三）530；（十
　二）191,240
农学会　（一）76；（二）17,18；（八）
　4,5,192

农业促进会　（四）283
农政全书　（二）5
女界共和协济会　（四）248
女界共和协济社　（九）21
女界协赞会　（四）258
女真　（二）101；（三）183
女子蚕桑学校　（九）42
女子卖物赈济中外慈善会　（九）
　273

P

排外主义　（七）152
霹雳筹饷局　（四）325；（十二）34
平南（舰）　（十）321,629—631；
　（十一）149,150,255
平治章程　（二）44
萍乡之役　（二）308；（三）6,17；
　（八）104
朴资贸斯条约　（二）137
普济三院　（九）697,698

Q

七年战争　（二）132；（九）144
齐鲁报　（八）253
齐民要术　（二）5
其泰轮船　（十）174,175
启泰公司　（九）491,499
弃珠崖议　（一）366

契丹　（二）101

前锋报　（五）128

钱广益堂　（九）84

乾亨行　（一）76

强学会　（八）4

侨工事务局　（三）539,540

侨商统一联合会　（九）112,113

钦廉绥靖处　（十）137,167,168,246；（十三）177

钦廉之役（钦廉起义）　（二）264；（四）73；（七）567,656

秦皇岛要港部　（三）461

青帮　（一）354

清查船民户口暂行章程　（十）378,379

琼海关　（八）481；（九）669；（十二）343

全国联合进行会　（三）35,36

全国粮食管理局　（八）438

全国律师民刑新诉状汇览　（二）300

全国商会联合会　（五）397—399

全国商团联合会　（六）31

全民政治　（一）439,469,473；（二）203；（三）554；（五）38；（七）466,473；（八）371

全黔义赈会　（九）362

权度检定所暂行章程　（十）600

拳乱事件　（八）735

确定民业执照条例　（十）362,364,425

R

人道主义　（一）419；（二）93；（三）173；（六）275；（七）162,178,208,220,520；（八）624；（九）173；（十五）45

人口论　（七）181,253,261；（八）250

人类物产统计表　（七）165

人权宣言　（一）414

日本赤十字社　（九）53

日本东方通讯社　（八）441

日本东亚同文会　（四）220；（七）206

日本邮船公司　（七）213

日本邮船会社　（一）349；（二）111；（六）57；（七）213

日俄战争　（二）62,63,178,355；（五）279,305；（七）529,701,707；（八）45,378,450,735,761

日华新报　（四）130,131

日清汽船公司　（一）349

日支国民协会　（五）4—6

S

萨臣铁路 （六）141,142

萨克逊人的日子 （四）320,330

三宝雁学校 （十五）397

三达火油公司 （一）490

三国同盟 （二）127,137

三国演义 （一）448；（三）9

三合会 （一）354；（二）263；（七）11；（八）5,46,60,61,63,65,75,78,94,97

三井公司 （六）151

三井银行 （六）186

三民实业公司 （四）341

三民主义 （一）3,8,12,13,52,54,55,61,63,78,82,83,319,320,322,326,329,330,357,408,412,413,421,439,498—500,502,506,520,533；（二）152,153,175,187,190,191,196,261—263,293,297,302,346,350,425；（三）31,68,131,132,146,156,158,160,165,170,172,191,192,200,202—204,206,514,517,525,549,553,555,584,587,597,604,608,624,643；（四）287,288,352,432,500；（五）272,416—418,450,468,483,511；（六）475；（七）22,49,57—59,62,71,95,116,178,198,224,265,318,325—328,330,331,334,338,339,344—347,351,363,364,367,379,382—384,387—389,391—396,398,399,417,432,439,447,450,452,454,461,465,472,482,484,486,489,490,492,499,500,502,515,518,519,526,545,550,558,560—562,564,568—572,575,576,578,597,606—608,614,615,618,619,621,624,628,632,635,637,649,671,672,683,688；（八）88,376,383,420,421,446,470,489,533,571—573,616,652,664,667,683,684,697,698,708,720,721,727,760,771,784,785；（九）294,331,513；（十）262,400,583,615,693；（十一）243,343,346,506,509,528；（十五）95,305,338,366,398

三权宪法 （一）1,2,7；（二）155；（七）326；（八）121,122

三十三年落花梦 （二）274；（八）27,46

三洲田起义 （四）219

沙碧近轮船 （十）637

沙角炮台 （十）43

沙面电报局 （九）486,518,537,

566,634;(十)617,618,652

山陕讨贼军 (十)270,545,553,602,616;(十一)25,136,157,178,287,297,350,399;(十三)123,250

陕西讨贼军 (十三)452

汕头晨报 (十五)212

汕头无线电台 (九)533

汕尾子弹厂 (六)552

善后会议 (三)208,209,644,645,655,656;(五)557;(六)673—675;(八)725,771

善后会议宣言 (三)207

善后借款合同 (三)48

商办粤路公司 (六)115

商法比较论 (五)145

商会 (三)8,105,139,164,172,198,208,209,412,580—582,588,593,649,650,653,660,663;(四)101,271,312,314,384,387,388,391,540,543,545,546,549;(五)162;(六)17,18,54,55,83,94,97,119,130,149,212,237,397,400,451,509,674,675;(七)89,265,299,638,676,684;(八)185,336,337,435,458,586,604,788;(九)377,391,575,606,642,643;(十)6,14,17,41,42,63,64,72,73,97,211,319,320,343,431,440,677;(十一)59,61,212,234,258,259,478,490,495,718;(十二)141

商人通例 (五)145

商务局 (二)173;(三)531;(十二)191,240

商务总所 (六)31

上海妇女节制会 (五)357

上海敢死团 (四)217

上海各路商界总联合会 (五)309

上海广肇公所 (四)296;(六)19

上海国民党交通部 (四)290;(七)242

上海机器公会 (七)201

上海基督教妇女节制协会 (九)353

上海青年会 (七)303

上海裘业商会 (九)130,134

上海全国各界联合会 (六)485,505

上海全国国民外交大会 (六)506

上海全国商会联合会 (四)312

上海全国学生联合会总会 (六)582

上海日报公会 (六)113;(九)115,123

上海商务总会 (六)31

上海圣约翰大学　（五）139；（七）
　　206
上海丸　（六）666；（八）723，726，
　　729
上海味莼园　（七）85
上海新闻报　（二）200；（三）158，
　　164；（五）306
上海信大钱庄　（九）117
上海议和　（三）223；（六）27，28，
　　37，39，77，551
上海银行　（四）99；（五）470；（七）
　　425
上海永安公司　（五）391
上海制造局　（六）176
上海中国国民党改进大会　（七）
　　414
上海中国社会党　（七）159
上海中央干部会议　（六）566，583
上海总商会　（七）419；（八）458；
　　（九）123；（十一）245
尚贤堂　（三）242；（七）247，250，
　　254；（八）650，674，675
韶关大本营　（十一）443，500，
　　521，560
韶州电报局　（十）85，86，269
少年学社　（四）230，317；（八）119，
　　120
少年中国报　（四）206—208，520；

（六）170，172，173，190，193，203，
　　209；（九）66；（十三）49
少年中国晨报　（三）13；（四）311，
　　313，317，357；（五）229；（八）
　　118；（九）66，350；（十五）183
少年中国党　（二）215，216，248
社会党　（一）436，477—479，481，
　　492—494；（二）69；（三）156；
　　（四）242，281，327；（七）16，17，
　　37，89，116，159—161，165，170，
　　171，175—178，184；（八）80，82，
　　156，157，159，179，182，183，186，
　　199，394
社会建设（见民权初步）
社会事业局　（二）171
社会主义　（一）225，336，337，435，
　　436，474，476—482，484，488，
　　490，492，496，498，500，501，504；
　　（二）62，78，82，96—99，157，295，
　　328，427；（四）30，242，281，317，
　　327；（六）380，381，576；（七）38，
　　40，49，53，59，62，63，71，81，116，
　　117，159—163，165—171，173—
　　183，220，221，333，346—348，
　　366，367，529，551；（八）20，81—
　　83，99，107，157，179，184，186，
　　199，350，421，472，552，556，614，
　　644，664；（九）325

社会主义青年团 （三）157；（五）512；（八）473

申报 （三）32,116,199,238,241,242,255,282,283,395,528；（五）134,212,420,470,495,503,518,557；（六）18,22—24,51,52,64,89,102,108,113,118,120,121,130,153,157,158,252,260,398,462,512,521,537—540,550,562,568,579,624,662,673；（七）51,57,59,63,66,89,91,92,97,98,103,105,106,114,118,136—138,192,197,282,302,358,379,413,424,431,436,438,439,441,480,503,504,565,670,673,689；（八）159,161,162,166,167,172,180,181,183,184,188,192,223,228,232,243,251,252,267—269,340,342,347,350,359,427,437,478,490,498,505,507—509,512,517,523,525,526,535,590,601,609,620,623,627,633,634,695,696,709,716,717,721,722,725,733,758,760,761,763,766,767,771,778；（九）2,45,56,90,91,99,129,145,372,477；（十）226,227；（十三）347；（十五）31—33,165

神户东方饭店 （八）738

神户高等女子学校 （七）699,711

神户丸 （六）215,222,225,226；（八）56

神州女界共和协济社 （四）258

省韶铁路 （五）531

圣安得列游医会 （二）416

圣路易斯学院 （四）149

圣妥马士医院 （二）396

圣约翰赤十字会章程 （二）367

圣约翰书院 （九）253

圣约翰游医会 （二）368,416

十先生祠 （一）7

石龙电报局 （十）681；（十一）47,237,241,704

实业计划（物质建设、建国方略之二：实业计划） （一）13,74,91,94,223,329,505；（二）296；（五）59,521

实业银行 （四）269,271,289,299,300

世界和平共进会 （五）68；（八）390

世界主义 （一）356—361,363,365,366,369,370；（七）208,364,365

数学级数 （一）340

私铸治罪条例草案 （三）637

思兰德号 （二）232,234

斯比克报 （二）246

斯拉夫民族 （一）337,361,365,
369；（七）529

四川军医学堂 （三）238

四国银行团 （一）89；（二）107；
（六）118；（七）83；（八）141,143,
188,238

四会电报局 （十）210

四述奇（随使英俄记）（一）50

泗水商务总会 （九）147

泗水中华商会 （六）236

松柏港民群书报社 （九）72

松江清华女校 （七）202

淞沪铁路 （二）279；（四）188

苏报 （一）81；（二）57,264；（八）
77,122

苏格兰场 （二）238,239；（八）7,
9,21

苏格兰场警署 （二）229,231,
237,239

苏维埃政府 （二）335；（三）130；
（五）278,486；（六）380,576,
577；（七）346,465；（八）588,
616,657,661,776

宿务筹饷局 （十二）40,41,137,
138,620,633,634

穗义公所 （十）547

孙大总统广州蒙难记 （二）298；
（五）298,299；（六）520；（七）

410；（八）503,504,506,507,
515—517,519,520,524,527,
529,530,532,533；（九）398,410,
428,433

孙文小史 （七）257

孙文学说（心理建设、孙文学
说——行易知难（心理建设）、建
国方略之一：心理建设）（一）
13,329,409；（三）257；（五）30,
166；（七）316,371；（八）396,
656；（九）303,310,333

隼捷（舰）（十一）51

T

台湾银行 （四）485,527,528,542,
549；（五）13,22；（六）182；（九）
184

太平天国 （一）133,400,401；
（二）92,125,275,297,298；（三）
304,320,321,323；（七）11,36,
41,43,45,491,516,551；（八）62,
64,76,77,98,105,147,656

太平天国战史 （二）275,276,
297,298；（八）76

太平洋会议 （三）106；（五）281；
（六）598；（七）373,376；（八）
458,464,465；（九）365,366

泰顺轮 （六）420

专有名词索引

泰晤士报　（二）95；（八）558；（九）6，7

檀香山筹饷局　（四）421

檀香山兴中会　（三）3，266，289

汤武革命　（一）368；（二）54，153，175，195；（七）361，401，515，534；（八）3，636

塘沽造船厂　（三）461

陶园酒楼　（十）42，43

天地会（洪门、三点会）　（一）77，78，353—355；（二）46，56，275；（三）59，60，289—291，327，328，521，571；（四）33，158，179，180，207，222，224，331，332，373；（五）42；（七）74，343；（八）487；（九）196

天铎报　（三）22，27，214，239；（四）267；（六）19，24，35，54，92，116，123，125，126，129—132，142，144，151；（七）83，87，88，134，148，196；（八）149，156，162，183，209，215，221，229，231—233，238；（九）73；（十二）19

天和洋行　（九）513

天津铁道局　（二）32

天坛宪法草案　（一）10；（七）296，297

天天楼茶居　（九）538

天演论　（二）77；（七）166

条顿民族　（一）338，361，362，435；（七）6，530

铁路协会杂志　（十五）48

铁路杂志　（二）279

铁路总公司条例　（三）393；（六）136，138，141

通俗讲演所　（九）265

同安(舰)　（九）412，424；（十二）261

同盟国　（一）337，362，363；（二）119，128，146；（三）94；（六）247；（七）570，705

同盟会　（一）59，61，75，82—86，88，498，499；（二）66，264，284，325，345，346；（三）12，13，18，30，33，132，145，159，235，240，244，247，271，274，302，327；（四）38，39，45，52，54，57，69，75，88，98，103，108，113，114，118—120，125—128，130，139，140，143，144，150，154，155，158，160，163，165，168，169，173，174，179，180，184，186，190，191，198，199，212—214，216，222，224，226，228，230，249，266，284—288，290，308，311，317，321，328，332，362，366，395，398，479，487，494，519；（五）295，330，334；

365

（六）23,45,46,54,55,110,111,
114,117,121,122,147,175;（七）
13,28,30,34,36,49,57,59,89,90,
92,93,95—97,140,183,199,204,
227,317,325,326,349,382,449,
462,478,483,541,560,561;（八）
77—80,90,92,95,97,101,105,
118,120,126,130,132,134,182,
207,211,239,314,315,332,370,
463,487,618,639,659,671;（九）
17,21,124,254,255;（十一）696;
（十五）15,28,36,53,54,71,83,
87,97,105,110,118,119,186,187,
202,220

同盟会湖北支部 （七）57;（八）
185

同盟会政纲 （四）286,288;（八）
315

同盟会中部总会 （三）19

同盟演义 （二）284

同益公司 （十）404

同益航业公司 （十）42,43

统一党 （二）121;（七）51,482

统一共和党 （三）35,36;（四）290;
（六）121

突厥 （一）362;（二）205;（八）74

图强产科女校 （六）639

土地局 （二）172;（三）530;（十）

23,149,153—155;（十二）240

吐蕃 （二）101

拓殖协会 （九）159,161,162,166,
167

W

外交政策 （一）14,329;（二）99,
126,128;（三）92,94,100;（五）
271—273,388;（六）507,576,
597;（七）543;（八）631,700

万国改良会 （四）247,313

万国红十字联合会 （九）53

万国银行 （六）183

万有引力 （一）463

王猛论 （一）37

威远炮台 （十一）573

唯物主义 （一）482

维加炮厂 （一）90

维瑞电轮 （十一）685

维新军 （三）9

维兴公司 （十一）568

温哥华北方建筑有限公司 （三）
558

文官高等惩戒委员会 （十二）246,
262,264,265,270,272

文官考试局 （二）173

文官试验草案 （九）42

乌托邦 （一）396,478;（八）83,

134,648

乌托邦派 （一）478—481

巫来族(马来族) （一）333

无敌舰队 （二）126

无政府主义 （一）8,369；（六）248；（七）159,175,177,178,320；（八）69,70,529；（九）252；（十）400

无知之勇 （四）170

梧州电报局 （十）36

梧州关监督 （十）638；（十一）249,415；（十二）219；（十三）112,197,430

梧州善后处 （十）586；（十一）47,249,263,638；（十三）350

梧州善后处条例 （十一）146

五丰(号) （十一）573

五国银行团 （三）45,185,190；（六）158,159,161；（八）323

五权宪法 （一）1,3—6,9—14,52,55,63,82,326,329,470,472；（二）149,175,261—263,297,302；（三）131,132,144,206,398,402,517,518,525,554,555,584,587,618,624；（五）272,273,381,450,468,483；（七）35,326—328,344,351,365,432,439,447,450,452,454,461,465,482,484,499,500,502,515,518,519,564,575,614,624,671,672,688；（八）144,357,616,708,727,760,785；（九）294,331,464；（十）403,583,693；（十一）528；（十五）214,338

五四运动 （五）166；（八）273,421,573,720；（九）303

五修詹氏宗谱 （二）299,300

武昌黄鹤楼 （七）54

武昌炮工营 （七）307

武昌起义 （一）58,86,88,348；（二）78,89,176,187；（三）15,235；（四）358；（六）104,128,175；（七）54,92,93,138,142,152,192,226,289,290,312,314,317,325,335,359,361,386,448,461,462,481,482,485,513,514,516,531,532,536,537,541,547,587,616,625,626,657,658,661；（八）134,144,149,150,260,415,752；（十五）28,121,162,178,387

武汉报界联合会 （四）274

武汉起义(武汉之役) （三）146；（四）379；（七）33,71,94,189,243,455,564；（八）639；（九）3,166

武力主义 （二）138,170；（三）94—96,143；（六）385,386；（八）548

舞凤(舰) (九)398,411,429,448,631;(十一)40,92,96;(十三)320,348,349

物种来由(物种起源) (一)45,46

物质建设(见实业计划)

X

西伯利亚铁路 (一)99,100,106

西藏铁路 (七)124,129

西江船舶检查所 (三)568—570;(九)669;(十)5;(十三)78

西江十九县禁烟总局 (十一)480,520;(十三)453

西江讨贼军 (十)36;(十二)296,639;(十三)17,133

西江铁路 (一)159

西京大学 (五)28

西路讨贼军 (五)400,407,514;(九)482,499,529,547,553,558,564,570,593;(十)26,37,42,43,65,71,85,88,89,92,127,128,131,132,134,137,140,141,145,146,149,167,168,172,178,185,228,291,333,334,390,435,588,638,656,697,698;(十一)69,72,79,82,129,185,338,349,355,458,460,511,512,520,521,606;(十二)429,430;(十三)141

西南护法 (三)95,99,100,135,136,139,224;(五)62,179,445;(六)291,321,431,469,474,477;(七)289,356;(八)358,390;(十)401

西盛轮 (十一)19

现代实业团体 (三)198,208,209;(六)675

香安督缉局 (十)555

香港晨报 (九)409

香港赤十字会 (二)366

香港大学 (四)152;(七)421

香港道济会堂 (四)3

香港华商总会 (六)451

香港南清早报 (四)79

香港圣保罗书院 (二)338

香港书院 (二)214

香港同盟会 (四)266;(八)133

香港西医书院 (一)75,77;(二)3,214,353;(三)231;(四)1,219;(八)15,63,413

香港兴中会 (三)4

香港医校 (三)238

香港政府 (一)80,140;(四)7;(五)470;(七)421,424,425,428,433;(八)278,581,583,631,755,756;(九)506,644;(十一)349

香港政厅 （七）696；（八）583,584
香港支那邮报 （二）243
香港总督 （二）43；（三）149；（四）7；（七）397；（八）54,55,644
香港总工会 （九）445
香江晨报 （五）241
香山筹饷局 （十）494,495
香山东海十六沙农民护沙自卫局 （三）79,80
香山田土业佃保证局 （十）386
香山县经界分局 （十）334
湘东第一军 （十三）130
湘军 （一）354；（二）326；（三）127,224,320,321；（五）8,128,285,308,312,330,332,393,468,552,553,555,561；（六）265,304,363,448,460,465,469,496,524,593,603,607,613,633,634,636,664；（七）488,492,565—567,572,573,586,595；（八）483,661；（九）315；（十）5,70,71,88,218,223,226,238,266,269,280—282,287,288,291,292,298,307—309,311,342,345,346,351,381,385—388,395,413—415,418,437,438,442,445,447,449,455,457,460,465,466,500,505,521,545,553,554,562,569,588,591,595,599,602,616,631,640,644,653,665；（十一）2,25,76,82,111,136,138,144,154,157,164,178,183,184,186,210,216—218,227,230—233,237,238,243,250,268,270,286,287,297,307,326,342,350,365,366,372—374,378,399,418,419,458,460,466,471—473,481,495,497,508,511,514,520,521,524,526,557,560,574,587,590,591,593,600,610,612,626,630,649,652,653,656,665,677,687,697—701,717；（十二）274,636；（十三）102,214,215,255,281,327,328,349,350,510

小北江护商事务所 （十）525
小野丸 （六）222
协约国（协商国） （一）337,362—364,367,368,382,528；（二）99,101—105,108,113,116,117,119,131,132,135,136,138,140—143,145,146；（三）92,96；（四）514；（六）238,240—242,247,299,384,410,411,674；（七）311,322,529,570；（八）339,350—352,387,419,553；（九）257
心理建设（见孙文学说）
辛丑条约 （三）150,151,186；

（七）22

辛亥革命 （一）4，79，317，368，402；（二）266，293，294，314，339；（三）156，189，192；（四）252，309，317，356，524；（五）278；（六）279，294；（七）266，282，302，338，339，360，361，381，383，426，448，481，482，485，654；（八）243，269，275，315，456，479，571，573，596，676，746，763，785；（九）13；（十五）23，36，71，110，121

辛亥俱乐部 （十）333

新国民报社 （二）277

新华社 （九）184

新加坡洪门义兴公司 （四）331

新加坡商务总会 （六）130

新疆游记 （二）291

新宁铁路 （五）274，469，470；（十）141，192，348，349

新青年 （一）340，357，365，369，385，404，408；（七）550；（十一）541，555；（十五）180

新社会主义 （一）336；（八）157

新闻报 （七）134，253

新中国报 （二）46；（四）31；（六）665，676

兴全灌三属联合会 （九）378

兴业贸易株式会社 （九）113

兴中会 （一）75，76，79；（二）17，43，216—219，263，324，345，346；（三）3，4，132；（四）54；（六）1；（八）2，24，62，77，659

星期评论 （二）150，152；（五）164，166；（八）382，385

行政讲习所 （二）173

匈奴 （一）40，354；（二）101；（三）183；（八）74；（十）300

徐州会议 （四）488

旭报 （五）325

Y

鸦片战争 （一）140，476；（三）184；（八）675，735

亚细亚火油公司 （六）613，616

亚细亚轮船 （十一）573

亚细亚主义 （八）761

烟潍铁路 （一）180

盐务署 （十）688，689；（十一）202，203，256，363，384，407，438；（十三）331，337，341，385，394，412，413，443，444

扬州淮南运商 （六）26

扬州十日 （二）55，187；（七）21

羊城起义 （二）308

阳明学 （七）327

杨格旅馆 （四）29

仰光筹饷局 （四）529；（十二）28—31

姚荣泽案 （六）81

耶耳大学（耶路大学、耶鲁大学）（一）4；（七）326

一条鞭法 （七）82；（八）196

伊犁条约 （七）22

衣斯麦法 （二）416

怡昌客栈 （十）84

以色列传讯报 （五）180

义和拳 （一）88；（二）72；（十一）243,244

义和团 （一）48,439—441,462,463；（二）52,194,324,339；（三）184,185；（四）457；（五）160；（六）239；（七）1,278,680,683；（八）55,60,127,129,262,674,675

义和团事件 （三）183,184

义利公司 （九）519

益智书报社 （六）503

因粮局 （三）313—317,413,414,475,476,478

印度河号 （八）51

印度皇后轮船 （四）6

英法联军 （一）41；（四）170；（七）24；（八）735

英芳洋行 （五）66

英国工党 （一）487；（三）178；（六）597；（七）331

英汉习语文学大辞典 （二）303

英美布道会 （二）247

英日同盟 （四）226；（八）424,425

迎胜石井条约 （八）461

盈余价值 （一）485,486,489,490

永春公司 （十）471,699；（十一）176,177,194,504

永丰（舰） （三）127,128；（五）296,297；（六）431,524,575,576,623；（七）410,445,585；（八）504,507—512,515,517,525—528,530,610,713；（九）406,407,413,414,416,417,420,425,434,545,618；（十一）80,202,209—211；（十二）261,360

永捷轮船 （十）121,243

永翔（舰） （六）520,537,568；（七）439,444；（九）402,412,415,419,420,429,545,669,672；（十）50,139,186,321；（十二）261；（十三）37

永裕公司 （十）488,497—499

有兴公司 （十）494,495

余健光传 （二）290

渔业局 （二）173

雨花台之役 （三）239

裕源公司　（十）471；（十一）59,61

豫章（舰）　（八）620；（九）420,424,429；（十二）261,265；（十三）37

元老院　（一）265,270,302；（六）232

圆明园　（二）179；（八）344

源丰润号　（九）139

源潭电报局　（十）109

远东时报　（一）13,234

约法　（一）10,12,54,55,57,65,318；（二）93,119,202,210,262,267,268,292,326；（三）47,49,50,56,62,68—74,76—78,81,82,85,87,88,90,92,93,95,96,114,217,218,223,305,306,358,378,480,488；（四）273,456,458,459,461,464,468,472,480,482,503,517,523,524,528,536,538,541—543,547,556；（五）2,3,11,15,16,44,244,306,307,364；（六）159,213,218,220,221,259,264,273,274,280,303,308,310,315,318,321—323,332,340,341,357,386,405,409,483；（七）35,83,119,246,256,270,272,284,288,290,306,307,310,311,323,352,365,441；（八）71,90—92,197,198,213,218,231,314,324,328,329,331,343,358,362—364,366,372,390,667；（九）31,129,133,146,154,155,241,273,354,367,376,381—383,540；（十）325

约束党员规则　（三）54

阅书报社　（四）281,444

粤海关税务司　（五）301,504；（七）289；（十）305；（十一）32,42,667,674

粤汉铁路　（一）155,414,475,476,513,516；（三）126,127；（五）461；（六）115,548,637；（七）433,437；（八）189,192,443,583,707；（九）555,570,588,593；（十）142,238,301,344,345,350,357,371,374,377,394,435,453,454,503,539,582,600,603,654；（十一）131,142,173,184,207,261,312,358,385,386,409,411,521,522,558,560,570,577,625,627,632,633,644,648,663—665,682,687,688,700,701,703,709,710；（十二）282,458；（十三）367,368,411,458,484,503,504

粤汉铁路公司　（九）555；（十）175；（十一）383,534

粤秀楼　（二）297,298

粤秀轮 （九）514

越南中法学生杂志 （二）302

云南首义 （三）82；（九）267

Z

暂行陆军官佐士兵薪饷等级表
（十）476

暂行陆军军师旅团营连公费马乾表
（十）476

曾容记店 （十）43

增城命令传达所 （六）592；（十）
185，249，251，268

战时国际法规 （三）75

战学入门 （二）282，283

张裕公司 （七）89；（十五）47

招商总局 （六）44，55，74

朝日新闻 （二）276；（三）67；（五）
261；（七）230，232；（八）136，
385，387，422，432，492，493，569，
732，739；（十五）6，149，249

朝日新闻社 （七）232，699；（八）
492，493，729，733

赵氏书院 （十）333

肇和（舰） （六）520；（十二）261，
360；（十三）37

肇和之役 （四）495；（六）215

肇平舰 （九）627

浙江省立大学 （五）139

浙江讨袁军 （十一）159

镇南关之役 （二）264，277，308；
（六）7；（七）656；（八）108

征服主义 （二）138

正金银行 （三）277；（六）151，
157；（八）242，243；（九）55

正太线路 （一）178

政务讨论会杂志 （二）280

政学会 （五）92；（六）244；（七）
319，337；（八）442

支那革命实见记 （二）276，277；
（六）7；（八）104，105

芝罘条约 （七）22

芝加高铁路批评 （一）130

芝加古同盟会 （三）235

执信学校 （五）452；（七）378

直系 （二）184；（三）113，136，
139，147，205，223，224，226，227；
（五）29，210，282，298，449，468，
476；（六）460，500，501，543，566，
578；（七）427，428，673；（八）354，
428，459，541，543，547，550，551，
581，671，703，705，707—709；（九）
338，470；（十）188，194，245

志诚俱乐部 （六）395

致公堂（洪门三合会） （一）353；
（二）60，66；（三）289，291，299；
（四）33，34，37，136，137，143，213，

218,222,230,387;（五）141,260,261;（八）120,122

智利洋行　（十）638,639

中德条约　（六）58;（八）257

中东铁路　（一）185,186,189,193,199;（三）137,138;（五）305,347,558

中俄协定　（三）167—169;（八）688

中法银行　（一）349;（六）143,144

中法战争　（八）410—412,735

中国报　（一）79;（二）264;（四）53,230,231;（八）244

中国报馆　（四）21,254

中国碑坊协会　（八）175

中国变化（转变中的中国）　（一）58

中国革命蓝皮书　（二）278

中国公共卫生会　（五）21

中国公学　（六）132,155,156,163;（九）140

中国国民党　（一）316,322,324,329,423;（二）332,334,347—349;（三）131—134,140,144,145,154,159,161—163,165—167,169,172,174,182,186,190,191,199,207—210,282,513,514,517,519,521,525,553,555,570,571,576,577,584,585;（四）63,78,372;（五）38,151,156,189,256,264,378,452,511;（六）509,559,560,602,676;（七）317,325,328,338,339,343,351,382,414,458,466,478,538;（八）540,563,597,645,650,693,735,776;（九）227,235,453,468,470;（十）53,261,403,406,426;（十一）43,67,156,213,243,322,343,346,483,522,552,661,683;（十二）197,347,422;（十三）163,284—286;（十五）205,276,327

中国国民党嗌咪分部　（十二）372—374

中国国民党叻架伙分部　（十二）458,460,461,463,470

中国国民党唧咕通讯处　（十二）364,366,367,370

中国国民党杞连湖分部　（十二）398,401,402,410

中国国民党埃仑顿分部　（十二）399,401,403,404,412

中国国民党巴达维亚支部　（十二）335—338

中国国民党巴黎通讯处　（十三）159

中国国民党巴生支部　（十二）200—202,252—254;（十三）64—

67

中国国民党巴士杰通讯处 （十二）370

中国国民党巴梳通讯处 （十二）363,365—367,370

中国国民党把利佛分部 （十二）459—461,463,464,470

中国国民党坝罗分部 （十三）12—15

中国国民党般埠分部 （十二）388—391

中国国民党邦咯通讯处 （十二）322—326

中国国民党保士顿分部 （十二）398,401,402,404,409

中国国民党北架斐分部 （十二）432—435,438

中国国民党北京支部 （十二）329

中国国民党贝市分部 （十二）400,401,403,404,412,413

中国国民党必珠卜分部 （十二）396,397,400—403,407

中国国民党庇叻咕通讯处 （十二）432,434—436,439

中国国民党庇利士滨分部 （十二）489—493

中国国民党庇能大山脚分部 （十二）231

中国国民党庇能支部 （十二）203,243,302

中国国民党庇罅利通讯处 （十二）363,365—367,369

中国国民党边拿李耀分部 （十二）431,433—435,437

中国国民党波地坚分部 （十二）388—391

中国国民党波兰顿分部 （十二）459,460,462,467,472

中国国民党波兰佛分部 （十二）459,460,462,467,472

中国国民党波利磨分部 （十二）399,401,403,404,412

中国国民党钵仑分部 （十二）397,401,402,404,408

中国国民党博芙芦分部 （十二）196,399,401,404,411,413

中国国民党薄寮分部 （十二）180,323—325,327

中国国民党跛打分部 （十二）432—435,438

中国国民党布林分部 （十三）64—67

中国国民党菜苑分部 （十二）432—435,438

中国国民党参迫咕分部 （十二）396,400,402,403,405

中国国民党初贝分部 （十二）
323—326

中国国民党滀臻兴民分部 （十
二)323—325,327

中国国民党粗李杜分部 （十二）
400,401,403,404,412

中国国民党达打分部 （十二）
396,406

中国国民党打拿根分部 （十二）
316—319

中国国民党打市巧夫分部 （十
三)50—54

中国国民党大沙华分部 （十二）
431,433—437

中国国民党党务讨论会 （十一）
552

中国国民党道禧分部 （十二）
432,434,435,438,439

中国国民党德郡分部 （十二）
397,401,402,404,408

中国国民党第一次全国代表大会
（一）316,326;（三）584;（七）
536,539,541,554,557,560;（八）
645;（十）406,426;（十三）279

中国国民党第一次全国代表大会宣
言 （一）316,325;（七）554,
556,560;（十）397,401

中国国民党典的市分部 （十二）

177,197,248;（十三)50—53

中国国民党点问顿分部 （十二）
459—461,464,470

中国国民党东京河内支部 （十
二)182

中国国民党洞多利分部 （十二）
315—319;（十三)135—138

中国国民党洞口支部 （十三）
135—137

中国国民党都朗杜分部 （十二）
459—461,464,470

中国国民党斗华必力打通讯处
（十二)363,365—367,369

中国国民党笃城分部 （十二）
398,401,402,404,410

中国国民党多榄喜亚分部 （十
二)459—461,465,471

中国国民党二埠分部 （十二）
400,401,403,404,413

中国国民党斐匿分部 （十二）
399,401,403,404,411

中国国民党斐市那分部 （十二）
398,401,402,404,409

中国国民党费城分部 （十二）
398,401,402,404,410

中国国民党佛地分部 （十二）
396,400,402,403,405

中国国民党扶朗爹罅通讯处 （十

二)363,365—367,369

中国国民党丐冷分部 （十二)
323—325,327

中国国民党纲甲烈港支部 （十
二)289

中国国民党高老沙通讯处 （十
三)13—15

中国国民党高路罅通讯处 （十
二)432,436,439

中国国民党葛仑分部 （十二)
397,401—403,407

中国国民党个郎分部 （十二)
399,401,403,404,411,412

中国国民党个窿分部 （十二)
431,433—435,437

中国国民党古巴湾城支部 （十
二)183

中国国民党古巴支部 （十二)
431,433—436

中国国民党古璧分部 （十二)
459—461,464,465,470,471

中国国民党古鲁市通讯处 （十
二)432,434,435,439

中国国民党谷架坡分部 （十二)
489—492

中国国民党故厘亚根通讯处 （十
二)364—367,371

中国国民党广东崖县分部 （十

二)211

中国国民党广东支部 （九)390,
513；（十)54,261；（十一)67,
552;（十二)194,321,322

中国国民党海阳分部 （十二)
316—319

中国国民党海悦分部 （十二)288

中国国民党呵利市通讯处 （十
二)364—367,371

中国国民党河内支部 （十二)251

中国国民党横滨支部 （十二)
458,460—463,469—470

中国国民党华冷架分部 （十二)
396,400,402,403,406

中国国民党哗造分部 （十三)
146—148

中国国民党哗造通讯处 （十二)
456—458

中国国民党化古通讯处 （十二)
363,365—367,370

中国国民党活打胆步通讯处 （十
二)371

中国国民党伙伟林分部 （十二)
459—462,466,471

中国国民党积彩分部 （十二)
399,401,403,404,411

中国国民党吉礁分部 （十二)
363,365—367,369

中国国民党吉治打通讯处 （十二）459,460,462,468,472

中国国民党加兰姐分部 （十二）395,396,400,402,403,405

中国国民党加马威分部 （十二）431,433—435,437

中国国民党加士华利分部 （十二）398,401,402,410

中国国民党嘉柄分部 （十三）64—67

中国国民党甲必地分部 （十二）422—424

中国国民党坚时分部 （十三）64—67

中国国民党介华连分部 （十二）431,433—435,437

中国国民党金欧埠分部 （十二）224

中国国民党锦碌分部 （十二）316—319

中国国民党掘地孖罅分部 （十二）398,399,401,402,410,411

中国国民党卡忌利分部 （十二）459—461,464,470

中国国民党坎问顿分部 （十二）322—325

中国国民党柯京分部 （十二）459,460,462,468,472

中国国民党柯景分部 （十二）432—435,437,438

中国国民党柯连分部 （十二）397,401,402,404,408

中国国民党恳亲大会 （七）457

中国国民党兰顿分部 （十二）316—318,320,459,460,462,467,472

中国国民党榄面顿分部 （十二）297,401,402,404,408,409

中国国民党老市仑分部 （十二）459—462,468,472

中国国民党乐居分部 （十二）376—378

中国国民党雷城分部 （十二）459,460,462,467,472

中国国民党里昂分部 （十三）159

中国国民党利马分部 （十二）376—378

中国国民党利物浦支部 （十三）24—26

中国国民党笠夫李市通讯处 （十二）459,461,462,469,473

中国国民党粒卜碌分部 （十二）397,401—403,407

中国国民党列必珠分部 （十二）363,365—367,369

中国国民党列孔列姐分部 （十

二)458,460,461,463,470

中国国民党罗省分部 （十二）
398,401,402,404,410

中国国民党罗士舞珠通讯处 （十
二）433

中国国民党洛锦顿分部 （十二）
388—391

中国国民党麻厘柏板支部 （十
二）225,227

中国国民党麻坡支部 （十二）524

中国国民党马丹沙分部 （十三）
135—138

中国国民党马架连汕丹通讯处
（十二）370,371

中国国民党玛琅分部 （十二）
316—319

中国国民党满地可分部 （十二）
196；（十三）50—54

中国国民党毛利企通讯处 （十
二）364,371

中国国民党茂宜分部 （十二）
432,434,435,439

中国国民党美京分部 （十二）
432—435,438

中国国民党美利滨分部 （十二）
490,491,493

中国国民党美孖写分部 （十二）
399,401,402,404,411

中国国民党米麻分部 （十二）
396,400,402,403,405

中国国民党棉兰分部 （十二）
485—487

中国国民党缅甸支部 （十二）
165,166；（十三）182—185

中国国民党磨诗耀通讯处 （十
二）433—436,439

中国国民党末士卡利分部 （十
二）395,400,402,403,405

中国国民党莫架分部 （十二）
399,401,403,404,412

中国国民党墨国支部 （十三）
46—48

中国国民党墨京通讯处 （十二）
433—436,439

中国国民党墨溪分部 （十二）
490,491,493

中国国民党那伏通讯处 （十二）
363,365—367,370

中国国民党那卡利通讯处 （十
三）12—15

中国国民党那市比分部 （十三）
50—54

中国国民党那罅通讯处 （十二）
400,401,403,404,413

中国国民党纳卯支部 （十三）
42—44

中国国民党嗱吃分部 （十二）
180,214

中国国民党南定分部 （十二）
316—318

中国国民党南非洲支部 （十二）
477—480

中国国民党南和可通讯处 （十
二）364—367,370

中国国民党南京东南大学分部
（十二）441

中国国民党南雄分部 （十）343

中国国民党坭益爹分部 （十二）
380—383

中国国民党泥古洒利分部 （十
二）372—374

中国国民党鸟卡素分部 （十二）
388—391

中国国民党柠檬分部 （十二）
397,401—403,407

中国国民党纽丝仑屋仑分部 （十
二）489—491,493

中国国民党纽特分部 （十二）399,
411

中国国民党纽约分部 （十二）397,
401,402,404,407,408

中国国民党泮大连分部 （十二）
396,400,402,403,406

中国国民党霹雳嗱乞分部 （十
二）446—448

中国国民党啤喇分部 （十三）
152—154

中国国民党片的顿分部 （十二）
459—461,466,471

中国国民党片市打佛分部 （十
二）459,460,462,468,472

中国国民党片市鲁别分部 （十
二）459—461,465,471

中国国民党片市阻珠分部 （十
二）459—461,464,470

中国国民党品夫分部 （十二）
458,460,461,463,470

中国国民党追架通讯处 （十二）
462,468,469,473

中国国民党普扶分部 （十二）
489—492

中国国民党乞佛分部 （十二）
398,401,402,410

中国国民党企城分部 （十二）
432—435,438

中国国民党企仑打通讯处 （十
二）459,461,462,469,473

中国国民党乾雪地分部 （十二）
432—435,438

中国国民党且砧通讯处 （十二）
459,461,462,469,473

中国国民党芹苴兴亚分部 （十

二)323—327

中国国民党顷士顿分部 （十二）459,460,462,467,472

中国国民党球那暗步通讯处 （十三)46,49

中国国民党屈慎委利分部 （十二)396,400,402,403,406

中国国民党仁丹分部 （十三）72—74

中国国民党汝利慎分部 （十二）459,462,466,471

中国国民党三宝雁分部 （十二）322—326

中国国民党三藩市分部 （十二）399—401,403,404,412

中国国民党沙城分部 （十二）363,365—368,459,460,462,467,472

中国国民党砂胜越分部 （十三）117—119

中国国民党晒宁通讯处 （十三）51—54

中国国民党山担通讯处 （十二）364—367,370

中国国民党山地巴把分部 （十二)396,406

中国国民党山东支部 （十二)285

中国国民党山多些通讯处 （十二)433—436,439,440

中国国民党山姐咕分部 （十三）79—81,86

中国国民党山路自路通讯处 （十二)432,434—436,439

中国国民党山拿罗通讯处 （十二)364—367,371

中国国民党山西支部 （十二)284

中国国民党山寅打兆通讯处 （十二)432,434—436,439

中国国民党汕爹咕分部 （十二）376—379

中国国民党上海第四分部 （十三)55,78—81

中国国民党舍咕分部 （十二）431,433—435,437,441

中国国民党舍路分部 （十二）397,401,402,404,408

中国国民党神户支部 （十二)290

中国国民党胜缅分部 （十三）126—128

中国国民党圣卡顿通讯处 （十二）461,462,469,473

中国国民党圣转分部 （十二）459,460,462,467,468,472

中国国民党诗诬分部 （十二）363,366—368

中国国民党湿比厘分部 （十二)

316—318,320

中国国民党始李巴通讯处 （十三）51—54

中国国民党士作顿分部 （十二）398,401,402,404,409

中国国民党世利乔通讯处 （十三）13—15

中国国民党市必汗分部 （十二）458,460,461,463,470

中国国民党市打罅分部 （十二）459—461,466,471

中国国民党梳叻分部 （十二）396,400,402,403,406

中国国民党双溪大哖分部 （十二）288;（十三）185

中国国民党四川支部酉秀黔彭第一办事处 （五）264

中国国民党四川总支部 （十三）89

中国国民党泗水支部 （十二）167

中国国民党宋卡分部 （十二）315,317—319

中国国民党苏城通讯处 （十二）363—367,370

中国国民党苏华分部 （十二）489—492

中国国民党苏洛支部 （十二）478—480

中国国民党宿务支部 （十三）39—41

中国国民党所慎尾利分部 （十二）459,460,462,466,467,471,472

中国国民党檀香山支部 （十二）195;（十三）56—59

中国国民党万磅分部 （十二）322,324—326

中国国民党万隆分部 （十二）207,478—480,483

中国国民党万山李祐分部 （十二）431,433—435,437

中国国民党威灵顿分部 （十二）489—492

中国国民党尾步隙通讯处 （十三）51,53,54

中国国民党尾利和通讯处 （十二）459,461,462,469,473

中国国民党尾利慎血分部 （十二）459—461,466,471

中国国民党委伴分部 （十二）459,460,462,468,472

中国国民党位夜基（惠夜基）分部 （十二）176,228,247,398,401,402,404,409,414

中国国民党温谙分部 （十二）459,460,462,468,472

中国国民党温地辟分部 （十三）
50—54

中国国民党稳梳分部 （十二）
316—319

中国国民党乌陵分部 （十三）
135—138

中国国民党乌市打分部 （十二）
397,401,402,404,408

中国国民党勿地顺船通讯处 （十三）163

中国国民党西贡总支部 （十二）
178

中国国民党希炉分部 （十二）
396,400,402,403,406

中国国民党喜路市姊分部 （十二）458—461,463,470

中国国民党夏路弗分部 （十二）
459—461,465,471

中国国民党夏湾拿分部 （十二）
297,431,433—436

中国国民党暹罗支部 （十二）187

中国国民党新嘉坡东路分部 （十二）189

中国国民党星洲分部 （十二）
192；（十三）92—95

中国国民党星洲琼侨分部 （十二）257,258

中国国民党雪梨支部 （十二）
329—331

中国国民党亚包分部 （十二）
388—391

中国国民党亚顿分部 （十二）
397,398,401,402,404,409

中国国民党亚华吉地通讯处 （十二）432,434—436,439

中国国民党亚李士庇通讯处 （十二）363,365—367,370

中国国民党亚洲皇后船分部 （十三）11,12

中国国民党晏埠分部 （十二）
399,411

中国国民党仰光支部 （十二）
184—188,220—224,297—299

中国国民党怡朗分部 （十二）
322—326

中国国民党意基度分部 （十三）
12,15

中国国民党意基忌分部 （十二）
399,401,403,404,412

中国国民党印京支部 （十三）
157—159

中国国民党映市仑分部 （十三）
145—148

中国国民党约顿分部 （十二）
459—461,466,471

中国国民党云丹拿分部 （十二）

415—417

中国国民党云高华分部 （十二）459—461,465—466,471

中国国民党芝加高分部 （十二）398,401,402,404,409,410

中国国民党智京分部 （十三）12—15

中国国民党宙巴仑分部 （十二）459—461,464,470

中国国民党宙布碌分部 （十二）459—461,465,471

中国国民党主咕通讯处 （十三）13—15

中国国民党姊忌利通讯处 （十二）363,365—367,369,370

中国国民党祖笋分部 （十二）397,401—403,407

中国号船 （五)257

中国日报 （四)59,199;（六)117

中国铁路鉴 （九)233

中国铁路现势通论 （九)233

中国铁路总公司 （三)239,240,284,394；（四)311；（六)127,131；（七)196,243；（八)270,285,323

中国同盟会 （一)14,54;（二)76,263;（三)12,13,20,35,36,69,214,235,240,273,301,302,304,325,333,336;（四)43,87,100,101,173;（六)13,45,117;（七)4,27,30,34,41,452,455;（八)80,88,119,120,180;（九)124;（十二)2;（十五)64

中国同盟会本部 （三)16,214,333;（六)117;（八)239;（十二)2

中国同盟会滇支部 （三)214

中国同盟会鄂支部 （三)214

中国同盟会分会总章 （三)325

中国同盟会葛仑分会 （七)30

中国同盟会沪支部 （三)214

中国同盟会江西支部 （三)214

中国同盟会晋支部 （三)214

中国同盟会鲁支部 （三)214

中国同盟会闽支部 （三)214

中国同盟会南洋支部 （三)12

中国同盟会黔支部 （三)214

中国同盟会陕支部 （三)214

中国同盟会蜀支会 （三)214

中国同盟会皖支部 （三)214

中国同盟会湘支部 （三)214

中国同盟会中部总会 （三)18

中国同盟会重庆支部 （三)214

中国同盟会总章 （三)302,333,336

中国晚报 （七)617,620,621

中国银行 （一)347—349;（三)

47,84,332,360,561；（四）299，302；（六）86,163,348,400,401；（九）17,30,34,52,138,280,281；（十）359—361；（十三）110；（十五）107

中国阅书报社　（六）503

中国之谜　（四）44

中国之铁路计划与民生主义　（二）78

中华敢死党　（十）333

中华革命党　（一）56,68；（二）267,345,346；（三）54,55,58—60,67,69,72,132,154,279,327,330,398,399,406,408,484,513,514,521,524,525,571；（四）173,190,323,326,332,351,353,362,365,371,374,379,383,385,397,431,438,441,444,450,472,480,486—488,494—496,499,505,508,510,511,521,527,529,534；（五）79,102,140,156；（六）177,181,189,196,213,215,237,345,352,400；（七）244,325,343,382,483,484,558；（八）311,314,315,318,327,328,336,337,698；（九）185,188—190,196,198,199,208,220,227,235,241,246,312；（十二）19—23,28,32,42,502,540,573；（十五）95,121,134,162,178,327

中华革命党噻申分部　（十二）525

中华革命党埔吧哇分部　（十二）524,558

中华革命党安徽颍州分部　（十二）516,562

中华革命党安徽支部　（十二）503,509,560

中华革命党巴城支部　（十二）504,571,543

中华革命党巴东支部　（四）397；（九）200；（十二）504,511,523,540

中华革命党巴双支部　（十二）522,539,552

中华革命党班让分部　（十二）523,558

中华革命党吡叻布先分部　（十二）529,565

中华革命党吡叻朱毛分部　（十二）521,557

中华革命党庞能支部　（十二）503,516,543

中华革命党槟榔屿支部　（十二）539,553

中华革命党勃生分部　（十二）510,549

中华革命党春洋丸分部 （十二）
510,543

中华革命党打扪分部 （十二）
537,570

中华革命党大山脚分部 （十二）
533,567

中华革命党大完肚分部 （十二）
532,566

中华革命党地洋丸分部 （十二）
21,505,510,546

中华革命党东婆罗洲支部 （十
二）520,528

中华革命党东三省支部 （十二）
503,562

中华革命党都湾分部 （十二）535

中华革命党端洛分部 （十二）
537,570

中华革命党菲律宾支部 （十二）
503,517,522

中华革命党菲律滨群岛支部 （十
二）505

中华革命党芙蓉琼州分部 （十
二）537,571

中华革命党芙蓉支部 （十二）
504,510,522,541

中华革命党浮卢山背分部 （十
二）533

中华革命党福建泉州分部 （十
二）527,563

中华革命党福建同安分部 （十
二）527,563

中华革命党福建支部 （六）189；
（十二）503,507,562

中华革命党福生船分部 （十二）
523,558

中华革命党甘肃支部 （十二）22,
506,532,561

中华革命党港澳支部 （十二）
519,523,555

中华革命党高砥分部 （十二）
533,567

中华革命党高丽丸(高丽船)分部
（十二）19,529,544

中华革命党广东钦廉分部 （十
二）559

中华革命党广东琼州分部 （九）
207；（十二）516,517,562

中华革命党广东四邑两阳分部
（十二）535,569

中华革命党广东肇庆分部 （十
二）535,569

中华革命党广东支部 （十二）22,
503,506,524,526,561

中华革命党广西支部 （十二）
504,560

中华革命党贵州支部 （十二）

507,562

中华革命党海防支部 （十二）519,527,554

中华革命党河南支部 （十二）503,560

中华革命党横滨支部 （十二）517,518,524,554

中华革命党湖北支部 （十二）503,559

中华革命党湖南支部 （十二）22,506,524,561

中华革命党华都呀呬分部 （十二）536,570

中华革命党吉礁支部 （九）186；（十二）20,505,511,544

中华革命党吉生船分部 （十二）529,552

中华革命党加里昔分部 （十二）530,540,565

中华革命党嘉丽支部 （十二）526,562

中华革命党驾芽鄢支部 （十二）517

中华革命党江苏支部 （十二）503,507,560

中华革命党江西安远分部 （十二）521,559

中华革命党江西长宁分部 （十二）521,559

中华革命党江西崇义分部 （十二）521,559

中华革命党江西大庾分部 （十二）522,559

中华革命党江西德安县分部 （十二）523

中华革命党江西德化县分部 （十二）524

中华革命党江西定南分部 （十二）521,559

中华革命党江西湖口县分部 （十二）524

中华革命党江西会昌分部 （十二）521,559

中华革命党江西建昌县分部 （十二）535,569

中华革命党江西龙南分部 （十二）521,559

中华革命党江西南康分部 （十二）521,559

中华革命党江西宁都州分部 （十二）521

中华革命党江西彭泽县分部 （十二）524

中华革命党江西萍乡县分部 （十二）529,564

中华革命党江西清江分部 （十

二)528,563

中华革命党江西瑞昌县分部 （十二)524

中华革命党江西上高县分部 （十二)531,566

中华革命党江西铜鼓县分部 （十二)535,569

中华革命党江西万安县分部 （十二)538,572

中华革命党江西武宁分部 （十二)528,563

中华革命党江西新昌县分部 （十二)529,564

中华革命党江西信丰分部 （十二)521,559

中华革命党江西修水县分部 （十二)535,569

中华革命党江西宜黄县分部 （十二)535,569

中华革命党江西永丰县分部 （十二)532,566

中华革命党江西零都分部 （十二)521,559

中华革命党江西支部 （十二)503,522,527,560

中华革命党金宝分部 （十二)531,565

中华革命党巨港支部 （十二)511,515,546

中华革命党峇眼西比支部 （十二)525

中华革命党坤甸支部 （十二)538,572

中华革命党利物浦支部 （九)194;（十二)549

中华革命党笠庇坦分部 （十二)517,553

中华革命党烈港支部 （十二)504,543

中华革命党麻城支部 （十二)504

中华革命党麻褚吧辖分部 （十二)507

中华革命党麻六甲支部 （十二)520,547

中华革命党麻坡支部 （九)180,184;（十二)541

中华革命党马尼剌支部 （十二)540

中华革命党玛珑分部 （十二)551

中华革命党满堤高船分部 （十二)513,550

中华革命党满洲丸(满洲船)分部 （十二)21,505,508,547

中华革命党美洲支部 （十二)548

中华革命党蒙古船分部 （十二)21,506,546

中华革命党孟加映分部 （十二)534,569

中华革命党缅属勃卧分部 （十二)516

中华革命党闽南支部 （十二)519,527,556

中华革命党摩洛棉分部 （十二)521,557

中华革命党纳卯支部 （十二)524,558

中华革命党南菲洲支部 （十二)571

中华革命党南海漳分部 （十二)521,557

中华革命党南生船分部 （十二)563

中华革命党纽丝纶支部 （十二)551

中华革命党彭亨文冬支部 （十二)523,557

中华革命党霹雳安顺分部 （十二)529,564

中华革命党琼州分部 （十二)549

中华革命党仁物（仁物埠）分部 （十二)540,572

中华革命党日里支部 （十二)547

中华革命党三宝垄支部 （十二)528,564

中华革命党桑港支部 （十二)507

中华革命党沙胜越分部 （十二)516,518,552

中华革命党山口羊支部 （十二)513,537,550

中华革命党陕西支部 （四)506；（十二)503,560

中华革命党神户大阪支部 （十二)548

中华革命党生瓦分部 （十二)533,567

中华革命党石龙门分部 （十二)552

中华革命党实兆远分部 （十二)530,565

中华革命党双溪大晔分部 （十二)534,568

中华革命党四川支部 （十二)509,562

中华革命党泗水支部 （十二)514,515,551

中华革命党泗属玛垄分部 （十二)516

中华革命党苏洛支部 （十二)515,520,526

中华革命党宿务支部 （十二)20,512,530,545

中华革命党太平支部 （十二)

520,556
中华革命党檀香山支部　（九）204,212；（十二）504,542
中华革命党天洋丸分部　（十二）19,513,516,535,544,569
中华革命党通扣分部　（十二）539,572
中华革命党瓦城分部　（十二）510,549
中华革命党万里望分部　（十二）529,564
中华革命党文都鲁苏分部　（十二）530,565
中华革命党西伯利亚丸（西伯利亚船）分部　（十二）21,505,546
中华革命党西都文罗分部　（十二）527,530,540,563
中华革命党罅辖分部　（十二）536,570
中华革命党仙葛洛分部　（十二）532,566
中华革命党暹罗支部　（十二）509,549
中华革命党星加坡（新加坡）支部　（十二）503,512,514,518
中华革命党星加坡琼州分部　（十二）538,567
中华革命党星属石龙门分部　（十二）516
中华革命党雪兰峨古毛分部　（十二）534
中华革命党雪兰峨琼州分部　（十二）534,567
中华革命党雪兰峨支部　（十二）526,552
中华革命党亚巴里分部　（十二）537,571
中华革命党亚沙汉分部　（十二）525
中华革命党亚细亚皇后船分部　（十二）538,572
中华革命党衣士顿船分部　（十二）518,554
中华革命党依里岸分部　（十二）527,563
中华革命党怡保支部　（十二）519,530,555
中华革命党怡朗（怡朗埠）支部　（十二）512,548
中华革命党印度支部　（十二）518,554
中华革命党云南缅甸分部　（十二）509,549
中华革命党云南支部　（十二）503,507,559
中华革命党浙江支部　（十二）

505,560

中华革命党支那丸(支那船)分部
　（十二）21,505,546

中华革命党孚礼位分部　（十二）
　515,551

中华国货维持会　（四）253

中华国民军政府　（三）8,12,318

中华会馆　（四）432,482,502；（六）
　230；（十五）238

中华民国国民军　（三）311

中华民国国债事务所　（九）147

中华民国红十字会　（九）53

中华民国建国史　（九）119

中华民国军政府组织大纲　（三）
　73,87,487；（九）274

中华民国联合会　（四）250,251

中华民国临时组织法　（九）15

中华民国民族大同会　（九）173

中华民国宪法　（二）292；（三）
　305；（七）19；（十）403

中华民国学生军团　（四）240,241

中华民国政府　（一）98,226,227,
　230,231；（三）102,107,558,560,
　564,567,615；（四）243,245,254；
　（五）268,521；（七）347；（八）
　280,602

中华民国组织法　（五）279

中华民族　（一）33,237；（二）86,
　149,153,154,286,293,294,302；
　（三）25,132,156,553；（四）203；
　（七）2,327,328,345,347；（八）
　114,329

中华实业公司　（四）215

中华银行　（四）266,280,291,299,
　300,307；（六）109,130；（九）37,
　45,54,141；（十二）14

中华振兴商工银行　（九）174,175

中日甲午战争　（二）28,31；（八）
　13

中日军事协定　（三）100,223,
　224；（六）469；（八）394

中日条约　（三）223

中日组合规约　（三）484

中外新报　（二）338

中兴报　（四）48,50,52,91—93,
　99,105—109,112,113,168,169

中央财政委员会　（十）452,453；
　（十二）497；（十三）1

中央筹饷会　（五）277,284,288,
　293,507,517；（九）393；（十）
　113；（十一）298,299,330,420—
　429,451—453

中央军需处　（三）596；（十）475,
　521,543,544,631,639,666,695,
　698；（十一）16,311；（十三）295,
　333

中央陆军教导团 （十）164—166，693

中央铁路公司 （二）79,85

中央银行 （三）41,612—616；（四）243,245,262；（五）470,538；（七）644,646,647；（八）256；（九）150；（十）210,353,356,358,367,374；（十一）81,300,305,306,308,321,327,329,331—333,337,342,347,350,351,362,365,478,523；（十二）272,347,489；（十三）35,206,401,405,406

中央银行基金公债条例 （十一）306,308

中央银行四川分行 （十）210；（十三）206

中央银行条例 （三）612；（十一）300,305

中央银行组织大纲 （十一）330

中央银行组织规程 （十一）330

中英条约 （二）106

忠信电船公司 （十）87

种族主义 （一）353；（三）18；（八）163

众议院 （三）39,50,51,216,251；（五）16；（六）232,233,242,274,405；（七）205；（八）269,273,318,734；（九）312

株钦铁路 （一）165

筑地精养轩 （三）54,399；（七）244

专制政体 （一）406,449,461；（二）61,209；（三）58,190,192；（四）268,397；（七）23,27,44,52,56,96,115,121,144—146,161,162,189,224,233,234,274,382,489,566,616,654；（八）155,392,648

资本论 （七）160,167,176

资本主义 （一）225,336,365,519；（二）81,87,98；（三）157,170,195；（四）46；（五）278,347,376,377,486,511；（七）42,44,348,529；（八）81,83,395,489,529,545,546,684,777

资政院 （七）123,127

字林西报 （二）107；（八）166,179,306,424,433,442,481,484,558,559,561,626,627,717,718

自由（民主：一项有关政府的研究） （一）2

自由党 （三）390,391；（四）274,275,288；（七）50,116,146,200；（八）98

自由日报 （四）149

自由西报 （二）71

自由新报 （四）145，150，159；
（八）126

自由与政府 （一）8

自由主义 （一）404；（二）189；
（五）347；（六）595；（七）51；
（八）137

自治月刊 （五）404

宗社党 （二）169；（四）319,429；
（七）69,344

总汇报 （二）70；（四）96

总汇新报 （二）73

总统府财政委员会 （三）532,537

总统府参军处 （三）534,535；（十二）203,205

总统府秘书处 （三）533,538；
（四）297；（六）50,489

最近政见书 （二）46

传　略

孙中山传略

一

孙中山,谱名德明,幼名帝象,稍长取名文,号日新,后改号逸仙(日新的粤语谐音)。他自署本名孙文,英文名 Sun Yat-sen。1897 年(清光绪二十三年)在日本化名中山樵,后遂以中山名世。欧美国家则称孙逸仙(Sun Yat-sen),日本通称孙文。1866 年 11 月 12 日(清同治五年十月初六)出生在广东香山县永宁乡大宇都(今中山市翠亨镇翠亨村)一个贫苦的农民家庭。他的父亲孙达成,年轻时在澳门当鞋匠,后归家务农。哥哥孙眉,1871 年到檀香山做雇工,后经营畜牧业,逐渐发展成为一个富裕的农场主。

孙中山 6 岁参加农业劳动,1876 年 10 岁时入塾读书,修业两载。他的童年时代,正值太平天国失败不久,听到人们讲述洪、杨革命故事,非常向往,自此,心中埋下反对现存秩序的火种。1879 年,他随母亲到檀香山,住在哥哥家里,先后进英、美教会办的意奥兰尼学校(Lolani School,三年毕业)及奥阿厚书院(Oahu College,又译柯湖书院,数月肄业)读书,受到西方文化的影响,从而意识到祖国的落后和混乱。1883 年返回家乡,目睹清吏腐败,深感不满,常加批评。因毁村庙偶像,为豪绅地主所不容,于同年冬往香港。1883 年 11 月进入拔萃书室(Diocesan Home),年底加入基督教。1884 年 4 月进入香港官办中学中央书院(The Central School),至 1886 年结业。

1885 年,中法战争以清政府向法国侵略者屈服而告终。深感于民族灾难的深重,孙中山内心挽救民族危亡的火种再次燃起。他打算"以学堂为鼓吹之地,借医术为入世之媒",便于 1886 年入广州博济医院附属南华医校学医。在这里,他结识了同学中的会党人物郑士良,以后的革命过程中运动会党起事,得郑助力甚多。第二年秋,他转学到英国医生康德黎(James Cantlie)等发起创办的香港西医书院(The College of Medicine for Chinese, Hongkong),历时五年,毕业时领得了准予在香港开业行医的文凭。他在校期间常往来于香港、澳门之间,与先后结识的陆皓东、陈少白、杨鹤龄、尤列等人,志趣相同,经常聚谈,放胆抨击清王朝。其中和陈、杨、尤三人同住香港,交游尤密。当时革命尚未兴起,亲友们听到他们不满时政的言论,都认为是大逆不道,把他们四人称为"四大寇"。

孙中山结束学生生活后,从1892年起,以西医师为职业,先后在澳门、广州开设西医房,为期一年多。他借行医为掩护,积极结识一些对清朝统治不满的爱国青年和会党分子,互相议论时政,怀着救国救民的远大志向,探索社会改造的方法。

当时,改良主义思潮正在国内盛行,孙中山及其挚友受到这种思潮的影响,也想尝试一下自上而下的变革与改良。早在1889年,他就曾致书已退职的洋务派官僚郑藻如,提出过效法西方国家以进行改良的具体意见,建议先在香山倡行,然后推广全国各地。1894年6月,他又约同陆皓东到天津,投书给号称为"识时务"的清政府北洋大臣李鸿章,提出"人能尽其才,地能尽其利,物能尽其用,货能畅其流"的变法自强的主张,未获接见,上书失败。

通过事实的教育,孙中山觉悟到上书言事的"和平之法无可复施",抛弃对统治阶级的幻想踏上了革命之路。他几乎是只身一人,从西方文化中引进了共和的火种,于1894年11月在檀香山创立了有二十多人参加的中国早期的资产阶级革命团体——兴中会,提出"驱除鞑虏,恢复中华,创立合众政府"的革命主张。第一次向中国人民提出了推翻清政府、建立资产阶级民主共和国的理想。

1895年1月,孙中山回到香港,联合辅仁文社,于2月21日在中环士丹顿街成立兴中会总机关,并积极准备在广州起义。经过半年的筹备,定于当年10月26日(夏历九月初九)举行起义。不料在起义前两日,正当运械赴广州时,事泄失败。陆皓东等被捕遇害。起义虽然失败,革命的火种却从此播下。

此后,孙中山流亡日本,他联络华侨,于 1895 年 11 月成立兴中会横滨分会。他断发辫,改服装,以示革命决心。之后,再往檀岛。时当新败,不易开展工作,于是在 1896 年 6 月又赴美国联络华侨。但当时美洲华侨,风气闭塞,愿赞助革命的不多;与洪门会会员有所接洽,也收效不大,遂决定渡海往英国。10 月 1 日他到达伦敦,首先访问了他学医时的老师英人康德黎,并在康寓附近住下来。10 月 11 日,孙中山在外出途中被清政府驻英公使诱骗强行拘捕,羁囚在使馆里。幸得康德黎等多方设法,积极营救,才于 12 天后脱险。这一"伦敦蒙难"事件,在欧洲引起了轰动,孙中山的革命主张,也由此在国际上得到了广泛传播,从而意外地提高了孙中山和他领导的中国革命的影响。

"伦敦蒙难"脱险后,孙中山在英国居留了一年多时间,他经常夜以继日地在伦敦大英博物馆图书室悉心钻研西方各国的政治、经济、军事等理论书籍,希望从西方资产阶级的社会政治学说中寻求救国真理。同时,他广交朋友,实地考察英国社会,密切关注欧美动向。他非常同情工人阶级的遭遇和他们的斗争,为此,研究了各种社会主义理论,因时刻思虑自己祖国的现状和未来,希图将来可以用社会主义解决中国的革命问题。其间他曾到比利时布鲁塞尔社会党国际执行局访问过第二国际领导人,自称是社会主义者,要求加入第二国际。正由于他接触到各种社会主义学说,并目睹伦敦的产业工人举行总罢工遭政府军队残酷镇压的情景,感触颇深,从而产生了用民生主义把社会革命与政治革命同时解决的初步设想。

孙中山不愿久留欧洲,远离中国,旷废革命时日,遂于 1897 年秋,重到日本,并结识了日本朝野的许多人物,其中不少人都对他的革命事业表示同情或赞助。1898 年九十月间,维新派人士康有为、梁启超等因戊戌变法失败,流亡日本。由日人宫崎寅藏、平山周居间联络,劝说孙中山等和他们谈判合作。于是,陈少白代表革命党人要他们"改弦易辙,共同实行革命大业",由于康有为坚持"不能忘记'今上'"的顽固立场,谈判不得结果。1899年夏秋间,孙中山又与一度标榜革命的梁启超等在横滨继续就合作问题进行多次会谈。因康有为强烈反对,梁启超也未真心赞同,联合的计划终未实现。此后,孙中山逐渐识破了康有为保皇的真面目,并认为他是个"坏透了的孔学家,是一文不值的"。①

孙中山在日本准备再次发动武装起义的同时,对菲律宾人民的解放事业也给予了热情的支持。早在1898年他和菲律宾人民起义军派到日本的代表彭西(Maroano Ponce)有过接触,并应其所请,积极帮助。1899年,孙中山为他们购买并运送了一批军械,准备亲率杨衢云等赴菲支援他们的抗美救国战争。1900年1月,他再次设法为他们购置了一批枪械。这种积极支持被压迫民族反对帝国主义的正义行动,在旅日的亚洲各国革命人士中引起了很好的反响。

同年10月8日,孙中山组织了惠州(今惠阳)三洲田起义。这次起义是郑士良等奉孙中山之命进行的。惠州起义军一度发展到二万多人,血战逾半月,但由于革命党人未能在人民自发斗争浪潮汹涌高涨时刻发动群众,使得起义缺乏广泛的群众基础,加上粮械失继,弹尽援绝,最后失败。

1901年至1904年,孙中山怀抱救国救民的凌云壮志,远涉重洋为革命四处奔走:1901年他在日本,1902年冬到越南,1903年秋又从日本往檀香山,1904年春再去美洲,至年底又由美洲到了欧洲。这次所到之处,与从前大不相同,华侨与留学生中同情或赞助革命的人空前多起来。因为自《辛丑条约》签订后,中国民族危机更加严重,清政府威信扫地,人民的不满迅速增长。同时,国内新兴资产阶级的力量随着资本主义的发展有所增强。不少地方蓬勃地开展抵制美货及收回铁路矿权的运动;农民和手工业者不断地掀起抗捐抗税的运动;资产阶级、小资产阶级知识分子也日益倾向革命。国内外各地继兴中会之后,又陆续涌现了诸如华兴会、光复会、日知会等革命团体。与此同时,宣传民族革命和民主思想的各种报刊书籍也纷纷出现,促进着人们的觉醒,推动着革命高潮的到来。中国已处于革命风暴的

---

① 《犬养毅传》卷二,第726—727页,转引自[美]詹逊(M. B. Jansen):《日本人和孙逸仙》(*The Japanese and Sun Yat-sen*),美国哈佛大学1954年英文版,第80页。

前夜。

但是,这时康有为、梁启超等越来越反对革命,他们念念不忘他们的"圣主",先在横滨创办《清议报》鼓吹"斥后保皇",又于1899年7月以后,在加拿大等地组织保皇会,破坏革命。同年12月,梁启超忽然表示愿与孙中山合作,获取孙中山给孙眉等兴中会会员的介绍信,持赴檀岛,用"名为保皇,实则革命"之言,促使华侨加入保皇会。兴中会发源地的檀岛,会员被夺去大半。海外其他各埠兴中会会员,也受他们的鼓动,不少人入保皇会,为康、梁所利用。1902年2月,梁启超在《清议报》停刊后,又在日本创办《新民丛报》继续宣传改良派的政治主张;他虽在字里行间运用些"革命"的词藻,但保皇改良的真图逐渐为孙中山和其他革命党人所识破。早在1900年,孙中山对梁启超上年在檀岛的行径已给以严厉的谴责;随后,在孙中山的指导下,横滨的革命派半月刊《开智录》和香港的革命派机关报《中国日报》都开始对保皇派一些报刊(如《清议报》、香港《商报》、广州《岭海报》以及后创的《新民丛报》等)上的谬说进行批驳。两派之间在理论上有了初步交锋。

1903年10月,孙中山从日本到檀香山,看到檀岛各埠华侨误入保皇会的很多,自己亲手组织成立的兴中会,因梁启超等人的鼓动,不少老会员都成为保皇会的骨干,因而痛感保皇会的危害性,认为"非将此毒铲除,断不能做事"①,决心与保皇派的主张"划清界限,不使混淆"。他一面在檀埠和希炉(Hilo)等地,多次举行大规模的公开演讲,驳斥保皇派的各种谬论;一面改组华侨程蔚南所办商业报纸《檀香新报》为革命喉舌,亲自撰文与保皇会机关报《新中国报》展开笔战。他针对保皇党徒对革命的攻击及《新中国报》主笔陈某发表的《敬告保皇会同志书》一文的谬论,于1903年8月和1904年初,先后发表《敬告同乡书》及《驳保皇报书》两文猛烈抨击保皇派的宣传,揭破他们所讲的"爱国",是爱的虐民媚外的"大清国"而不是"中华国",所讲的"革命"是假革命。他们所谓"借(保皇)名以行革命",全是骗

---

① 《复黄宗仰函》,见本全集第四卷,第31页。

人的。此外,孙中山还驳斥了他们所谓革命可召瓜分说的可笑,指责他们先行"立宪君主"才能行"立宪民主"说法的荒谬,断言他们没有政治学常识和不懂逻辑,他们是"惑世诬民,遗害非浅"的。这些讲演与文章,有力地揭穿了保皇派的真面目,帮助许多侨胞逐步了解到革命与保皇的区别,使许多误入保皇会的人重新回到革命派立场上来,在檀岛各埠产生了很大的影响。

1904年夏,孙中山离开檀岛到了旧金山。那里是保皇派势力集中之地,华侨中的上层人物多受"保皇"宣传之惑。孙中山为了使宣传易于生效,先在小商人及工人中进行活动,发表公开演讲,力驳"保皇"谬说,博得了日益广泛的同情。同时,指派干部改组《大同日报》,使之成为革命派在美洲华侨中的重要喉舌,后来与保皇派的论战中该报发挥了重要作用。他还偕同美洲致公堂首领黄三德到美国几十个城市访问,在华侨中间广泛进行革命宣传,肃清保皇派的影响。

孙中山与保皇派经过激烈的论战,初步打击了各地保皇派的嚣张气焰,扩大了革命派的影响,为同盟会的建立进行了政治上和思想上的准备。

1905年初,孙中山在比、德、法等国,向中国留学生宣传革命,建立革命组织。7月,他由欧洲再到日本,在东京会晤了革命党人黄兴、宋教仁等,针对过去革命团体的分散状态,商议建立统一的革命组织。8月13日,他于东京留学生欢迎会上,作了长篇讲演,再一次驳斥了保皇派那种"由专制而立宪,由立宪而共和"和在目前"只可立宪,不能革命"的庸俗进化观点。并高度赞扬中国人民的智慧,认为只要敢于革命,就一定能出现大发展的局面;坚决主张从革命着手,在封建皇朝的废墟上建立民主共和国。接着,他和黄、宋等人以兴中会、华兴会为基础,并联合光复会等反清团体,组成了中国第一个资产阶级革命政党——中国同盟会。同月20日,同盟会正式成立,大会通过了章程,孙中山被推为总理。设支分会于国内外。

在同盟会章程中提出的政治纲领是:"驱除鞑虏,恢复中华,建立民国,平均地权"。(在翌年制订的《军政府宣言》中还以法国资产阶级革命时的"自由、平等、博爱"口号作号召,对同盟会的四条政纲分别作了阐释。)11月26日,同盟会机关刊物《民报》创刊,孙中山在《发刊词》里,首次公开提出了"民族"、"民权"、"民生"三大主义,要求实现民族独立,建立共和国,并且设想通过某些社会经济改良政策,以求避免资本主义进一步发展带来的"祸害"。这是孙中山建立兴中会以来政治思想的巨大发展,也是他在中国旧民主主义革命阶段政治思想的基本内容。它是一个比较完整的民主主义革命政纲,反映了旧民主主义革命时期的历史特点,它的提出是中国近代史上的一件大事。

同盟会成立之后,孙中山领导革命派更加广泛地全面开展与改良派的大论战。以革命派的《民报》与改良派的《新民丛报》为主要阵地,同时有广州、上海、天津、香港以及新加坡、暹逻(今泰国)、旧金山、加拿大等国内外各地,双方的二十多种报刊参加了论战。从1905年起论战持续了数年之久。论战的内容,主要围绕着是拥满还是反满?是维护清政府,行君主立宪,还是推倒它,新创民主共和国?是革命会引起内乱和瓜分,还是用革命去消除内乱与瓜分?在这一系列问题上,革命派和改良派都是针锋相对的。通过这场激烈的论战,暴露了改良派的本质,揭穿了他们对革命的歪曲宣传,使许多人摆脱了改良派的影响,转向革命,为辛亥革命作了进一步的思想、舆论准备。

在和改良派论战的同时,孙中山还在国内外广泛联络华侨、会党和新军,更积极地筹划武装革命。1907年至1911年的四年中,他连续组织和领导了八次武装起义。1907年3月,他离日本往越南,在河内设立机关,就近策划粤、桂、滇等省的起义。5月有潮州、黄冈起义,6月有惠州七女湖起义,9月有钦州、廉州、防城起义,12月有镇南关(今友谊关)起义。在镇南关起义中孙中山亲自据守炮台,与清军交战。此役失败后,他被迫离开越南,行前又派黄兴、黄明堂分别入广西、云南,因而又有1908年3月的钦州马笃山之役和4月的云南河口起义。1910年2月孙中山又派人策动了广州新军起义,虽仍归失败,但孙中山毫不气馁,顽强地、不屈不挠地奋斗着,对前途充满信心。他随即召集党人会商于南洋庇能(即槟榔屿),决心发动一次更大规模的起义。经过近半年的准备,遂有1911年4月27日(即夏历三月二十九日)影响最大的黄花岗之役。这些武装起义,由于革命党人主要是在部分新军、会党或防营(一种非世袭的清军部队)中进行工作,而没有有计划、有组织地发动群众,因而均归失败。但是这些起义在政治上、精神上给清朝政府以沉重打击,动员和鼓舞了广大人民群众,为辛亥武昌起义准备了条件。

在1907年到1911年的这一时期内,各地劳动群众由于不堪清政府的剥削和压迫,自发的反抗斗争此伏彼起,单是长江中下游地区的"抢米"风潮,就有八九十次之多。这种遍及全国各地的反抗斗争,与孙中山领导的武装起义在客观上相互配合,形成了急剧发展的革命形势,把清朝皇帝的宝座推向火山口上。1911年5月以后,不断扩大的四川、湖南、湖北、广东等省的保路风潮,敲响了清政府的丧钟。当时湖北两个较大的革命团体文学社和共进会,都曾在清朝的新军中秘密地进行革命宣传并组织活动,湖北约有三分之一的新军士兵和一些下级军官加入了这两个革命组织。在声势浩大的群众保路风潮兴起后,同盟会和文学社、共进会中的革命党人感到革命的时机已趋成熟,便准备利用这种形势发动武装起义。10月9日,起义领导机关遭到破坏。10月10日晚,武昌新军中的革命党人发动武装起义,他们冲出营房,经过一夜激战占领了武昌城,两三天内先后占领汉阳、汉口,革命在武汉首先取得了胜利。接着,散在各地的革命党人以及和同盟会有联系的革命小团体,立即在各省领导和发动新军、会党起义,促使革命形势在全国范围内飞速发展。到11月下旬,全国24个省区中已有14省宣布独立,其他各省区也正在进行反清斗争。清政府的统治,顿时陷入土崩瓦解的境况,革命党人终于迎来了辛亥革命的成功。

二

当武昌起义时,孙中山正在美国进行筹募革命经费的活动。他得知武昌起义的胜利消息后,认为当前最重要的工作,是办理外交交涉,断绝清朝政府的后援。因此,便由美赴英,再到法国奔走活动;于11月下旬才动身归国,12月25日,到达上海。29日,独立各省代表会议在南京筹组中央临时政府,选孙中山为临时大总统。1912年1月1日,孙中山由上海到南京就临时大总统职,宣布中华民国成立,改用公历,以这年为中华民国元年。南京临时政府的成立,是孙中山领导人民多年奋斗的结果。它是中国历史上第一个资产阶级共和国政府。随同清政府的垮台,绵延两千多年的封建君主专制制度也走向结束。孙中山在以后的短短三个月内,颁布了三十多件有利于民主政治和发展资本主义的法令,并在3月11日公布了具有资产阶级共和国宪法性质的《中华民国临时约法》,从此资产阶级民主共和国的观念深入人心,使后来任何帝制复辟都只能是短命的丑剧。

但是,以孙中山为首的南京临时政府从一开始就处于极不稳固的地位。一方面投机革命的立宪党人、官僚、政客钻进了这个政权的内部进行破坏;另一方面清政府起用了大野心家袁世凯来绞杀革命。袁世凯得到国内外反动势力的支持。由于中国资产阶级的软弱性,革命党人不能广泛地发动人民群众,打退内外反动势力的夹攻,结果为内外反动势力所包围,通过所谓"南北议和",革命党人被迫向袁世凯妥协了。根据协议,1912年2月13日,清帝溥仪下诏退位的第二天,孙中山也向临时参议院提出辞去临时大总统职务,并荐袁以自代,革命的果实被以袁世凯为代表的大地主大买办势力篡窃了。

孙中山辞职后,起初还总是对袁世凯抱有幻想。他于8月24日应邀到达北京与袁会商内政纲领时,为表示真诚合作,声明辞去正式大总统候选人,请袁于十年内练精兵百万,自己则以在野的身份,专力从事社会实业活动;在这年8月,中国同盟会在北京改组为国民党,孙中山任理事长。9月,他接受袁政府的任命,担任全国铁路督办,满怀着十年内修筑二十万里铁路的愿望,到各地宣传民生主义,鼓吹发展实业和筑造铁路,成立中国铁路总公司,还在上海发表了关于社会主义的重要演讲,坚持社会主义发展方向,号召以社会主义理想建设国家。1913年2月,他去日本考察铁路状况并积极进行借款活动。同年7月初,在上海与英国宝林公司签订广州至重庆铁路借款合同。这些情况表明以孙中山为代表的革命党人对袁世凯的反动本性逐渐丧失了警惕。

1913年3月20日宋教仁在上海被刺杀,这是民国成立以来第一桩震动国内外的政治事件。宋教仁在辛亥革命后醉心于责任内阁制,他想以内阁来削弱总统权力的主张和活动,以及国民党在国会中取得多数的事实,引起袁世凯的嫉恨,于是,袁便指使凶徒把宋杀害。宋案发生后不久,4月,袁世凯又违法和英、法、德、意、俄五国银行团签订2500万英镑的"善后"大借款,作为用武力消灭国民党的军费。它使孙中山从"欲治民国,袁总统适足当之"的幻想中警觉过来,认为"非去袁不可",断然主张立即兴师讨伐。7月中旬,他发动了讨袁的"二次革命",但因国民党涣散无力,难以发挥大的战斗作用,旋即失败。孙中山被迫再次流亡日本。他在流亡十分穷困之时,仍然相信"中国是可以实现社会主义的国度,这个国度应用来作为社会主义政府的典范";呼吁社会党国际执行局协助他"把中国建立成全世界第一个社会主义国家"。

1914年7月,孙中山在日本另行组成中华革命党,以期恢复同盟会的革命精神,"再举革命",被推举为总理。他接受失败教训,希望严密组织纪律,规定入党者都要按指印、立誓约,绝对服从总理。许多革命党人因反对这个违背民主的规定而拒绝加入,党员最多时只有五百来人。1914年至1916年,中华革命党虽在反对袁世凯复辟帝制的斗争中是比较坚决的力量,也积极组织了一些小规模的武装斗争,但是由于严重脱离广大人民群众,这些斗争相继失败。在反袁的"护国"运动中,中华革命党也因此只充当了配角,没有起到应有的作用。

1916年5月,在全国反袁护国胜利的形势下,孙中山由日本回上海。时袁世凯见势不妙,已"自动"撤销了帝制;孙中山当即发表了《第二次讨袁宣言》,提出此次斗争"不徒以去袁为毕事",要反对一切"谋危民国者",说明了他对国内政局有了更清醒的认识。袁世凯在全国军民反对下倒台并于同年6月毙命之后,北洋军阀势力延续着专制的统治。继起掌权的段祺瑞,对外投降日本帝国主义,对内承袭了袁的全部反动政策,毁弃《临时约法》,拒绝召开国会,仍是一个"谋危民国者"。孙中山对此坚决反对,主张打倒"伪共和"。1917年7月,他偕同部分国会议员率领起义的海军第一舰队由上海去广州,联合"暂行自主"的西南桂、滇系军阀,于 8 月召开国会非常会议,建立了一个反对北方军阀的中华民国军政府,并被举为海陆军大元帅,揭起"护法"的旗号,以图"树立真正之共和"。

孙中山把《临时约法》和"国会"视为"民国"的重要象征。此后多年,卫护《临时约法》一直是孙中山政治斗争的旗帜。其实,《临时约法》在北洋军阀几年来的任意蹂躏下,已不被人们重视;所谓"国会",已成为政客们卖身分赃的活动场所。因此,"护法"不是一面鲜明的旗帜,起不到动员革命人民的作用。当时西南局势,又非常复杂和混乱。在美、英帝国主义操纵下,桂系首领陆荣廷与北方的直系军阀素有勾结,谋取私利。他们用各种手段打击护法运动,排挤孙中山,不容许他掌握武装力量。孙中山处于广州一隅,"权日蹙,命令不能出府门"。1918 年 4 月,桂系军阀决定改组军政府,废元帅一长制为总裁合议制,进一步排斥孙中山。孙中山愤恨桂系军阀的跋扈,本身又无力反击,被迫于同年 5 月向国会非常会议辞职,离开广州再赴上海,并从此认识到:"吾国之大弊,莫大于武人之争雄,南与北如一丘之貉"①。

第一次护法运动失败后,孙中山陷入苦闷和绝望的困境,一筹莫展,他闭门从事著述,以此启发人民,"唤醒社会"。1918 年,他着手继续撰著过去未完成的《建国方略》,撰写《孙文学说》和《实业计划》,1919 年完成了这部重要著作的全书。同时,他指派朱执信等创办《建设》杂志和《星期评论》,鼓吹建设思想,阐明建设原理,传播新思潮,并亲自撰写了多篇政论文章。

在此前后,孙中山将视线转向给他带来新的希望的俄国十月社会主义革命。他真诚欢迎十月革命,把它看作人类伟大希望的诞生。在十月革命的影响下,1919 年,我国爆发了五四运动。它标志着我国人民的革命斗争进入了一个新的阶段,即新民主主义革命阶段。五四运动对孙中山是一种推动。他在同年 10 月说:"试观今次学生运动,……于此甚短之期间,收绝

---

① 《辞大元帅职通电》,见本全集第六卷,第 379 页。

伦之巨果,可知结合者即强也。"①不久,又说:"五四运动以来,……社会遂蒙绝大之影响。虽以顽劣之伪政府,犹且不敢撄其锋。"②表明他对人民群众的威力有所感受,隐约地觉察到过去的革命方式不能适应当前的革命形势。当年10月他把中华革命党改组为中国国民党,仍任总理,以"巩固共和,实行三民主义"为政纲。这虽然谈不上彻底的改造,但孙中山是准备用这个国民党新党来继续领导革命的。这期间,他在广州、桂林等地发表《五权宪法》《军人精神教育》等重要演讲,还出版了《建国方略》三卷本。

在孙中山1918年离粤回沪时,"护法"军政府在桂系把持下,虽已无护法之实,但广东这块地方却被他们盘踞着。孙中山为了继续"护法",须首先打倒桂系,夺取广东和统一南方。1920年8月,他命令自己培植起来的陈炯明部等粤军与盘踞两广的桂系军阀作战大捷,驱逐了岑春煊、陆荣廷等桂系势力。同年11月孙中山在粤省军民欢迎声中重返广州。1921年4月,国会开非常会议,决定组织中华民国正式政府。5月,孙中山就任大总统(因由国会非常会议选出,故俗称"非常大总统")兼陆海军大元帅,再一次揭起护法旗帜。同年7月,他派军队平定了广西,于是两广统一,便在桂林组织大本营,准备由桂入湘,进行北伐。这时北方政权已落在直系军阀曹锟、吴佩孚的手里。孙中山积极筹划与准备讨伐直系,"以成戡乱之功,完护法之愿"。但留守广东的陈炯明,受英、美帝国主义与直系军阀的策动,对他的命令,阳奉阴违,暗中牵制。孙中山被迫于1922年4月回师广东,改设大本营于韶关,准备改道北伐。时北方直奉战起,孙中山照事先与奉系约定夹攻直系的计划,便于5月中旬派兵进入江西。不料6月间,当孙中山从韶关回到广州时,陈炯明于16日突然发动武装叛乱,炮轰总统府。孙中山于枪林弹雨中仓促脱险,午夜避登到白鹅潭的楚豫舰上,翌日转登永丰舰(后改名"中山"号),率各舰反击叛军,相持五十余日,至8月9日,迫不得已始离开广州转赴上海。

---

① 《在上海寰球中国学生会的演说》,见本全集第七卷,第307页。
② 《致海外同志书》,见本全集第五卷,第166页。

陈炯明的叛变,是孙中山一生所遭受的最惨重的一次失败。他完全想不到"祸患生于肘腋,干戈起于肺腑",相从十余年的部属竟要置他于死地。他心情沉重地说:"文率同志为民国而奋斗垂三十年,中间出死入生,失败之数不可偻指,顾失败之惨酷未有甚于此役者。"①

两次护法的失败,使孙中山很痛苦,甚至绝望,但也使他觉悟到依靠军阀打倒军阀的老办法,应当彻底改变,必须走新的道路了。

三

如前所述,孙中山向往十月革命,希望学习俄国的经验。他曾与列宁在函电中讨论东方革命问题;又拟派廖仲恺、朱执信、李章达去苏俄学习;还在1921年8月间,在答复俄罗斯苏维埃社会主义共和国外交人民委员契切林信中说:"我想同您本人和莫斯科的其他朋友建立个人接触。我特别关注贵国的事业,尤其是贵国苏维埃的、贵国军队和教育的组织。"②同年年底,他在桂林军次约见了经李大钊介绍的共产国际的代表马林,密谈了五天。马林向他陈说了十月革命的经验,并提出了关于中国革命问题的两点建议:(1)要有一个能联合各阶层尤其是工农群众的政党;(2)要有革命的武装核心,要办军官学校。孙中山十分赞同这些建议,打电报给廖仲恺说,这次会见使他"心中非常高兴"。

1922年8月间,孙中山再次回到上海,适逢中国共产党发表了《第一次对于时局主张》。这个文件中提出的中国民主革命的内容以及对国民党的批评和建议,对正在苦闷彷徨中的孙中山是一种有力的帮助。与此同时,中国共产党还通过自己的党员给孙中山以积极影响,如李大钊就在这时由北京到上海和孙中山多次交谈,讨论了"振兴国民党以振兴中国"的"种种问题"。孙中山对这种真诚的帮助感到非常兴奋,和李大钊"畅谈不厌,几乎

---

① 《致海外同志书》,见本全集第三卷,第129页。
② 《复契切林函(译文)》,见本全集第五卷,第280页。

忘食"。① 《向导周报》也在这时发表文章,对孙中山进行帮助。正在这时,苏俄政府派出的代表越飞到了上海,和孙中山会见并先后晤谈多次,进一步商讨了改组国民党与建立军队以及苏俄援助中国革命等问题。之后,孙中山又指派廖仲恺和苏俄代表越飞到日本去进行详细会谈。这一会谈更加强了孙中山的决心。

这时工农群众运动正在蓬勃地发展,尤其是工人运动已经形成全国性的高潮。孙中山从展现在面前的工农群众运动中,受到了教育和启发,逐步觉察到工农阶级和中国共产党的革命力量,从而发现他所建立的政党缺乏坚实的基础。由于孙中山欢迎中国共产党和苏俄代表的帮助,并肯虚心接受他们的意见,他终于找到了新的革命道路。他决心对国民党进行改组,同中国共产党合作。

1922年9月4日,孙中山在上海召开了研究改组国民党的会议,开始了改组的准备工作,初步成立了改组工作的机构。中国共产党派代表参与了研究国民党改组计划和草拟宣言及党纲、党章。孙中山并邀请李大钊等共产党人加入国民党,以增强国民党的进步力量。

1923年1月,孙中山发表了《中国国民党宣言》。宣言中明确提出:"今日革命则立于民众之地位,而为之向导,所关切者民众之利害,所发抒者民众之情感……故革命事业由民众发之,亦由民众成之。"② 并且第一次提出了修改不平等条约的问题。从这里可以看出,孙中山的思想正由于接受共产党人对他的影响而发生明显的变化。与此同时,与廖仲恺会谈的苏联代表回到上海,孙中山再一次会见了他,双方联合发表了《孙文越飞宣言》。恰在这时,滇、桂军中接受孙中山策动的各部向粤境发动了对叛军陈炯明的进攻,陈炯明被逐出广州,退往惠州;2月,孙中山返回广州重建陆海军大元帅大本营(即中华民国军政府)仍任大元帅。在此期间,他除继续改组国民党的准备工作外,又于8月派出"孙逸仙博士代表团"回访苏联,并邀请了

---

① 《李大钊狱中自述》,原件藏中国历史博物馆。
② 《中国国民党宣言》,见本全集第三卷,第131—132页。

苏联的政治及军事顾问到广州，帮助中国的革命工作。孙中山这些勇敢的步伐，使他晚期的政治生命放出了异彩。

1923年6月，中国共产党在广州举行第三次全国代表大会，专门讨论并确定了和国民党建立统一战线的方针。会后，中国共产党为帮助国民党改组，特别发出了十三号通告，具体部署以保证改组工作的顺利进行。8月，苏联代表鲍罗庭到达广州，被聘为国民党的特别顾问。10月，孙中山指派廖仲恺等九人组织临时中央执行委员会，办理国民党改组事宜。11月发表了《中国国民党改组宣言》，同时公布了《中国国民党党纲草案》和《中国国民党章程草案》。12月，孙中山连续对国民党员作了三次演说，表示他改组国民党和学习苏联的决心。他说："吾等欲革命成功，要学俄国的方法组织及训练，方有成功的希望。"①年底，李大钊由北京到达广州，积极帮助孙中山完成了改组国民党和召开代表大会的准备工作。

1924年1月20日，在广州召开了中国国民党第一次全国代表大会，到会代表165人。在由各省推派及由孙中山指派的代表中，有些是共产党人。李大钊是大会主席团成员。几个审查委员会中，也都有共产党人积极参加工作。正是依靠共产党员和国民党左派的共同努力，才保证了这次大会的成功。通过与国民党右派分子的辩论和斗争，大会确立了孙中山提出的"联俄、联共、扶助农工"的三大政策，容许共产党员和社会主义青年团员以个人资格加入国民党，并通过了新的国民党党纲、党章和改组国民党使之革命化的决定和各项具体办法，选举了有共产党员参加的中央委员会。（会后，各省市的国民党部也大部分都以共产党员和国民党左派为骨干进行了改组。）1月23日，大会通过了著名的纲领性文件《中国国民党第一次全国代表大会宣言》。这个宣言的通过，使国共两党有了合作的共同纲领，因为这里所阐述的三民主义有了发展，注入了反帝反封建的新内容，克服了原三民主义的某些弱点，以与前不同的崭新面貌出现。

在《宣言》中，孙中山根据三大政策的革命精神，对三民主义作了新的

---

① 《在广州大本营对国民党员的演说》，见本全集第七卷，第486页。

解释:民族主义主张"中国民族自求解放",即对外反对帝国主义;"中国境内各民族一律平等",即对内反对民族压迫。民权主义主张普遍平等的民权,使民权"为一般平民所共有,非少数者所得而私也"。民生主义主张平均地权、节制资本,反对土地权"为少数人所操纵"(稍后,又提出了"耕者有其田"的主张),反对私人资本"操纵国民之生计"。① 这样,就使三民主义在新的历史时期获得新的革命内容,发展成为反帝反封建的三大政策的三民主义。这一发展了的三民主义和中国共产党在民主革命阶段的政纲基本原则相符,因此它能成为中国共产党和孙中山的国民党合作的政治基础。

与此同时,孙中山还在1月间制订出《国民政府建国大纲》,1—7月又开设了三民主义讲座,并相继出版了《民族主义》《民权主义》《民生主义》三部重要著作。在召开代表大会期间,孙中山还积极筹建中国国民党陆军军官学校(黄埔军校),聘请苏联顾问,仿照苏联红军的建军原则和军事制度,训练革命武装干部。6月,黄埔军校开学。长期曲折的革命实践过程,使得孙中山越来越深刻地认识到革命军队的特殊意义。他不但认识到革命必须有武力,而且提出要"第一步使武力与国民相结合,第二步使武力为国民之武力"。②

国民党改组后,党内右派分子心怀不满,散布流言蜚语,妄图破坏三大政策的推行。孙中山很生气,斥责他们说:你们"站在革命队伍的后面,革命的青年前面去了,你们还在说他们什么呢!"③他对右派分子多次进行批评,并发表《致全体党员书》,说明联俄、联共的必要性。在该书中指出散布谰言者,"非出诸敌人破坏之行为,即属于毫无意识之疑虑。"④为了排除右派顽固势力的干扰,孙中山在代表大会前,把阻挠改组、无理取闹的张继加以囚禁;代表大会后,又把破坏联共政策的代表人物冯自由等开除出党。

---

① 《中国国民党第一次全国代表大会宣言》,见本全集第一卷,第320—321页。
② 《北上宣言》,见本全集第三卷,第198页。
③ 恽代英:《孙中山先生逝世与中国》,《孙中山先生与中国》,民智印刷所1925年版,第27页。
④ 《致全党同志书》,见本全集第三卷,第157页。

国民党"一大"所奠定的国共合作的基础,促使国民革命运动蓬勃开展起来,中国革命出现了高涨的形势。工农群众运动在各地共产党人的组织、推动下,从一度处于低潮又开始高涨。过去遭到破坏的工会组织得到恢复和发展,农会也陆续成立。广州的工人成立了工团军,广州郊区农民组织了自卫军。孙中山对日趋高涨的工农运动,积极表示支持,他在五一节广州工人代表大会上鼓励工人"作国民的先锋",争取自己的权利。7月,广东全省第一次农民大会开幕时,孙中山看到许多赤脚破衫的农民到广州来开会,非常感动,他说:"这是革命成功的起点。"8月,他到广州农民运动讲习所讲演时,指出"农民是我们中国人民之中的最大多数,如果农民不参加来革命,就是我们革命没有基础"。① 不断鼓励广大农民为实现耕者有其田而斗争。

随着中国革命形势的高涨,帝国主义也加紧了对中国革命的干涉和破坏。早在1923年12月,当广东革命政府截留粤海关关税余款,要求收回海关主权时,美、英、法、日、意、葡等国为劫夺广东"关余",截断革命政府的经济来源,就调集兵舰20艘,集中黄埔,进行威胁。孙中山没有被列强的威胁吓倒,指出截留"关余"完全是"中国内政问题,无与列强之事",严厉谴责帝国主义的侵略行为。那时广州各界人民,以广东工会联合会为主导,也一再举行收回海关主权的示威运动,给他以有力的支持。最后,北京外交使团不得不作出将一部分"关余"拨交广东革命政府的决定。"关余事件"的胜利,不仅取得了经济上的成果,也打击了列强的气焰。国民党改组之后,英国又利用香港这个据点对广东革命政府进行破坏,它一面积极援助盘踞惠州的陈炯明反攻广州;一面又利用广州汇丰银行大买办陈廉伯组织商团武装,从内部颠覆广东政府。1924年8月上旬,广东革命政府扣留了陈廉伯为进行阴谋叛乱而秘密运入广州的一批军火。商团便借此出动一千多人包围孙中山的大本营,喊叫发还枪械。在陈廉伯等人煽惑下,广州商人掀起罢市风潮,陆续蔓延到全省一百多个城镇。8月28日,英舰九艘集中白鹅潭,将炮口指向中国军舰,进行恫吓,同时英国总领事向孙中山提出最后通牒,宣称

---

① 《在广州农民运动讲习所第一届毕业礼的演说》,见本全集第七卷,第648—649页。

"英国海军即以全力对待"。为此,孙中山发表了《为广州商团事件对外宣言》,指出:"曾有一个时期,其时要办的是推翻满洲征服者;而扫除完成革命历史任务的主要障碍——帝国主义对中国的干涉,以此为其议事日程的时期已经到来。"①同时对英国麦克唐纳政府提出了严重抗议。

其时,孙中山一如既往地雄心勃勃,醉心于北伐大业,总在想实现他拟定的北伐计划。1923年10月,北方直系军阀曹锟利用国会贿选为"总统"时,孙中山曾通电全国声讨曹锟和通缉受贿议员,下令出师北伐,以谋国家统一。他的北伐计划,由于内部牵制等原因一再受阻,可是他毫不懈怠地部署军事,有时还亲临前线,鼓舞士气。为了打击主要敌人,他曾联合奉系张作霖、皖系段祺瑞一致行动,共同讨伐直系曹锟、吴佩孚。国民党改组之后,1924年9月初,作为第二次直奉战争序幕的江浙战争爆发,孙中山认为应乘这一时机向广东以外打开出路,遂再次决定北伐并亲率北伐军到韶关。他到韶关之日,也正是陈廉伯勾结帝国主义加紧煽动叛乱之时,在陈廉伯煽动下,各地买办商人、豪绅地主趁孙中山离开广州之机,纷纷集会,肆意攻击广东革命政府,并向国际联盟指控孙中山是"破坏国际善意的叛徒"。10月9日,商团发出第二次罢市的通牒。10月10日,当广州人民为纪念武昌起义十三周年举行游行时,商团竟开枪屠杀游行群众,并构筑炮台,封锁市区,遍贴"驱逐孙文"、"打倒孙政府"等反动标语,四出捕人,发动武装暴乱。在这一局势十分严重的时刻,中国共产党力劝孙中山当机立断,镇压叛乱。广州的工团军、农民自卫军、黄埔学生都纷纷表示支持孙中山,愿与反革命势力进行决战。在中国共产党的帮助下,孙中山决定采取断然的措施,他立即成立了镇压叛乱的革命委员会,下令解散商团军,并命参加北伐的部队星夜由韶关回师广州戡乱,在工农群众积极支持下,仅仅经过几小时的战斗,就平定了叛乱,粉碎了英帝国主义的阴谋。

商团事件的解决,向帝国主义显示了广东革命政府的决心和力量,使广东革命政府得以巩固,也增长了孙中山对革命事业必胜的信心。

---

① 《为广州商团事件对外宣言》,见本全集第三卷,第179页。

商团叛乱平定后一周,正在鏖战的第二次直奉战争,由于直系将领冯玉祥部发动了北京政变,使直系迅速溃败而结束。之后,北方出现了段祺瑞、冯玉祥、张作霖三派联合而又相互猜忌和争夺的局面。冯玉祥等人受革命潮流影响,电邀孙中山北来共商国事,国家出现了一线和平的希望。孙中山也想"拿革命主义去宣传",以求实现和平统一,遂不顾个人安危毅然决定接受邀请,于11月13日带病离粤经上海取道日本北上。这时,孙中山有了中国共产党和广大革命群众的支持,革命坚定性进一步加强。在当前局势问题上,他主张对内召开国民会议,结束军阀统治;对外废除不平等条约,反对帝国主义的侵略。这些主张,也都是中国共产党提出而为孙中山所接受的。他在北上前,对外国记者谈话说:"帝国主义不仅是中国达到民族独立的主要障碍,同时又是反革命势力最强大的部分。"①离开广州前三日,又发表《北上宣言》,重申反对帝国主义和军阀的主张。他由上海取道日本到天津,沿途多次发表反对帝国主义、反对军阀,谋求全国真正统一的重要言论,表现了坚强的原则性。他反复申述必须废除一切不平等条约,收回租界,消灭帝国主义在中国的势力;并坚信中国人民"定能在巩固基础之下建立事业"。②

　　中国共产党于孙中山北上的同时,发动了一个全国规模的国民会议促成运动,各地区、各阶层都建立了促成会组织,积极展开斗争,为孙中山北上作后盾。但在孙中山北上途中,北京已成立了以段祺瑞为首的临时执政府,冯玉祥一派渐被排斥,无能为力。旧的反动统治去了,新的反动统治又建立起来。因此当孙中山年底到达北京时,面临的对手,仍旧是以前的那个"谋危民国者"段祺瑞了。段祺瑞政府于12月6日发表了要"外崇国信"的致使团书,表示要尊重不平等条约;24日又正式公布了"善后会议"条件,将要召集军阀分赃的"善后会议"。这些倒行逆施,引起了全国人民的反对,也引起孙中山的极大愤慨,严词怒斥段祺瑞的谬误。

---

① 《与外国记者的谈话(译文)》,见本全集第八卷,第703页。
② 《与长崎新闻记者的谈话》,见本全集第八卷,第728页。

孙中山一路上饱经风霜,加上对国事的忧愤和积劳而胆囊腺癌病复发,一病不起,延至1925年3月12日,在北京溘然长逝。病重期间,孙中山仍坚持斗争,拒绝与段祺瑞妥协,决定国民党不参加"善后会议",并积极筹备召开国民会议。3月1日,国民会议促成会全国代表大会在北京召开,大会拥护孙中山的主张,极力反对"善后会议"。他在弥留之际,犹念念不忘革命,留下"必须唤起民众及联合世界上以平等待我之民族共同奋斗"的遗嘱,并在《致苏联遗书》中,表明了他实行三大政策的坚定信念。

总体来讲,在相当长的时间内,孙中山的理论、思想和主张,都没有广泛的认同基础,他屡遭挫折,备受苦难。经过他的不懈奋斗,终于为中国社会开辟了前进的道路。他是我国民主革命的伟大先驱,是对中国近代历史发展起过巨大推动作用的政治领袖,是中华民国的创始人。他代表着一个时代,是时代的骄子。"他全心全意地为了改造中国而耗费了毕生的精力,真是鞠躬尽瘁,死而后已。"①

孙中山毕生所坚持的"天下为公"理念和社会主义方向,是一份弥足珍贵的政治文化思想。他在政治思想和理论上留给了后人许多值得回味和思考的宝贵历史遗产,国人理应更好地继承和发扬。

(尚明轩撰)

---

① 《纪念孙中山先生》,《毛泽东文集》第七卷,人民出版社1999年版,第157页。

后　　记

《孙中山全集》的整理编纂工作始于2009年年初。历经六载艰苦努力,最终以16卷本的规模与读者见面了。

在编纂理念上,我们认为随着时代的发展、历史的进步,今天出版孙中山全集应从文化的视角,立足于中国的国情和地位,联系当今的国际形势,重在弘扬中华传统文化,突出"孙中山中西文化观"相融合的特色,以期有助于准确地认识和评价孙中山。因此,一方面要有世界性的眼光,另一方面也要体现中国传统文化特色。譬如,孙中山文献资料的一大特点就是档案材料较多,我们今天的编纂工作并非单纯整理档案,必须注意体现古人所谓的"文笔之分"。较之单纯的人事命令、统一签发的一般公牍等档案文件,那些由他亲自执笔所著的政论性著作和方略性规划等更能充分反映孙中山的立国思想与建国设计,理应引起关注和重视,故而两者应区分开来,轻重有别;同时还要做到不溢美,不讳恶,不偏私。

要出版高质量的孙中山全集,建立并完善底本文化资源信息系统,筛选、整合权威性底本显得十分重要。故此,全集学术编辑委员会和出版委员会的前期工作主要致力于搭建此平台,搜集、甄选、考订,形成初稿。虽耗时不少,却方便了后期的查校工作。

在学术编辑委员会和出版委员会的指导下,全集整理编辑工作组全面搜集孙中山公私文献,以类相从,整理成卷,再分送给各卷编委加以审核、校勘。编委审校过的稿件返回后,再分别安排责任编辑进行编辑加工,并随时与编委保持沟通,必要时,再次将稿件返回编委,直至定稿。

编排创新、结构严整、内容更完备和科学性更强,是本全集追求的目标。就内容的增补遗阙和考辨真伪而言,本全集在吸收前人编纂的孙中山文集成果的基础上,广泛搜集了近三十年来国内外各界人士披露的新资料和辑佚考辨成果,共收录著述11500余篇。故而史料之丰富与确切是已经行世的成书无法企及的。就编纂质量而言,本全集不仅重新核对了大部分原始档案,校订了一些文字上的错误,而且在吸收前人成果的基础上,对一些文献做了进一步的考释辨证。

在六年的编纂工作中,我们得到了国内外多家学术研究机构、高等院校、图书馆、档案馆、博物馆和个人的大力支持与帮助。尤其是,中国社会科学院近代史研究所、中国国家图书馆、中国国家博物馆、中国第二历史档案馆、上海图书馆、上海市档案馆、中国国民党中央文化传播委员会党史馆、台北"国史馆"、俄罗斯国家社会政治历史档案馆等为我们查核底本提供了方便;中国社会科学院近代史研究所研究员李玉贞不仅惠赠了多件珍贵文献资料及译文,还亲力亲为,校勘订正;青岛市社会科学院研究员张树枫、安徽省社会科学院研究员宋霖、日本京都大学人文科学研究所教授狭间直树在资料搜集方面给予了帮助;中国社会科学院近代史研究所研究员曾景忠、潘汝暄和南开大学图书馆邹佩丛为本全集的出版做出了贡献;香港珠海学院教授胡春惠、台湾政治大学李素琼给予了帮助。在此一并致以最诚挚的感谢。

正是基于所有参与者的团结互助、群策群力,方完成了这一部巨书。

《孙中山全集》出版委员会
《孙中山全集》学术编辑委员会
2015年5月